教|师|教育|系|列|教材

全国教育科学"十一五"规划课题研究成果

U0646326

心理学教程

XINLIXUE JIAOCHENG

张丽萍　王运彩◎主　编

任国防　朱海林◎副主编

北京师范大学出版集团

BEIJING NORMAL UNIVERSITY PUBLISHING GROUP

北京师范大学出版社

图书在版编目(CIP)数据

心理学教程/张丽萍,王运彩主编.—北京:北京师范大学出版社,2011.8 (2014.3重印)

(教师教育系列教材)

ISBN 978-7-303-12820-4

Ⅰ.①心… Ⅱ.①张…②王… Ⅲ.①心理学-师范大学-教材 Ⅳ.①B84

中国版本图书馆CIP数据核字(2011)第087605号

营 销 中 心 电 话	010-58802181 58805532
北师大出版社高等教育分社网	http://gaojiao.bnup.com
电 子 信 箱	gaojiao@bnupg.com

出版发行:北京师范大学出版社 www.bnup.com

北京新街口外大街19号

邮政编码:100875

印	刷:	北京中印联印务有限公司
经	销:	全国新华书店
开	本:	170 mm × 230 mm
印	张:	27.25
字	数:	489千字
版	次:	2011年8月第1版
印	次:	2014年3月第4次印刷
定	价:	35.00元

策划编辑:张丽娟	责任编辑:张丽娟
美术编辑:毛 佳	装帧设计:毛 佳
责任校对:李 菌	责任印制:陈 涛

前　言

　　随着社会的发展和科技的进步，人们的物质生活水平不断提高，精神生活内容更加丰富多彩，同时，大量的社会问题也不断涌现，给人们的心理生活带来了许多困扰。大家在关注自己身体健康的同时，也更加关注自己的心理健康，更加关注心理学在人们生活、工作以及实践活动中的指导作用和应用价值。因而，人们对待心理学的态度也发生了根本性的变化，不再把它当做神秘的相面术，而把它作为提高生命质量、增加生活品位、获取幸福人生的一种工具。尤其是对于高等师范院校的学生来说，心理学不仅是突出教师教育特色的标志性课程，也是他们顺利迈入职业生涯、进行职前心理素养和职业能力养成的必修课，对其健康人格的养成和社会适应能力的增强都具有非常重要的现实意义。

　　在当前大学生就业形势十分严峻的情况下，随着我国高等教育改革的逐步深入，师范生的就业途径已趋向多元化，人们对师范生的要求和期望值越来越高，心理学在培养未来教师和创新性人才中的地位和作用进一步增强。而传统的心理学教材已跟不上时代的步伐。如何适应这种变化，编写出反映时代特色和大学生学习特点的新教材成为心理学界努力的方向。目前国内许多同行在此方面都做过很多尝试，有关心理学教材的版本已经很多，且每一种都各有特色、凝聚着编写者多年的教学经验，但被广泛采用的却是极少数。因而，编写出独具风格、深受学习者欢迎的心理学教科书绝非易事。编写组本着客观务实、科学创新、为学生负责、一切为了学生的精神，在博采众长、联系学生和教学实际、总结多年教学经验的基础上，克服各种困难，完成了这部教材的编写工作。本教材具有以下特点：

1. 保持普通心理学的基本体系

在高师心理学教材编写体系的问题上，始终存在着不同的意见和争论。但由于考虑到教学对象——高师生是从非心理学专业学生的角度来学习心理学的特点，考虑到该课程教学时数的有限性（一般师范院校仅安排 54 课时）等。在有限的课时内，适当讲解一些普通心理学的基本概念、基本知识和理论，对于学生深入学习和理解与教育、教学相关的心理学分支学科的内容十分有利。因此，本教材的编写仍然保持了普通心理学的基本体系，但根据师范教育的实际对其内容进行了适当的压缩和调整。

2. 突出师范性和实用性

培养德、智、体、美等全面发展，具有较强创新精神和实践能力的合格的中小学教师是高等师范教育的培养目标。而心理学是培养合格教师的一门教育理论必修课，是突出教师教育特色的标志性课程，也是学生学习教育学、学科教育及教材教法、教育实习等系列课程的理论基础。学好这门课，不仅有助于自身教育理论水平的提高，也有助于学生了解未来的教育对象，并根据其身心发展的特点和规律进行教育和教学，提高教育教学质量。因此，本书的编写始终从高等师范教育的培养目标出发，以养成教师心理素养和教师职业技能为依据，针对教师的职业需要与工作特点，选择了与教育教学活动有直接联系的应用心理学方面的知识，并将其融入普通心理学的有关章节中，而且增加了教育心理学、发展心理学、心理健康教育、教师心理、社会心理学等方面独立章节的内容，从而使高师心理学的内容结构更加合理、科学，与教育、教学实践的结合更加紧密，能够更好地切合师范教育的实际，充分凸显师范教育的特色，使之更具有针对性和实用性。

3. 增加趣味性和先进性

抽象的概念和理论往往使人望而生厌、兴趣锐减。我们在诠释心理学的基本概念和原理时尽量做到通俗易懂、言简意赅，同时增加了与人们的生活、学习、工作等密切相关的心理学知识和最新的研究成果，并列举了大量的事例、个案，以增加本教材的趣味性、可读性以及可操作性。在结构上，我们增加了内容提要、学习目标、阅读材料、思考与练习等内容，力求把心理学的最新研究成果呈现给学生，以进一步满足学生的学习需要。

本书由张丽萍、王运彩担任主编，任国防、朱海林为副主编。全书各章的编写分工如下：张丽萍，第一章、第十二章；王运彩，第八章、第十四章；任国防，第二章、第四章；朱海林，第五章、第十五章；曹亚杰，第三章、第九章；张红宁，第七章、第十章；姚曙光，第十一章、第十三章；周广亚，第六章；王艳华，第十六章。

　　本书在编写、统稿、定稿和出版的过程中，得到了北京师范大学出版社以及作者所在单位的大力支持和帮助，参考了许多专家、学者及同行的著作、教材和研究成果。在此，一并表示衷心的感谢！

　　由于作者水平有限，加上不同作者写作风格的差异，书中的缺点和不足在所难免，敬请专家和同行批评、指正，以便我们进一步完善、修改。

编者
2011 年 4 月

目　录

第一章　心理学概论

【内容提要】

随着社会的发展和科技的进步，人们的物质生活水平不断提高，同时大量的社会问题也不断涌现，给人们的心理生活带来了许多困扰。因而，大家在关注自己身体健康的同时，也越来越关注自己的心理健康，越来越重视心理因素对个人工作、学习、生活质量的影响。于是，探讨心理活动规律的"心理学"开始逐步进入人们的生活。但究竟什么是心理学？多数人对此仍缺乏系统的了解。本章将围绕这个基本问题，对心理学的概念、研究对象和任务进行诠释和说明，讲述心理学形成和发展的简史，介绍现代心理学的主要流派；阐述心理学研究的原则和主要方法。

【学习目标】

1. 理解和掌握心理学的基本概念。

2. 了解心理学研究的对象、任务。

3. 理解心理学的意义，树立科学的心理观。

4. 掌握心理学的学科性质和学科分支情况。

5. 了解心理学的产生和发展的历史，掌握现代心理学主要流派的主要观点和研究内容。

6. 了解心理学的研究原则，掌握心理学研究的主要方法。

第一节　心理学研究的对象和任务

一、什么是心理学

心理学是从西方文化的土壤中成长发展起来的一门科学，在英语中的写法为 psychology，最早出现在 2000 多年前的希腊语中，是由 "psyche" 和 "log-os" 两个词组合而成。"psyche" 原本的含义是 "生命" "灵魂" 或 "精神"，后来被解释为 "心灵"；"logos" 的含义是 "讲述" "研究" 或 "解说"。"psy-che" 和 "logos" 合起来就是 "对心灵或灵魂的解说或研究"，意思就是关于 "灵魂的学问"。然而，究竟什么是灵魂？在人类几千年历史的发展进程中，人们始终都在研究和探讨它，并试图从各方面对它作出解释和说明，这些解释和说明形成了最初的心理学思想。以后古希腊哲学家对灵魂问题进行了比较系统的研究，认为灵魂是居住在人的身体之中的一种实体，它支配着人的行为，并有自己的活动规律。随着人类认识水平的提高和科学的发展，人们自然不满意 "灵魂说" 关于心理现象的解释，而力求对心理现象的本质作出科学的说明。19 世纪以后，由于自然科学的发展，特别是物理、生理和生物学的发展，许多受过科学训练，并对心理学感兴趣的学者，不满意心理学停留于哲学的思辨，开始应用实验的方法来研究人的心理活动的特点和规律，从而使人类对心理现象的认识又上升一个新的台阶，走上了真正独立发展的道路。1879 年，德国哲学教授、心理学家冯特（W. Wundt, 1832—1920）在莱比锡大学建立了世界上第一个心理学实验室，标志着科学心理学的诞生。在科学心理学的发展进程中，由于心理学家研究内容和重点的不同，对心理学的定义也存在一些争论和分歧。20 世纪 60 年代，心理学被定义为研究行为与心理的科学。最近，还有人将心理学定义为研究人性的科学。1989 年《牛津英语词典》（第二版）将心理学定义为 "关于人类心理的本性、功能和现象的科学"。1999 年我国修订版的《现代汉语词典》将心理学定义为 "研究心理现象客观规律的科学" 等。综合各家之言，我们认为心理学是研究人的心理现象及其发生、发展规律的科学。

二、心理学的研究对象

任何一门科学都有自己的研究对象，心理学也不例外。心理学的研究对象是人的心理现象及其活动规律。

人的心理现象与物理现象、化学现象不同，是生命物质发展到一定阶段的产物，在自然界是最复杂纷呈、最奇特多变的现象。恩格斯曾称誉它为"地球上最美的花朵"，由于有了它，人类本身才成为万物之灵，人类社会生活才波澜起伏、丰富多彩，充满活力和生机。在我们的现实生活中，它又是最普通、最熟悉的现象，我们时时都和它打交道。因为，我们在社会生活和劳动过程中，对于周围存在的一切，总要观察它、认识它，了解它的特征，理解它的本质，以取得自身和社会环境的平衡；还要通过学习掌握人类积累起来的知识经验并将其传递给下一代；在社会交往中，还要沟通彼此的心灵，从而使人们和睦相处，在工作过程中协调一致，共同去克服困难、完成改造客观世界的任务，体现人类对自然的意志力。在这观察、认识、学习、交往和改造客观世界的一系列活动中，充分体现着每个人的能力、动机、兴趣等心理特点，所有这些，都是心理学要研究的内容。总之，人的心理现象是一个多维度、多层次、彼此相互关联的复杂的大系统。

为了能够系统明确地研究人的复杂多样的心理现象，心理学家对此进行了科学的分类。由于分类的角度不同，分类的现状也就各异。

（一）从心理的动态性维度上划分，可把心理现象划分为心理过程和个性心理

1. 心理过程

心理过程是指人脑对客观事物不同方面及其相互关系的反映过程。它是心理现象的动态形式，包括认识过程、情感过程和意志过程，反映正常个体心理现象的共同性一面。

认识过程又称认知过程，是人的最基本的心理过程，是个体在实践活动中对认知信息的接受、编码、储存、提取和使用的过程。主要包括感觉、知觉、记忆、思维和想象等。例如，我们看到一种颜色，听到一种声音，品尝到一种滋味，嗅到一种气味，摸到物体表面的光滑程度或温度等，这是感觉。在感觉的基础上，我们能够辨认出这是月季花，那是汽车的刹车声；这是苹果，那是杯子等就是知觉。感觉与知觉往往紧密联系在一起，很难截然分开，所以统称为感知。感知过的事物能够以经验的形式在大脑中留下痕迹，以后在一定条件下还可以再认或回忆起它的形象或特征。例如，游览了广西桂林后，其美丽的景色画面会在大脑中留下深刻的印象；从小读过李绅的《悯农》——"锄禾日当午，汗滴禾下土。谁知盘中餐，粒粒皆辛苦"这首诗，那么，看到有些学生在餐桌上乱扔饭菜、馒头时，就会禁不住很自然地吟诵出这首诗，这种人脑对过去经历过的事物或经验的反映，就是记忆。人不仅能直接地感知事物的表面特征、反映事物的具体形象，而且还能凭借人所特有的语言，通过分析综合，反映事物内在的、本质的特征。例如，中医大夫诊病，靠眼望、耳闻、鼻嗅、嘴问、手切（切脉），然后提取头脑中的知识、断定病因，确定治疗方法，开出药方，对症下药。这样通过长期的实践活动，其临床经验将越来越丰富。人们正是在实践中通过这些认识过程，去辨别、认识事物，思考问题、积累经验，展望未来。所以认识过程是我们生活中具有基础意义的心理过程。

情感过程是个体在实践活动中对事物的态度体验。因为个体在包括认识在内的各种实践活动中，并不是冷漠无情、麻木不仁的，而总是伴随着相应的态度、产生各种各样的情感体验。人们常说，人非草木、孰能无情？我们给亲戚朋友写信时，除了谈学习认识以外，总要问一问：生活愉快吗？工作顺利吗？等等，以了解对方的处境和心情。事实上，情绪、情感也可以说是人们的需要是否获得满足的内心体验。人生在世，有各种各样的需要，也就有各种各样的情感，人们常说的七情——喜、怒、哀、乐、爱、恶、惧都是情感的表现。

意志过程是人在认识世界和改造世界的过程中意识的能动表现，通常体现在人们的具体行动中，常与克服困难相联系。因为，人们的一切行动并不都是一帆风顺的，"不如意事常八九"，总会遇到一些困难和挫折，但人们并不是就此停步不前、偃旗息鼓，而是凭借意志的力量，重拟计划、再定目标，同困难进行一番较量，直到战胜它，实现自己的目标。人类正是通过一系列的实践活动，从而创造了今天的物质文明和精神文明。

认识过程、情感过程和意志过程并非各自孤立、互不联系，而是作为一个统一的整体，相互影响、相互渗透着，在一个人的生活活动中，不断发展变化着。其中，认识过程是情感过程、意志过程的基础；没有认识，人的情感既不能产生，也不能发展，所谓"知之深则爱之切"就是这个道理。同样，有了对客观规律的深刻认识，才能有自觉目的支配下的意志行动。反过来，情感、意志又能促进、丰富和发展认识过程。例如，作为教师，你对教育事业有了深厚的热爱之情，就能推动你去掌握并深刻认识教育规律；有了坚强的意志的驱动，你才能克服一切困难去掌握教学规律，从而出色地完成教育和教学任务。

另外，还有一种心理现象叫注意，它不是一种独立的心理过程，而是伴随各种心理过程始终的一种心理特性，也是保证心理过程顺利进行的必要条件。

2. 个性心理

认识、情感、意志这三种心理过程为每个人所具有，但是，在每个人身上都有其不同的表现。古语所谓"人心不同，各如其面"，就是说人的心理特征如同人的面孔一样是千差万别、各不相同的，就像戏剧舞台上人物，各自戴着不同的面具，扮演着不同的角色。京剧的角色分"生、旦、净、丑"四大行当，象征着生活中的人各有各的特性，说明人与人之间存在着个别差异，这种差异就是心理学所要研究的心理现象的另一方面——个性心理。个性心理也叫人格，是一个人在社会生活实践中形成的具有一定倾向的、比较稳定的各种心理特征的总和。它是心理现象的静态形式，反映人的心理现象的个别差异性一面，主要包括个性倾向性、个性心理特征、自我意识三个方面。

个性倾向性是个性心理的动力结构，是个性心理中最活跃的因素，反映人对周围世界的趋向和追求。它主要包括需要、动机、兴趣、理想、信念和世界观等。其中需要是基础，对个性心理的其他成分起调节、支配作用；信念、世界观居于最高层，决定着一个人总的心理倾向。

个性心理特征是指人们在各种心理活动过程中，经常地、稳定地表现出来的心理特点。它是个性中的特征结构，主要包括能力、气质、性格等，不同的人有不同的个性心理。例如，有的人在认识事物时善于把握形象特征，有的人则善于把握事物的本质特征；有的人记得快、记得牢，有的人则记得慢、忘得快；有人思维灵活，有人思维呆板；这是能力方面的心理特征。在待人接物上，有的人热情，有的人冷漠；有的人做起事来雷厉风行、干脆利落，有的人则慢条斯理、不紧不慢；这是气质方面的差异。在工作方面，有的人踏实勤恳，有的人敷衍塞责；有的人大方诚挚，有的人自私虚伪；这是性格方面的心理表现。

自我意识是个体对自己以及人我关系的认识和态度。它是个性心理的调控结构，体现着一个人的社会化水平。主要包括自我认知、自我评价、自我体验、自尊心、自我监督、自我调控等，是一个多维度、多层次的心理系统。

个性心理的三个方面是相互依存、相互制约、协调发展的。其中，个性倾向性制约着个性心理特征、自我意识形成和发展的方向；而心理特征的发展，又体现着人的个性倾向性和自我意识的发展水平；自我意识反过来又对整个个性的发展起调控作用。

心理过程与个性心理是非常密切的互动关系。首先，心理过程是在具体的个人身上产生和发展的，与每个人的生活经验相联系，具有个人的特点，也可以说是个性心理是通过心理过程形成的。其次，个性心理还要通过人的心理过程表现出来，并制约着心理过程的发展。正是由于心理过程与个性心理相互渗透、相互制约，才形成一个人完整的心理面貌。

（二）从心理的意识性维度上划分，可把心理现象分为意识和无意识

1. 意识

意识是指个体能够觉知到的精神生活或心理现象。事实上，当个体处于清

5

醒状态时，绝大多数心理活动是发生在自己能够觉知到的范围内，因而绝大多数心理现象属于意识范畴。例如，我们进行记忆活动时，我们能觉知记忆活动的目的、记忆的对象、采用的记忆方法、达到的记忆效果，甚至能觉知自己的记忆特点、记忆策略的应用情况等，这样记忆活动自然就处于意识状态。关于意识问题的研究也是现代心理学研究的重要课题之一。

2. 无意识

无意识是指个体未能觉知的或不能觉知到的精神生活或心理现象。虽然，无意识在整个心理现象中所占的比例很小，但是，在生活中却经常为我们所接触。例如，睡眠中做梦是无意识现象，其内容可能被我们觉知，而梦的产生和进程是我们觉知不到的，也是不能进行自觉调控的。又如，人的习惯性、自动化了的行为，在通常情况下也是被我们忽略觉知而成为无意识现象的。还有许多不知不觉中发生的心理活动，也属于无意识之列。仍以记忆为例，有时我们并没有某方面内容的记忆目的，自然也没有想着要记住它，却在不知不觉中把某方面的内容记住了，甚至记得比较牢固。更有趣的是，我们的许多行为方式以及某方面的记忆，个体都不能觉知到究竟是怎样获得的，这些都属于记忆中的无意识现象。

在日常生活实践中，意识和无意识也是紧密联系、相互转化的。意识的内容在一定条件下会进入无意识领域，无意识层面的内容也会转换成意识层面的内容。例如，经过多次练习形成的自动化的行为方式，就是意识转化为无意识的具体表现，而书写中的笔误、讲话中的走嘴，则是无意识中的东西闯入意识中的结果。

三、心理学的任务

心理学研究的对象是心理现象，而认识心理的本质、揭示各种心理现象发生、发展的规律，实现对心理活动的正确说明以及准确预测和有效控制，从而提高人的实践活动的效率，则是心理学的基本任务。具体有以下几个方面。

(一) 描述心理事实

描述心理事实是对心理现象进行科学研究的第一步。[①] 其主要任务是从科学心理学的角度对各种心理现象进行科学界定，并用科学的语言，借助于数字、公式、图示等对心理事实进行客观的描述，以建立和发展心理学中有关心理现象研究的完整的、严密的、科学的体系。具体涉及大至对整个心理现象、

---

① 卢家楣、魏庆安、李其维主编：《心理学》，6页，上海，上海人民出版社，1998

小至对某一具体心理现象的概念内涵和外延的确定。例如，心理的内涵是什么？心理现象有哪些？如何划分其种类？人脑有哪些机能？心理是如何在脑的机能活动中产生的？什么叫思维？思维有哪些种类？如何划分其种类？儿童的思维是怎样发展的？等等。这是科学心理学的艰巨任务。完成这些任务对于人们更好地认识心理现象、揭示心理奥秘、建立和完善心理学的科学体系具有重要的意义。

（二）揭示心理活动规律

揭示人的心理现象发生、发展的规律是心理学的基本任务。规律就是若干事物变化之间的内在的必然关系。揭示心理活动规律包括两方面的任务。一方面，是研究各种心理现象发生、发展、相互间联系以及表现出的特性和作用等。例如，记忆、语言、思维、自我意识在个体身上是何时发生的？有哪些发展阶段？儿童、青少年的自我评价有什么特点？自我评价对个体发展有何作用等，这些都是心理学研究的任务。另一方面，是研究心理现象赖以产生和表现的生理、心理机制，揭示和说明影响心理活动的因素与心理的变化之间内在的、必然的联系。影响心理活动的因素很多，概括起来不外三类：第一，环境因素。环境就是周围所接触到的事物及其变化。如课堂上老师的讲话、同学们的听课、学习氛围，教室外的噪声、温度等都会对人的心理活动产生重要的影响。拿温度来说，它对人的心理活动的影响也是不能低估的。有人进行实验，给收发电报的人所在的室内加温，发现温度超过 35 摄氏度时，译码的错误就会急剧上升；也有人通过实验证明，在高温条件下工作的人，情绪易躁，灵敏度降低，而且易疲劳和发生事故。第二，机体因素。如体温的高低、饥渴、疾病、疲劳等也影响人的心理。第三，心理因素。即心理对心理的影响，这种影响在生活中作用很大，对于从事特殊职业的人来说，更要重视之。例如，对于一个合格的医生来说，除了要具有丰富的医学理论知识和临床经验外，还要掌握医学心理学的知识。因为心理因素与人的健康有着密不可分的关系，心理因素可以致病，也可以治病。医学临床实践中经常可以看到，有的病人因为对自己的疾病过分忧虑而使病情加重，也有的病人由于对疾病抱着乐观主义的态度，具有积极向上的人生观，从而创造了某些不治之症被治愈的奇迹。当然还有一些所谓的心理疾病患者，他们患病的主要原因就是心理因素造成的。揭示心理规律，就是要科学说明这三类因素的变化与心理变化的关系。

（三）运用心理规律指导、影响人们的实践活动

运用心理规律指导、影响人们的实践活动是心理学研究的重要课题，也是心理学研究的任务之一。这方面的任务具体表现为指导人们在实践中如何了

解、预测、控制和调节人的心理。例如，我们可以根据智力、性格、气质、兴趣、态度等各种心理现象表现的情况，研制各种测试量表，借以了解人们的心理发展水平和特点，为因材施教和人职匹配提供依据。我们又可以根据各种心理现象和行为的相互关系，从一个人的过去和现在的心理和行为状况，预测其将来的心理和行为表现。我们还可以依据某些心理现象发生的机制和影响因素，在不同的环境和条件下对人的心理和行为加以有效的控制和调节，其中也包括自我控制和调节，以获得适宜的心理反应和最佳的个性发展。例如，心理咨询就是运用心理学的理论和方法，通过咨询人员和来访者之间的交谈、协商与指导，帮助来访者解除心理困扰、减轻心理压力，改善适应能力，维护和增进来访者心理健康的活动过程。

四、心理学的意义

(一) 理论意义

心理学是一门基础理论学科，探明心理现象的各种规律在理论上具有重大的意义。

1. 心理学的研究为马克思主义哲学提供了科学的论据

哲学上的根本问题是物质与意识的关系问题。马克思主义哲学的基本观点是物质决定意识，意识是客观现实在人脑中的反映；意识对物质具有能动的反作用。论证和解决这个从物质到意识，又从意识到物质的理论问题，心理学所揭示的心理是脑的机能，是客观现实在人脑中的反映，是十分有力的依据。科学心理学指出：人的心理不是物质，但它永远离不开物质（客观现实和人脑），人的心理是在物质的基础上产生，又是随着物质的发展而发展的。这样，心理学就为马克思主义哲学关于物质第一性、意识第二性等提供了科学的论据，论证了马克思主义哲学的基本观点是正确的。因此，列宁把心理学列为"构成认识论和辩证法的知识领域"[①] 的重要学科之一。

2. 心理学研究有助于人们确立辩证唯物主义世界观

由于心理变化难以捉摸，因而就容易被看成是完全任意的、主观自决的、不受因果规律支配的和绝对自由的。这就给唯心主义世界观的形成提供了机会，给宗教迷信思想的形成提供了市场。而心理学理论研究所揭示的心理规律和对人的心理、意识等精神现象所做的科学解释对唯心主义、宗教迷信是个有力的反击，有助于人们破除迷信、纠正偏见、澄清糊涂观念，也可以使人们

---

① 《列宁全集》，第38卷，399页，北京，人民出版社，1959

最初感到神秘的心理学现象得到科学的解释，从而确立辩证唯物主义的世界观。正如列宁讲的"心理学所提供的一些原理已使人们不得不拒绝主观主义而接受唯物主义。"①

3. 心理学研究有助于邻近学科的发展

许多社会科学如政治学、社会学、教育学、文学、美学、法学、管理学等，也从不同侧面对人的心理现象进行探讨。因此，心理学的研究成果，对这些邻近学科的研究和发展，具有重要的促进作用。

（二）心理学的实践意义

心理学不仅是一门基础理论学科，也是一门应用学科。其理论研究成果已经被广泛地应用于社会实践活动的各个领域，具有多方面的实践意义。

1. 心理学对做好管理和思想政治工作、指导人的实践活动、提高劳动生产率有重要意义

任何活动过程都是人的实践活动，都是在人的心理的调节下完成的。把心理学理论应用于管理过程和思想政治工作以及指导人们的实践活动，已经成为当今世界的一种趋势。思想政治工作者只有在了解人的心理特点和心理需要的基础上，遵循一定的心理学原理，立足感化、正面教育和保护自尊心的原则，才能创造一个足以形成先进思想的客观条件，进而做好思想政治工作，充分调动企业员工的积极性和工作热情，进而提高劳动产生效率。目前，管理心理学中的需要层次论、目标激励理论、期望理论、公平理论、双因素理论等，都对职工积极性的调动和提高具有很强的指导作用。因而，学习和研究心理学，掌握人的心理特点和规律，有助于做好管理和思想政治工作、提高人的劳动生产效率。

2. 心理学有助于人的身心健康和提高医疗效果

现代医学证明，人的心理状态、精神因素，同人的疾病和健康有着密切的关系。有些心理因素是某些疾病发生的直接或间接的原因，如心因性疾病。心因性疾病的共同特征是：因长期的不良情绪作用，而导致器官功能的失常或组织的损伤。例如，人在愤怒情绪作用下，血压就会升高，长期下去就有可能引发血压调节机制的失常而形成功能性的高血压症。此外，像胃、十二指肠溃疡、出血、心肌梗塞、脑溢血等，都可以由情绪过度紧张而促发。至于神经官能症这一类疾病，也主要是由于心理因素造成的。常见的失眠、头痛、焦虑、强迫等症状等都可以找到心理方面的原因。而良好的心理状态，则可以调节和

---

① 《列宁全集》，第 1 卷，396 页，北京，人民出版社，1955

治愈某些疾病，达到强身健体的作用。因而，掌握心理学的有关知识有助于人的身心健康，特别是对于医务工作人员来说，积极运用心理学理论对病人进行辅助治疗，可以提高医疗效果，使一些药物治疗不能见效的疾病得以治愈。因此，现代医学已从"生理模式"向"社会—心理—生理模式"转化。

3. 心理学对教师提高教育和教学质量、优化个人的综合素质具有重要的作用

教育是在教师的引导下使学生掌握知识技能、发展智力、形成品德的过程。因而，师范生或教师学习和研究心理学有助于他们了解教育对象的心理活动特点和规律，提高教育和教学质量。具体体现在以下几方面。

首先，有助于教师了解和掌握学生的心理特点和心理活动规律，提高教育和教学质量。教学始终是教师的一项重要工作，提高教育、教学质量也始终是每一位教师锲而不舍的努力方向，更是学校教学改革的根本目标。提高教育、教学质量的关键是教师针对学生的心理特点和年龄特征，采用最佳的教学手段，提高学生学习的积极性、优化学生的学习效果。而心理学研究所提供的一些原理，对教师进一步了解学生认知能力发展的特点及其心理活动的规律，增强教学的科学性、艺术性，提高教育教学质量具有重要的指导意义。

其次，有助于教师优化个人素质、提高教育科研能力。在教育理论的指导下，结合自身的教育实践，开展教育教学研究是当代教师应当具备的基本素质之一。而在运用教育理论进行教育科学研究过程中，心理学研究所提供的理论研究成果是基础，具有十分重要的作用。因此，学习心理学原理和研究方法有助于教师优化个人素质、提高教育科研能力。所以师范院校的学生和各级各类学校的教师都应该学习和掌握心理学的基本知识、基本理论。

五、心理学的学科性质和体系

（一）心理学的学科性质

任何一门科学的性质都是由它的研究对象的特殊的质的规定性所决定的。心理学的研究对象是心理现象，心理现象特殊的质的规定性决定了心理学是一门介于自然科学、社会科学和哲学之间的边缘学科或交叉学科。因为心理现象是由具体的人产生的。人既是一个自然实体，又是一个社会实体。作为自然实体，人的心理的发生、发展受制于生物学规律的支配，例如，儿童语言的产生和发展受制于儿童大脑语言中枢和发音器官的发育成熟。所以，小婴儿是不会说话的。作为社会实体，人的心理的发生发展要受到政治、经济、文化、教育等社会生活条件的影响和制约，离开人类的社会生活，人的心理将成为无源之

水、无本之木，其心理的发展就无从谈起。正如马克思指出的那样，"人的本质并不是单个人所共有的抽象物，在其现实性上，它是一切社会关系的总和"。因此，人的心理的发生、发展还要受到社会规律的制约。此外，人还是一个思维的存在物，必然受制于思维活动的规律。这些说明心理学与自然科学、社会科学、哲学的认识论有着十分密切的关系。苏联著名的科学分类学家凯达洛夫在20世纪50年代提出"科学三角形"理论，认为心理学在迄今整个已拥有2 500多门学科的科学系统中占有中心位置，心理学所研究的那些心理现象的规律贯穿于人的生命活动的始终，贯穿于人的社会实践的各个领域，贯穿于每门科学发展的各个方面。他认为，如果用一个等边三角形来比喻整个科学体系的话，那么，自然科学、社会科学和思维科学（包括逻辑学和哲学）就是等边三角形的三个角，而心理学则处于三角形的中心，它紧紧与三种科学相联系（见图1-1）。

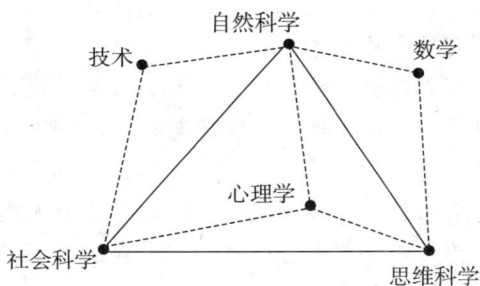

图 1-1 心理学在"科学三角形"中的位置

科学体系的三角形理论表明，现代心理学处于一系列科学的结合点上，它既属于自然科学，又属于社会科学，是一门涉及多种学科内容的边缘学科。

（二）心理学的体系

随着社会的发展和科技的进步，现代心理学的研究范围越来越广，已渗透到日常生活、经济贸易、人才管理、运动竞技、媒体传播、文化教育等各个方面，进入了既高度分化又高度综合的发展阶段。一方面，心理学的分支越来越多，且越分越细。例如，教育心理学就是一门分支学科，它又分出学科心理学、教学心理学、品德心理学等，而学科心理学又分出语文教学心理学、数学教学心理学、外语教学心理学等。另一方面，心理学与其他科学领域以及心理学内部各分支学科之间又在不断相互渗透，产生一系列交叉学科，派生出多种多样的心理学分支。这些心理学分支有些担负着理论上的任务，有些担负着实践上的任务。根据它们担负任务的不同，可把这些心理学分支大致划分为基础性和应用性两大类。

1. 基础性心理学

基础性心理学是研究心理科学中与各分支心理学有关的基础理论和基本的方法学问题，以及心理发生和发展的基本规律问题。主要包括普通心理学、发展心理学、实验心理学、社会心理学、认知心理学和生理心理学等。

普通心理学是研究正常人心理活动的一般规律和心理学的基本理论的科学，按不同的专题内容可进一步细分为感觉心理学、知觉心理学、记忆心理学、思维心理学、情感心理学、意志心理学、个性心理学等。

发展心理学又称年龄心理学，是研究个体生命全程中心理发生、发展规律的科学，依据不同的年龄阶段，可进一步细分为婴儿心理学、幼儿心理学、儿童心理学、青年心理学、成年心理学、老年心理学等。

实验心理学是以实验方法来研究心理和行为的规律的科学。主要研究心理学领域中进行实验研究的原理、设计、方法、仪器、技术和资料处理等问题。

社会心理学是研究社会相互作用背景中人的社会心理和社会行为及其发展规律的科学。主要研究人的社会化、社会认知、社会动机、社会态度、社会情感、群体心理以及时尚、风俗、舆论、流言等社会心理学现象的特点及其变化发展的条件和规律等。

认知心理学是以信息加工与计算机模拟的观点研究人类的认知活动过程的心理学分支。它关注的是发生在人的内部心理世界的活动，如人的心理活动的表征方式、认知活动的加工程序等问题。

生理心理学是研究心理的生理机制的科学。它主要研究各种感觉系统的机制、学习和记忆、动机和情绪等各种心理现象的神经机制以及内分泌对行为的调节机制等。

2. 应用性心理学

应用性心理学是研究心理学基本原理如何应用于社会实践领域，并进一步探索在各种实践领域中人类心理活动的具体规律等。由于人类的实践活动复杂多样，因而应用性心理学的分支尤为繁多，主要包括教育心理学、管理心理学、医学心理学、商业心理学、司法心理学、运动心理学、政治心理学等。下面简要介绍几种分支学科。

教育心理学是研究教育实践领域中的各种心理学问题的科学。这些问题包括：学生在教育影响下形成道德品质、掌握知识技能、发展智力和增强体质的过程及其规律；教师的教育和教学设计与模式；学生心理的个别差异以及与之相应的教育、教学措施，教育工作中其他方面的心理学问题等。教育心理学包括德育心理学、教学心理学、学科心理学、学习心理学、学生心理学、教师心理学等。

管理心理学是研究各种管理工作中管理者和被管理者的心理活动规律的科学。主要包括行政管理心理学、企业管理心理学、学校管理心理学。

医学心理学是研究医学领域中心理因素在人体健康和疾病及其相互转化过程中的作用规律的科学。主要包括病理心理学、临床心理学、药理心理学、护士心理学、心理健康咨询学、心理治疗学等分支学科。

商业心理学是研究商品销售过程中商品经营者与购买者心理活动规律的科学。主要包括营销心理学、旅游心理学、广告心理学等。

司法心理学是研究人们在法制活动中的心理现象及其规律的科学。主要包括犯罪心理学（刑事心理学）、诉讼心理学、侦缉心理学、审判心理学等。

心理学的各个分支学科相互联系、相互渗透，从而形成了心理学完整的科学体系。它们分别研究人的心理现象的各个侧面、不同主体的心理活动的规律、各个社会实践领域中人的心理现象及其规律等，这些对心理科学的发展以及社会的进步都有着十分重要的作用。

第二节　心理学的发展与流派

一、心理学发展的简史

一切科学都是在人类历史发展到一定阶段，为适应人们的物质和精神需要而产生的，都有自己产生、发展的历史，心理学也不例外。从科学发展史的角度来看，心理学是一门既古老又年轻的科学，就像德国心理学家艾宾浩斯（H. Ebbingbaus，1850—1909）讲的，"心理学有一个悠久的历史，但只有一个短暂的现在"。心理学的发展经历了萌芽期、哲学思辨期、科学心理学的形成和发展三个阶段。

（一）萌芽期

心理学思想的萌芽可以追溯到原始社会末期，在那时人们已经注意到在人的物质实体之外，还有个非物质现象存在，当时人们称之为"灵魂"。他们认为人的思想和感觉不是他们身体的活动，而是一种独特的寓于这个身体之中，而在人死亡时，睡觉做梦时就离开人体的"灵魂"的活动。因此，在原始社会中，普遍流传着"灵魂出窍"的故事。人类学研究发现，在美国的原始部落中，存在着个人要对自己在梦境中的行为负责的风俗习惯。

（二）哲学思辨期

人类进入奴隶社会以后，创造了文字，形成了国家、民族，产生了农业、手工业、商业，建设了城市和乡村。随着生产力的提高，人们的抽象思维能力得到发展，对自身的心理现象的理解也发生了变化，虽然对此仍称其为"灵魂"，但开始了对它的研究。研究者都是一些哲学家和医生，研究的内容都融化在哲学之中，他们所采用的方法也都是与研究哲学一样的思辨的方法。哲学家们在论及心理学问题时，主要关心的是心灵与身体、思维与存在的关系，以及人性的本质和人是怎样认识世界的。例如，古希腊哲学家柏拉图（Plato，公元前427—前322）认为，物质和精神或者身体和灵魂是两个独立的相互对立的本源。他把灵魂分成智慧、勇敢、欲望三部分，并把它们分别置于头部、胸部和腹部。他认为分配给人们的灵魂的各个部分是不同的，其中一部分比另一部分占优势，这就决定着个人属于某一个社会集团。例如，普通劳动者的特点是最低级部分的灵魂——欲望占统治地位。灵魂的智慧部分则来自神秘的"理念世界"。它一旦来到某人的身体以后，就开始让人回忆在降生以前的景象，这种回忆越是鲜明，就越能揭露它的真理性知识。国家的最高统治者就属于智慧占优势者，所以他们是金口玉言、说出的话是真理。

柏拉图的学生亚里士多德（Aristotle，公元前384—前322）曾撰写了一本影响颇大的《灵魂论》，反对柏拉图的二元论，在人类历史上第一次提出灵魂和生命肉体不可分的观点。在这部著作中，他把人的灵魂看做是生活的动力和生命的原理，是身体存在的形式。认为灵魂支配身体活动，有自己的活动规律。在认识论上，他主张认识的对象是外在的事物，强调感觉在认识中的作用，思维依赖于感觉，并提出类似、对比、接近等记忆的原理。

16世纪，法国二元论哲学家笛卡儿（Rene Descartes，1596—1650）即哲学心理学思想的创始人，提出了"心身交感论"，认为人的身体是由物质实体构成，而灵魂则是由精神实体构成的，身体和灵魂这两个实体互相作用，互为因果。他还首先用"反射"的概念来解释人的部分心理活动，为发展科学的心理学作出了巨大贡献。此外，笛卡儿还专门写了《情绪论》一书，对情绪的本质、种类和机制做了研究，对以后心理学的发展产生了很大的影响。

中国是一个文明古国，对人类自身心理现象的思考和研究由来已久，早在先秦时期就有许多教育家和思想家提出了许多心理学问题，并对人性的本质、身心关系等进行了深入的探讨。例如，关于人性的本质，我们的先哲们争论的是"性善"还是"性恶"的问题。孟轲提出了性善论，认为人生来便是善的，具有先验的善端，具体表现为"仁、义、礼、智"四端。他说，"恻隐之心，仁之端也。羞恶之心，义之端也。辞让之心，礼之端也。是非之心，智之端也"。① 强调"恻隐之心，人皆有之；羞恶之心，人皆有之；辞让之心，人皆有之；是非之心，人皆有之"。② 认为教育对人性发展的作用在于"求放心"和"存心养性"，那么"人皆可以为尧舜"。荀况（公元前298—前238）不同意孟轲的性善论观点，提出性恶论，认为"人生性恶，其善者伪也"。③ 主张重视人的社会性，化性去伪。

关于身心关系，我们的先哲们争论的是"神形"问题。荀况认为："形具而神生，好恶、喜怒、哀乐藏焉。"④ 王充也认为"精神依其形体"，精神为血脉所生，"人死血脉竭，竭而精气灭"。⑤ 范缜则进一步提出"形者神之质也，神者形之用也"；"形存则神存，形谢则神灭"。⑥ 总之，他们都认为先有物质的身体，然后才有心理现象，物质和心理密不可分，心理活动是身体的一种机能。这是一种朴素的唯物主义观点。

关于心理与脑的关系，中国古代也有比较正确的认识。在《黄帝内经·素问》中就已经断言："诸髓者，皆属于脑。"明代医学家李时珍（1518—1593）进一步明确指出"脑为元神之府"，"人的记性皆在脑中"。清代著名医生王清任（1768—1831）根据对大脑的临床研究和尸体解剖，于1830年完成《医林改错》一书，其中明确指出"灵机、记性，不在心在脑"，他的"脑髓说"比较正确地说明了脑的运动机能定位，比俄国谢切诺夫的"反射论"还要早30多年，这是中国古代对心理科学基础理论的又一重大贡献。

上述关于心理现象的研究，不论是中国的还是西方的，虽然论及了心理学中的一些根本问题，但这些论述或争论都是以常识和直觉或猜测为基础的。哲学先辈们尽管精于思辨，但他们缺乏心理现象赖以产生的生理学知识，尤其是缺乏神经生理学知识，争论了两千多年，并没有使心理学这门学科有根本性的发展。心理学也一直被定义为研究"灵魂"的科学，此定义一直沿袭到19世纪后期。在这个过程中，最早用"心理学"来标明自己著作的是德国麻堡大学教授葛克尔，他在1590年首用此名。1852年德国哲学心理学家赫尔巴特（J. F. Herbart，1776—1841）的《作为科学的心理学》著作问世，第一次庄严

---

① 《孟子·公孙丑上》
② 《孟子·告子上》
③ 《荀子·王制》
④ 《荀子·天论》
⑤ 《论衡·论死》
⑥ 《神灭论》

宣布心理学是科学，主张将心理学与哲学、生理学区别开来。1876 年，英国心理学家培因（A. Bain，1818—1903）创办了世界上第一份心理学杂志《心理》，为发表心理学研究的成果，提供了一个专门场所。培因是心理学史上的一个承前启后的人物，在他之前的所有心理问题，都是以思辨的方式论述的，所以称之为"思辨心理学"或"哲学心理学"。

（三）科学心理学的诞生

19 世纪末，随着自然科学特别是生理学和物理学的发展，许多受过科学训练，并对心理学感兴趣的学者，不满意心理学停留于哲学的思辨。他们把自然科学的研究方法引入到人的心理和行为的研究，从而导致了心理学的根本性变革——科学心理学的诞生。在这一变革中，具有突出贡献的是三个德国人：费希纳（G. T. Fechner，1801—1887）、冯特和艾宾浩斯。

费希纳是一位才华出众的物理学家、数学家，而且对哲学和心理学很感兴趣，他首创了心理物理研究法，并运用此方法确定了外界物理刺激和心理现象之间的函数关系，这种研究方法也成为当时心理学科学研究的楷模。

冯特是德国著名的哲学教授、生理学家，是心理学划时代的人物，是公认的实验心理学鼻祖。他具有组织者和系统化的特长，把当时的研究工作和理论思考的各条路线融会于《生理心理学原理》一书，并于 1873 年和 1874 年间出版。1879 年，冯特在德国莱比锡大学建立了世界上第一个心理实验室，把自然科学研究的方法用于心理学的研究，标志着心理学从哲学母体中分离出来，成为一门独立的科学。冯特一生，研究成果丰硕，著作很多，其中《生理心理学原理》被誉为"心理学独立的宣言书"，是心理学史上第一部有系统体系的心理学专著。另外，他还为世界培养了第一批心理学专业的学生，为科学心理学在世界各地的开创和发展奠定了基础。冯特也因此被称为"心理学之父"、心理学史上第一位专业心理学家。

如果说费希纳和冯特只用实验法研究了简单的心理过程，那么，艾宾浩斯则把实验法用于高级的心理过程——言语材料的学习与记忆的研究。他以自己为被试，以首创的无意义音节作识记和学习材料，经长期研究，提出了遗忘先快后慢的理论，为心理学的研究作出了重要的贡献。

科学心理学诞生之后，心理学的发展非常迅速，尤其是在 19 世纪末至 20 世纪初期，由于心理学家们受当时各种哲学思潮的影响，加之对心理现象研究视角和方法的不同，心理学领域出现了许多流派，各个学术流派研究的重点不同，他们各持己见，以独有的理论来解释所有的心理现象，彼此互相指责、争论不休。直到 20 世纪 30 年代以后，各个学派之间才开始形成了相互学习，取长补短，兼收并蓄，积极发展的局面。20 世纪 50 年代以来，认知心理学和人本主义心理学迅速发展，成为当代心理科学发展的新趋势。

特别是现在，随着科学技术的进一步发展，在社会实践活动需要的推动下，心理学通过不断改进和完善原有的研究方法和技术，其基础理论研究进一步深入，应用性研究蓬勃发展，许多研究成果不仅应用于教育、医疗、工程技术、航空航天等领域，而且还渗透到仿生学、人类学、控制论、人工智能、系统工程等许多尖端科学和技术部门，愈来愈显示出科学心理学的价值和强大的生命力。在美国，心理科学已与物理化学科学、数学科学、环境科学、技术科学、生命科学、社会经济学一起并列为科学的七大部类，[①] 心理学会已成为仅次于物理学会的全国第二大学会。在中国，心理学也获得了飞速的发展，取得了巨大的进步，在社会实践的各个领域正发挥着越来越显著的作用。正如苏联学者安纳耶夫讲的，"随着科学的发展，心理科学将起着越来越大的作用。现在距离心理学在科学体系中占重要位置之一的时候不远了"。

阅读材料 1-1：20 世纪中国心理学十件大事

中国心理学会组织专家评选出 20 世纪对中国心理学发展有重大影响的十件大事。

1. 1917 年，北京大学哲学系的心理学、哲学教授陈大齐在蔡元培先生的支持下，创立了我国第一个心理学实验室。

2. 1920 年，南京高等师范学校在教育科下设立了心理系，这是我国设立的第一个心理系。

3. 1921 年 8 月，中国心理学会的前身中华心理学会成立。新中国成立后，1955 年 8 月在北京正式成立了中国心理学会。

4. 1922 年 1 月出版了中国第一种心理学杂志《心理》，这也是东方第一种心理学杂志。

5. 1929 年 5 月在北平成立中央研究院心理研究所，是现今中国科学院心理研究所的前身。

6. 1956 年南京大学心理系与心理室合并又扩建成所，于 12 月 22 日在北京举行成立大会。

---

7. 由中国科学院心理所主持于 1977 年 8 月 16～24 日，在北京平谷召开了全国心理学学科规划座谈会。

8. 1980 年 7 月 6～12 日，第 22 届国际心理学大会，讨论并一致通过接纳中国心理学会代表中国加入国际心联，成为其第 44 个国家会员。

9. 第 28 届国际心理学大会定于 2004 年 8 月 8～13 日在北京召开。

10. 2000 年，心理学被国务院学位委员会确定为国家一级学科。

资料来源：陈永明，20 世纪中国心理学十件大事，光明日报（科技周刊 B1 版），2001-08-27

二、现代心理学的主要流派

（一）构造主义心理学

构造主义心理学产生于 19 世纪初的德国，是心理学成为一门独立的科学以后形成的第一个心理学派别，主要代表人物是冯特和他的学生铁钦纳（E. B. Tichener，1867－1927）。

冯特受当时化学研究思路的启发，认为化学通过实验可以把物质分解成各种元素，那么心理学同样也可以通过实验分解出心理的基本元素。于是，冯特开始用实验的方法来研究人的心理结构，冯特的心理学也因此被称为"构造主义心理学"。构造主义心理学的研究对象主要是意识经验，主张心理学应该采用实验内省法研究意识经验的内容或构造，也就是对心理复合体进行元素分析，找出意识的组成部分以及它们如何结合成各种复杂心理过程的规律，就可以达到理解心理实质的目的。另外，构造主义强调心理学是科学，但不重视心理学的应用，不关心教育心理、儿童心理、个性心理等心理学领域以及其他不能通过内省法研究的个体行为问题。正由于构造主义心理学确定的研究对象和范围过于狭窄，又把内省法作为心理学的主要研究方法，因而遭到许多心理学家的反对，到 20 世纪 20 年代以后其影响逐渐衰落。

（二）机能主义心理学

机能主义心理学的创始人是美国著名心理学家詹姆斯（W. James，1842－1910），其代表人物还有杜威（John Dewey，1859－1952）等人。机能主义心理学主要活跃于 19 世纪末期到 20 世纪 30 年代，与当时的构造主义心理学展开了激烈的学派之争，两者都主张研究意识，争论的焦点是心理学应该研究意识的结构还是意识的功能。机能主义心理学强调研究意识的功能，反对脱离生活实际的所谓纯科学的研究。

詹姆斯批评构造主义心理学忽视了意识的最主要特征，即只静态地研究意识的元素，而忽略了意识的连续性。他提出了"意识流"学说，认为意识像水流一样，是流动的、变化的，不是由元素连接起来的结构。詹姆斯还认为心理学的研究工作不应局限在实验室内，而应更多地考虑人是如何调整行为以适应环境不断提出的要求的。为此，后来他的一些追随者走向了心理测量、儿童发展、教育实践的有效性等各种应用心理学方面的研究。1980年詹姆斯发表了他的经典著作《心理学原理》，书中详细地阐述了他的有关意识流思想，在心理学史上产生了深远的影响。

基于唯心主义的思想基础，构造主义心理学和机能主义心理学都未能很好地解决方法学问题，相持了几十年后，行为主义心理学诞生，于是这两个学派都相继日渐衰落。

（三）行为主义心理学

行为主义是美国现代心理学的主要流派之一，也是对西方心理学影响最大的流派之一。其创始人为美国心理学家华生（John B. Watson，1878—1958）。行为主义包括旧行为主义和新行为主义。这个学派的突出特点是强调现实和客观研究。

华生是旧行为主义的重要代表人物，1913年，他发表了《一个行为主义者眼中的心理学》，标志着行为主义的诞生。他认为心理的本质是行为，因而他否认意识，反对传统心理学把意识作为研究的对象，主张只研究人的行为。他将行为归结为肌肉的收缩和腺体的分泌，而肌肉的收缩和腺体的分泌则归因于外在和内在的刺激。认为心理学的目的是揭示刺激和反应即 S—R 之间的确定关系，刺激和反应是构成行为的共同的基本因素。又由于刺激是客观的，人的行为是外显（客观）的，因而反对传统心理学的内省法，强调和主张用客观的方法即实验法来研究人的行为。另外，他还认为行为是环境作用的结果，环境的差异导致行为的差异，反对用遗传去解释生理正常的个体之间的行为差异。华生的心理学或者说行为主义是以控制行为为研究目的的，而遗传是不能控制的，所以，遗传的作用越小，控制行为的可能性就越大。因此，华生否认遗传的作用，非常重视环境、学习问题的研究，认为环境和教育是行为发展的唯一条件。

华生行为主义的极端立场使心理学面临不能研究心理这样的尴尬局面，同时，抛开心理，行为也不能得到有效的解释。因此新行为主义不再坚持华生严格的行为主义立场。

斯金纳（B. F. Skinner，1904—1990）是美国新行为主义的重要代表人物之一，他同华生一样，都认为心理学的研究对象只能是人的行为。不同的是，斯金纳主要研究人的操作行为，并在对操作行为的形成进行系统研究的基础上，提出了操作性条件反射学说。需要指出的是，斯金纳的操作性条件反射与苏联学者巴甫洛夫的经典性条件反射有所不同。虽然，二者在形成机制上没有本质区别，都是以强化为基本条件，但在形成的方式上有所区别。经典性条件反射是刺激（S）—反应（R）的过程，操作性条件反射则是反应（R）—刺激（S）的过程。另外，经典性条件反射的形成比较被动，而操作性条件反射的形成则是在有机体主动活动的条件下形成的。因而，操作性条件反射在人类的活动中存在更广泛、意义更大。也正因为这样的原因，斯金纳非常重视对人的行为的控制的研究。他认为，人的行为主要由操作性条件反射所构成，而人格就是通过操作性条件反射的强化而形成的一种惯常性行为方式。以此类推，他把此原理用于解释人的心理的形成与发展。

斯金纳与华生思想的主要区别，就在于他并不否认人的内部心理活动的存在，但是他坚信人的一切行为都是由外部环境决定的。因此，他认为控制了外部环境，就可以对人的行为的塑造加以控制。所以，斯金纳非常重视其理论在实践中的应用，特别是在发展儿童的心理和提高儿童教育的质量方面的应用，他曾进行了许多有益的尝试，取得了很大的成就，为儿童发展心理学和教育的发展作出了较大的贡献。

在实用主义思想的指导下，行为主义心理学在美国很快就盛行起来，并开始广泛地应用于工厂、学校和医院等社会实践领域。行为主义从20世纪20年代兴起，一直到20世纪50年代才逐渐衰落。但是它的影响深远，不仅其客观研究方法得到了肯定，而且在当前的行为矫正、心理治疗中，行为主义的方法仍占有重要地位。

（四）格式塔心理学

"格式塔"是德文"Gestalt"音译，意思为"完形""结构""整体"等，所以，格式塔心理学（Gestalt Psychology）也叫完形心理学。此学派创立于1912年的德国，活跃于20世纪初期到20世纪40年代。主要代表人物是韦特海默（Max Wertheimer，1880—1943）、考夫卡（Kurt Koffka，1886—1941）、苛勒（Wolfgang Kohler，1887—1967）。

格式塔心理学认为心理现象最基本的特征是在意识经验中所显现出的结构性（"格式塔"）或整体性，主张心理学的研究内容是意识体验。反对构造主义心理学的元素主义，也反对行为主义的"S—R"公式，认为整体不等于部分之和而是大于部分之和，意识不等于感觉、感情等元素的总和，行为也不等于反射弧的集合，思维也不等于观念的简单联结；注重在知觉的层次上研究人是怎样认识世界的。作为一种学派，它重视心理学实验，研究的结果在当时很有影响，尤其是有关知觉的一些实验结果，称为格式塔知觉规律，至今在心理学中占有一定的重要地位。

（五）精神分析学派

精神分析学派产生于 19 世纪后期的欧洲，其创始人是奥地利精神病医生、心理学家弗洛伊德（Sigmund Freud，1856—1939）。这一学派的理论主要源于弗洛伊德治疗精神病人的实践，重视对人类异常心理和行为的分析。整个理论体系主要包括潜意识论、人格结构论、性欲学说等。

潜意识理论是精神分析的理论基础。该理论认为人的心理可分为意识、潜意识两部分。潜意识是个体不能知觉的精神生活，由原始冲动和本能以及被压抑的欲望所构成，是人的精神活动的主体，它处于心理的深层；而意识仅仅是人的精神活动断断续续的表层现象，只是整个精神活动的很小一部分。潜意识虽然通常是不可觉知的，但它无时无刻不在影响着人的心理和行为；被压抑在潜意识中的心理冲突，是导致心理障碍发生的重要原因。

人格结构论强调性本能是人格发展的基本动力，是决定个人命运和社会发展的永恒力量。认为人格由本我、自我、超我组成。其中本我与生俱来，包括先天本能和原始欲望；自我由本我派生，处于本我和外部现实之间，对本我进行控制和调节；超我是"道德化了的自我"，由良心和自我理想两部分组成，主要职能是指导自我去限制本我的冲动。三者通常处于平衡状态，平衡被破坏，则导致人格障碍或精神疾病出现。

性欲学说认为性欲是人的所有本能中持续时间最长、冲动力最强，对人的精神活动影响最大的本能；人的一生行为都带有性的色彩，受里比多性能的支配，并随里比多在个体发展过程中集中于身体某一区位的变动而出现口腔期、肛门期、生殖器期、潜伏期、青春期五个发展阶段。弗洛伊德认为，性心理发展过程中如果在某一阶段发生停滞或倒退，就可能导致心理异常。

由于弗洛伊德的精神分析理论把潜意识作为心理学的研究对象，过分夸大潜意识、性本能的作用，因而一经提出在学术界就引起巨大的反响，遭到不少人的反对。以后发展起来的新精神分析学派修正了弗洛伊德的理论，反对本能说和泛性论，强调社会文化因素对产生精神病和人格发展的影响。

（六）人本主义心理学

人本主义心理学是由美国心理学家马斯洛（A. Maslow，1908—1970）和罗杰斯（C. Rogers，1902—1987）于 20 世纪 50 年代所创建的一个心理学流派。它既反对精神分析学派贬低人性、把性本能看做人的发展的基本动力，又反对行为主义主要以儿童和动物为被试，只研究可以观察到的刺激与反应、把意识看做行为的副现象，主张研究人的价值和潜能的发展，被称为心理学的第三势力。在人本主义心理学看来，人的本质是善良的，人有自由意志，有自我实现的需要和巨大的心理潜能，只要有适当的环境和教育，他们就会完善自己，发挥创造潜能，达到某些积极的社会目标。并且还认为，人在充分发展自我潜力时，会力争实现自我的各种需要，从而建立完善的自我，并追求建立理想的自我，最终达到自我实现。人在争得需要满足的过程中还能产生人性的内在幸福感和丰富感，给人以最大的喜悦，这种感受本身就是对人的最高奖赏。因而主张心理学应改变对一般人或病态人的研究，要研究能自我实现的、有创造潜能的"健康人"的心理特点和规律。

总之，人本主义心理学强调人的社会性特点，对人的心理本质作出了新的描绘，为心理治疗领域孕育了一条创新的人本主义路线和方法。但是，由于人本主义心理学所采用的方法主要是"现象学的方法"，即主观经验的观察和报告，主要依靠理论上的推测，他们对自己所使用的名词也缺乏明确的定义，因而使他们的理论难以得到检验。

（七）认知心理学

认知心理学起始于 20 世纪 50 年代中期，60 年代之后在西方迅速发展，是现代心理学的一个新的流派。1967 年美国心理学家耐瑟（U. Neisser）的《认知心理学》一书的出版，标志着这一学派理论的成熟。广义的认知心理学包括侧重研究人的认识过程的心理学的所有学派，如皮亚杰（Jean Piaget，1896－1980）的发生认识论。狭义的认知心理学是指用信息加工的观点和术语解释人的认知过程的科学，因此也叫信息加工心理学。这一学派主要研究人接受、编码、操作、提取和利用知识的过程，即感知觉、记忆、表象思维、语言等。它强调人已有的认知结构对当前认知活动的决定作用，并且通过计算机和人脑之间进行类化，像研究计算机程序的作用那样在较为抽象的水平上研究人的信息加工的各个阶段特点，以揭示人脑高级心理活动的规律。因此，把关于人的认知过程的一些设想编制成计算机程序，在计算机上进行实验验证的模拟，成为认知心理学的重要研究方法。

人的心理活动不止包括认知过程，还有情感、意志、各种人格心理特性等，若忽略了人的这些特点，就会把人与机器等同起来。认知心理学在其发展过程中，从认知过程出发，并未忽略动机和情感等心理现象的研究。事实上现代认知心理学以信息加工观点研究内部心理活动规律，已变成一种研究思路，并在教育心理学、社会心理学等方面取得了许多研究成果，从而丰富了心理学的研究内容，推动了心理科学的发展，为更好地分析、解释、预测、调控人的心理与行为奠定了理论基础。

第三节 心理学的研究方法

方法问题对任何一门科学的研究来说都是十分重要的。培根说："发现的艺术是同发现本身一起成长的。"方法是我们完成某项任务，达到某个目的的途径和手段。所以，任何一门科学的研究都有与之相适应的方法。心理学作为研究人的心理活动规律的科学，由于研究对象的复杂性和特殊性，其研究方法很多。但是，我们不管采用哪一些方法，都必须以辩证唯物主义方法论为指导，遵循一定的研究原则，针对所要解决的问题，选择科学的研究方法，按照一定的研究程序进行研究，才能保证其研究的科学性，进而更好地揭示人类心理活动的奥秘。

一、心理学研究的基本原则

（一）客观性原则

所谓客观性原则是指对人的心理现象进行研究时，要尊重客观事实，坚持客观的标准，按照事物的本来面目对它们进行如实的反应。因为人的心理是客观现实的反映，一切心理活动都是由内外刺激所引起，通过一系列生理变化而实现，并在人的实践活动中表现出来。我们研究人的心理，就要从这些可以观察到的现象中去研究，从这些可以检查的活动中去研究。虽然人的心理现象是复杂的，有时甚至是隐蔽的，但不管怎样复杂，也不管他作出种种假象和掩饰，只要它是客观存在的事实，在行动中就会有所表现，在内部的神经生理过程中就会有所反映，也就最终能被人们所认识。所以，我们研究人的心理，就要从心理产生所依存的那些条件、物质过程去揭示心理发生、发展和变化的规律。这包括课题的提出，研究类型的选择，变量的控制，测试题的标准化的处理，具体方法的确定以及材料的收集、整理、结论的得出等，都必须贯彻客观性原则。需要指出的是，贯彻这一原则并不妨碍在已掌握的事实的基础上提出大胆的假设，但假设最终也必须依靠客观事实材料去证实。

（二）系统性原则

系统性原则要求对人的心理现象进行研究时，要从系统论观点出发，把各种心理现象放在整体性的、有等级结构的动态的和相互联系的系统形式中加以研究，做到既对其进行多层次、多维度、多水平的系统分析，又对其进行动态的、综合的考察，反对片面、孤立、静止和浑然一体的研究倾向。因为，人生活在极其复杂的自然环境和社会环境中，人的每一心理现象的产生，都要受自然和社会等许多因素的影响和制约。在不同的时间内，不同的条件下，人对同一刺激物的反应是不同的。也就是说，人对某刺激物的反应要受时间、环境、主体状况等许多因素的影响和制约。所以，对人的心理现象进行研究时，既要考虑引起心理现象产生的原因、条件，同时又要考虑与之相联系的其他因素的影响，要在联系和关系中探究人的心理的真正规律。

（三）发展性原则

发展性原则要求对人的心理现象进行研究时，要坚持发展的观点。辩证唯物主义指出，世界上的万事万物都处在永恒运动和不断变化之中。作为发展变化着的客观事物反映的人的心理，也是处在不断发展变化之中。不仅如此，作为人的心理的物质承担者——人的大脑，也是历史发展的产物，它经历了久远的年代才演化成今天这种状况。因此，心理学研究必须贯彻发展性原则，不能割断历史，既要探索和揭示人类产生以前动物的心理特点和发展变化的规律，又要研究现代人类随着时代的变迁，社会生活条件、生活方式的变化，尤其是现代化生产工具的使用和便捷的信息交通工具的使用对人的心理发展产生的巨大的影响。在进行个体心理研究时，既要充分重视人的心理现象的各种量的变化和质的表现，又要不断观察和了解心理发展变化的规律，不能以静止的、固定模式看待人的过去、现在和将来。不仅要研究已经形成的心理品质，还要善于发现和预测那些刚刚出现并大有发展前途的良好心理品质，以便创造条件使其成长。

（四）教育性原则

教育性原则要求对人的心理现象进行研究时，必须符合教育的要求。不允许进行足以损害被试、尤其是儿童身心健康的研究（如行为主义儿童心理学早期所进行的关于儿童惧怕情绪的研究，1954年加拿大的赫布、贝克斯顿进行的剥夺感觉的实验研究等），不允许向儿童出示跟教育目的、任务相矛盾的图片、问题或作业等。要考虑到课题本身的性质、方法的选择等是否有利于被试的身心健康、有利于被试的心理发展等。

（五）理论联系实际的原则

理论联系实际原则要求心理学的研究和设计过程，必须有科学理论作指导，提出的研究课题必须对社会实践活动和人类身心健康有意义，避免进行一些脱离实际的纯理论的研究。在具体研究过程中，必须掌握马克思主义哲学和心理学的一般原理，了解与课题有关的研究成果，以把握研究的科学性和避免不必要的重复劳动。同时，各种理论又必须"为我所用"，要结合我国和人们生活的实际去检验它们，以便在社会现实中，透过现象看本质，去揭示人的心理发展变化的规律。

上述原则不是各自孤立的，而是相互联系的。遵循了这些原则，实际上就是坚持了辩证唯物主义的指导思想。只有这样，才能科学地阐明人的心理现象发生、发展的规律。

二、心理学的研究方法

（一）观察法

观察法是指在日常生活条件下，通过对被试的外部表现进行有目的、有计划的观察，从而了解其心理活动特点和规律的方法。观察法有许多种类，主要种类如下。

按照观察时间与观察要求不同，可将观察法分为长期观察与定期观察。长期观察是指在相当长的时期内进行系统性观察，有计划地积累资料。例如，达尔文（C. R. Darwin，1809—1882）的《一个婴孩的生活概述》[①]，陈鹤琴的《一个儿童发展的程序》[②] 就是这一类研究。定期观察是指在某一特定的时间里进行观察记录。如每周观察两次小学生的课业责任心行为表现，待材料积累到一定的时候，进行分析整理得出结论。

按照观察者身份划分，可将观察法分为参与性观察和非参与性观察。前者是观察者主动参与被试活动，以被试身份进行观察。如研究人员以代课教师身份参与教学活动，从教师的角度观察学生表现。后者是观察者不参与被试活动，以观察者的身份进行观察。无论采用哪种观察方法，原则上都不宜让被试发现自己被观察，以免影响观察的效果。如透过单向透光玻璃窗或闭路电视录像装置，观察学生在自修课上学习的自觉性和自制力情况。

观察法可应用于多种心理现象的研究，尤其适用于教师了解、研究学生的心理特点和规律。但由于观察法是在日常生活条件下，当被试出现某种心理活动时进行观察的，因而它带有一定的被动性，而且观察到的事实本身还不足以区分哪些是偶然的、哪些是规律性的，对此也不易作出比较精确的量化分析和判断，这是观察法的缺点。另外，也因为观察法是在日常生活条件下使用的，

① 达尔文：《人类和动物的表情》，北京，科学出版社，1958
② 陈鹤琴：《儿童心理之研究》，北京，商务印书馆，1925

因而简便易行，所得到的材料比较真实、切合实际、可信度较高，这是观察法的优点。

运用观察法研究人的心理时，首先，要确定明确的观察目的；其次，要制订切实可行的观察计划，在计划中应列出观察的目的、步骤、采用的方法等，使观察有步骤、有秩序地进行；再次，要做好观察的记录，积累丰富的材料；在记录时，除了用文字记载外，要尽可能地采用现代化的手段如摄像机、录音机等记录下实况，以备反复观察和进行分析；最后，要对所观察到的材料进行整理并加以认真分析，作出符合实际的结论。

（二）实验法

实验法是指有目的地严格控制一定的条件或创设一定的情境，以引起被试的某些心理活动，从而进行研究的一种方法。实验法主要有实验室实验法和自然实验法两种形式。

实验室实验法是指在特定的心理实验室里，利用一定的设施，借助专门的实验仪器，严格控制实验条件，从而研究被试心理活动的一种方法。例如，研究一个人的快速反应能力，就可以使用实验室实验法。在实验室里对被试提供声音或光刺激，令被试将一只手放在电键上，并要求被试在听到声音或看到闪光时立即按下电键，用仪器记录下来被试从刺激呈现到作出反应的时间，经过多次实验，用统计方法对实验数据进行分析即可得到实验结果、达到实验目的。实验室实验法的最大优点是能够对无关变量进行严格控制，对自变量和因变量进行精确测定，对实验结果进行准确记录，实验结果也可重复验证，具有较高的信度。

实验室实验法多用于研究心理过程和某些心理活动的生理机制等方面的问题，也可以用于研究能力、气质等个性心理。但由于实验室实验法是在人为的特定条件下进行的，常常容易引起被试的情绪紧张、态度上的不自然，因而实验的结果往往与被试日常生活条件下的情况存在一定的差距。所以实验室实验法具有一定的局限性，在应用时要注意考虑。

自然实验法也叫现场实验法，是指在日常生活条件下，适当控制或创设一定的条件来进行研究的一种方法。例如，研究教师期望对激发学生学习积极性的作用问题，即可以采用自然实验法进行。心理学家罗森塔尔（R. Rosenthal）的著名实验——罗森塔尔效应就是一个典型的实验。自然实验法比较接近人的生活实际，易于实施，又兼有实验室实验法和观察法的优点，所以这种方法在心理学研究中被广泛应用，特别是在儿童发展心理学、教育心理学、社会心理学的研究中应用最多。

（三）调查法

调查法是以提出问题的形式要求被调查者针对问题进行陈述来获得研究所需资料的方法。调查法可分为问卷法和访谈法。

问卷法是研究者根据研究课题的要求，设计问题表格和相应内容让被调查者自行陈述来搜集资料的方法。它可以直接向被调查者发放问卷，也可以通过邮寄、互联网等方式发放问卷，具有向许多人同时搜集同类型资料的优点。其缺点是发出去的调查表难以全部收回，只能得到被调查者对问题的相对完整的答案。

运用问卷法调查时，首先，要针对调查的目的来设计问卷，同时问卷的设计能够尽可能消除被试的各种顾虑，便于实事求是地回答问题。其次，提出的问题要简单明确，易于作答，而又能反映出某种心理状况。最后，还要注意某些技术性问题，如设问的策略、要求的一致性、问题的量和质的关系、所获答案便于处理和统计、省时、经济等。

访谈法是根据预先拟好的问题向被调查者口头提出，在面对面的一问一答中搜集资料进行研究的方法。访谈法一般不需要特殊的条件和设备，研究者可以直接控制访谈进程，以不同的方式考察被调查者对问题回答的真实程度，并可以根据被调查者的反应即时提出临时应变的问题等。但由于访谈对象有限，加上被调查者可能受主观和客观因素的影响，有时会影响到所获资料的真实性。

运用访谈法时，研究者首先要确定访谈的目的，拟定好访谈的提纲；其次，要创造坦率和信任的良好气氛，使访谈在自然氛围中进行，有利于被调查者做到知无不言；同时，研究者应该有良好的准备和训练，尽量使谈话标准化，记录指标的含义保持一致性。这样才有可能对结果进行客观的分析和概括。

（四）测验法

测验法也叫心理测验，它是研究者采用标准化的测量工具（如测验量表），在较短的时间内，对被试的某些或某方面的心理品质作出测定、鉴别和分析的一种方法。目前，心理测验的种类繁多。按测验的目的，可分为智力测验、能力测验、人格测验、诊断测验等；按测验材料的不同，可分为文字性测验和非文字性测验两种；按测验实施方式的不同，可分为个体测验、团体测验等。心理测验的最大优点是能数量化地反映人的心理发展水平和特点，它不仅能作为一种研究方法，使研究更趋精确、科学，而且还能为因材施教、人才选拔、职业指导、心理诊断和咨询提供客观材料。需要注意的是，任何测验都只具有特定的功能，适用于特定的群体，不是放之四海而皆准。因此，运用测验法时，必须注意测验的目的及其适用的目标群体，遵照规定的方法实施，才能收到应有的效果。关于心理测验的具体问题将在以后的有关章节中再做详细介绍。不过，对人进行心理测验涉及的因素较复杂，测验量表的制订也较困难，实施的精确性和可信性还需要在测定之后的较长时期才能看出。

心理学的研究方法除上述介绍以外，还有内省法（自我观察法）、作品分析法、教育经验总结法等。每一种具体的方法都各有所长，也各有不足。因此，心理学的研究应根据实际情况加以综合运用，才能更好地取长补短，真正地反映和揭示人的心理活动的客观规律。

【思考与练习】

一、填空题

1. 人的心理现象复杂多样，从心理的动态性维度上可把心理现象划分为_____和个性心理两类。从心理的意识性维度上可把心理现象分为_____和_____。

2. _____年，德国心理学家_____在莱比锡大学建立了世界上第一个心理实验室，标志着科学心理学的诞生。

3. 心理学研究的类型主要有_____、_____、_____和_____。

4. _____创办了世界上第一份心理学杂志，是心理学史上一个承前启后的人物。

二、判断题

1. 心理现象是异常复杂的，因而也是神秘莫测的。

2. 心理学与自然科学、社会科学和哲学等关系密切，是一门涉及多种学科的边缘学科。

3. 普通心理学是研究所有心理现象及其规律的科学。

4. 心理过程是心理现象的动态形式，个性心理是心理现象的静态形式。

三、问答题

1. 现代心理学有哪些流派？各学派的理论观点和研究的主要内容是什么？

2. 心理学研究的方法有哪些？应该遵循哪些原则？

3. 师范生和教师学习心理学的重要意义是什么？

第二章　心理的实质

【内容提要】

什么是心理？心理的实质究竟是什么？在没有学习心理学之前，很多人认为心理就是我们的思想和情绪，然而这只是说出了心理现象包括哪些内容，并没有说出心理的实质是什么。关于心理的实质问题，人类自古以来就一直在孜孜探求，提出了各种各样的观点，进行了而且尚在进行着争论。辩证唯物主义产生以后，人们才对心理的实质有了科学合理的解释。本章将从以下几个方面诠释和说明心理的实质：心理是脑的机能；心理是人脑对客观现实的反映；心理是在实践活动中产生发展的。

【学习目标】

1. 了解关于心理实质的争论，掌握辩证唯物主义的心理观。
2. 理解和掌握脑的结构和功能。
3. 能够举例说明心理是人脑对客观现实的反映、心理是在实践活动中产生发展的。

　　"心理"这个词我们并不陌生，我们也经常会体验到各种各样的心理现象，但心理的实质是什么？很少有人能说清楚。对于这个看来简单、实则复杂的问题，自古以来，许多思想家都在探索其答案，并且提出了各种各样的见解和观点。概括起来，这些观点大致可以分为两类：唯心主义的心理观和唯物主义的心理观。

　　唯心主义的心理观认为心理现象是与身体无关的"心"的活

动，是不依赖于物质而存在的灵魂活动的结果，客观世界是心理的产物。如古希腊哲学家柏拉图认为灵魂永生不死，灵魂来自理念世界，灵魂进入身体而支配身体活动；人体死亡，灵魂就回到理念世界。

唯物主义的心理观认为物质是第一性，心理是第二性的，精神是物质的属性和产物。但古代的朴素唯物主义常把心理同心脏或内脏等特殊部位联系起来，认为心理是在心脏或其他内脏器官中产生的。机械唯物主义者认为，人的心理是客观事物作用于人的感觉和神经系统而产生的，有什么样的客观刺激就能产生什么样的反应。如机械唯物主义心理观的代表——法国的学者拉·美特利认为，人不过是一架巨大的、极其精细的、巧妙的钟表。狄德罗把人比做"有感觉的乐器"，认为我们的感官就是键盘，我们周围的自然界弹它，它自己也常常弹自己。庸俗唯物主义者认为"脑髓分泌思想，正如肝脏分泌胆汁一样"等。辩证唯物主义产生后，人们才对心理的实质有了科学的认识。辩证唯物主义认为：心理是脑的机能；心理是人脑对客观现实的主观反映；心理是在实践活动中产生发展的。

第一节　心理是脑的机能

一、脑是心理活动的器官

心理是脑活动的结果，脑是心理活动的器官，这些结论现在看起来几乎成了常识，然而这个结论的得来跟"地球是圆的"结论一样，得来相当不易。相当长一个时期，无论是在西方还是在东方，人们都曾经认为心脏是产生心理活动的器官，就连古希腊哲学家亚里士多德也认为心脏是思想和感觉的器官，我国汉语中同样也保留着这种错误认识的痕迹，因此，与心理活动有关的字大都带有"心"字部首，如"思""想""念"等，成语"胸有成竹""计上心来"也都是这种错误认识的反映，至今我们思考问题时还常说"用心想一想"。更确切地说"用心想一想"应该是"用脑想一想"，心理学也应该叫做"脑理学"，但由于习惯使然，我们仍然叫心理学。

为什么人们会认为心脏是产生心理活动的器官？确切原因已经难以考证，一个可能的解释是人们情绪变化时会感觉到心脏也会相应的产生变化，因此误以为心脏是心理活动的器官。但科学的发展使东西方人们几乎不约而同地认识到产生心理活动的器官是脑，而与心脏并无特别直接的关系。明朝医生李时珍

（1518—1593）早在16世纪就提出了"脑为元神之府"的观点，17世纪的学者刘智（1660—1730）也提出"百体之知觉运动"都依赖于脑，脑的不同部分有不同的功能。清代的医生王清任（1768—1831）根据自己的解剖经验，发展了"脑髓说"，认为人的感觉和记忆是脑的功能，而不是心脏的功能。几乎同时代的法国著名学者、医生布洛卡也曾报道过两具中风死者的尸体解剖结果，病人生前都是身体右侧瘫痪，并患有严重的语言异常——不会说话。从尸体解剖中布洛卡发现，两个病人大脑左侧额叶部位的组织都有严重病变，而心脏并没有异常。他推测病变的部位管理语言运动，此后为了纪念他的重要发现，该脑区就被命名为布洛卡区。

在支持心理是脑的机能的结论当中，最让人信服的证据是来自心脏移植手术，心脏移植病人在接受了别人的心脏后，其记忆、思维、情绪、性格并没有显著的变化，并没有变成另外一个人，仍然记得手术前的事情，如果心脏果真是心理活动的器官的话，心脏换了，其心理特点也应该变成另外一个人的特点。此外，精神病人的心理活动与正常人相比，差别很大，但他们的心脏机能却与正常人相差无几；而一个心脏机能正常的人，如果大脑受到损伤，心理活动就会丧失或者变化。例如，1848年美国一个名叫盖吉的铁路监工在一次爆破中发生了人身伤害事故，一根一米来长的铁棍刺穿了他的颅骨，从他的左颧骨下方穿入头部，从头顶飞出，落在身后二十几米的地方。幸运的是他奇迹般地活了下来，虽然严重的脑损伤使他左眼失明，但他仍然可以说话、走路和工作。但他的朋友和熟人却都说他不再是原来的他了。受伤之前他待人彬彬有礼、机灵、聪明，精力充沛、毅力不凡、努力实现自己的理想，令人尊敬。但受伤之后"他的理性和动物性之间的平衡似乎已经遭到破坏，变得脾气暴躁、行为放纵，对人无礼、常常还伴有污秽的言语，不再听从朋友和伙伴的劝阻，特别是当这些劝阻与他的需求相冲突时，他表现得很不耐烦。有时，他异想天开地提出许多计划，但瞬息间又依次否定，反复无常。他的智能和行为表现像个孩子；可是却有着一个成年男子所具有的强烈本能"①。

上述事实和研究均表明，脑是心理活动的器官，人类一切心理活动的产生和发展都依赖于脑。正如恩格斯所说："我们的意识和思维，不论看起来是多么超感觉的，它总是物质的、肉体的器官即人脑的产物。"② 列宁也说："心理

---

① Harlow J M，Recovery from the pasaage of an iron bar through the head. Publicaions of the Massachusetts Medical Society，1868（2）：327～347

② 《马克思恩格斯选集》，第4卷，223页，人民出版社，1972

的东西、意识等是物质的最高产物，是叫做人脑的这样一块特别复杂的物质的机能。"①

那么动物有没有心理呢？确切地说动物是有心理的，但相对于人类来说却简单得多。心理的复杂程度是与脑（神经系统）的复杂程度密切相关。神经系统越高级，它所产生的心理现象就越复杂。例如，无脊椎动物阶段的神经系统是链状和节状神经系统，只能感受不同频率的声音，区分颜色和形状，但尚不能利用各种感觉器官的协同活动来反应外界的影响。例如，蜘蛛捕食落入蛛网中的昆虫，是由于昆虫落网振动了蛛丝引起了蜘蛛的反应，如果将不可食的物体投入网中或用单叉接近蛛网时，蜘蛛同样也来捕食。可见蜘蛛只能对振动的条件作出反应，而不能同时用视觉和触觉来反应外界的影响。从无脊椎动物发展到脊椎动物，脊椎动物背部神经管前端扩大而成为脑。由于神经系统的发展，脊椎动物的心理也发展到更高一级阶段的知觉阶段。实验证明，大白鼠可以辨别等边三角形和圆形，还能够进行各种迷津学习；狗能够根据声音、衣服的气味认出它的主人；鱼能凭嗅、味、触、视、听觉，对事物进行综合反映。尽管如此，它们的心理只属于知觉阶段。脊椎动物的进一步进化是哺乳动物。当哺乳动物演化到灵长类的类人猿时，就达到了动物心理发展的最高阶段即思维萌芽阶段。类人猿的脑部结构接近现在的人脑，其视觉、触觉、运动觉特别发达，不仅能反映事物的个别属性及其整体，而且还能反映事物之间的关系。如黑猩猩能把大小不同的木箱叠在一起，取到悬在高处的食物。虽然灵长类动物的心理已经发展到较高的水平，但与人类的心理相比还是微不足道的，因为人类的大脑是目前地球上进化水平和等级最高的神经系统。

二、人的神经系统

神经系统是由无数的神经元（即神经细胞）构成的神经组织与结构的总称，可分为中枢神经系统和周围神经系统。

（一）神经元的结构和机能

神经元又称神经细胞，是神经系统最基本的结构和功能单位。神经元的形状和大小不一，但多数神经元具有一些共同结构。大致都可以分为细胞体和突起两部分（图 2-1）。胞体的中央有细胞核。细胞核是细胞的能量中心，胞体为神经活动提供能量，并大量制造用于传递信息的化学物质。由胞体发出的突起包括树突和轴突两种。树突较短，分支较多，它接收其他神经元传来的信息并

---

① 《列宁全集》，第 14 卷，238 页，人民出版社，1957

传至胞体。轴突较长，一般每个神经元只有一根轴突，它把神经冲动由胞体传至另一个神经元的树突或肌肉与腺体。轴突外围包有一层髓鞘，由胶质细胞构成，起着绝缘作用，防止神经冲动的扩散。所谓神经冲动是指当神经元受到刺激（如机械的、热的、化学的等）时会由比较静息状态转化为活动状态，表现为神经生物电电压的变化和电流的流动。因此在一个神经元内神经冲动的传播就是神经生物电的传播。但神经冲动在神经纤维内的运动，同电流在导线内的运动不同。电流按光速运动，每秒 30 万公里，而人体内神经兴奋每小时运行的速度只有每秒 3.2～320 公里，因此这种神经冲动的传播速度限定了人的反应速度，规定了人反应速度的极限。

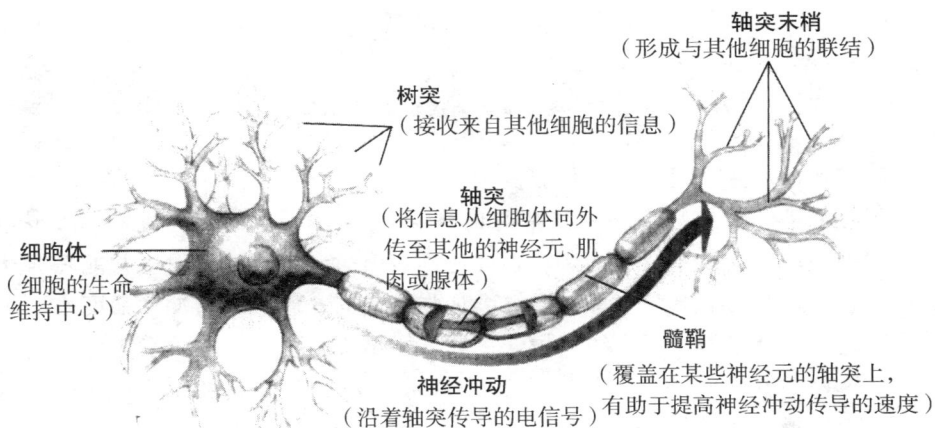

轴突末梢
（形成与其他细胞的联结）

树突
（接收来自其他细胞的信息）

轴突
（将信息从细胞体向外
传至其他的神经元、肌
肉或腺体）

细胞体
（细胞的生命
维持中心）

髓鞘
（覆盖在某些神经元的轴突上，
有助于提高神经冲动传导的速度）

神经冲动
（沿着轴突传导的电信号）

图 2-1　神经元示意图

　　每个神经元在结构上是相互独立的，那么神经元与神经元之间是如何传播信息的呢？它们是通过一种叫做突触的结构。突触是一个神经元的末梢与另一个神经元的胞体或树突相接触的部位，它包括突触前膜、突触间隙和突触后膜（图 2-2）。突触前膜是前一个神经元末梢膨大的部分的底端，内有许多含有化学物质的小泡。突触后膜即后一个神经元含有分子受体的部位。突触间隙即前后膜之间宽约 200 纳米的空隙。当神经冲动（电信号）沿着轴突传到突触时，突触前膜内的小泡便会释放一定的化学物质，这些化学物质通过突触间隙，作用于突触后膜上的分子受体接收器，使其受到化学刺激，从而引起下一个神经元产生神经冲动，这样依次传递。

　　由上面的介绍可以看出神经冲动有两种传导方式：电传导和化学传导。在一个神经元内，如冲动由胞体向轴突传导时，主要通过电传导，而在两个神经

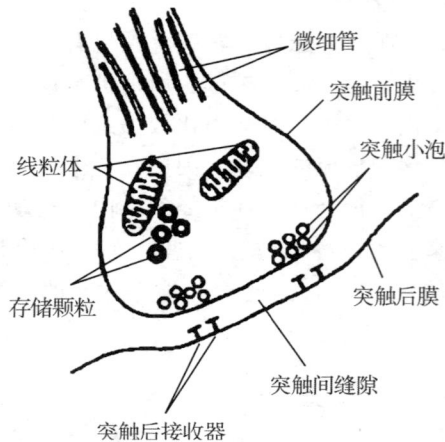

图 2-2　突触的结构示意图

元之间神经冲动主要通过化学传导。

　　神经冲动的传导具有一种很特殊的现象，当刺激强度未达到某一阈限值时，神经冲动不会发生；而当刺激强度达到该值时，神经冲动发生并能瞬时达到最大强度，此后刺激强度即使再继续加强或减弱，已诱发的冲动强度也不再发生变化，就像鞭炮的引火线一样，一段一段燃烧下去，不依赖发火物火力的大小，这种现象称为全或无定律（all-or-none law）。这种特性使信息在传递途中不会变得越来越微弱。

（二）中枢神经系统的结构和机能

　　中枢神经系统是人体神经系统的主体部分，包括脑与脊髓，其主要功能是传递、储存和加工信息，产生各种心理活动，支配与控制人的全部行为。

　　1. 脑

　　人类的脑是由 140 亿个左右的神经元构成的海绵状神经组织，重约 1400 克，它是中枢神经系统的主要部分，主要包括以下几个部分，分别具有不同的功能（图 2-3）。

　　（1）脑干

　　脑干包括延脑（medulla）、脑桥和中脑。延脑位于脊髓的上端，是一个狭长的结构。延脑的主要功能在于控制呼吸、心跳、吞咽及消化，稍受损伤就会危及生命，因此又被称为是"生命中枢"。脑桥（pons），位于延脑之上，在延脑和中脑之间，对人的睡眠具有调节和控制作用，如果受损可能使睡眠失常。中脑（midbrain）位于脑桥之上，恰好处在整个脑的中间。中脑是视觉与听觉的反射中枢。

（2）小脑

小脑（cerebellum），位于脑桥之后，形似两个相连的皱纹半球，其功能主要是控制身体的运动与平衡；如果小脑受损，即丧失身体自由活动的能力，身体的动作不再受人有意识地支配。

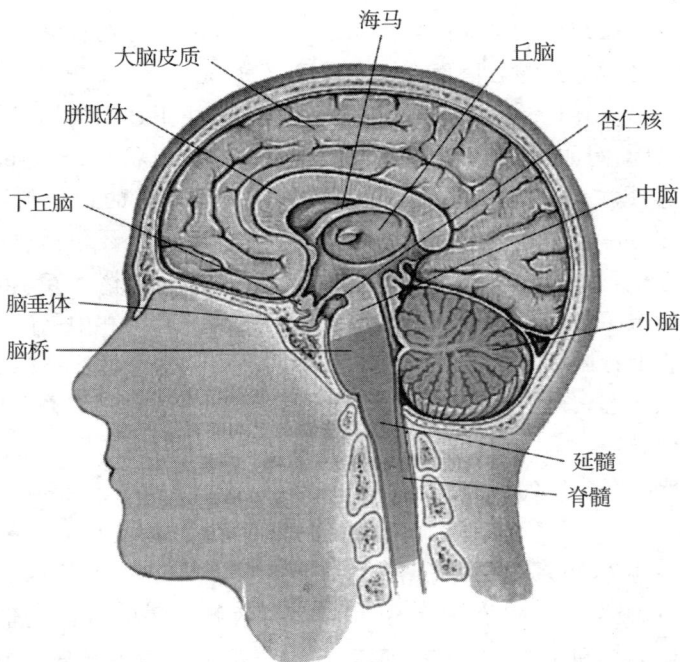

图 2-3　脑的纵切面图

（3）大脑

大脑体积占中枢神经系统总体积的一半以上，重量约为脑总重量的 60%，是各种心理活动的中枢。

（4）间脑

间脑包括丘脑（thalamus）和下丘脑（hypothalamus）。丘脑呈卵形，是感官信息传递的中继站。除嗅觉外，所有来自外界感官的信息，都通过丘脑再分别传送至大脑皮质的相关区域，从而产生视、听、触、味等各种感觉。如丘脑受损，将使感觉扭曲，无法正确了解周围的世界。下丘脑位于丘脑之下，其体积虽比丘脑小，但功能却比丘脑复杂。下丘脑是自主神经系统的主要控制中心，它直接与大脑皮质的各区相连，又与主控内分泌系统的脑垂体连接。下丘脑的主要功能是控制内分泌系统、维持新陈代谢、调节体温，并与饥、渴、性等生理性动机及情绪有关。如下丘脑受损，将使个体的饮食习惯与排泄功能受到影响。

（5）脑垂体（hypophysis）

脑垂体位于下丘脑之下，其大小如豌豆，在部位上虽属于丘脑，但在功能上则属于内分泌系统中最主要的分泌腺之一。除了自身分泌很多激素外，还控制着多种不同的内分泌腺，因而有"主腺"之称。

脑除了包括上述比较独立的结构外，还有一些由上述结构构成的、功能独特的神经组织，例如边缘系统（limbic system）和网状系统（reticular system）。边缘系统在大脑内侧面最深处的边缘，边缘系统的构造与功能尚不能十分确定，在范围上除包括部分丘脑与下丘脑之外，另外还包括海马与杏仁核等；海马（hippocampus）的功能与学习记忆有关，杏仁核（amygdala）的功能与动机情绪有关。网状系统位于脑干，包括延脑、脑桥和中脑的一部分。按其功能可分为上行激活系统和下行激活系统两部分。上行激活系统控制着机体的觉醒或意识状态，对保持大脑皮层的兴奋，维持注意有密切关系。如果上行激活系统受到破坏，动物会持续昏迷，不能对刺激作出反应。下行激活系统的作用是加强或减弱肌肉的活动。

2. 脊髓

脊髓是中枢神经系统的最低部位，呈索状，位于脊椎管内。它上接脑部，外连周围神经，31对脊神经分布于它的两侧。它的基本功能是传导冲动和控制躯体与内脏简单的本能反射，如牵张反射、膝跳反射、膀胱和肛门反射等。

（三）周围神经系统的结构和机能

周围神经系统从中枢神经系统发出，导向人体各部分，担负着与身体各部分的联络工作，起传入和传出信息的作用。可分为躯体神经系统和植物性神经系统。

1. 躯体神经系统

躯体神经系统包括脑神经和脊神经。脑神经共12对，主要分布于头面部；脊神经共31对，主要分布于躯干和四肢。它们的主要功能包括两方面，一方面，通过传入神经纤维把来自感受器的信息传向中枢神经系统；另一方面，通过传出神经纤维把中枢神经系统的命令传向效应器官，从而导致骨骼肌的运动。它们起着使中枢神经系统与外部世界相联系的作用。通常认为，躯体神经系统是受意识调节控制的。

2. 植物性神经系统

植物性神经系统分布于内脏器官、心血管、腺体及其他平滑肌，传导和调节体内脏器的运动变化信息，感受机体内环境变化，维持机体内环境的相对平衡和有节律性的内脏活动，如呼吸、心跳、消化、排泄、分泌等，以调节机体的新陈代谢；当环境发生紧急变化时，促使机体发生应付紧急情况的一系列内脏活动。

根据功能的不同可将植物性神经系统分为交感神经系统（sympathetic nervous system）和副交感神经系统（parasympathetic nervous system）。交感神经的功能主要表现为当机体应付紧急情况时产生兴奋以适应环境的变化，如心跳加快、冠状血管血流量增加、血压增高、血糖升高、呼吸加深变快、瞳孔扩大、消化减慢等一系列反应。副交感神经的作用具有保持身体安静时的生理平衡，如协助营养消化的进行，保存身体的能量，协助生殖活动等。这两种系统在许多活动中具有拮抗作用，又是相辅相成的。例如，交感神经使心搏加快，而副交感神经则使之减慢；血压升高是交感神经的作用，而血压降低则是副交感神经的作用。

植物性神经系统过去也叫"自主神经"，意思是它们不受中枢神经系统的支配，人们不能随意地控制内脏活动，例如不能自主让我们的血压升高、心跳加速等。但是最近的生物反馈的研究表明，人们通过特殊的训练，在一定程度上可以比较随意地控制内脏的活动，如调节体温的升降、血压的高低、心跳的快慢等。因此把植物性神经叫做"自主神经"是不太确切的。

三、大脑的结构和机能

（一）大脑的结构

大脑是中枢神经系统中的高级部位，由对称的左右两半球构成（成人脑重平均约为1 400克），状如合拳，其深部为大量的神经纤维和脑浆（胶质细胞）组成；左右半球由状如宽带的胼胝体连接，以使得左右半球能够互通信息、协同活动。

大脑半球的表面由大量神经细胞和元髓鞘的神经纤维覆盖着，呈灰色，叫灰质，也就是大脑皮层。大脑皮层的厚度不一，平均厚度为2.5～3.0毫米，面积约为2 200平方厘米，上面布满了下凹的沟和凸出的回（图2-4）。分隔左右两半球的深沟称为纵裂。大脑半球外侧面，由顶端起与纵裂垂直的沟称为中央沟。在半球外侧面由前下方向后上方斜行的沟称为外侧裂。半球内侧面的后部有顶枕裂。中央沟之前为额叶。中央沟后方、顶枕裂前方、外侧裂上方为顶叶。外侧裂下方为颞叶，顶侧裂后方为枕叶，胼胝体周围为边缘叶，每叶都包含很多回。在中央沟的前方有中央前回，后方有中央后回。

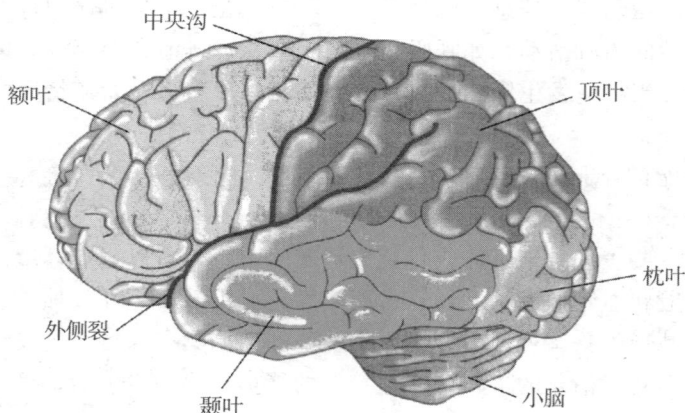

图 2-4　大脑半球各叶部位略图

（二）大脑的机能分区

大脑皮层的不同部位具有不同的心理功能。在功能划分上，大体上是左半球管制右半身，右半球管制左半身。每一半球在功能上也有层次之分，原则上是上层管制下肢，中层管制躯干，下层管制头部，如此形成左右交叉、上下倒置的投射关系。

大脑皮层大致可以分为以下几个机能区域。

1. 感觉区

感觉区包括视觉区、听觉区和体觉区。

视觉区位于两个半球的枕叶，交叉控制两只眼睛，接受在光刺激的作用下由眼睛输入的神经冲动，产生初级形式的视觉，如对光的觉察等。但极为特殊的是，每个半球的视觉区都与两只眼睛的半边联系。具体地说，是两只眼球视网膜的左半边与左半球的视觉区相连，而两只眼球视网膜的右半边与右半球视觉区相连。因此，如果左半球视觉区受到伤害，两眼之左半边变盲，右半球视觉区受到伤害，两眼之右半边变盲；如两半球之视觉区均受到伤害，则即使眼睛的功能正常，人也将完全丧失视觉变成双目失明的全盲。

听觉区在颞叶，接收在声音的作用下由耳朵传入的神经冲动，产生初级形式的听觉，如对声音的觉察等。与视觉区不同的是，每一半球的听觉区，均与两耳的听觉神经连接，每只耳朵因声音刺激产生的神经冲动，都同样地传入两半球的听觉中枢，也就是说每半球的听觉区均具有管理两耳朵听觉的功能。因此，其中一个半球的听觉区受到伤害对个体的听觉能力只产生轻微的影响。但若大脑两半球的听觉区均受到破坏，即使双耳的功能正常，人也将完全丧失听觉而成为全聋。

体觉区位于中央沟后面的中央后回，接受由皮肤、肌肉和内脏器官传入的感觉信号，产生解压觉、温度觉、痛觉、运动觉和内脏感觉等。躯干、四肢在体觉区的投射关系是左右交叉、上下倒置的。如以电流刺激该区的某一部位，将在对边身体的某部位产生某种感觉，而且管制身体下部感觉的中枢位于体觉区的最上方，即靠近另外一个大脑半球的部位。管理口腔部位感觉的中枢，则位居最下方。但头部在体感区的投射是正直的，即鼻、脸部位投射在上方，唇、舌部位投射在下方。身体各部位投射面积的大小取决于它们在机能感觉方面的精细程度，如手、舌、唇在人类生活中有重要作用且感觉精细，因而在体觉区的投射面积就大，而躯干、下肢的感觉不太精细，因而在体觉区的投射面积就小，如图2-5所示。

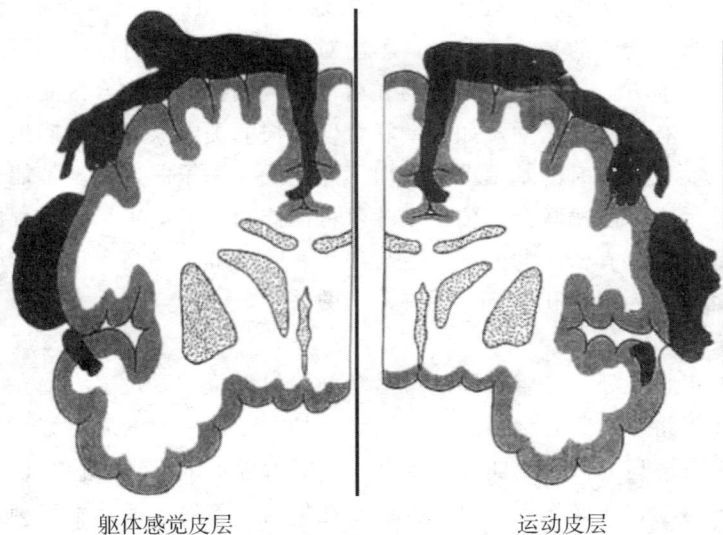

躯体感觉皮层　　　　　　　　　　运动皮层

图 2-5　运动区和体觉区示意图

注：图上"矮人"代表了与身体不同部位相关的皮层区的相对大小

2. 运动区

运动区主要位于中央前回，它的主要功能是发出动作指令，支配和调节身体在空间的位置、姿势及身体各部分的运动，主要支配随意运动。运动区与躯干、四肢运动的关系也是左右交叉、上下倒置的。如以电流刺激运动区的某一部位，会引起对侧身体某部位肌肉的活动。如运动区内某一部分受到伤害，其所支配的身体部位，即丧失随意运动的能力。运动区的上部支配下肢肌肉的运动，上部支配上肢肌肉的运动。但头部在运动区的投射是正直的，即运动区上部支配额、眼睑和眼球的运动，下部支配舌、吞咽运动。与体感区一样，身体各部位在运动区的投射面积取决于它们在机能方面的重要程度或者能进行活动的精细程度，功能重要的部位在运动区所占的面积也就越大，如图 2-5 所示。

3. 联合区

联合区在大脑皮层的范围很广，它不接受感觉系统信息的直接输入，但起整合或联合功能。主要有感觉联合区、运动联合区和前额联合区等。感觉联合区是与感觉区邻近的广大脑区，包括视觉联合区和听觉联合区等，分别接受和解释来自视觉区和听觉区传来的信息，感觉联合区受损将引起各种形式的"不识症"，如视觉联合区受损，会出现视觉不识症，病人能看见光线，视觉正常，但丧失认识和区别不同形状的能力，或者能看见物体，但不能称呼它，也不知道它有什么用处。听觉联合区受损，会出现听觉不识症，病人也能听见声音，但却不知道自己听到的是什么声音，不能对不同的声音进行区分。运动联合区位于运动区的前方，负责精细的运动和活动的协调。运动联合区受损将不能精细、复杂的、有程序的运动，如运动联合区受损的提琴家，能正确地移动他的每个手指，完成演奏时的基本动作，但不能完成一段乐曲，甚至不能有韵律地弹动自己的手指。前额联合区位于额叶，可能与动机的产生、行为程序的制定及维持稳定的注意有密切的关系，还与记忆、问题解决等高级认识功能有密切的关系，也与行为控制和人格发展有密切的关系。

4. 言语区

言语区不止一处，分管不同的言语功能，但部位主要位于大脑左半球。若这些区域受损将会引起各种形式的失语症。如左半球额叶的后下方，靠近外侧裂处有一个言语运动区，也叫布洛卡区，它通过邻近的运动区控制说话时的舌头和颚部的运动，该区域受损会引发运动性失语症，病人说话不流利，常常遗漏词语，形成电报式语言，即"不会说"。在颞叶上方、靠近枕叶处，有一个言语听觉中枢，与理解口头言语有关，称为威尔尼克区，该区域受损将引起听觉性失语症，即病人不理解口语单词，不能重复他刚刚听过的句子，也不能完成听写活动，即"听不懂"。顶枕叶交界处有一个言语视觉中枢，损伤这个区域将出现理解书面语言的障碍，病人看不懂文字材料，产生视觉失语症或失读症，即"不识字"。

（三）大脑两半球的分工与合作

初看起来，大脑两半球非常相似，但实际上，两半球在结构上和功能上都有明显的差异，例如与大脑左半球相比，右半球略大和略重，但左半球的灰质多于右半球。语言功能主要是左半球的功能，除此之外，左半球还主要负责阅读、书写、数学运算和逻辑推理等，因此可以说左半球在语言活动中占有优势，因此也有人称之为"理性"或"科学"半球。而知觉物体的空间关系、情绪、欣赏音乐和艺术等，则主要是右半球的功能，因此可以说右半球在非语言活动中占优势，因此也有人称之为"感性"或"艺术"半球。需要强调的是虽然大脑某个半球在某些功能上有优势，但并不意味着另外一个半球在该功能方面就毫无作用，如虽然大脑左半球具有语言加工优势，但右半球在语言加工方面并非无能为力。一些病例显示，在大脑左半球切除或损伤后，大脑右半球在语言功能方面可能起代偿作用，担负起本来主要由左半球担负的功能。正常情况下，大脑两半球是协同活动的，进入大脑任何一侧的信息会迅速经过胼胝体传达到另外一侧，作出统一反应。

四、脑机能神经活动的基本过程和基本规律

（一）脑机能神经活动的基本过程

脑机能神经活动的基本过程包括兴奋过程和抑制过程，简称兴奋和抑制。兴奋是引起或加强有机体的某些反应的过程，它所带来的是细胞能量的消耗。抑制是压抑或减弱有机体的某种活动的过程，它表现为相对静止状态。它所带来的是细胞能量的恢复。兴奋和抑制是对立统一的，二者相互依存，相互作用。如肢体屈伸时，支配肌肉屈伸的中枢神经细胞一部分兴奋，另一部分抑制，才能使肌肉的屈伸相互颉颃。

（二）脑机能神经活动的基本规律

脑机能神经活动遵循两个规律：即扩散和集中律、相互诱导律。

兴奋和抑制一经产生，都不会停止在原出发点上，而是通过突触联系向周围区域传播，使这些区域也出现同样的神经活动，这就是扩散。与之相反的过程就是集中。兴奋和抑制过程，总是不断地以扩散或集中的方式相互制约而协同活动。

一种神经活动过程的产生导致另一种神经活动过程的增强，叫相互诱导。诱导有两种形式，由兴奋过程引起抑制过程的增强叫负诱导，如"发愤忘食，乐以忘忧"。由抑制过程引起兴奋过程的增强叫正诱导。如环境越静，思考时注意力就越集中。

扩散和集中与相互诱导在神经活动中是交替进行的,它们相互依存、相互制约,既显示了大脑皮层神经活动的复杂性,又保证了皮层神经活动的和谐与统一。

五、脑基本机能的集中表现——反射活动

(一) 反射的概念

依照俄国生理学家谢切诺夫的观点,人的一切心理活动,就其产生方式来说,都是反射。

反射是有机体借助神经系统对刺激所做的规律性反应,如闻香流口水、惊雷掩耳朵、伤心时痛哭流涕、见到某种动物后的恐惧等都是反射。反射是人和动物适应环境的基本方式。反射是借助于反射弧来实现的,实现反射活动的神经通路叫反射弧。反射弧由感受器、传入神经、神经中枢、传出神经和效应器组成。反射的具体程序是,感受器接受一定的刺激之后产生神经冲动,冲动沿传入神经到达神经中枢,通过中枢的分析与综合,再由传出神经传向效应器,从而发生相应的反应。

(二) 反射的种类

反射可分为无条件反射和条件反射两种:无条件反射是指与生俱来的、不学而能的本能反射,如吃食物时,我们嘴里会自动流出唾液,遇到危险时,我们会本能地躲避,这些都属于无条件反射。无条件反射对人和动物具有维持生命、延续种族的重要意义。条件反射是指个体后天通过学习获得的反射,例如,刚出生的孩子并不害怕某种动物,但由于目睹了成人见到这种动物的恐惧反应,也变得害怕这种动物,这种恐惧反应就是通过条件反射获得的。再如,"一朝被蛇咬,十年怕井绳""吃一堑,长一智"等都是条件反射的表现。

最早对条件反射进行研究的是俄国生理学家巴甫洛夫,他以狗为实验对象,通常情况下,引起狗产生分泌唾液反射的是食物(无条件反射),而铃声不会引起狗分泌唾液。但在实验中,每次让狗进食的同时或稍前都响铃,经过一段时间,狗将铃声与进食联系起来,即使没有食物出现,但只要出现铃声,狗也会分泌唾液,于是铃声由无关刺激物变成了条件刺激物。巴甫洛夫认为,条件反射形成的关键在于"强化",即无条件刺激与无关刺激物在时间上的重合。强化次数越多,形成的条件反射就越巩固,但条件反射形成后,如果不给以强化,条件反射就会逐步消退。例如在在狗形成对铃声的条件反射后,以后如果只出现铃声而不出现食物,那么狗对铃声的条件反射就会消失。巴甫洛夫提出的条件反射被称为"经典性条件反射"。

继巴甫洛夫之后，美国心理学家斯金纳通过对白鼠的研究，又提出了"操作性条件反射"的概念。他在自己设计的一个箱子里（被人称为是"斯金纳"箱）放了一只白鼠，箱内有一个杠杆，白鼠按压杠杆就能得到食物，但实验开始时白鼠并不知道按压杠杆能得到食物。白鼠饿得乱蹦乱跳，偶然碰到了杠杆，得到了食物。逐渐地白鼠学会了通过按压杠杆得到食物。后来，他通过更为复杂的设计，白鼠还可以学会分化行为。例如，当灯亮时按压杠杆可以得到食物，而灯熄灭时按压杠杆得不到食物，因此白鼠学会了只在灯亮时按压杠杆。在现实生活中，如果小学生表现出良好行为就会得到老师的表扬，小学生就会表现出更多的良好行为，这是操作性条件反射在现实中的一个例证。

操作性条件反射与经典性条件反射的形成机制没有本质区别，都是以强化为基本条件，但在经典性条件反射中刺激在反应之前，而在操作性条件反射中，刺激在反应之后。

（三）两种信号系统

条件反射实际上是一种信号活动，因此条件反射系统又称为信号系统。所谓信号，就是能使人或动物产生条件反射的刺激物及其属性。根据刺激物的性质，巴甫洛夫把信号分为两种，相应的也有两种信号系统。现实中，具体事物的形、色、声、味等属性能引起条件反射，这些现实的具体的信号被称为第一信号。词和语言是具体事物及其属性的标志，是信号的信号，称为第二信号。由具体事物作为条件刺激物引起的条件反射系统称为第一信号系统，如吃过酸梅的人看见酸梅就流口水。由词和语言作为条件刺激物引起的条件反射系统叫第二信号系统，如吃过酸梅的人听到或看到"酸梅"一词也会流口水。两种信号系统既有明显的区别，又有内在的联系。第一信号系统是人和动物共有的，第二信号系统是人所特有的，第一信号系统是第二信号系统形成的基础。

第二节　心理是人脑对客观现实的反映

脑是产生心理的器官，但具备了人脑是不是就自然而然地产生复杂的心理现象呢？答案是否定的。如果没有客观现实作用于人脑，如果人脑不接触客观现实，复杂的心理现象就不会产生。心理是在人们不断接触、不断认识客观事物的基础上产生的。

一、客观现实是心理的源泉

唯心主义者认为心理现象是与身体无关的灵魂的活动，是不依赖于人类身体而存在的灵魂活动，灵魂活动可以脱离身体而独立行动。古代人们曾猜想人的感知、思维及做梦等心理现象都是灵魂的活动，人在清醒时灵魂寄附在人的身体上，支配人体的动作。人一入睡，灵魂便可外出游荡，灵魂的所见所闻即是做梦；一旦灵魂永远离去，人就死亡。可悲的是，即使现在一些受过良好教育的人也相信人死后会产生灵魂，也相信所谓的灵魂附体。

唯物主义者认为心理是身体的一种机能，是物质的属性。心理不能脱离身体而存在，身体不存在了，作为其机能的心理当然也不可能存在了，因此不可能存在所谓的魂灵。但即使在唯物主义阵营内部，对于心理的理解也不一样。朴素唯物主义者发现人在情绪变化时人的心跳也随之变化，于是想当然地认为心理是心脏的功能，而不是大脑的功能。而机械唯物主义认为心理是客观事物作用于人的感觉和神经系统而产生的，有什么样的客观刺激就能产生什么样的反应，认为"人不过是一架巨大的、极其精细的钟表"。"心理是客观事物作用于人的感觉器官产生的"这个论断没有错，但是认为"有什么样的客观刺激就会产生什么样的反应"无疑是将人的心理给机械化了，现实中，对同样的客观事物人们的反应可能是千差万别的，而且同一个人对同样的人物和事物的观点和感情可能也在与时俱变。庸俗的唯物主义者认为如肝脏分泌胆汁一样，人脑分泌思想，将人的心理看成了自然而然产生的事物。正如我们不学外语就肯定不会说外语一样，人众多的心理机能也不会不学而能、不练而会。

人的心理活动总是具有一定的内容的，如我们会思考，但我们思考的事物就是我们心理活动的内容。这种内容是客观事物在人脑中的反映。无论是简单的心理现象还是复杂的心理现象，其内容都可以在客观世界的事物中找到它的源泉。例如，你知觉到一个茶杯，正是由于茶杯的存在，你的头脑中才会产生茶杯的形象。甚至离奇的梦境和虚构的鬼神等现实生活中不存在的荒诞的事物和情景，不管它本身如何超脱现实，但构成它的原始材料还是来自客观现实。就连表面看来在现实中找不到任何对应物的情感、态度等，也都反映着人的某种需要与客观事物之间的关系。如明代作家吴承恩在《西游记》中创造了猪八戒的形象，有些常识的人都知道猪八戒在现实生活中并不存在，这样一个形象似乎跟客观现实没有任何联系，但实际上猪八戒其实不过是人的形象与猪的形象的结合而已，而人和猪在客观现实中都是存在的。这些都说明心理的内容来自客观现实，客观现实是心理的源泉。所谓的"天赋观念"一生下来头脑中就有的事物是不存在的。

二、心理是人脑对客观现实的主观反映

　　客观现实是心理的源泉，心理是人对客观现实的反映，但这种反映具有主观性。因为对客观现实的反映，总是在具体的人身上发生的，每一个人不仅存在着生理遗传上、发展成熟上、需要动机上和个性特征上的差异，而且还存在着当时心理状态上的差异。因此，每个人对客观事物的反映总是通过其内部特点而折射出来的。不同的人，甚至同一个人在不同时期和不同条件下，由于其内部特点的不同对同一事物的反映都可能各不相同。例如对同样的事物，人们的看法并不完全一致，可能"仁者见仁，智者见智"。对同样事物，人们的态度也可能千差万别，正所谓"萝卜白菜，各有所爱"。在教育和教学中我们也会经常遇到这样的情况，一个班上所有的学生都听同样的教师讲授同样的课程，但学生们对教材的理解和掌握却各不相同；对所有的学生都提同样的要求，但学生们对这些要求的领会和执行情况也各不相同。这些例子都说明心理反映不单纯受客观现实的影响，也受主体内部特点的影响。由于主体内部条件不同，同样的外部影响可以引起人们不同的心理反映。这都说明人的心理反映具有主观性。

阅读材料 2-1："灵魂附体"实验

　　瑞典卡罗林斯卡学院的认知神经科学家瓦勒里亚·佩特科娃（Valeria I. Petkova）与艾尔逊（H. Henrik Ehrsson）成功完成了"灵魂附体"实验：通过操控志愿者的感知，使其将别人的身体误认为是自己的，出现身在别人的体内的幻觉，并且能"体验到"他人的感觉。即使两个人外表和性别不同，参加实验的志愿者同样能"感觉到"自己进入了对方的身体。无论志愿者是处于静止状态，还是自愿活动身体，都能达到同样的效果。

　　不过，通过上述方法却不能让志愿者误认为自己是"非人物体"（如椅子或大石头）。一年前，科学家通过虚拟现实技术，让志愿者成功体验到了所谓"灵魂出窍"的幻觉。利用最新的"控制大脑方法"，研究人员更让志愿者感到"我的灵魂"离开自己的身体并进入到别人的体内。其结果是，"灵魂伪宿主"的一举一动，都会让参与实验的志愿者"感同身受"。

　　在其中一项被戏称为"灵魂附他体"的实验中，研究人员在人体模型的头部（双眼位置）安装了两台摄像头，并将其与放在志愿者眼前的两台小屏幕联机。如此一来，志愿者就能看到人体模型所"看到"的一切。当人体模型的眼睛（其实就是摄像头）与志愿者的头部同时朝向下方后，志愿者通过屏幕看到的人体模型和他们自己亲眼所见的一模一样。

这时，一旦研究人员用小棍触摸人体模型的腹部，"灵魂附体"的幻觉就会油然而生：志愿者在看到人体模型腹部被异物触摸时，自己腹部会有相同感，并且坚信那具人体模型才是自己的身体。这项研究负责人表示，上述控制感觉印象的方法，能让科学家使某人误以为自己真的"灵魂出窍"，并"附在"别人体内。而所有这一切，其实都是实验参加者产生的"幻觉"。

更有意思的是，当研究人员拿着一把小刀刺向头戴摄像头的人体模型胳膊时，志愿者便会不自觉地表现出一种应激反应（躲闪）。在随后的实验中，科学家把摄像头装在另一人头部。当此人与志愿者面向对方握手时，志愿者会将对方的身体当成自己的身体。本次研究的目的在于深入了解人体影像如何在大脑中形成变化，以便能最终揭开传说已久的"人类灵魂"之谜。

瑞典科研人员宣称，通过操控人体认同感（即自我感知）使人相信他们拥有"别人"身体的技术具有广泛应用前景，可用于虚拟现实技术、机器人开发领域以及体相障碍疾病的研究工作。

此前，科学家发现，利用轻微的电流刺激人体大脑的特定部位，就能让人出现"灵魂出壳"和"居高临下看自己身体"的感觉。此外，神经学家通过电流刺激某些部位，也能让接受者产生类似"身边有个黑影在活动"之类奇怪幻觉。此前，医学家表示，有些病人在接受截肢手术后，仍感觉自己肢体还存在，这同样是幻觉，而不是传说中的"超自然能力"。

资料来源：人民网 http://world.people.com.cn/GB/57507/8457110.html

三、心理在实践活动中发生和发展

人对客观现实的反映不是像镜子反映物体那样，是消极的、被动的，而是对客观现实的能动的反映，但客观现实不会自发地决定人的反映，只有客观现实作为人的实践活动的条件和对象时，对人的心理活动才有意义。人的心理也只有在实践活动才能发生和发展。事实也正是如此，如果一个人脱离了社会生活条件，脱离了人类的社会生活实践，就不会形成正常人的心理。

1920年，在印度的一个小城，人们常见到有一种"神秘的生物"出没于附近森林，一到晚上，就有两个用四肢走动的人形怪物尾随在三只大狼后面，后来人们赶走了大狼，在狼窝里发现这两个怪物原来是两个裸体的女孩。当时，大的年约七八岁，小的约两岁。这两个小女孩被送到孤儿院去抚养，大的被叫卡玛拉，小的叫阿玛拉，到了第二年阿玛拉死了，而卡玛拉一直活到1929年。卡玛拉四肢爬行，用双手和膝着地休息；舔食流质的东西，只吃丢在地上的肉，不吃别人手里拿着的肉；怕水，从不让人给她洗澡；怕火、怕强光，夜间却视觉敏锐，每到深夜就号叫，白天蜷伏在墙角里睡觉；从不穿衣，即使天气寒冷，也撕掉给御寒的衣服和毯子。每天午夜到早上三点钟，像狼似的引颈长嚎。她们没有感情，只知道饥时觅食，饱则休息，很长时期内对别人不主动发生兴趣。七八岁的卡玛拉刚被发现时，她只懂得一般六个月婴儿所懂得的事，花了很大气力都不能使她很快地适应人类的生活方式。她两年后才会直立，六年后才艰难地学会独立行走，但快跑时还得四肢并用。到死也未能真正学会讲话，四年内只学会 6 个词，听懂几句简单的话，七年后才学会 45 个词并勉强地学会了几句话。在最后的三年中，卡玛拉终于学会在晚上睡觉，也不怕黑暗了。很不幸，就在她开始朝人的方向前进时就死去了。据估计，卡玛拉死时生理年龄 16 岁左右。但她的智力只及三四岁的孩子。除狼孩外，历史上有记录的人们曾经发现的由野兽哺育大的孩子还有很多，如豹孩和熊孩等。这些真实事例有力地说明了如果一个人脱离了人类的社会生活条件，脱离了人类的社会实践活动，就不可能产生人的心理，更谈不上人的心理发展。

同样，我们心理能力的发展也需要在实践中不断锻炼，"不学而会、不练而能"是不可能的，一生下来就无所不知、无所不晓的所谓"先知先觉"是不存在的。因此，要发展我们的能力就必须不断地进行训练和实践才有可能。

【思考与练习】

一、填空

1. 在一个神经元内，神经冲动的传导方式为_____、神经元之间的神经冲动传导方式为_____。

2. 脑干包括_____、_____和_____三个结构。

3. 根据功能的不同可以将植物性神经系统分为_____和_____。

4. 大脑左右两个半球表面都有三个较大的沟裂，分别是_____、_____和_____；它们将大脑表面分成四个区域分别为_____、_____、_____、_____。

5. 按照机能大脑皮层可以分为四个区域，分别是_____、_____、_____、_____。

二、问答

1. 如何理解心理是人对客观现实的主观反映？

2. 为什么说心理在实践活动中发生和发展？

第三章　意识与注意

【内容提要】

我们在日常生活中都曾经有过这样的经历：有时会专心致志地思考一个问题；有时却心猿意马、心不在焉；有时又昏昏欲睡，进入梦乡……这些现象在心理学上都属于意识状态。意识是我们生活中很常见的一种现象，同时又是长久以来困扰着哲学家、心理学家的一个古老问题。本章就将带您从认识意识的基本概念入手，分析意识的层面，了解几种意识状态，并深入探讨其中一种重要的意识状态——注意。希望通过本章的学习，您能对意识和注意有一个简单的了解，并能把注意规律运用于今后的工作、学习、生活之中。

【学习目标】

1. 理解意识的概念，了解意识的几种状态。

2. 了解睡眠的周期、失眠的种类和几种特殊的意识现象。

3. 理解注意的含义和基本特性，重点掌握注意的种类。能结合日常生活实例描述引起无意注意和有意注意的原因与条件。

4. 结合实际生活领会注意的四种品质。

5. 结合自己的理解论述注意规律在教学中的应用。

第一节　意识与意识状态

一、什么是意识

意识是一个非常模糊的概念。在不同场合使用的时候，意识的含义有很大的不同。例如在哲学领域里，意识是一种与物质既相对立又相统一的精神现象；而在生活中，当我们说"意识到了什么"时，意识相当于"觉察"；如果相对于睡眠状态而言，意识又意味着清醒状态……直到今天，在心理学界，关于意识仍然没有一个统一的、令人满意的定义。研究者普遍认为，意识应该包含以下内容：

第一，意识是一种心理状态。从广义上来看，意识是在一定时间内存在的对客观事物的反映。从反映的清晰、深刻程度来分析，它是一个从无意识到意识再到注意的连续体。从狭义上来看，意识可以理解为个体正在进行的心理活动，如觉醒、愤怒、惊奇等，与无意识状态相对应。

第二，意识是一种觉知。意识本身意味着清醒状态下的觉知，是观察者与现象之间关系的一种属性，即"某人"觉察到了"某事"。清醒时的意识通常包括当时的知觉、思维、情感、表象和愿望等，也就是你正在集中注意的所有心理活动。人能觉察到外部事物的存在，例如，你注意到好友买了一件新衣服，同学对你的行为的评价。这是人对外部环境、事物的意识。当然，人也能觉察到自身的某些内部状态，如疲劳、焦虑、饥饿等。

第三，意识是一种较高级的心理官能。意识不只是对信息的被动觉察和感知，它还具有能动性和调节作用，对个体的身心系统起统合、管理和调控作用。例如，个体通过自我意识能了解自己的人格特征，并通过适时调控来保证人格的完整、统一、和谐。

总之，现代心理学认为，意识是运用感觉、知觉、思维、记忆等心理活动，对自己身心状态（内在的）和环境中人、事、物变化（外在的）的综合觉知与认识。[①]

---

① 　张春兴：《现代心理学》，第 2 版，135 页，上海，上海人民出版社，2005

二、意识的状态

人有各种意识状态，绝大多数意识状态是自然的、正常的、普遍的，如睡眠、注意；有的意识状态是人为的、特殊的，如催眠中的意识状态；还有些意识状态是在药物、化学制品、酒精等因素促动下人为出现的特殊的、奇特的意识状态。以下介绍的是在正常条件下，随着个体注意程度的不同而出现的不同的意识状态。

（一）可控制的意识状态

可控制的意识状态指的是意识处于最清晰、注意力最集中的状态。当人在关注某件事情或某个事物时，会把自己的注意力高度集中到自身或外部事物上。此时能够意识到自己所做的事情，能够预见到事情发展的结果，能够根据自己的目的和意图调节和控制自己的行为。例如，人在参加考试或比赛时，身心处于高度紧张状态，这就是可控制的意识状态，意识最清晰，注意力最集中。

（二）自动化的意识状态

自动化的意识状态是指人在从事自己熟练掌握的活动或习惯化行为时，不需要投入更多的注意资源就能顺利完成的状态。在自动化意识状态下，意识的参与成分相对较少，活动变成自动化了，可以同时进行其他活动。例如，学生可以一边听课一边记笔记，此时写字的动作就处于自动化的意识状态，不需要一直关注握笔的姿势、每个字的笔画。

（三）白日梦状态

白日梦状态是指只包含很低水平意识努力的状态。这种心理状态介于主动的意识状态与睡眠中的做梦二者之间，通常在不需要集中注意的情况下自发产生。白日梦并不能被认为是无意识的，因为此时人还具有一定的意识活动；但白日梦也不是真正的做梦，而是意识处于一种迷糊状态。如在上课时，思想走神了，迷迷糊糊知道老师在讲课，却不知道在讲什么，满脑子是昨天看的那场电影的情节。

（四）睡眠状态

过去一般认为，人在睡眠的时候完全失去意识，但实际并非如此。研究表明，当人进入睡眠状态时，脑内神经细胞的电位仍在变化着，并且出现了不同的波形。尤其在做梦的时候，脑电波的变化更为明显。也就是说，人在睡眠的时候有意识活动，只是人自身并没有意识到而已。

阅读材料 3-1：睡眠中的警戒点

　　在战争年代，我偶然见到一位医生，他在经历了好几个不眠之夜后沉沉睡去。这时又有一群伤兵来到，需要立即治疗，但人们无论怎样都叫不醒这位医生。于是我用柔和而清晰的嗓音在他耳边低声说："大夫，重伤员到了，需要你急救。"医生立即就醒来了。

　　这可以作如下解释：人们起先试图喊醒他，是对他的大脑深处的抑制部分发生作用，而我喊叫的是他的"警戒点"，即那个即使在酣睡中也醒着的、不受抑制或受微弱抑制的部分。"警戒点"的细胞，并不是完全抑制的，而是处于"反常相"。它们对于弱的刺激比对强的刺激更敏感。因此我用低的声音叫醒了医生。

　　兴奋传到脑的"警戒点"，可以解除大脑皮质原来处于深入抑制状态的其他部位的抑制。例如，一位熟睡在自己生病的孩子床边的母亲，别人高声叫喊也不能把她叫醒，然而孩子极微弱的呻吟声却能使她立即从熟睡中醒来；一个磨面工能在雷雨声中睡熟，但在他的磨盘停止转动时却能马上醒来。

　　此外，动物也有"警戒点"。因此马是站着睡眠的，蝙蝠低垂着头睡觉却并不坠落，而章鱼睡眠时总有一条腿醒着"值班"。

　　资料来源：［苏］柯·柯·普拉图诺夫，《趣味心理学》，长春，吉林人民出版社，1984，18 页

三、生物节律、睡眠与梦

（一）生物节律

　　每种生物的生命活动、生活习性都有一定的周期性变化，并与环境的周期变化相对应，调节着生物的行为和生理的变化。如候鸟在春秋季节的迁徙、雄鸡清晨啼叫、夜来香傍晚花香扑鼻等。研究者将生命现象中的节律性变化叫做生物节律。

　　人体生物节律是人体的基本生理活动、过程和心理状态的周期性自然变化。这种周期性变化会对人的生活、工作、学习产生重要影响。人体有多种生物节律，在众多生物节律中，最为人们熟悉的是日节律，即昼夜节律，它主要表现为睡与醒的周期性循环，还包括一些生理方面的节律变化，如血压、排尿、荷尔蒙分泌等。例如，人体的体温和其他生理活动会随着外界气温和光线的变化相应地发生变化。外界气温约在下午两点最高，午夜至凌晨五点最低，

人体的生理活动基本也是这样，生理唤醒水平、新陈代谢、心率、体温和激素活动大部分是在白天——通常在下午达到顶点，在夜里的时候降到低谷。当体温和其他各种生理活动开始下降时，人会发困欲睡，当体温开始上升时醒来。正是这种人体内部的日节律使人从生理上倾向于白天工作、晚上睡眠，白天工作效率高，晚上工作效率低，也就形成了日出而作，日落而息的作息规律。

每个人只有遵照自身的生理规律合理地安排作息，才能保证自己的身心健康，提高工作效率；否则就会引起内分泌系统紊乱，易引发疾病，甚至造成工作事故。

（二）睡眠

1. 睡眠与睡眠的功能

睡眠是一种普遍现象，无论人类、动物，在每天 24 小时的生活周期中，都有睡眠，所不同的是睡眠的时间、地点、形式上有差异。据科学家统计，在人的一生中，大约有 1/3 的时间是在睡眠中度过的。

由于个体的工作、生活习惯的原因，每个人的睡眠时间并不完全一致：有些人习惯早睡早起，有些人习惯晚睡晚起。即使是在一个人的一生中，每天睡眠时间的长短也有很大的变化，一般情况下，睡眠时间会随着年龄的增长而逐渐减少。如，心理学研究发现，新生儿每天睡眠平均 16 个小时；青少年（12～18 岁）的睡眠约为 9～10 小时；成年人的睡眠在 7～8 个小时；60 岁以上的老年人睡眠一般在 5～7 个小时（Roffwarg et al.，1966）。[①]

睡眠是消除大脑疲劳的主要方式，可调节生理机能，维持神经系统的平衡，有助于个体身心的休息、恢复和休整，更好地进行日常生活、工作和学习。如果长期睡眠不足或睡眠质量太差，就会严重影响大脑的机能，使本来很聪明的人也会变得糊涂起来。很多青少年患上了神经衰弱等疾病，主要就是因为严重睡眠不足引发的。

2. 睡眠周期

研究者在运用脑波仪测量人在睡眠状态下脑电的变化时发现，一个人从清醒状态到入睡的整个过程中，意识既不是完全停止，也不是以同一方式持续活动，而是因睡熟程度深浅的不同而出现不同的脑电波。也就是说，人的意识经历了一个小小的周期性变化。

---

① Roffwarg H D, et al.，Ontogenetic development of the human sleep-dream cycle，*Science*，1966（152）：604—619

睡眠之前，通常人会出现昏昏欲睡的状态，即感到困倦，意识蒙眬，呼吸和心率变慢，肌肉松弛，脑电波为频率较慢但振幅较大的 α 波。睡眠良好的人这一阶段通常持续 1～7 分钟。接下来就进入正式的睡眠阶段。

人的整个睡眠过程可以分为四个阶段（图 3-1）：第一个阶段称为轻度睡眠。此时人的身体放松，呼吸、心率减慢，但很容易被外界刺激惊醒。此时脑电波渐呈不规律进行，频率与振幅忽大忽小。这一阶段大约持续 10 分钟。第二个阶段，随着睡眠的加深，体温进一步下降，开始呈现被称做"睡眠锭"的脑电波。"睡眠锭"是一种短暂爆发的、频率高、波幅大的脑电波，此时个体很难被唤醒，这一阶段持续大约 20 分钟。第三个阶段，脑电波频率会继续降低，波幅变大，出现 Δ 波，有时也会出现"睡眠锭"波，此阶段大约持续 40 分钟。第四个阶段是深度睡眠。个体肌肉进一步放松，身体各项指标变慢，被试不易被叫醒。梦游、梦呓、尿床也多发生在这一阶段。此时脑电波以频率慢、振幅极大的 Δ 波为主。经过一段时间的深度睡眠，睡眠者会经第三阶段和第二阶段返回到第一阶段。深度睡眠与轻度睡眠之间的互相转换贯穿整夜的睡眠。几乎所有人的睡眠都会经历这四个阶段。如果睡眠不遵循这一模式，则通常预示了身体或心理功能的失调。

这四个阶段的睡眠要经过约 60～90 分钟，而且均不出现眼球快速跳动现象，故统称为非快速眼动睡眠。接下来睡眠者会进入一个被称为快速眼动睡眠的阶段。这时出现与清醒状态时的脑波相似的高频率、低波幅脑电波，但其中会有特点鲜明的锯齿状波。通过仪器可以观测到睡眠者的眼球有快速跳动现象，呼吸和心跳变得不规则，如同清醒时的反应，但肌肉完全放松。如果此时将其唤醒，大部分人报告说正在做梦。因此，快速眼动睡眠阶段就成为心理学家研究做梦的重要依据。

在整夜睡眠中，人们通常会经历 4～5 次这样的睡眠周期。第一次快速眼动睡眠持续 5～10 分钟，随后大约相隔 90 分钟后，会发生第二次快速眼动睡眠，时间长于第一次。在周期性循环中，人们的快速眼动睡眠持续的时间会越来越长，最后一次可以长达 1 小时，而深度睡眠的时间则会逐渐减少。当然，睡眠周期也会随着年龄的增长而有所改变。例如，新生儿的快速眼动睡眠占的时间最多，约占睡眠时间的一半；一般大学生的睡眠，快速眼动睡眠则约占 25%；老年人一夜中出现快速眼动睡眠的时间约在 18%。可以据此推论，婴儿的梦远比成人要多，老年人睡眠时做梦较少。

3. 失眠

很多人都有过入睡困难、睡眠不好的经历，这种现象称为失眠。有调查显示，18 岁以上的成年人中有 58％报告说经历过每周几夜的失眠（National Sleep Foundation，2000）。失眠随着年龄的增长有增加的趋势，通常女性比男性更为常见。

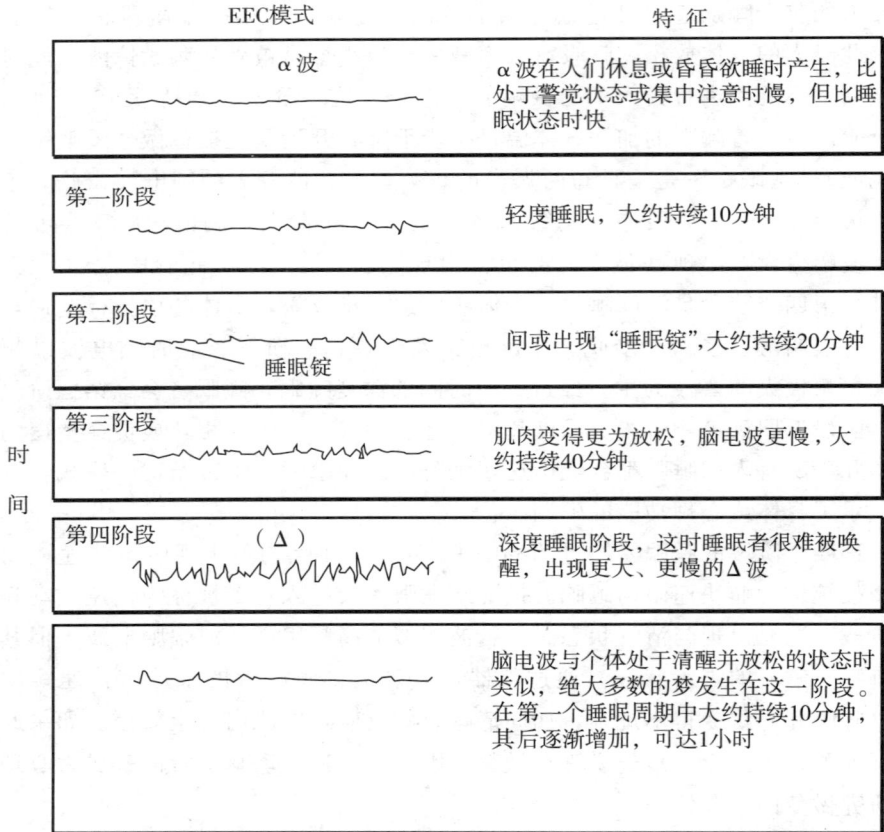

EEC模式	特 征
α波	α波在人们休息或昏昏欲睡时产生，比处于警觉状态或集中注意时慢，但比睡眠状态时快
第一阶段	轻度睡眠，大约持续10分钟
第二阶段 睡眠锭	间或出现"睡眠锭"，大约持续20分钟
第三阶段	肌肉变得更为放松，脑电波更慢，大约持续40分钟
第四阶段 （Δ）	深度睡眠阶段，这时睡眠者很难被唤醒，出现更大、更慢的Δ波
	脑电波与个体处于清醒并放松的状态时类似，绝大多数的梦发生在这一阶段。在第一个睡眠周期中大约持续10分钟，其后逐渐增加，可达1小时

（图左侧标注："时间"）

图 3-1　睡眠各阶段的脑电波

（资料来源：Dement，1978）

失眠的主要表现有三点：一是上床后很难入睡；二是睡眠时睡时醒，无法进入沉睡阶段，不能消除疲劳。有研究显示，与正常人相比，失眠患者的脑电图常出现 α波；三是睡着后容易惊醒，醒后再难以入睡。

失眠是由多种心理学、生物学和环境因素导致的复杂现象。失眠通常会伴随着其他方面问题的产生，如记忆力下降，白天无精打采，易发脾气，精神失调等。如果失眠，尽量通过放松心情、合理安排好时间表、改变生活习惯来改善睡眠，最好不要采用服用药物或饮酒的方法强制使自己入睡。

(三) 梦

每个人在睡眠过程中都有做梦的经历。梦是一种奇特而又难以解释的现象，虽然人类对梦的关注很早就已经开始了，但是古今中外对梦的解释却存在很大的分歧。直到今天，梦仍然是人类文化中的一个谜。

心理学上对梦的一般解释是，梦是睡眠时期某一阶段的意识状态下所产生的一种自发性的心像活动。在这种心像活动中个体身心变化的整个历程，称为做梦。

在心理学历史进程中，精神分析学派创始人弗洛伊德对梦的理解和分析很有代表性和影响力。弗洛伊德把梦称为是"通往潜意识的捷径"，认为梦不是无意义的，而是个体潜意识欲望的一种变形的体现方式。弗洛伊德认为，在人的潜意识中包含大量的与性有关的欲望和冲动，这些欲望和冲动不被社会伦理道德或自己的良心所接受，因而压抑在潜意识中，不在意识中表现出来。但当人睡觉时，警惕性放松，冲动和欲望就在梦中改头换面的表现出来了。通过对精神病患者的梦进行分析，可以发现患者的病因和症结，进行治疗。弗洛伊德的观点在心理学和其他社会科学方面产生了巨大影响，但有学者认为其科学性不足，缺乏实证研究的支持。

自 20 世纪 50 年代起，研究者运用脑电波的方法对梦进行实证研究，记录个体在梦中的脑电变化和眼动情况，对梦有了进一步的认识和理解。

研究发现，梦在快速眼动睡眠和非快速眼动睡眠时期都会出现。在快速眼动睡眠时期的梦通常伴有视觉的生动形象，比较生动、形象、离奇。而非快速眼动睡眠时期的梦通常不伴有视觉形象，没有完整的梦境，只是一些简要的想法，梦呓、梦游等多发生在这个阶段。每个人在晚上都会做梦，一夜之间大约做 4～6 个梦，但醒后不能回忆起曾做过梦，或者只记得极少数的梦。有观点认为，梦境之间相互干扰或没有进行深层加工造成了对梦的遗忘。

梦境中的情节虽然荒诞离奇，但大多数还是来自于人们的日常生活。人们通常说："日有所思，夜有所梦"，意思是晚上做的梦是白天生活的反映和连续。研究者通过调查把梦的内容大致分为八类：各类人物、各类动物、人际交往、幸遇与悲遇、成败经验、户内或户外活动、空间与物体和情绪反应（Hall & Van de Castel，1966）。这些结论也表明了梦境中的情节大多与日常生活较接近。例如，睡眠时口渴，在梦中就会出现找水或喝水的情节。

梦本身不会影响人的休息，但是有人做梦之后感到诸多不适，多是与这段时间情绪状态的好坏和身体是否有疾病有关。调查发现，人们心情烦躁不安、忧虑或身体不适时，睡眠醒来后往往会报告不舒服。有研究者（Dement，

1974）曾经做过经典的梦剥夺实验。在连续几个晚上，当被试每次一进入快速眼动睡眠阶段时就将他唤醒。结果发现，被试显示出的做梦期的脑电波，一夜比一夜多，在第五个晚上，他的睡眠模式呈现出 30 个快速眼动睡眠阶段，是他正常睡眠模式中出现快速眼动睡眠阶段的数量的四倍多。这种现象表示，在前面数夜被剥夺的梦，要在以后有机会时将其补足。而这种对梦的剥夺，也会导致一系列不良反应的出现，如血压、体温升高，紧张、焦虑、易怒等。可见，做梦不仅无损于身体健康，而且对脑的正常功能的维持是必要的。

第二节　意识的特殊现象

一、催眠

（一）催眠与催眠术

催眠是一种在人为诱导下产生的类似睡眠而实非睡眠的意识恍惚状态。这种状态表现为，注意范围缩小，对暗示接受程度提高。虽然催眠很像睡眠，但催眠和睡眠绝对不是一回事。如果人要是真的睡着了，对任何的暗示就都不会有反应了。催眠术则是一种通过催眠师设计特殊情境，将人导入催眠状态的技术。

早在 18 世纪，奥地利医生麦斯麦就使用催眠的方法治疗有情绪障碍的病人。麦斯麦认为人体内充满可受意识支配的动物磁液，如果它在身体中不平衡，人就会生病。麦斯麦让病人进入昏睡状态，平衡他体内的动物磁液，醒后原来的症状就消失了。麦斯麦所使用的方法当时被称做"通磁术"，后来的学者普遍把"通磁术"视为催眠术的前身。

（二）催眠感受性

一个人能否进入催眠状态，取决于其受暗示性的高低，也就是催眠感受性如何。人的催眠感受性的高低存在着很大的个体差异，有些人容易被催眠，有些人则很难被催眠。催眠感受性越高，进入催眠状态的深度就越深。研究者通过对催眠感受性的测量发现，大约有 10％～20％的人很容易接受催眠，有大约 10％的人完全不能被催眠。容易接受催眠的人通常有以下特征：

1. 经常做情节生动的白日梦；

2. 想象力丰富；

3. 容易沉浸在眼前或想象中的场景；

4. 依赖性强，经常寻求他人的指点；

5. 对催眠的作用深信不疑；

6. 有经验分离的经历，即体验过记忆或自我的一部分与其余部分分离开来。

一般采取的催眠步骤是：首先让被催眠的人处于安静舒适的环境，外界干扰减少到最小；然后催眠师让被催眠的人注意力集中在一个固定的事物上，如钟表，催眠师用平和的语言引导或暗示他的感受和体验，让他进入身心完全放松的状态；这时被试会顺从催眠师的指示去做一些动作或事情，并相信催眠师的描述是真实的。

在催眠出现的早期，科学界将其视为江湖骗术，不承认催眠的作用；早期的心理学家也未把催眠作为研究的主题之一。随着科学的发展和研究的进一步深入，研究者发现催眠的确是一种意识状态，只不过是一种特殊的意识状态，这种特殊意识状态下的脑电波与清醒和睡眠时的脑电波均不同。并且催眠对治疗身心疾病的确能起到一定的作用。

催眠现已被广泛应用于医学、心理保健与治疗、体育、司法等领域。在心理保健与治疗方面，催眠被视为一种特殊的心理调整和放松技术，曾用于缓解人的心理压力，治疗心理疾病，并发挥了一定的特殊作用。

二、静坐

自古以来，我国传统的思想（如儒、道、佛家）提倡静坐，即让意识远离对外界的关注，在安静的状态下身心得以放松、休息、养精蓄锐。现代心理学谈到的静坐对应英文单词 meditation，这个英文词来源于拉丁文 medita，原意指"沉思之方法"，也可译为冥想。[①] 静坐是一种改变意识状态的方法，通过深度的宁静状态来增强自我意识和良好状态。

在静坐时，人们可以不想任何问题、不期望达到任何目的，只是完全放松自己的身心，让意识像飞鸟掠过天空、波浪涌起海面一样自然，随遇而安，不加任何控制。或者在静坐时心无旁骛，将注意力集中于一个目的物，使意识从周围纷扰的刺激中收敛回来，得以清净、放松。

静坐的方式很多，美籍印度瑜伽师马哈瑞希在 20 世纪 60 年代改良的超觉静坐是其中一种，也可以看做是一种简易的瑜伽术。哈佛大学医学院宾逊（Benson，1975）对其的研究结果表明，超觉静坐可以降低生理唤醒，表现为氧气消耗量减少，呼吸、心跳速率减缓，血压降低等。因此，有些研究者认为

---

① 张春兴：《现代心理学》，第 2 版，158 页，上海，上海人民出版社，2005

静坐可以使身体得到休息、放松，缓解心理紧张和焦虑，是一种有效的锻炼身体的方法。但是目前关于静坐的可测量性还有待于进一步的研究。

三、心理促动药物对意识的影响

有些药物在使用后能对中枢神经系统产生影响而使个体的感知觉、情绪和行为等心理活动发生变化，这类药物称为心理促动药物。心理促动药物首先是使人的心理在感知觉层面上发生改变，加大剂量后严重的则会引起思维、情绪以及行为活动方面的改变。根据作用性质的不同，可以将心理促动药物分为三类。

（一）镇静剂

凡对中枢神经系统产生抑制作用，使身体机能降低的药物，均称为镇静剂（抑制剂），主要包括鸦片、海洛因、吗啡、酒精等。镇静剂的特点在于：少量服用能使个体产生一种轻微的欣快感，可以消除情绪上的紧张。镇静剂能降低神经系统及行为的活动性，抑制身体的敏感性和对刺激的反应性，最后导致睡眠。

酒精是所有镇静剂中使用最多的药物。酒精对人的身心是否有害，关键取决于用量。少量饮酒对一般成人来说能舒筋活血、放松心情；过量饮酒，如当血液中酒精含量为 0.15％时就会引发异常意识状态。但无论是小量或大量饮用，酒精都是一种镇静剂。那种认为酒精在小量饮用时是兴奋剂的说法是不妥的。小酌几杯也许能使人兴奋起来，但这是通过降低控制判断和抑制大脑活动而造成的。也就是说，一个人具有某些行为倾向时，酒精使这种行为倾向更容易表现出来。

（二）兴奋剂

兴奋剂指可以提高神经细胞的兴奋性和行为活动性的一类药物。它的范围很广，效用从轻到重差别也很大，包括咖啡因、尼古丁、可卡因和安非他明等。少量使用兴奋剂可以提神，并且减轻疲劳，精力旺盛，心情愉快，但大量使用则会使人焦躁不安。例如，生活中，人们都知道晚上工作时，喝一杯咖啡或茶可以提精神；但如果临睡前喝两杯浓咖啡，神经过于兴奋就很难入睡了。

（三）迷幻剂

迷幻剂是指能使人产生幻觉的物质，主要特点是能够使意识尤其是感知觉发生扭曲。最常见的是麦角酸二乙基酰胺（LSD）、墨斯卡灵（mescaline）和大麻。迷幻剂使人产生欣快感，增强感觉的敏感性，并且使时间知觉错乱。有些人更能产生深度做梦般无法描述的神秘感，觉得自己整个身体成为外界环境的一部分。但是在情绪变化的另一极端，迷幻剂也可能产生梦魇般的焦虑、恐怖和妄想狂。此外，它还能够造成思维和判断的混乱。

总之，各种心理促动药物都可以使人的意识发生变化，如知觉歪曲、意志消沉，同时长期服用会造成对它的依赖，使人上瘾。对药物上瘾会出现两种情况，一方面是生理依赖，表现为先是增强对药物的耐受性，即必须加大剂量才能产生同样的效果，然后转变为身体上因缺药而出现种种生理异常反应，如打哈欠、流眼泪、恶心、呕吐、出汗、失眠、颤抖等，急切地渴望得到药物才能使之减轻；另一方面是心理依赖，表现为没有药物各方面就极端地不适应，思维不能集中，心情烦躁和无法忍受的渴求反应。成瘾者的所有生活会逐渐地以使用药物为中心，不仅损害身心健康，甚至导致违法犯罪行为的出现，必须严格控制使用。

第三节 注意概述

一、什么是注意

(一) 注意的含义

注意是心理活动对一定对象的指向与集中。它是人在清醒状态下出现的心理状态。平时人们常说的"用心""聚精会神""专心致志"等词指的就是注意的状态。

注意有两个基本特性：指向性与集中性。指向性和集中性表明注意具有方向和强度的特征。

注意的指向性是指人的心理活动或意识选择了某个对象，忽略了其余对象。人的心理活动不是同时指向一切对象，而是有选择地指向特定的对象。当一个人在电影院里专心地看电影时，他的心理活动主要集中在电影情节上，对电影中人物的形象印象清晰、深刻，而和他一起看电影的周围观众，却没有给他留下太多的印象。可见，注意的指向性体现了人的心理在哪个方向上进行活动。指向性不同，人们从周围环境中获得的信息也不同。

注意的集中性是指心理活动在一定对象上保持并深入下去，保持一定的强度或紧张度。一个人的心理活动不仅指向某个对象，还会在这个对象上集中起来，即全神贯注，兴奋性提高，而与注意对象无关的事物则印象模糊，或根本没有任何印象。比如，当人急匆匆地赶路时，对旁边的人声、鸟语或音乐声就无暇顾及，或者有意不去关注它们。注意的集中性保证了我们对注意对象有更深入完整的认识。

注意的指向性和集中性是相辅相成、不可分割的。当人的心理活动指向于某一对象时，同时也集中于这一对象。注意的指向性表明的是心理活动的方向和范围，注意的集中性是心理活动在这个方向和范围上活动的强度和紧张度。心理活动的强度越大、紧张度越高，注意力也就越集中。人在注意力高度集中时，注意指向的范围就会缩小，注意力越集中，注意的范围就越小，所谓"视而不见，听而不闻"，就是注意力高度集中和注意范围狭窄的体现。而当人注意的范围比较大的时候，注意的集中性就比较低，就像走马观花似的看风景，随看随忘。指向性和集中性统一于同一注意过程中，共同保证了注意的产生和维持。

注意虽然是一种非常重要的心理机制，但却不是一种独立的心理过程。注意是伴随着认识、情感和意志等心理过程的一种共同的心理特性。当人在注意某一事物时，同时也在感知着、记忆着、思考着、想象着或体验着这一事物。如人看一部悲剧作品伤心落泪的时候，这时的注意既伴随着认识活动，又伴随着情感过程。如果没有注意的指向和集中对心理活动的组织作用，任何一种心理活动都无法展开和进行。所以，注意不是一种独立的心理过程，但在心理过程中发挥着不可或缺的作用。

（二）注意的功能

1. 选择功能

注意的基本功能是对信息进行选择。周围环境给我们提供了大量的信息，这些信息有的对我们的生活、工作非常重要，有的就不是那么重要，有的则毫无意义，甚至会干扰我们的正常工作。人要正常地生活，获得对某一事物清晰、深刻和完整的反映，就必须从大量的信息中选择出重要的信息，同时排除无意义信息的干扰，提高大脑信息加工的效率。

2. 维持功能

注意使人的心理活动能够在一段时间内比较稳定的保持在所选择的对象上，这种保持一直要使心理活动达到目的为止。由于注意的维持功能，才能对被选择的信息进行深入地加工与处理，使复杂活动得以顺利进行。

3. 调节与监督功能

注意通过对心理活动的调节和监督，可以帮助人提高活动效率，保证行为活动准确、精确地进行，也有利于对错误活动及时调节和矫正。例如，人在高度集中注意的情况下工作、学习，一般会有助于错误的减少，准确性和速度大大提高。荀子曾说过"君子壹教，弟子壹学，亟成"，就是这个意思。另外，当人们根据活动的任务变化需要把心理活动从一个对象转向另一个对象时，注意可以使这种转移顺利进行，以适应瞬息万变的环境。

二、注意与意识的关系

过去一段时间里，学者们一直认为注意与意识这两个概念是交叉的，甚至是相同的，后来随着研究的深入，逐渐认识到注意与意识是两个不同的概念，即注意不等于意识。威廉·詹姆斯在《心理学原理》一书中曾指出："注意是意识的局部聚焦与集中。"[①] 如果将意识比做一个大舞台，注意则是意识舞台上的聚光灯，只有聚光灯下的客体才能被人们所觉知，并得到进一步加工。由此可以看出，注意与意识是两种密不可分、又不尽相同的心理过程。

注意是一种心理活动或"心理动作"，它有选择地加工某些刺激而忽略其他刺激；而意识主要是一种心理内容或体验。举一个例子来说：当我们面临很多电视频道时，注意决定选择观看哪个电视频道，意识是选择完成后显示在电视屏幕上的视觉图像。注意提供了一种机制，决定什么东西可以成为意识的内容，什么东西不可以，它控制着信息到达意识的数量。只有被注意到的内外刺激，才能被个体所觉察，产生意识。与意识相比，注意更为主动和易于控制（Baars，1997）。

但是，注意和意识又是密不可分的。不同的意识状态下，要求注意参与的成分多少也不同。在可控制的意识状态下，人的注意集中在当前有意义的内容上，能得到比较清晰和深刻的认识。自动化的意识状态要求很少的注意，意识的参与成分也相对较少。在白日梦状态，人的意识内容不断地变化，在这些内容上所分配到的注意极少。在睡眠状态，人们处于一种无意识状态下，注意基本停止了活动。注意参与的成分越多，意识内容越清晰、准确；注意参与的成分越少，意识内容越模糊。

三、注意的种类

按照注意时的目的是否明确以及意志努力的参与程度上的差异，可以将注意分成无意注意、有意注意和有意后注意三种。

（一）无意注意

1. 无意注意的含义

无意注意是指事先没有预定目的、也不需要意志努力的注意。例如，学生们正在教室里聚精会神听课的时候，突然有一个学生的手机响了，大家都不约而同朝着手机铃声的方向望去，把目光投向那个学生。此时对那个学生产生的注意是没有任何准备的，也没有明确的认识任务，是无意注意。

---

① James W，The principle of psychology，Vol. 1，New York，Henry，1890

无意注意是一种消极被动的注意，它的引起和维持不是依靠意志的努力，而是由刺激物本身的特点决定的，在这种注意状态下，人的积极性较低。

2. 引起无意注意的原因

引起无意注意的原因包括刺激物本身的特点以及人自身的状态。

（1）刺激物本身的特点

刺激物本身的特点是引起无意注意的主要原因。刺激物本身的特点包括刺激物的强度、刺激物的新异性、刺激物的运动变化等。

①刺激物的强度。任何相当强烈的刺激，如一声巨响、一股浓烈的气味、夜晚的一道闪电等，都能引起人的不由自主地注意。就刺激物的强度而言，有绝对强度和相对强度之分。具有绝对强度的刺激物固然能引起人们的注意，但是刺激物的相对强度在引起无意注意时具有更重要的意义。一个不太强烈的刺激物，如果在没有其他刺激物的背景上出现，同样可能引起人们的注意。例如，在喧嚣的闹市中，大声地叫卖未必能引起别人的注意，而在寂静的夜晚，轻微的耳语声便能引起人们的注意。

在人们生活中，对无意注意起决定作用的往往是刺激物的相对强度，而不是刺激物的绝对强度。

②刺激物的新异性。新异性时是引起无意注意的一个重要原因。所谓新异性，就是刺激物异乎寻常的特性。通常，新异的刺激容易引起人的注意，习惯化的刺激则不易引起关注。例如，一张好听的 CD 刚发行时，马上就会引起歌迷的注意，但是翻来覆去听多了之后，便习以为常，不再关注它。任课老师有一天突然换了一个新发型，马上就会引起学生们的注意。我们平时说的"鹤立鸡群""万绿丛中一点红"指的也是这个道理。

③刺激物的运动变化。运动变化的物体比静止的物体更容易引起人的无意注意。例如，夜空中一闪而过的流星、都市夜晚闪烁的霓虹灯、大道上疾驰而过的车辆都容易引起人们的无意注意。

（2）人的主观状态

无意注意不仅受客观刺激物本身的影响，还和人自身的主观状态如需要、兴趣、期待、个体的知识经验和精神状态有密切关系。在外界刺激相同的情况下，每个人自身的状态不同，引起无意注意的表现也不同。

①需要和兴趣。凡是符合人的需要和兴趣的事物，都容易引起人的注意。例如，人们看报纸时，所注意的消息往往有所不同：从事体育工作的人，会更多地注意体育方面的新闻；文艺爱好者喜欢看文艺方面的消息。对于一个身患疾病的人，最容易引起他无意注意的是各种媒体上的医药信息。

从兴趣的角度来说，无意注意同人对事物的直接兴趣有关。

②知识经验。个体的知识经验也会影响人的无意注意。新异刺激物容易引起无意注意，但要保持这种注意则与一个人的知识经验密切相关。因为新异刺激物固然能引起人们不由自主的注意，但如果人对它一点也不理解，即使能一时引起注意，也会很快失效。如果人对新异的刺激物有一些理解，但又不完全理解，为了求得进一步的理解，就能引起长时间的注意。例如，由于知识经验的不同，同样看一部影片，音乐工作者会注意其中的配乐，美术工作者会注意影片的用光以及色调等。

③期待。期待是引起人的无意注意的重要条件。古典小说往往在情节紧张的关键环节结束，并用一句"欲知后事如何，且听下回分解"勾起人对后面内容的期待和渴望，吸引人的注意。

④情绪和精神状态。凡能激起某种情绪的刺激物都容易引起人们的注意。例如，水龙头的滴水声，时间长了可能会降低人对它的关注，但是如果引起人的厌烦、生气等情绪时，则反而更能引起人的注意。

此外，当一个人心情舒畅，精神饱满，平常不太容易引起注意的事物，这时也很容易引起他的注意；当人情绪低落，精神委靡，或身体处于疾病、疲劳状态，就很容易对许多事物视而不见。

无意注意可以帮助人们对新事物进行定向，因此在合适的场合，它可以激发人的好奇心和求知欲，积极关注新事物，有利于观察的顺利进行和探索研究的展开；但是在不适当的场合，无意注意也能导致分心，对正常的工作、学习起干扰作用。

(二) 有意注意

1. 有意注意的含义

有意注意是指有预定目的、需要一定意志努力的注意。学生在课堂上专心致志地听课，工人们在恶劣的环境下艰苦的工作，都有有意注意的参与。

有意注意是一种积极、主动的注意，需要付出一定的意志努力，能保证学习、工作的顺利进行。当我们决定做某件事情（如写作、做作业）时，不论所注意的那个刺激物的特点是否强烈、新异、有趣，我们都必须集中注意，同时排除各种无关刺激的干扰。因此，有意注意是在实践活动中，在无意注意的基础上发展起来的一种人类所特有的、高级注意形式。

2. 引起有意注意的条件和方法

(1) 加深对活动目的和任务的理解

有意注意的重要特征是有明确的预定目的。对活动目的理解得越清楚、越深刻，完成任务的愿望越强烈，与活动有关的一切信息越能引起人们的注意。当人们对活动要求不明确、目的不清楚时，常容易分神，不能长时间维持有意注意。

（2）合理地组织活动

组织形式多样、内容活泼的活动有利于维持有意注意，而内容枯燥的活动则容易使人疲劳厌倦，造成分心。在进行智力活动时，把头脑中的智力活动和外部的实际行动结合起来，有利于有意注意的保持。如在阅读时对自己提出问题并尝试回答，对有关的内容进行必要的小结等，都是把应当注意的对象变成实际行动的对象，这些实际行动本身就要求有意注意的参与。

（3）形成稳定的间接兴趣

无意注意的产生主要是由于刺激物的特点和活动过程本身激发的直接兴趣引起的，而对活动结果产生的间接兴趣则是维持有意注意的重要条件。间接兴趣越稳定，活动过程中的有意注意也容易产生和维持。例如，一个学生在学习外语时，感到背单词、记语法的过程单调而枯燥，想要知难而退，但当他意识到掌握外语的重要性时，他就会积极投入到外语学习中去。

（4）培养坚强的意志力

有意注意进行中常会有各种内外干扰。外部干扰如与活动内容无关的声音和视觉刺激；内部干扰包括自身生理上的疲劳、疾病以及心理上消极的思想和情绪。例如，有些学生上课时还在想与同学之间的矛盾，自然会妨碍正常的学习活动。内外干扰越多，有意注意就越难以维持。因此，培养抗干扰能力，不受内外干扰因素的影响，对于维持有意注意是非常重要的。个体的意志力水平同抗干扰能力有密切关系。只有提高意志力，才能克服不良的注意习惯，抵御各种干扰，全身心地投入到学习和工作中去。

（三）有意后注意

有意后注意是有自觉的目的，但不需要意志努力的注意。有意后注意是注意的一种特殊形式，它同时具有无意注意和有意注意的某些特征。例如，它有自觉的目的，这一点和有意注意一致；它不需要意志努力，这点又类似于无意注意。从产生上来看，有意后注意通常是在有意注意的基础上转化而来的，是有意注意的高级形式。在刚开始做一件工作的时候，人们往往需要一定的努力才能把自己的注意保持在工作上，但是在对工作发生了兴趣以后，就可以不需要意志努力而由兴趣继续维持注意了，但注意仍然是自觉的、有目的的，这时的注意就是有意后注意了。

有意后注意既服从当前的任务要求，又可以节省意志的努力，有利于长期的、持续性任务的完成和创造性活动的展开。促进有意后注意形成的关键在于发展对活动本身的直接兴趣。当我们做一件较复杂的工作时，通过对工作的全面了解，试着让自己真心喜爱上这些活动，当自然而然沉浸在工作中时，才能处于有意后注意的状态，取得更大成绩。

第四节　注意的品质

一、注意的广度

(一) 注意广度的含义

注意的广度也叫注意的范围，是指一个人在同一时间里能清楚地把握对象的数量。知觉的对象越多，注意的范围越广；知觉的对象越少，注意的范围越小。

心理学家很早就开始研究注意广度的问题。心理学家汉密尔顿（Hamilton，1830）最先做了这方面的实验，他在地上撒了一把石子，发现人们很难同时看到六颗以上的石子。如果把石子两个、三个或五个组成一堆，人们能同时看到的堆数和单个的数目一样多。通过速示器进行的研究表明，成人在1/10秒内一般能注意到8～9个黑色的圆点或4～6个没有联系的外文字母。

(二) 影响注意广度的因素

1. 注意对象的特点

注意的广度因注意对象特点的变化而有所不同。一般来说，注意对象的组合越集中，排列越有规律，相互之间能成为有机联系的整体，注意的广度就越大，反之注意的广度就越小。

2. 活动任务的特点

活动任务越简单，注意的广度就越大；活动任务越复杂，越需要关注细节，注意的广度则越小。例如，用速示器呈现一些英文字母，其中有些存在书写错误，要求一组学生在短时间内判断哪些字母书写有误，并报告字母的数量；要求另一组学生只报告所有字母的数量。结果，前者知觉到的字母数量要比后者少得多。

3. 个体的知识经验

一般来说，个体的知识经验越丰富，整体知觉能力越强，注意的广度就越大。例如，阅读专业资料时，专业素养深厚的人可以做到"一目十行"，非专业人士即使逐字逐句阅读也不一定能正确理解。围棋高手扫视一下棋盘，就能把握双方的形势和局面变化；初学者由于经验欠缺，只能一部分一部分来关注棋势。

注意广度在实践生活中有重要意义。注意广度越大，越有助于人在短时间内把握更多的信息，提高工作和学习效率。例如，在学习中，注意广度大，阅读速度就快，能做到"一目十行"。因而，训练学生扩大注意广度，可使他们较多、较快地获得知识。

二、注意的稳定性

（一）注意稳定性的含义

注意的稳定性是个体在较长时间内将注意集中在某一活动或对象上的特性。例如，学生在上课的一个小时内能将自己的注意力放在学习活动上；科研人员能够连续几个小时的在实验室专心致志地做实验；这都是注意稳定性的体现。但衡量注意稳定性，不能只看时间的长短，还要看这段时间内的活动效率。

人的注意不能长时间地保持固定不变，经常是在间歇的加强或减弱。这种周期性的变化，称为注意的起伏（如图 3-2 所示）。当我们注视这个图形一分钟时，会发现这个图形并不是静止的，时而大方框位于前方，小方框位于后方；时而小方框位于前方，大方框位于后方，图形在眼前起伏波动。又如，把一只表放在耳边，保持一定距离，使人能隐约听到表的滴答声。结果会发现时而听到表的滴答声，时而又听不到。这也是注意的起伏现象。每一次注意的起伏大约是 8～12 秒。

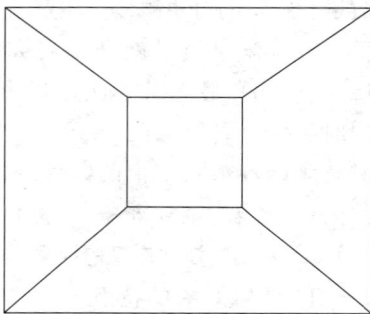

图 3-2　注意的起伏

注意的起伏是注意稳定性中的一种正常现象，一般对正常的生活、工作没有消极作用。虽然人不能长时间地使注意集中在一个对象上，但却能长时间集中注意于一定的工作，完成该项工作。因此，所谓的注意稳定性是指注意在某项活动上保持的时间，在这个过程中，注意的具体对象可以不断变化，但注意指向的活动的总方向始终不变。例如，学生在听课的时候，跟随教师的教学活动，一会儿看黑板，一会儿记笔记，一会儿读课文，虽然注意的对象不断变换，但都服从于听课这一总任务。如果在工作中，只要人的行为、注意能围绕工作目标来展开就已经符合注意的稳定性了。

（二）影响注意稳定性的因素

1. 注意对象的特点

注意对象本身的一些特点会影响注意维持的时间长短。一般来说，内容丰富、活动的对象比单调静止的对象更能保持注意的稳定性。例如，相对于一幅画，人们又可能花更多时间关注活动的电视画面。对新生儿研究也发现，新生儿注视人脸和复杂图形的时间远比注视墙壁和灯光的时间长。但并不是说事物越复杂，刺激越丰富，注意力就越稳定。过于复杂、变幻莫测的对象反而容易使人产生疲劳，导致注意的分散。

2. 个体的精神状态

除了注意对象的特点外，个体的主观状态也影响注意的稳定性。一个人身体健康，情绪良好，精力充沛，就会在学习和工作中全力投入，不知疲倦。相反，一个人处于失眠、疲劳、疾病状态，或者情绪受挫的情况下，注意无法保持稳定，活动效率也会大大降低。另外，意志坚强、善于自我管理的人能战胜各种内外干扰，有较好的注意稳定性；意志薄弱的人则容易受到干扰，注意稳定性较差。

与注意稳定性相反的消极品质是注意的分散。注意的分散，又称分心，是指在注意过程中，由于无关刺激的干扰或者单调刺激的持续作用引起的偏离注意对象的状态。无关刺激对注意的干扰，既可以是外部的无关刺激，也可以是内部的无关刺激。另外，当外界严重缺乏刺激的情况下，人的注意稳定性也很难保持。长时间单调工作，由于疲劳的增长使附加刺激得到加强。这种情况下，头脑中可能浮现各种杂念使注意分散。注意的分散对人们的学习、工作能起到一定干扰作用。

注意的稳定性是衡量一个人注意品质的重要指标，也是一个人神经过程强度的标志。注意在人们的生活、工作和学习中有重要意义，因此应培养学生形成良好的注意稳定性。

三、注意的分配

(一) 注意分配的含义

注意的分配是在同一时间内对两种或两种以上的刺激进行注意，或将注意分配到不同的活动中去。在日常生活和活动中，经常要求人同时注意更多的事物，把注意分配到不同的对象上。例如，教师上课时边讲课、边板书、边观察学生的反应；学生听课时边听、边记、边思考、边注视教师和黑板，都是注意分配的体现。

注意分配是完成复杂工作的重要条件。谁能够把注意同时分配到较多方面，谁就能把握更多的事物，顺利地完成复杂的工作。对于教师来说，注意分配的好坏直接关系到课堂教学组织的好坏。有经验的教师在对课程内容清晰讲解的同时，还能兼顾学生的听课状态和课堂秩序的维护，通过关注多方面信息来提高整节课的教学效果。一支美妙的曲子完成也需要钢琴演奏者把注意力同时分配在左手和右手上，让双手准确流畅地完成不同的动作。因此一个人注意分配的好坏会影响到学习、工作的效率和效果。

（二）顺利实现注意分配的条件

1. 活动的熟练程度

注意分配的一个基本条件是，同时进行的几种活动的熟练程度或自动化程度。当同时进行的几种活动中，只有一种是不熟悉的，需要集中注意观察或思考，而其余动作已成为熟练的动作，达到了自动化或半自动化的程度，不需要更多的注意参与也能完成时，注意的分配才有可能出现；如果几种活动都是比较生疏的，那么注意的分配就比较困难。例如，初登讲台的教师，往往由于怕讲不好，情绪紧张，只注意自己的讲述。虽然看着学生却不能理会学生是否在注意听讲。教学经验丰富的教师，熟悉教材，从容不迫，能在讲课时，注意到学生的反应以及整个课堂活动。

2. 同时进行的几种活动之间的关系

有联系的活动才便于注意的分配。这是由于活动之间的内在联系有利于形成固定的反应系统，经过训练就可以掌握这种反应模式，同时兼顾几种活动。例如，歌唱家有时自弹自唱同一首歌，甚至能够边唱歌边做其他的事情，也是借助了活动之间的内在联系或人为建立起活动间的联系，以达到注意的分配。

3. 活动的性质

注意的分配与活动性质有密切关系。如果同时进行的活动属于动作技能，则注意的分配比较容易。如果同时进行的是两种智力活动，注意的分配就比较困难，即使这两种活动能同时进行，其中一项或两项活动也会受到影响。

四、注意的转移

（一）注意转移的含义

注意的转移是根据新的活动目的和任务，主动地把注意从一个对象转移到另一个对象上去的特性。如上完语文课后，再上数学课，学生就应根据教学需要，把注意主动地从语文课转移到数学课上。

注意的转移与注意的分散有着本质的区别。注意的转移是根据新任务的需要，主动地把注意转移到新的对象上，使一种活动合理地代替另一种活动。它是有目地、主动地转换注意对象，是一个人注意灵活性的表现。注意的分散是由于受到无关刺激的干扰，使自己的注意离开了需要注意的对象，而不自觉地转移到无关活动上，是消极被动的。例如，课堂内容讲完后，要求学生互相讨论一下，这是注意的转移；两个学生在上课时交头接耳，互相说笑，而没有关注课堂的内容，这是注意分散的表现。

注意的转移往往会有一个过程。开始时，注意力还没有完全集中在新的活动上，效率就不高，但当熟悉了新活动、注意力完全转移过来后，效率就会大大提高。例如，写文章时，起初总觉得很难下笔。写好开头后，注意完全转移并集中在这方面上，写作的效率也会提高。"万事开头难"指的就是这个道理。

主动而迅速地进行注意的转移，对各种工作和学习都十分重要。有些工作要求在短时间内对各种新刺激作出迅速准确地反应，对注意转移的要求尤其高。例如，一个优秀的飞行员在起飞和降落时的五六分钟内，注意的转移就达200次之多。而一个学生每天要学习几门不同的课程，还要完成其他活动，这也要求有灵活的注意转移能力。良好的注意转移表现在两种活动之间的转换时间短，活动效率高。

（二）影响注意转移的因素

1. 原来活动的吸引力

原来的活动如果是个体感兴趣，有极大吸引力的活动，注意的转移就困难。因为活动的吸引力大，人的注意强度高，转移就困难。原来的活动吸引力小，注意的转移就容易。如：一个完全沉迷于电脑游戏的孩子很难转移注意力，拿起书本温习功课。

2. 新活动的特点

如果引起注意转移的新活动意义重大，符合人的需要和兴趣，那么即使先前的活动吸引力很强，也能顺利地实现注意的转移；反之，对于新活动的意义理解肤浅、或不符合人的兴趣，那么即使先前活动的吸引力不强，也不能顺利地实现注意的转移。假如正玩电脑游戏的孩子，听到自己要好的小伙伴邀请他出去玩，可能会离开电脑，将注意力转移到户外活动上。

3. 个体神经活动过程的灵活性

神经活动过程灵活性强的人，就能在必要的情况下顺利地把自己的注意从一个对象转移到另一对象上；神经活动过程灵活性差的人，就不能很快地实现注意的转移。

4. 明确的信号提示

在需要注意转移的时候，明确的信号提示可以帮助个体的大脑进入兴奋和唤醒状态，灵活迅速地转换注意对象。文艺演出中报幕员的角色，其实也发挥着这方面的作用。这种提示信号，既可能是物理刺激（如铃声、号角），也可以是他人的言语命令，甚至是自己的内部言语的提醒。

总之，人们在注意的品质上存在着个别差异。注意品质的综合表现就构成了各具特色的注意能力。一个人的工作效率如何，不仅取决于是否具有某种注意的品质，而且还取决于能否根据活动的性质把各种注意品质有机地结合起来。

第五节　注意规律在教学中的应用

注意是学生进行学习的必要前提，也是教师顺利开展教学活动的重要条件。合理运用注意规律，是优化教学过程、改善教学效果、保证教学质量的关键环节。

一、无意注意规律在教学中的应用

无意注意是由刺激物本身特点和人的主体状态所引起的。刺激物的特点和主体状态既可以引起个体注意的分散，也能激发好奇心，导致探索行为的出现。因此，在教学过程中，教师应尽量避免那些分散学生注意的无关因素的出现，同时紧紧把握住那些吸引学生对教学内容产生注意的因素，有效地搞好教学活动。

1. 创设良好的教学环境，减少分心因素的干扰

教学环境是教师从事教学活动的最基本的前提条件，是课堂教学顺利进行的重要保证。良好的教学环境从客观上会减少导致学生分心的因素。教学环境良好，既能充分调动学生的无意注意，让学生轻松地就能进入学习状态；同时也尽可能地避免和教学无关的其他刺激因素的干扰作用。

教学环境包括校园、教室布置以及对学生视觉、听觉产生刺激的各种因素。良好的教学环境表现为：校园环境安静整洁，具有文明气氛和高雅的文化情调；教室所在地与操场、马路、音乐教室及其他分散学生注意的事物距离远一些，以防止较强烈的噪声刺激的干扰；教室的布置简洁大方，没有过多的装饰；教室里空气清新，光线充足，干净整洁。

2. 合理地运用板书、教具进行教学

直观形象、新颖的事物最容易引起学生的无意注意。教师要发挥无意注意的积极作用，就应在板书和教具使用中施加这些影响。

板书是课堂教学的重要辅助手段。板书的目的一方面是帮助学生理清知识的结构和脉络，解决疑难问题；另一方面也是为吸引学生的注意力，提高课堂学习效率。因此，板书应该做到运用有度、重点突出、清晰醒目。必要时还可以用彩色粉笔和图、表格加以强调。

另外，许多学科还采用教具作为课堂教学中另一种重要辅助手段，尤其在低幼儿童的教学中更是必不可少。合理使用教具可以激发学生的直接兴趣，吸引学生的无意注意。因此，教具应新颖直观，能够很好地说明问题；教具出示的时间要适当，切忌过早显示；教师在使用教具的同时需配以言语讲解，引导学生正确观察，避免学生只关注表面现象，忽略实际问题等。

板书、教具运用不当会分散学生的注意力。如有的教师过早地将教具展现出来，学生的注意马上被直观教具吸引了，教师讲解的内容就听而不闻，反而影响了听课效果。

3. 注重教学内容的组织和教学形式的多样化

心理学研究表明，注意维持在单调贫乏的内容上的时间是短暂的，且需要较大的意志努力，而对丰富充实、新颖有趣的内容，却能保持相当长久的注意。因此教师讲授的内容，在突出主题、明确重点的前提下，尽可能做到旁征博引，丰富讲授内容，要让学生既能听得懂又要有新意。另外，教学内容力求做到由浅入深、深入浅出、循序渐进。这样才能使学生保持长久的注意。

教学形式也是教学过程中一个重要的环节。多样化的教学形式既能消除学生大脑皮质的疲劳，经常保持神经系统活动的兴奋性，又使学生处于多维度的学习过程之中，有利于无意注意的引起和维持。因此，为了使学生课堂学习保持最佳注意状态，教师应采取灵活多样的教学形式，如教师在讲解和板书之外，可穿插使用教具演示、个别提问、角色扮演、集体讨论以及动手操作等教学形式，还适当地利用刺激物的新异变化和刺激物的强度对比特点，来吸引学生的注意。

4. 教师应注重自身的语言艺术和表情，提高教学感染力

注意规律表明，那些符合人的需要和兴趣的事物，容易引起人的无意注意。因此，要使学生在课堂学习中保持良好的注意状态，教师应根据学生听课的情况，随时调整自己的语调、语速、音高和强弱以及必要的停顿等，并伴以适当的表情和必要的手势，以强化语言的感染力，提高学生的注意程度。同时，教师还应以丰富的感情投注给学生，引起学生感情的共鸣，达到和谐共振。

另外，教师在教学过程中要迅速妥善地处理偶发事件。如天气骤变、学习条件恶化（突然阴雨、停电、室外嘈杂等）、学生病倒或严重违纪事件等，教师既不能熟视无睹，也不能惊慌失措，要以平静的情绪与学生一起审慎、迅速地处理好，保持课堂教学秩序的稳定。

二、有意注意规律在教学中的应用

在学习活动中，学生注意的主要形式是有意注意，因此，教师应运用有意

注意的规律合理组织教学。

1. 让学生明确学习的目的和意义

有意注意规律表明，注意的目的和任务越明确，个体的自觉性越高，就越能引起和保持有意注意。为了很好地掌握知识和技能，学生需要有一个正确的学习目的，深刻理解学习的意义和作用。教师的责任就是帮助学生把模糊的、抽象的学习目的转化为清晰的、具体的学习目的，让学生切实地感受到集中注意对完成活动的重要性，能把学习的每一个课题都与实际生活联系起来，这样有利于调动学生的有意注意。例如，有的教师在每节课的开始，都要给学生明确本节课的教学目标和应掌握的知识点，以增强学生学习的自觉性，有的放矢地配合教师的教学活动进行学习。

2. 合理地组织课堂教学

学习活动需要学生维持有意注意，但人的注意力又很难长久地集中，因此，教师需要通过合理地组织课堂教学，来帮助学生维持有意注意。合理地课堂教学活动应张弛有度，避免任务安排过满，节奏过于紧张。教师既要使每个教学环节都有充实的内容，也给学生适当放松休整的时间。有时，教师适当放慢速度，穿插些有趣的谈话，可以更好地促进学生的学习。

有时为了避免学生分心，教师还可以采取一些具体的控制措施。

（1）信号控制

教师在教学过程中通过言语提示和表情暗示等信号来提醒分心的学生。

（2）问题控制

教师的提问能引起学生的有意注意，当发现学生上课分心时，可结合教学内容机智灵活地提出一些问题，以唤起学生的注意。

（3）表扬与批评控制

不失时机地表扬专心听讲、正确回答问题的学生，给分心的学生树立榜样。同时适当地对分心的学生进行批评，也可起到加强注意的效果。

教师还应当把智力活动和实际操作结合起来，使学生的听、看、想与老师的讲解同步，让每个学生都成为教学活动的积极参加者，这样能更有效地制止和减少学生分心的机会，从而保证有意注意长时间地稳定在学习上。

3. 引导学生积极思考

良好的有意注意是伴随着积极的思维活动同时进行的。要使学生保持较好的有意注意，教师必须善于启发学生进入积极的思考状态，用新颖、独特、有创见的问题紧紧吸引学生的注意，引导其独立思考、寻找解决问题的途径。例如，在教学中，教师可以多设一些带有思考性和一定难度的问题情境，使学生在积极思考、努力解决问题的过程中始终保持稳定的注意，同时还能培养学生良好的注意品质和思维能力，促进智力发展。

4. 帮助学生形成良好的注意习惯和坚强的意志力品质

学习是一项艰苦的脑力劳动，需要有良好的注意习惯和坚强的意志力，才能排除各种干扰，克服困难完成学习任务。教师需要采取一些措施帮助学生形成良好的注意习惯和坚强的意志力品质，让学生学会正确地组织自己的注意。

良好的注意习惯主要包括两个方面：能高度集中注意而不分心和能迅速转移注意而少惰性。教师可选择一些有一定难度，需要集中注意才能完成的任务交给学生，让他们解决。任务既可以结合课程，也可以是纯训练性的，教师可根据要求自行设计问题。例如，要求学生快速阅读或组织抢答题竞赛，以培养他们高度集中的注意能力；或将不同学科、不同性质的问题交叉随机地呈现，以训练学生注意灵活转移的能力等。

意志力坚强的学生，在遇到干扰和外界诱惑时，懂得用语言提醒自己注意，能习惯性地运用实际动作来支持有意注意。因此，教师需要帮助学生锻炼坚强的意志力，使之学会自我控制，克服注意分散。

三、两种注意交替规律在教学中的应用

无意注意与有意注意是两种性质不同的注意，但在学习和各种实践活动中又是互相联系、互相转化和交替进行的。在教学中，学生完全依靠有意注意来学习，大脑皮层长时间地处于兴奋状态，容易产生疲劳和注意的分散。但是单凭无意注意来组织教学，也难以维持较长时间地学习，因为任何一门学科的内容和任何一位教师的讲授，都不可能完全具备吸引人的趣味性，也不能轻而易举就可以学会并掌握的。两种注意的相互交替，才能使学生的注意能长时间地保持集中。

一般来说，上课之初，学生的注意还停留在课前感兴趣的活动上，需要通过组织教学引起学生的有意注意。教师通过检查提问，可以使学生集中注意。接着教师就应通过生动的语言、灵活多样的教学，使学生对新内容发生兴趣，引起无意注意；随后，教师要根据由近及远、由浅入深、由具体到抽象的原则进行教学，让学生掌握教材的重点难点，这样就使学生的无意注意转化为有意注意。当学生保持一段时间的高度紧张的有意注意后，教师要适当地在理论讲解中穿插一些生动有趣的实例来吸引起学生的无意注意，或设计些活动，使学生适当放松。这样，既能使学生保持长时间的稳定注意，又减少了学生学习时的疲劳，增强了学习的效果。下课之前，学生的注意最易涣散，所以在概括本节知识或布置作业时，要向学生提出明确而具体的要求，来重新引起他们的有

意注意。渐渐地随着教学的深入，学生顺利地接受了知识，扩大了知识领域，对教师传授知识的方式方法也产生了兴趣，感到上课是轻松快乐的事，这时的学习依靠的是有意后注意。

总之，教师要根据教学内容和学生的实际情况，灵活地交替使用无意注意和有意注意的规律来安排学习，不断培养学生抗干扰的能力，使学生顺利、有效地完成学习任务。

【思考与练习】

一、填空

1. 意识的状态表现为：_____、_____、_____、_____。

2. 注意是心理活动对一定对象的_____与_____。注意的功能表现为：_____、_____、_____。

二、选择

1. 教师讲课时，声音抑扬顿挫，富于变化，这是为了引起学生的_____。

A. 有意注意　　　　B. 无意注意　　　　C. 有意后注意

2. 下列哪个事例是有意注意_____。

A. 观看电影　　　　B. 专心学习

C. 围观看热闹　　　D. 一个身着异服的人引起别人的注意

3. 学生听课时边听、边记笔记、边思考，这体现注意的_____。

A. 范围　　　　　　B. 稳定性

C. 分配　　　　　　D. 转移

三、问答

1. 简述睡眠的四个阶段。

2. 举例说明引起无意注意的原因有哪些？

3. 引起和维持有意注意的方法有哪些？

4. 在教学过程中，如何运用注意的规律组织教学？

四、实例分析

在教学中有这样一种现象，有些老师非常重视兴趣对学生学习的影响，主张："要让学生在笑声中掌握知识。"每次上课学生都兴趣盎然，笑声满堂。但是笑过之后学生却头脑空空，每到考试都手足无措。试用心理学的有关理论加以分析。

第四章　感觉与知觉

【内容提要】

心理是人脑对客观现实的反映，人们只有接触客观现实才能产生正常的心理，然而处在黑暗、寂静的头骨中的人脑是如何认识客观世界的呢？无疑，人脑是通过我们的感官认识和理解客观世界的，这种认识源于感觉和知觉。在感觉和知觉的基础上，我们才产生了诸如记忆、思维、想象等更高级的心理活动，从而使我们对客观世界的认识由感性认识到理性认识。本章要学习感觉概念和生理机制，知道感觉的种类并且要学习如何判断感觉的敏锐性以及这种敏锐性（感受性）变化的基本规律，然后要介绍几种比较重要的感觉，如视觉、听觉。在知觉部分我们要学习知觉的概念和分类、知觉过程中我们会遵循哪些规律，我们要学习空间知觉、时间知觉和运动知觉中的一些特性。最后我们要学习在教学当中如何更好地利用感学和知觉的规律以提高教学效率和培养学生的观察力。

【学习目标】

1. 掌握感觉、知觉的基本概念和感受性变化的规律以及知觉的特性。

2. 掌握如何根据感觉和知觉的规律以提高教学效率和培养学生的观察力。

第一节　感觉

一、感觉的概念

感觉是人脑对直接作用于感觉器官的事物的个别属性的反映。在日常生活中，外界的刺激作用于我们的感受器，经过神经加工在我们的头脑里就产生了各种各样的感觉。例如，光刺激我们的眼睛使我们产生视觉，声波刺激我们的耳朵使我们产生听觉，气味刺激我们的鼻子使我们产生嗅觉等；同时，我们也能觉知到机体内部的刺激，如觉察到自身的姿势和运动，感受到内部器官的工作状况，从而产生舒适、疼痛、眩晕等感觉。

感觉使个体觉知到刺激的存在，分辨出刺激的个别属性。然而，正常成人在日常生活中，是不存在纯粹的感觉的，感觉总是与个体的过去经验联系在一起。例如，当我们看到某种颜色时，我们就知道"这是白纸的白色""这是红旗的红色"；当我们用手接触某个物体时，就会识别出"这是又硬又冷的东西""这是一块玻璃"。这些回答都说明，感觉信息通过感受器系统传达到脑，知觉也就随之产生了。事实上，感觉与知觉之间是很难划清界限的。

感觉是一种最简单的心理现象，但是它在人的心理活动中却起着十分重要的作用。只有通过感觉，我们才能分辨事物的个别属性，了解自身的运动、姿势以及内部器官的工作情况。感觉是我们认识客观世界的第一步，是我们关于世界一切知识的最初源泉。一切较高级、较复杂的心理现象，如知觉、思维、情绪、意志等，都是在感觉的基础上产生的。同时，感觉也是人们从周围环境中获得必要信息、维护机体与环境信息平衡的通道，是保证机体正常生活的需要。信息超载或不足都会破坏信息的平衡，给机体带来严重的不良影响。

阅读材料：感觉剥夺实验

第一个以人为被试的感觉剥夺实验是由贝克斯顿（Bexton）、赫伦（Heron）、斯科特（Scott）于 1954 年在加拿大的一所大学进行的。被试是自愿报名的大学生，每天的报酬是 20 美元（当时大学生打工一般每小时可以挣 50 美分），所以大学生都极其愿意参加实验。所有的被试每天要做的事是每天 24 小时躺在有光的小屋的床上，时间尽可能长（只要他愿意）。被试有吃饭的时间、上厕所的时间。严格控制被试的感觉输入，给被试戴上半透明的塑料眼罩，可以透进散射光，但没有图形视觉；给被试戴上纸板做的套袖和棉手套，限制他们的触觉；头枕在用 U 形泡沫橡胶做的枕头上，同时用空气调节器的单调嗡嗡声限制他们的听觉。实验前，大多数被试以为能利用这个机会好好睡一觉，或者考虑论文、课程计划，但实验的结果却是多数被试很难在实验室中坚持 2～3 天，有的被试甚至半个小时就要退出实验。他们报告说在这种情况下对任何事情都不能进行清晰的思考，哪怕是在很短的时间内，他们也不能集中注意力，思维活动似乎是"跳来跳去"的。感觉剥夺实验停止后，这种影响仍在持续。具体表现为：对于简单的作业，如词或数字的记忆，感觉剥夺没有影响；对于中等难度的作业，如移动单词中的字母问题，感觉剥夺也没有什么影响；对于复杂的问题，如需要高水平语言能力和推理能力的创造测验、单词联想测验，接受过感觉剥夺的被试不如未接受感觉剥夺的被试的成绩好。感觉剥夺影响了复杂的思维过程或认识过程。

从感觉剥夺实验中，还发现一个意想不到的结果，那就是接受感觉剥夺实验的被试中有 50％报告有幻觉，其中大多数是视幻觉，也有被试报告有听幻觉或触幻觉。视幻觉约在感觉剥夺的第三天出现，幻觉经验大多是简单的，如光的闪烁，没有形状，常常出现于视野的边缘。听幻觉包括狗的狂吠声、警钟声、打字声、警笛声、滴水声等。触幻觉的例子有，感到冰冷的钢块压在前额和面颊，感到有人从身体下面把床垫抽走。

感觉剥夺的实验说明，来自外界的刺激对维持人的正常生存是十分重要的。

资料来源：Carlson，1984

二、感觉的生理机制

大脑不能直接加工外界信息，例如大脑不能直接看到光线、不能直接听到声音，大脑只能加工神经信号，因此在大脑对外界信息加工之前要先通过感觉器官将外界信息如光、声等转化为神经信号，才能进行进一步加工。

感觉信息的神经加工包括三个主要环节：对感受器的刺激过程，传入神经的活动，中枢神经系统特别是大脑皮质的活动，从而产生感觉经验。

感受器是指接受某种刺激产生兴奋的神经装置，如眼、鼻、耳等感觉器官中的感觉细胞和神经末梢。每种感受器都有自己的适宜刺激，如光波是视觉感受器的适宜刺激，声波是听觉感受器的适应刺激。感受器接受适宜刺激后，把外界刺激的物理能或化学能转化为神经电信号。神经电信号沿着传入神经传向神经中枢（大脑皮层的感觉区），并在这里进行分析、综合，于是便产生了相应的感觉。因此，感受器实际上是一种能量转化器，将外部的能量（光能、机械能、化学能等）转化为神经信号以供大脑进行加工。

三、感觉的分类

根据不同的标准，可以将感觉进行不同的分类。根据感觉刺激是来自有机体外部还是有机体内部，可以把各种感觉分为两大类：外部感觉和内部感觉。

外部感觉接受有机体以外的刺激，反映外界事物的个别属性。属于外部感觉的有：视觉、听觉、嗅觉、味觉、皮肤感觉等。其中，视觉对人的认识作用最大，居于主导地位，在人接收的外部信息中，80％～90％都是通过视觉获得的，听觉次之。

内部感觉接受机体内在的刺激，反映身体的位置、运动和内脏器官的不同状态。属于内部感觉的有：动觉、平衡感觉、内脏感觉等。动觉反应身体各部分的位置、运动心脏肌肉的紧张程度，其感受器存在于肌肉组织、肌腱、韧带和关节中。平衡觉反映头部运动速率和方向，其感受器位于内耳的前庭器官。前庭器官兴奋常使人产生晕眩。人们熟悉的晕船、晕车等现象就是由于前庭器官受刺激引起的。当然，前庭器官的稳定性可以通过训练得以改进。内脏感觉，由内脏活动刺激位于脏器壁上的感受器产生的，不同的内脏刺激会引起不同的机体感觉，如饥渴、饱胀、便意、恶心、疼痛等。

四、几种重要的感觉

（一）视觉

视觉是人类最重要的一种感觉，由一定范围内的电磁波作用于人眼所产生。能引起视觉的电磁波的波长范围为380～780纳米，超过这个范围的电磁波无法引起人的视觉，如红外线、紫外线、雷达电磁波、无线电波等用肉眼均无法觉察。

1. 可见光与视觉

可见光谱具有三个特点：波长、强度和纯度。对这些特征的适应使我们的视觉经验产生了色调、明度、饱和度等特点。不同波长的光引起不同的色调感觉，例如，波长为700纳米的光刺激眼睛产生为红色，580纳米光产生黄色，510纳米为绿色，420纳米为紫色。光的强度引起的视觉经验是明度。通常一个强烈的光看上去会比一个较弱的光明亮。但由于某些原因，同一个光的物理强度与主观感觉的明度之间的关系并不总是一样的。例如同一个手电筒的发出的光，白天与夜晚并没有什么差别，但我们感觉到的明度却相差甚大。纯度是指光的成分的纯杂性，它引起的视觉经验是饱和度。例如，紫红色、粉红色、墨绿色、浅绿色都是饱和度较小的彩色；而真红色和鲜绿色则是饱和度较大的彩色。饱和度取决于光线中优势波长所占的比例。决定色调的优势波长所占比例越大，该色调的饱和度就越大，反之就越小。

2. 视觉器官

眼睛是我们的视觉器官，其构造类似照相机，具有较完善的光学系统及各种使眼球转动并调节光学装置的肌肉组织。眼球由眼球壁和折光系统两部分组成。图 4-1 是人类眼球的剖面图。眼睛的折光系统由角膜、房水、晶状体和玻璃体组成。它们具有透光和折光作用。当眼睛注视外物时，由物体发出的光线通过折光装置使物像聚焦在视网膜的中央凹造成清晰的物像。眼的折光系统与凸透镜相似，在视网膜上形成的物像是倒置的、左右换位的。由于大脑皮质的调节和习惯的形成，我们仍把外物感知为正立的。

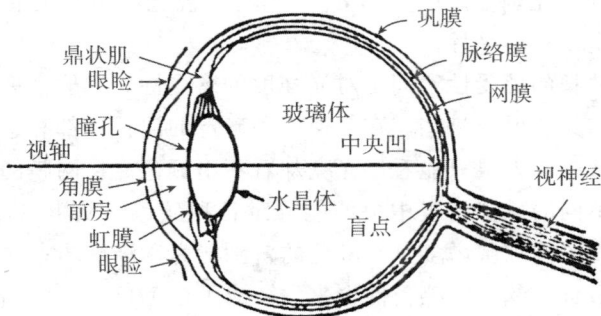

图 4-1　人眼的结构

视网膜是眼睛最重要的部分，由感光细胞（棒体细胞和锥体细胞）、双极细胞和神经节细胞形成三层。感光细胞组成视网膜的最外层，离光源最远。光线到达感光细胞前，必须通过视网膜的所有各层。棒体细胞约一亿两千万个，主要分布在视网膜的周围部分；锥体细胞约七百万个，主要分布在视网膜中央部分。特别是中央凹，全是锥体细胞。视神经穿出眼球的地方没有感光细胞，称盲点，因此当视像落在这个位置时，我们是看不见的。

由于棒体细胞和锥体细胞结构的不同，它们的机能也不同。棒体细胞对弱光很敏感，但不能感受颜色和物体的细节；锥体细胞则专门感受强光和颜色刺激，能分辨物体颜色和细节，但在暗光时不起作用。因此也可以将视锥细胞看做是昼视细胞，而将视杆细胞看做是夜视细胞，分别在强光和弱光下起作用。有三类锥体分别含有感红色素、感绿色素和感蓝色素，它们各自对红、绿、蓝光最为敏感。

视网膜的感光细胞接受刺激后，将冲动传达到皮质后，枕叶区的脑电图便发生变化，产生带有断续频率的振动，这时便产生了视觉。在视觉过程中各级视觉中枢还有传出性的神经支配，对视觉器官进行反馈性调节，如瞳孔的变化、眼朝光源方向转动，水晶体曲度的改变等，以保证在视网膜上形成清晰的物像。

3. 视觉的感受性

在适当的条件下，视觉对光的强度具有极高的感受性，其感觉阈限是很低的。视觉对光的强度的差别阈限在中等强度时近似于 1/60。但在光刺激极弱时，比值可达 1/1，光刺激极强时，比值可缩小到 1/167。视觉对光强度的感受性与眼的机能状态、光波的波长、刺激落在网膜上的位置等因素有关。眼睛对暗适应越久，对光的反应越敏感。波长 500 纳米左右的绿光比其他波长的光更容易被觉察到。光刺激离中央凹 8°～12°时，视觉有最高的感受性；刺激盲点时，对光完全没有感受性。

视觉对光波长的感受性不同于对光强度的感受性。一般来说，看见哪里有光总比说出光的颜色要容易些。在任何一种确定的波长中都有这样一段强度区域，在这一区域中，人眼只能看出光亮却看不出颜色。视网膜的不同部位对色调的感受性是不同的。视网膜中央凹能分辨各种颜色。从中央凹到边缘部分。锥体细胞减少，棒体细胞增多，对颜色的辨别能力逐渐减弱；先丧失红、绿色的感受性，最后黄、蓝色的感受性也丧失，成了全色盲。人对颜色的辨别能力在不同波长是不一样的。在光谱的某些部位，只要改变波长 1 纳米就能看出颜色的差别，但在多数部位则要改变 1～2 纳米才能看出其变化。在整个光谱上，人眼能分辨出大约 150 种不同的颜色。

色觉缺陷包括色弱和色盲。色弱（color weakness）主要表现为对光谱的红色和绿色区的颜色分辨能力较差。色盲（color blindness）又分为两类：局部色盲和全色盲。局部色盲包括红－绿色盲和蓝－黄色盲。前者是最常见的色盲类型，后者则少见。红－绿色盲的人在光谱上只能看到蓝和黄两种颜色，即把光谱的整个红－橙－黄－绿部分看成黄色，把光谱的青－蓝－紫部分看成蓝色；在 500 纳米附近，他们看不出它的颜色，只觉得是白色或灰色的样子。蓝－黄色盲的人把整个光谱看成是红和绿两种颜色。全色盲（achromatism）的人把整个光谱看成是一条不同明暗的灰带，没有色调感。在他们看来，整个世界是由明暗不同的白、灰、黑所组成的，正如同正常人看到的黑白电视那样。全色盲的人在全人口中是极为罕见的。

视觉辨别物体细节的能力称视敏度（sight），也称视力。一个人辨别物体细节的尺寸愈小，视敏度就愈高，反之视敏度愈差。视敏度与视网膜物像的大小有关，而视网膜物像的大小则决定于视角的大小。所谓视角（visual angle）就是物体的大小对眼球光心所形成的夹角。同一距离，物体的大小同视角成正比；同一物体，物体距离眼睛的远近同视角成反比。视角大，在视网膜的物像就大。分辨两点的视角愈小，表示一个人的视敏度愈高，视力愈好。常用测定视敏度的视标有"C"形和"E"形。视角的度数等于1分角（圆周为360度，1分角为1/60度）时，正常的眼睛是可以分别地感受这两个点的。因为1分视角的视像大小是4.4微米，相当于一个视锥细胞的直径。从理论上说，物体的两点便分别刺激到两个视锥细胞上，因而能把它们区分开来。如果视角小于1分视角，物体两点便刺激在同一视锥细胞上，这样就觉察不出是两个点了。

影响视敏度的因素较多。首先起决定因素的是光线落在视网膜的那个部位。如果光线恰好落在中央凹，这一部位视锥细胞密集且直径最小，因此视敏度最大。光线落在视网膜周围部分，视敏度大减。此外，明度不同，物体与背景之间的对比不同，眼的适应状态不同等，也都对视敏度有一定的影响。

（二）听觉

听觉是除视觉外另外一种重要感觉，人们通过听觉进行交谈、欣赏音乐、觉察危险信号，在人的适应行为中具有非常重要的作用。

1. 声波与听觉

声波是听觉的适宜刺激，由物体振动带动空气振动，空气振动刺激人的耳朵时产生听觉。声波的物理特征可用频率、振幅和波形来描述；与此相应，听觉经验有音高、响度和音色的区别。

频率指发声物体每秒振动的次数，单位为赫兹（Hz）。音高主要由声音频率而定，声波的频率越高，我们听到的声音越高；相反，频率低，听起来就低。人能听到的声音频率最低不能小于16赫兹，最高不超过20 000赫兹。

振幅指振动物体偏离起始位置的大小，声波的振幅以波的高度表示。发声体振幅大小不一样，对空气的压力不一样，进而对耳朵当中鼓膜的压力也不一样，从而产生不同的声音响度。声波的压力大小以分贝（dB）量表来测量。一般来说，声波的振幅越大，听到的声音就越响。音响还与声音频率有关。在相同的声压水平上，不同频率的声音响度是不同的，但不同的声压水平却可产生相同的音响。

不同的发音体所发出声波的波形都有自己的特点，即使发出同样响度和音高的音，我们听起来在音色（timbre）上是不同的，因此音色的不同是由于各发音体所发出的声波都有自己的特殊波形之故。我们每个人说话的声音都不一样，主要是由于我们发生声音的音色不同的缘故。最简单的声波是纯音，是单一的正弦曲线形式的振动，如由音叉所产生的声音。在日常生活中，绝大多数的发声体所发出的声音都是复合音，如音乐声、语言声和噪声。根据波形和振幅是否有周期性的振动，可把声音分为乐音和噪声。乐音是周期性的声波振动；噪声是不规则的声波，且无周期性。

2. 听觉器官

耳由外耳、中耳、内耳三部分组成。外耳包括耳廓和外耳道。中耳主要由鼓膜、鼓室和听小骨组成。内耳由前庭器官（它与听觉无关，与平衡觉有关）和耳蜗组成（图 4-2）。耳蜗形似蜗牛壳，是一个绕蜗轮盘旋两圈半的骨管。骨管内部被骨质螺旋板和基底膜分隔成上、下两半。上半称前庭阶，下半称鼓阶。前庭阶通向中耳的小孔叫卵圆窗，鼓阶通向中耳的小孔叫蜗窗。耳蜗内部充满着淋巴。听觉的感觉细胞（毛细胞）排列在基底膜上，毛细胞上有盖膜。

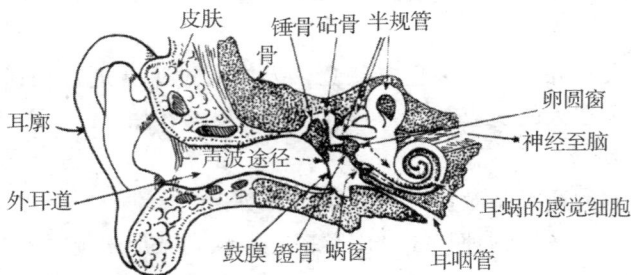

图 4-2　人耳的构造

声波经外耳道撞压鼓膜，引起三块听小骨（锤骨、砧骨、镫骨）的机械振动，从而增强声波压强把振动传向卵圆窗，推动耳蜗中的淋巴，当耳蜗的淋巴液振动时，基底膜就发生振动。基底膜的振动便引起基底膜上的毛细胞的兴奋，神经兴奋由听觉系统传导通路传向脑后产生听觉。

（三）其他感觉

视觉和听觉是我们的主要感觉，我们关于外部世界信息大都来自视听。虽然其他感觉不像视觉和听觉那样丰富多彩，但它们对于机体的生存仍然是很重要的。

1. 嗅觉和味觉

嗅觉（smell）的适宜刺激是能溶解的、有气味的气体分子。它作用于鼻腔上部的嗅细胞而产生嗅觉。气味物质不同，嗅觉的绝对阈限也不同。例如，每升空气中含 0.000 000 66 毫克的乙硫酸（烂白菜味）就能嗅到，而四氯化碳（甜味）则需每升中含 4.533 毫克才能嗅到。机体的某些疾病如感冒、鼻炎会降低嗅觉感受性。环境中的温度、湿度、气压等也会影响嗅觉感受性。几种气味同时作用时，会产生气味的混合，或产生一种新的气味，或原先两种气味相继被嗅到，或一种气味掩盖了其他气味。

味觉（taste）的适宜刺激是能溶于水的化学物质。它作用于分布在舌面、咽喉的黏膜和软腭等处的味蕾而产生味觉。一般认为有四种基本味觉：苦、酸、咸、甜。味觉感受性受多种因素的影响。舌面的不同部位，味觉感受性是不同的。虽然舌面对甜味、酸味、苦味、咸味四种滋味都有感受性，但舌尖对甜味最敏感，舌根对苦味最敏感，舌的两侧对酸味最敏感，舌的两侧前部对咸味最敏感。味觉感受性往往受食物温度的影响。在 20℃～30℃之间，味觉感受性最高。此外，味觉的感受性还与机体的需求状态有关。饥饿的人，对甜、咸的感受性增高，对酸、苦的感受性降低。

2. 皮肤感觉

皮肤受到刺激能产生多种感觉。一般把肤觉（skin sense）分为触压觉、冷觉、温觉、痛觉和振动觉等。触觉、冷觉、温觉和痛觉的感受器在皮肤上呈点状分布，称为触点、冷点、温点和痛点。身体的不同部位，各种点的数目各不相同。如额头部位痛觉点每平方厘米有 184 个，触点有 50 个，冷点有 8 个，温点只有平均 0.6 个；但在鼻尖，触点有 100 个，痛点 44 个。

物体接触皮肤表面（不引起皮肤变形）而产生触觉（touch）。当物体接触皮肤表面并引起皮肤变形时便产生压觉（pressure sense）。身体不同部位的触压觉感受性有很大差异：活动频繁的部位如指尖、嘴唇、眼睑等特别敏感，而背腹部的感受性却很低。振动物体（如音叉）与身体接触会产生振动觉（vibration sense）。振动觉可能是触压觉反复刺激的结果。另外，手的皮肤感觉和动觉紧密结合，会产生了一种特殊的感觉触摸觉，这是人类认识世界的一种特殊感觉。

皮肤表面温度的变化会引起温度觉（temperature sensation）。皮肤上有些点对温敏感，有些点对冷敏感，也有些对两者都敏感。用烫刺激冷点引起的冷觉，叫诡冷觉；用冷刺激温点引起的温觉叫诡温觉。一种温度刺激会引起什么样的感觉，视刺激温度与皮肤温度之间的关系而定。与皮肤温度相同的刺激温度，不能引起冷觉感受器或温觉感受器的兴奋，不会产生温度觉。低于皮肤温的温度，产生冷觉。高于皮肤温的温度，产生温觉。温度觉的感受性因身体不同部位而异。面部对冷热有最大的感受性，而下肢的感受性最小。身体经常被遮盖的部位对冷有较大的感受性。温暖的感觉和热的感觉是不同的。温暖的感觉使人感到舒适，热的感觉使人难受。当刺激温度超过45℃时，就会产生热甚至烫的感觉。这是一种复合的感觉，是温觉和痛觉同时产生的结果。

机械的、物理的、化学的、温度的、放射能的以及电的各种刺激对皮肤组织起破坏作用时，都会产生痛觉（pain）。痛觉感受性因身体不同部位而异：背部、颊部最敏感，脚掌、手掌最不敏感。影响痛觉阈限的因素很多，其中心理因素，如过去经验、暗示、情绪状态、注意等都会对痛觉阈限发生影响。痛觉是有机体内部的警报系统和保护机制，它对有机体的生存有重要意义。除皮肤外，全身各处包括肌肉、关节、内脏组织的损伤都会产生痛觉。

3. 内部感觉

内部感觉包括动觉（kinesthesia）、平衡觉和内脏感觉。

动觉是身体活动时所产生的感觉。动觉的感受器位于肌肉、肌腱和关节中。肌肉运动、关节角度的变化等都是这些感受器的适宜刺激。人在感知外界事物的过程中几乎都有动觉的反馈信息参加。例如，在注视物体时，大脑不仅接收来自视网膜感觉细胞的信息，而且还接收来自眼球肌肉的动觉信息，这种信息是我们看清物体的必要条件。言语器官肌肉的动觉信息同语音听觉和字形视觉相联系，是言语活动和思维活动的基础。

平衡觉（equilibratory sense）是反映头部运动速率和方向的感觉。平衡觉的感受器是内耳的前庭器官。内耳中的三个半规管里充满了淋巴液。机体的加速、减速或改变方向，使淋巴液冲击前庭器官的毛细胞而发生兴奋。前庭器官兴奋常使人产生晕眩。平衡觉和视觉、内脏感觉有密切的联系。当前庭器官受到强烈刺激时，仿佛看到视野中的物体在移动，使人头晕，同时也会引起内脏活动的剧烈变化，使人恶心和呕吐。因此，对从事航空、航海、舞蹈职业的人总是要进行平衡觉的检查。

反映内脏各器官活动状况的感觉称内脏觉（visceral sensation）或机体觉（organic sensation）。内脏感觉的感受器分布于各脏器（如食道、胃、肠、膀胱、肺、血管等）壁内。它可以把内脏的活动及其变化的信息，经传入神经传向中枢，从而产生各种内脏感觉，如饥、渴、饱、胀、便意、恶心、疼痛等。内脏感觉的特点是感觉不精确，分辨力差。许多内脏的感受器根本不能引起主观感觉。在病变时，有些脏器的感受器才产生痛觉（放射痛）。内脏觉在调节内脏活动中起着重要的作用，没有内脏感觉系统，有机体的生存是难以想象的。

五、感受性及其变化的规律

（一）感受性及感觉阈限

感觉是由刺激引发的，那么当刺激的强度达到什么程度才能被我们感觉到呢？例如，灰尘颗粒太小，一两粒灰尘我们用肉眼是无法看到它们的存在，也无法听到灰尘落地的声音，但当灰尘凝集成块时，我们便能毫不费力地察觉到它们的存在。当我们能够觉察外界刺激的存在时，那么外界刺激的强度发生什么样的变化时我们才能察觉到这种变化呢？例如，当 1 000 克的物体减少或者增加 1 克时，普通人依靠触压觉无法察觉到重量上发生的变化，但当 1 000 克的物体增加或减少 100 克时，多数人就都能察觉到这种变化。这些现象涉及感受性和感觉阈限的概念。

感受性是指对刺激的感觉能力。不同的人对同一刺激的感受性是不同的，同一种刺激，有些人感受得到，但另外一些人却视而不见。那么感受性是如何衡量呢？感受性是用感觉阈限的大小来衡量。感觉阈限是指刚刚能引起感觉的、持续了一定时间的刺激量，如一定强度和持续时间的光、声音等。感受性分为绝对感受性和差别感受性，与之相应的感觉阈限可分为绝对感觉阈限和差别感觉阈限。

表 4-1　人类重要感觉的绝对阈限

感觉类别	绝对阈限
视觉	晴朗暗夜中可以看到 30 英里外一根燃烧的蜡烛
听觉	安静的室内可以听到 20 英尺外钟表的滴答声
味觉	一茶匙糖加入两加仑水中可以辨出甜味
嗅觉	一滴香水可使香味扩散到三个房间的公寓
触觉	一只蜜蜂的翅膀从 1 厘米高处落在面颊上可以觉察其存在
温度觉	皮肤表面温度有 1℃ 之差即可觉察

刚刚能引起感觉的最小刺激量，称绝对感觉阈限；而人的感官觉察最小刺激量的能力，称绝对感受性。绝对感受性用绝对感觉阈限来衡量。绝对感觉阈限越大，即能够引起感觉所需要的刺激量越大，感受性就越低。相反，绝对感觉阈限越小，即能够引起感觉所需要的刺激量越小，则感受性越高。一般来说，人类的各种感觉的绝对阈限都很低。例如，在黑暗而晴朗的夜晚，人们可

以看见 30 英里（1 英里约合 1.61 公里）外一根燃烧的蜡烛；在安静的室内可以听得到 20 英尺外钟表的滴答声（1 英尺约合 30 厘米）。

但需要说明的是绝对感觉阈限不是一个固定的刺激量，不同的条件下，同一感觉的绝对阈限可能不同。人的活动的性质、刺激的强度和持续时间，个体的注意、态度和年龄等，都会影响阈限的大小。

刚刚能引起差别感觉的刺激物的最小变化量，称差别感觉阈限；人的感官觉察这种微小变化的能力称差别感受性。差别感受性用差别感觉阈限来衡量，差别感觉阈限和差别感受性之间也呈反比关系。德国生理学家韦伯对差别感觉阈限进行了细致的研究，并提出了韦伯定律：差别感觉阈限随着原来刺激量的变化而变化，一定范围内，每一感觉的差别感觉阈限和最初的刺激量之比为一个常数，用公式表示即为：$\Delta I / I = K$，K 为常数，I 为最初的刺激量，ΔI 为差别阈限，即刺激的变化量。韦伯定律表明，当最初的刺激量 I 不同时，ΔI 的大小也会不同，但 $\Delta I / I$ 是一个常数。例如，100 克重量加上 3 克即可感到重量的变化，那么在 300 克之上要加上 9 克才能感到重量的变化。

不同感觉的韦伯常数是不同的，例如，重量感觉的韦伯分数为 1/30，听觉为 1/10，而视觉为 1/100。韦伯分数越小则该表示该感觉越灵敏。需要强调的是只有在中等刺激强度的范围内，韦伯分数才是一个常数，刺激过强或过弱时，韦伯比值都会发生改变。

表 4-2　不同感觉系统的韦伯分数（中等强度范围）

感觉系统	韦伯分数（$\Delta I / I$）
视觉（亮度、白光）	1/60
动觉（提重）	1/50
痛觉（皮肤上灼热引起）	1/30
听觉（中等音高和响度的音）	1/10
压觉（皮肤压觉）	1/7
嗅觉（橡胶气味）	1/4
味觉（咸味）	1/3

（二）感受性的变化规律

1. 感觉适应

由于刺激对感受器的持续作用从而使感受性发生变化的现象，称感觉适应。感觉适应现象在日常生活中随处可见，例如，刚戴上眼镜时，觉得眼镜有压迫感，但时间稍一长便感觉不到这种压迫感了；再如，洗澡时刚跳入浴池觉得水有些热，但时间一长便觉得水没有那么热了；又如，"入芝兰之室，久而不闻其香；入鲍鱼之肆，久而不闻其臭"。这些现象是由于在同一感受器中，由于刺激在时间上的持续作用，导致对后续刺激感受性发生变化的现象。

几乎所有的感觉都存在适应现象，但各种感觉适应的表现和速度是不同的。视觉的适应可分为暗适应和明适应。在夜晚由明亮的室内走到室外时，开始时我们的眼前一片漆黑，什么也看不清楚，隔了一段时间后，眼睛就能分辨出黑暗中物体的轮廓了。这种现象称暗适应。暗适应发生时，视觉感受性提高。相反，由漆黑的室外走进明亮的室内时，开初感到耀眼发眩，什么都看不清楚，只要稍过几秒钟，就能清楚地看到室内物体了。这种现象叫明适应。明适应发生时，视觉感受性降低。因此适应能引起感受性的提高，也能引起感受性的降低。研究视觉的适应有重要的实践意义。例如，由于塌方在矿井下停留多日的工人，在抢救出来时要注意保护他们的眼睛。这是因为他们在黑暗中长时间停留，强烈的地面日光会使他们的眼睛灼伤。又如，值夜勤的飞行员和消防队员，在值勤以前，最好带上红色眼镜在室内灯泡下活动，以使接受紧急任务时，可以加快眼睛的适应。

与视觉适应相比，听觉适应就不那么明显。嗅觉的适应速度因刺激的性质而有所不同。一般的气味 1~2 分钟后即可适应，而强烈的气味则要经过 10 多分钟。特别强烈的气味，如引起痛觉的气味，则令人厌恶，难以适应甚至完全不能适应。与听觉适应一样，嗅觉适也具有选择性，即对某种气味适应后，并不影响其他气味的感受性。味觉适应较慢。长时间接受辣味刺激，导致对辣味的感受性降低，以至后来吃辣的食物时感到不是很辣；厨师由于连续地品尝咸味，如果仅仅依靠味觉可能会导致到后来做出来的菜愈来愈咸。这些都是味觉的适应现象。

触压觉的适应较明显。平时几乎觉察不到身上衣服对我们皮肤的接触和压力。经常看到有些人帽子戴在自己的头上却到处寻找他的帽子。实验表明，只要经过 3 秒钟，触压觉的感受性就下降到原始值的 25％ 左右。温度觉的适应甚为明显。例如，用冷水洗澡时，开始觉得水是冷的，经过几分钟后，就不再觉得水冷了。相反，用手触摸热水，开初觉得水很热，慢慢地就不觉得热了。但要注意的是，对于特别冷或特别热的刺激，则很难适应甚至完全不能适应。痛觉的适应是很难发生的。例如，只要用针稍微扎一下，马上就会感到痛。正是痛觉适应的这一特点，它才成为伤害性刺激的信号而具有保护作用。

感觉适应能力是有机体在长期进化过程中形成的。适应机制有助于我们精确地感知外界的事物，从而调整自己的行为。外界环境的变化幅度十分巨大，例如，在夜晚的星光下和白天的阳光下，亮度相差达百万倍，如果没有适应能力，人就不能在变动着的环境中精细地分析外界事物，实现较准确的反应。

2. 感觉后效

对感受器的刺激作用停止以后，感觉并不立即消失，仍能保留一个短暂的时间。这种在刺激作用停止后暂时保留的感觉现象称为感觉后效。感觉后效在视觉中表现尤其明显，称为后像。

视觉后像有两种：正后像和负后像。注视打开的日光灯一两分钟后，闭上眼睛会看见眼前有一个与强光刺激同样亮的。因为后像和日光灯一样，都是亮的，即品质相同，所以称正后像。随着正后像出现以后，如果此时把眼睛转向白色的墙壁，就会看到一个比墙壁还要暗的像，因为后像和强光刺激在品质上是相反的，所以称负后像。彩色视觉也有后像，不过正后像很少，一般都是负后像。彩色的负后像在颜色上与原颜色互补，而在明度上则与原颜色相反。例如，注视一个黄色圆圈半分钟，再转向注视白色墙壁，视觉中就会出现一个蓝色圆圈。

3. 感觉对比

同一感受器接受不同的刺激时感受性会发生变化的现象叫感觉对比。两种不同的刺激同时作用同一感官而产生的感觉对比为同时对比。视觉中的同时对比现象非常明显。例如，把一个灰色小方块放在白色的背景上，这个灰色的方块会显得暗；而把它放在黑色的背景上，会显得明亮一些。刺激物先后作用于同一感受器产生的对比现象称为先后对比。例如，吃糖之前，吃梨会觉得梨很甜，但吃了糖之后，接着吃梨，会觉得梨很酸；喝了苦药后，接着喝口白开水，会觉得白开水有点甜味。凝视红色物体之后，再看白色的东西，会觉得有点青绿色。

研究感觉对比现象也有重要的实践意义。例如，交通标记要色彩鲜艳以加强与周围环境的对比，以使人能更好地辨识。再如，教具制作中需要强调的部分要与不太重要的部分要加大差别以使重点更加突出。

4. 感觉交互

一定条件下，不同的感觉可能发生相互影响。例如，轻微的疼痛会提高视觉感受性，强烈的噪声在一定条件下会降低视觉感受性，断续的闪光能使声音大小产生起伏变化，而食物的颜色、温度会影响味觉，摇动的视觉形象会影响平衡觉，使人晕眩。

5. 感觉补偿

某种感觉系统的机能丧失后会由其他感觉系统的机能来弥补的现象称感觉

补偿。例如，盲人推动了视觉机能，能学会通过声音来辨别附件的建筑物、地形等，通过触摸觉来阅读盲文；聋哑人能"以目代耳"，学会"看话"甚至学会"讲话"等。需要说明的是，感觉补偿并不神秘，而是由于感觉器官的经常使用提高了该感觉的感受性而已。

6. 联觉

联觉是指一种感觉兼有另一种感觉的心理现象。例如，将房间中如果具有较多的红、橙、黄色会使人产生暖和的感觉，而若房间中具有较多的青、蓝、紫色，会使人产生寒冷的感觉。再如，我们经常听到人们说，"甜蜜的噪音""沉重的乐曲"等都是联觉现象。联觉似乎不是个别人的幻想，具有某种普遍性，可能是由于我们在日常生活中各种感觉现象经常自然而然有机地联系在一起之故。

第二节　知觉

一、知觉的概念

知觉（perception）是人脑对直接作用于感觉器官的事物整体属性的反应。通过第一节的学习，我们知道在正常人的日常生活中，纯粹的感觉是不存在的，感觉信息一经感受器系统传达到脑，知觉便随之产生。以视觉为例，来自感觉器官的信息为我们提供了颜色、边界、线段等个别属性，经头脑的加工与整合我们认出了"这是一张桌子""那是一棵树"。这种把感觉信息转化为有意义的、可命名的经验过程就是知觉。知觉是个体借助于过去经验对来自感受器的信息进行组织和解释的过程。

知觉是个体对感觉信息的组织过程。外部世界的大量刺激冲击我们的感官，我们知觉到的并不是大量杂乱的感觉信息，而是将感觉信息整合、组织起来所形成的稳定、清晰的完整映象。在日常生活中，我们的头脑总是不断地对感觉信息加以组织。例如，一个复杂的听觉刺激序列，被我们知觉为言语，或流水声，或汽车声，即组织成有意义的声音。对于其他感觉信息，我们也是将其组织成有意义的事物。这种组织功能主要依靠于我们的过去经验。

知觉还是人对感觉信息的解释过程。在知觉一个客体时我们总是根据自己的经验把它归为某一类，说出它的名称或赋予它某种意义。同样的感觉信息，不同的人可能将它知觉为不同的事物。想一想懂外语与不懂外语的人听到同一种外语的不同反应，就应该理解感觉与知觉的区别了。

总之，从感觉到知觉是一个连续的过程，但感觉与知觉在性质上是不同的。感觉是感性认识的初级阶段，各种感觉都是刺激作用于感受器所产生的神经冲动的表征。知觉虽然以感觉为基础，但却不以现实的刺激为限，它还牵涉记忆、思维等多种心理成分，是对感觉信息的解释。知觉属于高于感觉的感性认识阶段。

二、知觉的生理机制

知觉是对感觉信息的分析与综合，现代神经生理学和神经心理学提示了大脑皮层不同区域在知觉过程中的作用。感觉皮层的一级区实现着对外界信息的初步分析和综合。这些区域受到损伤，将引起某种感觉的丧失。感觉皮层的二级区主要负责整合的机能，它的损伤不是引起特定感觉的破坏，而是丧失对复合刺激物的整合知觉能力。例如，这些区域受损可能会导致"面孔失认症"，虽然视觉正常，但却无法区分人脸。感觉皮层的三级区是视觉、听觉、前庭觉、肤觉和动觉皮层部位的"重叠区"，它在实现各种分析器间的综合作用方面起着特殊的作用，这个区域受到损伤将引起复杂的同时性综合能力的破坏。如果这些区域受到损伤可能会导致视觉与听觉不同步。

三、知觉的分类

根据事物的空间、时间、运动特性，可以把知觉分为空间知觉、时间知觉和运动知觉。空间知觉就是我们对物体的形状、大小、深度、方位等空间特性的知觉。时间知觉就是我们对客观现象的持续性和顺序性的知觉。运动知觉就是我们对物体的静止和运动以及运动速度的知觉。

根据知觉对象的社会属性，可以把知觉分为社会知觉（social perception）和物体知觉（object perception）。社会知觉是对人的知觉，涉及印象形成等问题；除对人的知觉外，其他各种知觉都可称为物体知觉。

另外，根据知觉中哪一种感受器的活动占主导地位，还可以把知觉分为视知觉、听知觉、嗅知觉以及视听知觉和触摸知觉等。

四、知觉的特性

人对客观事物的知觉，受主客观条件的影响，有其特殊的活动规律。知觉过程的心理特性主要包括知觉的对象性、整体性、理解性、恒常性四个基本特性。

（一）知觉的对象性

同一时间内作用于人感官的客观事物是纷繁多样的，但在同一时间内人不可能对客观事物全部清楚地感知到，只能根据需要选择少数事物作为知觉的对象，而其他事物当成知觉的背景，这种特性称为知觉的对象性或选择性。

要产生知觉，首先是要把知觉对象从背景中区分出来。只有当刺激物之间有某种差别时，刺激物中的一部分才被组织成对象，例如，在视觉中我们要看到图形，则图形必须要与背景有明度或颜色的差别，这是产生知觉的必要条件。飞行在海天一色的茫茫海洋上的战斗机飞行员在找不到地标的情况下有时会无法分辨出远处的天空和海洋的分界线，甚至会觉得是在头朝下飞行，即产生倒飞错觉。军事上的伪装技术也是利用了知觉的对象性特点使要保护的目标与背景的差异缩小，从而达到不容易被敌人发现的目的。

对象知觉还依赖于注意的选择作用。当注意指向某个事物时，该事物便成为知觉的图形，而其他事物便成为知觉的背景。当注意从一个图形转向另一个图形时，新的图形就会"突出"而成为前景，原来的知觉图形就退化成为背景。在知觉图 4-3a 时，你可以把它看做是杯子，也可以把它看做是两个侧面人脸。图形和背景的地位也可以相互转化。在观看 4-3b 时可将图 b 知觉少妇，又可以知觉为一位老太婆。

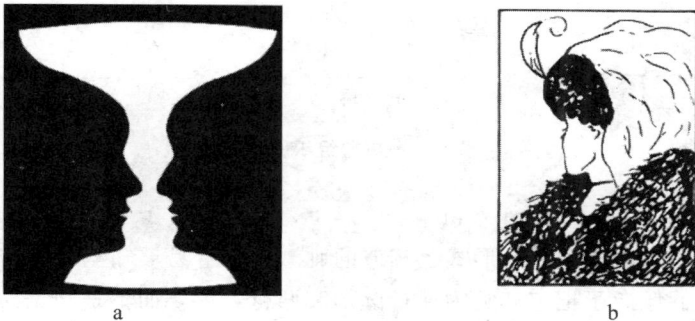

a   b

图 3-3　知觉的对象性

（二）知觉的整体性

知觉的对象有不同的属性，由不同的部分组成，但我们并不把它感知为个别孤立的部分，而总是把它知觉为一个有组织的整体。甚至当某些部分缺失时，我们也能够将零散的部分组织成完整的对象。知觉的这种特性称为知觉的整体性或知觉的组织性。例如，图 4-4 中白背景中的白色三角形和黑背景中的黑色三角形，是作为一个整体被知觉的，尽管背景图形似乎支离破碎，但构成的却是一个整体。

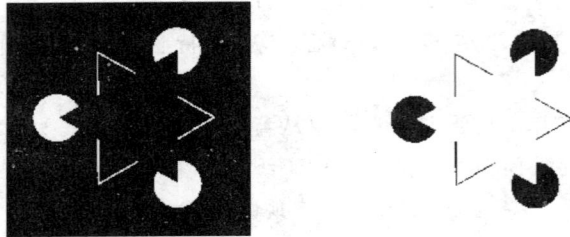

图 4-4　知觉的整体性

那么哪些对象容易被知觉组织在一起成为一个整体呢？一般来说，符合下列原则的对象容易被知觉为一个整体。

1. 邻近原则（law of proximity）

在空间上彼此接近的刺激物更容易被知觉为一个整体。因此，同样的六个黑点●排成不同的空间模式，这六个黑点●● ●● ●●更倾向于被组织为三组，而这六个●●● ●●●倾向于被知觉为两组。

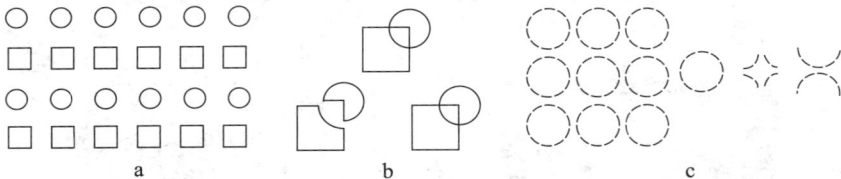

图 4-5　知觉组织原则

2. 相似性原则（law of similarity）

在大小、形状、颜色或形式上相似的刺激物更容易被知觉为一个整体。如图 4-5a，我们倾向于把它知觉为两行圆形和两行方形，而不是知觉为六列圆方的组合。

3. 连续性原则（law of continuity）

知觉的另一个原则是简单和连续性。我们一般会把图 4-5b 看成是一个圆圈和一个矩形重叠在一起，而不是看起来更复杂的两个图形的拼接。知觉倾向于将刺激组织成我们最熟悉的某种图形。

4. 闭合原则（law of closure）

乍一看上去，我们会将图 4-5c 左边的图形看成是一组圆圈，尽管每个圆圈上都有缺口。这是因为知觉有将缺口加以"弥补"而成为一个连续的完整形状的倾向。

（三）知觉的理解性

在感知当前事物的时候，人总是根据以往的知识经验来理解它们，力求对知觉对象作出某种解释，使它具有一定意义，并用词把它们标记出来，知觉的这一特性称为知觉的理解性。即便在非常困难的条件下，人也能够依据特别微小而零散的线索试图将刺激物命名，并把它归入到熟悉的一类事物之中。例如，人们在知觉图 4-6 时，人们往往不是消极地观看这些斑点，而是力求对这些斑点进行理解，提出假设作出合理的解释。例如，你可能想："这是一块雪地吗？""雪地上有什么？""好像是一只动物。""哦，的确是一只动物！好像是狗。"这就是过去经验参与知觉对象理解的结果。

图 4-6 知觉的理解性

知觉的理解性有助于我们从背景中区分出知觉对象，有助于我们形成整体知觉，从而扩大了知觉的范围，使知觉更加迅速。

（四）知觉的恒常性

当知觉对象的刺激输入在一定范围内发生了变化的时候，知觉形象并不因此发生相应的变化，而是维持恒定，知觉的这种特性称为知觉恒常性。知觉恒常性现象在视知觉中表现得很明显，也很普遍，主要表现为下列几种。

1. 大小恒常性

在一定的范围内不论观看距离如何，我们仍倾向于把物体看成特定的大小。从远处开来的一辆车很小，但大小恒常性仍然能够使我们知觉到它的大小足以载人。知觉物体的距离为我们提供它的大小线索；反过来，知道了它的大小，如一辆汽车，也为我们提供距离线索。

图 4-7　形状恒常性

2. 形状恒常性

尽管观察物体的角度发生变化，物体在视网膜上投影的形状也在不断变化，但我们知觉到的物体形状并没有显出很大的变化，这就是形状恒常性。如图 4-7所示一扇门由关闭到打开时，尽管这扇门在我们视网膜上的投影形状各不相同，但我们仍然把它当成是长方形的。

3. 明度恒常性

又称亮度恒常性，指尽管照明的亮度改变，但我们仍倾向于把物体的表面亮度知觉为不变。例如，白墙在阳光有月色下，它都是白的；而煤块在阳光和月色下看去都是黑的。然而，从物体反射的光量来说，由于太阳的光量约为月光的 80 万倍，因此，煤块在日光下反射的光量约为白墙在月色下反射光量的 5 万倍。即使如此，由于明度恒常的作用，煤块在日光下看去仍然是黑色的，白墙在月色下看仍然是白的。

4. 颜色恒常性

尽管物体照明的颜色改变了，我们仍把它感知为原先的颜色。例如，用红光照射白色的物体表面，我们看到的物体表面并不是红色，而是在红光照射下的白色。正如室内的家具在不同灯泡照明下，它的颜色相对保持不变一样，这就是颜色恒常性。

知觉的恒常性使我们在不同环境中见到同一个事物时不必每次都将它当成一个新事物来认知，从而使我们更快地对周围环境进行有效觉知。

五、几种主要知觉

(一) 空间知觉

对自身和周围事物的空间关系的知觉以及对位置、方位、距离等各构成空间关系要素的觉察即空间知觉（space perception），空间知觉包括形状知觉、大小知觉、距离知觉和方位知觉等。空间知觉的主要信息来源是视觉和听觉。

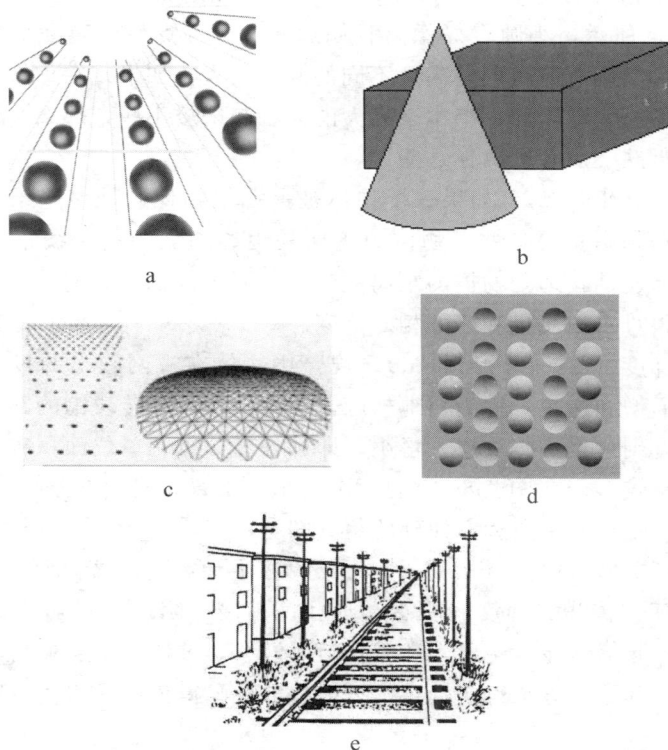

图 4-8　深度知觉的线索

1. 视空间知觉

我们的视网膜是二维的，同时我们又没有"距离感受器"，那么在二维空间的视网膜上如何形成三维的视觉，我们又通过哪些线索来把握客体与客体之间、客体与主体之间在位置、方向、距离上的各种空间关系呢？空间知觉需要依靠许多客观条件和机体内部条件或线索（cues）并综合有机体的已有视觉经验而达到。有时我们甚至无法意识到这些线索的作用。概括起来，视空间知觉的线索包括单眼线索和双眼线索。单眼线索主要强调视觉刺激本身的特点，双眼线索则强调双眼的协调活动所产生的反馈信息的作用。

（1）单眼线索

单凭一只眼睛即可利用单眼线索（monocular cue）而相当好地感知深度，艺术家们特别擅长利用单眼线索制造作品中的深度等空间关系。单眼线索很多，其中主要的有如下几种①。

①对象的相对大小（relative size）。对象的相对大小是距离知觉的线索之一，如图4-8a所示，小圆点好像离我们远些，大圆点好像离我们近些。对于熟悉物体的判断则有所不同，高矮不同的两个熟人；如果现在你看到那个本来矮小的人显得高大些，而那个本来高大的人看起来矮小些，那么，你便会觉察到前者离你近些，后者则离你远些。

②遮挡（occlusion）。如果一个物体被另一个物体遮挡，遮挡物看起来近些，而被遮挡物则觉得远些。物体的遮挡是距离知觉的一个线索（图4-8b）。如果没有物体遮挡，远处物体的距离就难以判断。例如，高空的飞机倘若不与云重叠，就很难看出飞机和云的相对高度。

③质地梯度（texture gradient）。视野中物体在视网膜上的投影大小及投影密度上的递增和递减，称为质地梯度。当你站在一条砖块铺的路上向远处观察，你就会看到愈远的砖块愈显得小，即远处部分每一单位面积砖块的数量在网膜上的映象较多。在图4-8c中的两个图形，上部质地密度较大，下部质地单元较少，于是产生了向远方伸延的距离知觉。

④明亮和阴影（light and shadow）。我们生活在一个光和阴影的世界里。它帮助我们感知体积、强度、质感和形状。黑暗、阴影仿佛后退，离我们远些；明亮和高光部分显得突出，离我们近些（图4-8d）。在绘画艺术中，运用明暗色调，把远的部分画得灰暗些，把近的部分画得色调鲜明些，以造成远近的立体感。

⑤线条透视（linear perspective）。同样大小的物体，离我们近，在视角上所占的比例大，视像也大；离我们远，在视角上所占的比例小，视像也小。平行线，如火车轨道，会在远处会聚。会聚线越多，知觉的距离越远（如图4-8e所示）。

⑥空气透视（atmosphere perspective）。由于空气的散射，当我们观看远

———————————

① 黄希庭：《心理学导论》，第2版，北京，人民教育出版社，2007

处物体时都会感受到：物体离我们越远，能看到的细节就越少；物体的边缘越来越不清楚，越来越模糊；物体的颜色变淡，变得苍白，变得灰蒙蒙、蓝莹莹的。远处物体在细节、形状和色彩上的这些衰变现象，称为空气透视。

⑦运动视差（motion parallax）。头只要稍微一转动，物体与视野的关系就变了。这种由于头和身体的活动所引起的视网膜映象上物体关系的变化，称为运动视差。当我们运动时，原来静止的物体看上去也在运动。坐过火车的人有这样的经验：在火车上注视窗外的一个物体，如一座房子，那么，比房子近的物体向后运动。物体越近，运动得越快；而注视点远处的物体则和你同时运动，物体越远，运动速度越慢。

（2）双眼线索

利用双眼线索（binocular cue）是深度和距离知觉的主要途径，其效果要比利用其他线索精细准确的多。双眼线索主要是指双眼视差。双眼视差（binocular disparity）是指人的两只眼睛由于相距约65毫米，当我们看立体物的时候，两眼从不同的角度看这一物体，视线便有点差别，这就是双眼视差。尝试一下将手指放在离鼻尖较近的位置，分别用两只单眼观看，会发现手指位置发生了明显的移动。观察物体时两眼视网膜上的物像差异就是双眼视差。双眼视差在深度知觉中起着至关重要而又不为人所觉察的作用，由双眼视差来判断深度的过程即立体视觉（stereopsis）。

2. 听空间知觉

关于空间的感受，除了视觉之外还能从听觉器官获得，耳朵能提供声音的方向和声源远近的线索。视觉线索有单眼和双眼的区别，听觉线索也有单耳和双耳的区别。

（1）单耳线索

由单耳所获得的线索，虽不能有效地判断声源的方位，但却能有效地判断声源的距离。平时我们往往以声音的强弱来判断声源的近远：强觉得近，弱觉得远。特别是熟悉的声音（如汽车、火车的声音），按其强弱来判断声源远近较为准确。

（2）双耳线索

对声源远近和方向定位，靠双耳的协同合作才能获得准确的判断。关于空间知觉的双耳线索主要有以下三种。

①时间差（time difference of binaural）。从一侧来的声音，两耳感受声音刺激有时间上的差异（即一只耳朵早于另一只耳朵）。这种时间差是声源方向定位的主要线索，声源被定位于先接受到刺激的耳朵的一侧。人体头部近似球

形，两耳间的距离约为15～18厘米，声音到达两耳的时差的最大值约为0.5毫秒。

②强度差（intensity difference of binaural）。声音的强度随传播远近而改变，即越远越弱。与声源同侧的耳朵获得的声音较强，对侧耳朵由于声波受头颅阻挡得到的声音较弱。这样，声源就被定位于较强的一侧。

③位相差。低频声音因波长较长，头颅的阻挡作用较小，两耳听到的强度差也较小。这时，判定方位主要靠两耳感受声音的位相差，即同一频率声波的波形的不同部位作用于两耳，因而内耳鼓膜所受声波的压力也就有了差别。虽然这种差别很小，但它是低频声源定位的主要线索。

高于3 000赫兹的声音，两耳强度差较大，易于定位。两耳感受刺激的强度差是高频声音方向定位的主要线索。声速为344米/秒，当声源从正中偏向3度时，刺激两耳的时间差仅为0.03毫秒，人便能感觉到声音偏向一侧。时间差越大，感到声音偏向侧面的角度越大。偏向身体左右两侧的声音，到达两耳强度差和时间差较大，易于辨别其方向；处于两耳轴线垂直平分面上的声音，到达两耳的强度差和时间差相等，难于分辨其方向。在听觉方向定位时，人经常转动身体和头部的位置，使两耳的距离差不断变化，以便精确地判断声音的方向。这样，即使是一只耳朵，借助头部和身体转动的线索也能够确定声音的方位。

在通常的情况下，正常人的空间知觉主要依靠视觉和听觉。嗅觉也能起作用，由于气味到达两只鼻孔的时间、强度不同，也能分辨出气味的来源和位置。在特殊情况下，还可以用其他感官来感受空间。如在黑暗中，靠触摸觉和动觉来确定周围物体与人之间的方位关系等。

（二）时间知觉

对客观事物和事件的连续性和顺序性的知觉称为时间知觉。不像空间知觉和运动知觉，我们没有专门的时间感受器。我们对时间的知觉是建立在对周期性和非周期性变化的经验基础之上的。

1. 时间知觉的依据

由于时间只有在事件进行之后才能作出估计，因此时间知觉要通过各种媒体间接地进行。时间知觉的依据包括以下几个方面。

（1）自然界的周期性现象

太阳的升落、昼夜的交替、四季的变化、月亮的圆缺等周期出现的自然现象，为我们估计时间提供了客观的依据。在计时工具出现以前，人们主要是根据这些现象来估计时间的。

（2）有机体的各种节律性活动

人体的生理活动，许多是周期性、有节律的活动，人们依据身体组织的这些节律性活动，可以估计事件持续的时间。例如，我们可以根据自己的饥饿感觉，大体估计现在应该是吃饭时间了；根据身体困倦程度，判断深夜的时刻。

（3）计时工具

如日历、时钟、手表等，借助于先进的计时工具，不仅可以准确地估计世纪、年、月这样较长的时间，而且可以准确地记录极其短暂的时间。

2. 影响时间知觉的因素

（1）感觉通道的性质

在判断时间的精确性方面，听觉最好，触觉其次，视觉较差。例如，当两个声音相隔 1/100 称时，人耳朵就能分辨出来；而触觉分辨两个刺激物间的最小时距为 1/40 秒，视觉为 1/20～1/10 秒。

（2）一定时间内事件发生的数量和性质

在一定时间内，事件发生的数量越多，性质越复杂，人们倾向于把时间估计得较短；而事件的数量少，性质简单，人们倾向于把时间估计得较长。例如，一节课，一个报告，如果内容丰富，颇有趣味，听课人会觉得时间过得很快；相反，报告的内容贫乏、枯燥，听众就会把时间估计得较长。

（3）人的兴趣和情绪

人们对自己感兴趣的东西，会觉得时间过得快，出现对时间的估计不足。相反，对厌恶的、无所谓的事情，会觉得时间过得慢，出现时间的高估。在期待某种事物时，会觉得时间过得很慢；相反，对不愿意出现的事物，会觉得时间过得很快。想一想，在等公共汽车时你会发现时间过得多么慢，而假期结束的时间总是过得非常快。

（三）运动知觉

运动知觉（motion perception）也就是对客体或客体的部分在空间上的位置变化以及变化速度的知觉。运动知觉对于生命体具有重要的意义。有些动物（如青蛙）只能知觉运动中的的猎物，它们对静止的猎物没有反应。行人在过马路时，既要估计来往车辆的距离，也要估计它们行驶的速度。运动员在球场上送球、传球和接球，离开了对物体运动速度的正确估计，也是不行的。

运动知觉可分为真动知觉和似动知觉。真动知觉（real movement perception）是对物体本身真正在空间发生的位移及移动速度的知觉。当物体通过我们的视野，在视网膜上留下了一连串的映象，运动知觉就是由连续刺激视锥细胞和视杆细胞而产生。如果盯住一个运动物体移动头和眼，那么反馈系统会把眼和头的运动信息传递给大脑,我们仍知觉到物体在运动。如果听到火车的声音由弱变强或由强变弱,这声音信息告诉我们火车正由远及近或由近及远地运动。如果我们自己在行走,或用眼睛从一个固定的物体转移到其他固定的物体,虽然视网膜上留下了一连串的映象,但我们并不觉得外物在运动。这是因为身体的平衡觉,头部的动觉抵消了视网膜上连续刺激所产生的兴奋。

虽然事物都在不断变化,但并不是任何种类的运动变化都能被我们察觉到,有些运动太慢,如钟的时针和分针的移动、花的开放,我们无法看清;有些运动太快,如飞行中的子弹、白炽灯的闪烁,我们也看不出来。

似动知觉(apparent motion perception)是指在一定的条件下人们把客观上静止的物体看成是运动的,或把客观上不连续的位移看成是连续运动的。似动知觉主要有下列几种形式。

1. 动景运动

当两个刺激物(光点、直线、图形或画片)按一定空间间隔和时间距离相继呈现时,我们会知觉到一个刺激物向另一个刺激物的连续运动,这就是动景运动。在动景运动的实验中,不同位置的 A、B 两条线段相继呈现,当时间间隔过短(低于 0.03 秒),看到的是 A、B 两线同时出现;而时间间隔过长(长于 1 秒),看到的是 A、B 两线先后出现;如果间隔时间适当(0.06 秒),便会看到 A 向 B 的运动。像这种物体本身并未移动而只是刺激在特定的时间间隔和空间间距条件下连续交替呈现所产生的运动知觉现象,称为动景运动,也叫 Phi 现象(phi phenomenon)。电影、卡通的制作,都采用了这一原理。这是由于视觉后像的作用使我们把断续的刺激融合知觉为一个整体连续刺激。

2. 自主运动

在暗室中注视一个静止的亮点,如烟灰缸里一支点燃的香烟,注视一段时间后,会觉得光点会移动,此即自主运动。有人认为,自主运动是由于人的眼睛总是不随意地运动着,即使在注视时仍有微弱的颤动;这些眼动信息的输入反而使人觉得亮点在运动。眼动引起的运动知觉可从图 4-9 中看出,注视这张图你会看到它在运动。

3. 诱导运动

由于一个物体的运动使其相邻的一个静止的物体产生运动的现象称诱导运动(induced motion)。在没有更多的参照物的条件下,两个物体中的一个在运动,人可能把它们中的任何一个看成是运动的。我们可以把月亮看成在云彩后面移动,也可以把云彩看成在月亮前面移动。其实,相对于人来说月亮并没有移动,只是运动着的云彩"诱导"出静物月亮好像在运动。

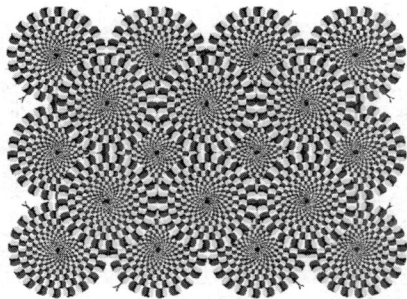

图 4-9 眼动引起的运动知觉

4. 运动后效

在注视向一个方向运动的物体一段时间之后，如果将注视点转向静止的物体，那么会看到静止的物体似乎向相反的方向运动，这就是运动后效（motion aftereffect）。典型的情况是，当我们注视瀑布一会儿后，将视线移至旁边的悬崖上时，悬崖看起来像是在往上运动似的，因而也称瀑布效应（Waterfall effect）。此外，日常生活中，我们也可能有这样的经验，就是注视快速旋转的车轮或风扇一段时间之后，然后注视某个静止的物体会感觉它向相反的方向转动。

（四）错觉

错觉（illusion）指在特定条件下对事物必然会产生的某种固有倾向的歪曲知觉。错觉不同于幻觉，它是在一定条件下必然产生的正常现象，也不是偶然错认。严格来说，任何知觉都带有某种错觉，因为眼睛不同于照相机，耳朵不同于录音机，知觉是对客体再加工的心理历程，而不是机械的复制。错觉现象很早就被人们所认识。例如，我们熟悉的典籍《列子》中所载"两小儿辩日"的故事，所谓"日初出大如车盖，而日中则如盘盂"，就是错觉的一例。日月错觉是一个十分常见而有趣的例子，太阳或月亮接近地平线时，看起来比其位于正空时要大大约50%，虽然在这两个位置时太阳或月亮的视网膜投像是一样大的。

错觉的种类很多。最常见的错觉是图形错觉（图 4-10），主要有以下几种。

1. 方向错觉

例如，波根道夫（Poggendorff）错觉，一条直线的中部被遮盖住，看起来直线两端向外移动部分不再是直线了。再如，兹巴利内（Zbliner）错觉，由于背后倾斜线的影响，看起来棒似乎向相反方向转动了。又如，弗雷泽（Fraser）错觉，画的是同心圆看起来却是螺旋形了。

2. 线条弯曲错觉

两条平行线看起来中间部分凸了起来，也称为赫林（Hering）错觉；两条平行线看起来中间部分凹了下去，也称为冯特（Wundt）错觉。

3. 线条长短错觉

垂直线与水平线是等长的，但看起来垂直线比水平线长，也称为菲克（Fick）错觉；左边中间的线段与右边中间的线段是等长的，但看起来左边中间的线段比右边的要长，也称为缪勒–莱依尔（Müller-Lyer）错觉。

4. 面积大小错觉

中间的两个圆面积相等，但看起来左边中间的圆大于右边中间的圆；中间的两个三角形面积相等，但看起来左边中间的三角形比右边中间的三角形大，也称为艾宾浩斯（Ebbinghaus）错觉。我们前面所介绍的各种似动现象也可以看做是错觉。

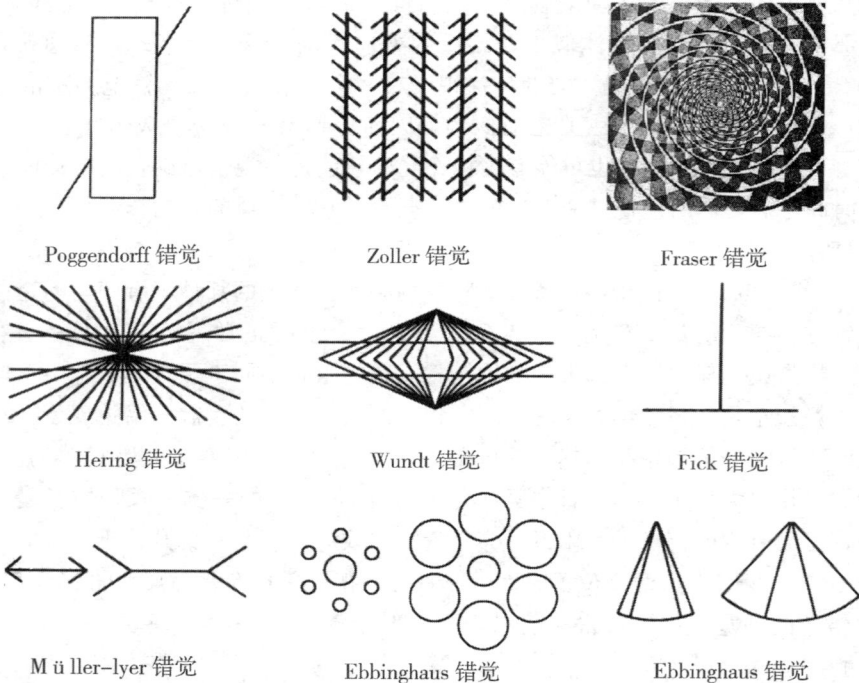

Poggendorff 错觉　　　　Zoller 错觉　　　　Fraser 错觉

Hering 错觉　　　　Wundt 错觉　　　　Fick 错觉

Müller–lyer 错觉　　　Ebbinghaus 错觉　　　Ebbinghaus 错觉

图 4-10　图形错觉

关于错觉产生的原因虽有多种解释，但迄今都不能完全令人满意。这是一个相当复杂的问题。从现象上看，错觉的产生可能既有客观的原因，也有主观的原因。客观上，错觉的产生大多是在知觉对象所处的客观环境有了某种变化的情况下发生的。有的是对象的结构发生了某种变化，如垂直水平错觉；有的是对象处于某种背景之中，如太阳错觉等。知觉的情境已经发生了变化，但人却以原先的知觉模式进行感知。这可能是错觉产生的原因之一。主观上，错觉的产生可能与过去经验有关。人对当前事物的感知总是受着过去经验的影响。错觉的产生也受到过去经验的影响。例如，我们生活在地球上，习惯地把小的对象看成在大的静止背景中运动，如人、车辆在静止的大地上运动。所以，月夜观月，也习惯地把大片白云看成是静止的，误以为月亮在云后移动。

情绪态度也会使人产生错觉。例如，时间错觉：焦急企盼、彻夜失眠、百无聊赖、无事可干等都会使人感到时间过得很慢，有所谓"度日如年、一日三秋"之感；全神贯注于自己的事业或欢乐的活动，会使人感到时间过得很快，有所谓"光阴似箭、日月如梭"之感。再如，战败了的士兵，由于恐惧而产生"风声鹤唳、草木皆兵"的错觉等。

错觉也可能是各种感觉相互作用的结果。例如，形重错觉的产生很可能是因为平常我们接收的视觉信息大大多于肌肉动觉信息，在提一定重量的物体时，我们却首先倚重视觉提供的信息，会准备用大力气去提大物、用小一点的力气去提小物，结果便感到原本重量相同的两个物体重量不同，总觉得较小的物体重些。又如，听报告时声源移位的错觉可能是视觉和听觉相互作用的结果。总之，产生错觉的原因是多种多样的。这里，既有客观的因素，也有主观的因素；既有生理的原因，也有心理的原因。对于各种错觉的产生，应具体地进行分析。

错觉现象通常反映了知觉系统对于标准知觉环境的某种特殊的"适应性"，这种适应用经过长期的进化被根植于我们的大脑。可以说，让我们正确地感知周围世界的知觉机制同时就是导致知觉解释发生错误，产生错觉的机制。了解错觉对于我们解释知觉具有重要的意义。同时，错觉现象在艺术、工程设计以及军事上有着广泛的应用①。

第三节 感知规律在教学中的应用

一、感知规律与直观教学

感知是思维活动的直接基础，是人们认识事物的开端。感知虽属于认识过程的低级阶段，但它却是复杂认识的基础，是一切知识的来源，没有正确的感

---

① 黄希庭：《心理学导论》，第 2 版，北京，人民教育出版社，2007

知，就不可能认识事物的本质属性。为了使学生更好地掌握教学内容，教学中常常会用到直观教学，如给学生呈现实物、图像或用形象的语言描述，从而给学生提供直观的感性材料，以有利于学生理解和掌握教学内容。

教学的直观形式有实物直观、模像直观和言语直观。实物直观直接观察客观事物本身而产生的印象，如观察各种实物标本、实物，演示各种实验，实际测量以及参观访问等。实物直观具有鲜明性、生动性和真实性，有利于学生确切地理解教材、掌握教材，有助于提高学生的学习兴趣和积极性，能激发学生的求知欲，使学生掌握得快，也不易忘记。但它的缺点是，事物的本质特征难以突出、内部不易细察、动静难以控制，不易组织学生进行有效的观察。

模像直观是观察实物的模型和图像所产生的映象，模像实际事物的模拟品，如模型、图片、图表、图画以及幻灯、电视、电影等。模像直观就可以摆脱实物直观的局限性，根据教学目的的要求对实物进行模拟、放大、缩小、突出重点，可以变静为动或变动为静，把快变慢或把慢变快，也可以变死为活、变远为近，从而把难以呈现的对象在学生面前呈现出来。模像直观还可使抽象难懂的东西，成为具体的易认识的东西。但是，模像直观不是实物，难免导致学生获得的知识不很确切，因此运用模像直观时时，要注意模像中的事物与实际事物之间的正确比例。

言语直观是通过教师对事物形象化的言语描述引起想象进行的，利用表象和再造想象，唤起学生头脑中有关事物形象的重现或改组，从而造出新形象。言语直观可以不受客观条件的限制，不受时间、地点、设备的限制，但它不如感知那样鲜明、完整和稳定，它容易中断、动摇、暗淡，甚至不正确。教师在进行直观教学时，要根据教学目的的要求，从教学内容的实际出发，结合学生身心发展的特点，才能有效地提高教学质量。

以上三种直观教学形式各有特色，既有优点，也有不足，三者相互配合使用，才能收到良好的教学效果。

教师在直观教学的过程中，必须符合感知规律。

（一）明确目的

在向学生进行直观教学时，必须明确告知学生要注意观察什么，也就是要有明确的目的，不能只泛泛地告诉学生要注意观察，这样直观教学才能收到良好的效果。有些学生多次去过动物园，但对动物园里的许多动物却没有深刻、清晰的印象，就是参观时没有明确目的。因此，生物教师若要带领学生参观植物园或动物园时，就要突出其观察的目的，目的越明确，感知就越清晰。相反，目的不明确，儿童就会东张西望，抓不住要领，得不到收获。再如让学生观察鱼的生活习性，应向学生提出明确、具体的观察目的。如注意鱼的身体形状、颜色、大小，每个部分是什么样子的，以什么为食物等。这样，学生才能观察到鱼的身体结构的特点。所以说感知的目的越明确、越具体，其效果也越好。

（二）突出对象

对象在背景中越突出，则越容易被感知，这个要求是符合知觉选择性规律的。在直观教学中，要使对象从背景中突出，必须做到以下几点。

1. 加强对象与背景的反差

对象和背景的反差包括颜色、形状、声音等方面，如果这些反差越大，则对象就越容易从背景中突出而先被感知到。反之，对象与背景的反差越小，则对象越容易消失在背景之中而很难被觉察出来。因此，教师在教学中应该注意以下几个方面：第一，在直观教具的制作和使用方面，不论是板书、挂图、模型和演示实验，都要加大对象与背景的差别。如白色的对象不要呈现在白色背景上，而要放在黑色、蓝色的背景上。第二，凡是重要的内容，包括定律、定理、公式和结论等，应用粗体字或与背景同的颜色呈现，使它特别醒目，容易被学生感知。第三，教师应该用红色墨水批改学生的作业，使学生能够迅速地、清楚地感知到自己的作业正确与否。强烈鲜明的对比，大与小、黑与白、高与低、强与弱、香与臭、苦与甜等都能立刻为人们所感知。

2. 利用刺激物本身各部分的组合

刺激物本身的结构常常是分出对象产生清晰感知的重要条件。对象的组合可分成空间和时间两个方面。空间上的组合是指在视觉刺激物中，凡距离上接近或形状上相似的各部分，容易组成感知的对象。例如，游行队伍在前进时，各单位之间保持一定的距离，就可以使观礼者便于区别。又如，我们记笔记时，章与章、节与节之间，重要的标题与其他词句之间都留出一定的空行，也是为了要在距离上显出差异，以便日后查阅时一目了然。时间上的组合是指听觉刺激物各部分"时距"的接近，它们也能使我们分出感知的对象。例如，我们听别人唱歌或说话，能一句一句地去感知它。一般来讲，这是因为一句话的各个词之间时距较近，而各句话之间时距较远的缘故。根据这个规律，教师在进行直观教学时，为了突出所要感知的对象，知觉对象的周围最好不要附加类似的线条或图形，应注意拉开距离或加上不同色彩；凡是说明事物发展的挂图，更应注意每一个演示图的距离，不要将他们混淆在一起；在教科书或教材上的文字，应该分行、分段、分节，行与行之间应有一定的间隔；此外，教师的仪容、举动、风度，教室的环境，课业用品，直观教具都足以影响学生的知觉，如果配合得好，就能促进课堂的学习。教师讲课的声调应有抑扬顿挫，避免讲话毫无停顿之处或过分缓慢，因而学生不易感知每一句话，影响听课的效果。

3. 使知觉对象动起来

在固定不变的背景上，活动的刺激物易于被人感知。因此，对直观的重要对象或部分，应尽可能地增强其活动性。展览会上活动的展品，容易被观众感知；课堂上学生的小动作容易被老师发现；汽车上的指示灯，一明一暗容易被警察感知；霓虹灯的闪动易被行人感知，都是这个道理。根据这个规律，教师在直观教学方面，必要时最好用活动模型。使直观对象活动起来，以更有得于学生观察。例如，地理课讲中国行政区域时，就可把各省的图形做成可取出、可放进的模型；讲长江、黄河时，可用红色粉笔（或红毛线）在黑板上（或地图上）画出；在理、化、生等课的教学中，教师演示实验是很重要的，通过演示可以使学生清楚地看到事物变化的过程、结构、性能等。实践证明，动的实验比静的挂图给学生的感知效果明显地要好一些。

（三）结合言语

由于词的作用，可以使我们的感知更迅速、更完整、更富有理解性，大大提高感知的效果。在环境相当复杂，对象的外部标志不很明显，知觉对象比较隐蔽而难于感知的情况下，言语在感知中的作用更为显著。它可以补充感知对象的欠缺部分，提高感知效果。

在利用实物直观与模像直观的过程中，没有词的作用，学生容易把注意力集中到各人感兴趣的方面去，而达不到教学目的，所以在直观教学中，一定要使形象与词结合起来。

（四）视听结合

由于客观事物常常是包含多种属性的复合刺激物，因此我们对客观事物的感知也经常是通过多种分析器协同活动而实现的。心理学的研究表明，在接受知识方面，看到的比听到的印象深。单纯靠听觉，一般只能够记住 15%，如果靠视觉，从图形获得的知识一般能够记住 25%，若使听视两者结合，又听又看，那么获得的知识就能记住 65%。在感知活动中，运动分析器的参与具有重要的作用。因为只有在运动分析器的参与下，有些对象的某些特点才有可能被感知，如物体的软硬属性等。因此，那种既看又听，还用手摸、动手操作的学习，会有助于提高感知的精确性和加深印象。多种分析器的协同活动不仅能提高感知的成效，而且使人变得聪明。

二、感知规律与观察力的培养

观察指有目的、有计划、有思维参加的比较持久的知觉。观察的目的是要弄清某种事物是什么，有些什么特点，有什么用处。由于有思维活动参加，人们通过观察可以获得比较系统的感性知识。观察是高水平的知觉，是感性认识阶段的最高层次。它在学生学习、教师教学、科学发现、技术发明和艺术创作中具有十分重要的作用。观察，是科学研究艺术创造和教学的一种重要方法。它在人类实践活动的各个领域中都有极其重要的意义。正因为如此，巴甫洛夫在他的实验室门前刻着"观察、观察、再观察"几个大字，这是他从科学实践中总结出来的切身体验。巴甫洛夫通过对动物条件反射实验的长期观察，在积累大量科学事实的基础上建立了条件反射学说。达尔文的生物进化论，就是运用观察方法，花费二十多年，收集大量资料而归纳出来的。达尔文在总结自己的成就时曾说："我既没有突出的理解力，也没有过人的机智，只是在观察那些稍纵即逝的事物，并对期进行精确的观察的能力上，我可能在众人之上。"许多伟大的科学家都十分重视对研究对象的实际观察，从而取得了杰出的成就。观察也是艺术创作的源泉，艺术家从实际的观察中提炼创作题材，进行创作。施耐庵通过观察和调查积累了大量生动的资料，才写出了脍炙人口的《水浒传》。

各科教学也常运用观察的方法，使学生获得鲜明、生动、具体的感性认识和丰富的感性经验，通过抽象概括，让感性认识上升到理性认识。有些国家的小学自然课教学要求学生用80％的时间进行观察，初中和高中的理化、生物课分别要求学生用60％和40％的时间进行观察实验，可见观察对于教与学的重要程度。学生要学会学习，其中一个重要内容就是要学会观察，培养他们的观察能力。

(一) 观察要有明确的目的和计划

学生观察活动的目的越明确具体、计划步骤越周详，观察效果越好。例如，组织学生社会调查，必须明确是为了写作而去体验生活，还是为学习理论寻找事实根据；到大自然中去观察，是为了欣赏祖国的大好河山，接受爱国主义教育，还是为了学习地理课的某个问题。应当防止盲目的观察，事先要有明确的目的和计划，不是为了观察而观察，更不是走马观花。

(二) 观察前要学习有关观察对象的理论知识

要了解动物的习性，事先要学习动物学知识；要观测宇宙星辰，事先要学习天文知识。有了理论知识的指导，观察才能深刻，洞察主要特征。没有理论指导的观察只能是肤浅的观察。

(三) 学生要学会观察的方法

学生可以根据不同的观察目的任务，选择不同的观察方式或观察顺序。根据观察目的，既可以按照"整体—部分—整体"的顺序，也可以按照"部分—整体—部分"的顺序；既可选择"由近及远"，也可选择"由远及近"的方法，此外，也可采用有重点的、对比的、重复的方法等进行观察。观察时要运用多种感官，参与观察的感官越多，越能收集到多方面的信息全面的信息和真实的信息，越能获得有用的知识。要引导学生从多角度、多层次对观察对象进行分析。分析得越仔细，观察也越全面越深入。

(四) 边观察边思考

学生要养成边观察边思考的习惯。在观察前应深思熟虑，带着一些实际问题有计划地写出观察提纲。观察中要抓住主要矛盾，仔细观察，不遗漏细节，一边观察一边思考，防止走马观花。观察之后要提高到理论高度加深认识，抓住本质和规律。观察过程中要边观察边记录，尽量避免事后回忆，也要将自己观察到的与道听途说的内容区别开来。然后，运用分析整理资料的方法，得出正确的观察结论。

遇到与目的计划相矛盾的情况要找出理由，作出解释。必要时可以改变计划和步骤，改换观察的策略和方法，直到问题解决为止。

【思考与练习】

一、填空

1. 根据感觉刺激是来自有机体外部还是有机体内部，可以把各种感觉分为两大类：_____和_____。

2. 内部感觉包括_____、_____和_____。

3. 可见光具有三个特点即波长、强度和纯度，分别对应视觉的_____、_____和_____。

4. 声波的特性包括频率、振幅和波形，分别对应听觉的_____、_____和_____。

5. 知觉的特性包括_____、_____、_____和_____。

6. 知觉的恒常性有_____、_____、_____和_____。

二、名词解释

1. 感觉 2. 知觉 3. 感受性 4. 感觉阈限 5. 绝对感受性和绝对感觉阈限 6. 差别感受性和差别感觉阈限 7. 适应 8. 似动知觉 9. 错觉

二、问答

1. 感受性变化的规律有哪些？

2. 简述知觉的特性。

3. 论述如何运用感知规律培养观察力？

4. 直观教学中如何用去感知规律？

第五章　记忆与学习

【内容提要】

俄国伟大的生理学家谢切诺夫说过：一切智慧的根源都在于记忆，记忆是"整个心理生活的基本条件"。记忆是心理学研究的一个重要领域，记忆在我们的生存与发展中具有十分重要的作用。有了记忆，我们的知识经验才能积累；有了记忆，我们的心理才能不断变得成熟；有了记忆，人类才能不断认识和改造世界；等等。研究和掌握记忆规律，对于有效地避免和减少遗忘，提高记忆效率，有着非常重要的意义。本章通过对记忆理论和学习理论的分析，以揭示记忆的规律，提高学生的学习效率。

【学习目标】

1. 识记记忆的概念、记忆的基本过程、记忆表象、记忆分类、记忆的品质、学习概念、学习的分类。

2. 理解记忆的过程、艾宾浩斯遗忘曲线及其揭示的规律，掌握学习的一般模式和学习的策略与方法。

3. 学会按照识记的规律掌握知识，运用保持与遗忘的规律巩固知识，增进记忆。

4. 促进学生良好记忆品质的形成。

5. 掌握学习理论，提高学习效率。

第一节　记忆概述

一、记忆的概念

记忆是人脑对过去经历过的事物的反映。人们经历过的事物，如看到过的景物、听到过的歌曲、尝到过的食物味道、思考过的问题、做过的事情以及体验过的情感，等等，都会在头脑中留下一定的痕迹。随着时间的推移，这些痕迹有的会逐渐减弱、消退，有的会被强化。在一定诱因刺激下，人脑中的某些痕迹会被激活，重新回想起那些经历过的事物。这些经历过的事物的痕迹的形成、保持和激活都是记忆。

二、记忆的基本过程

记忆是由识记、保持、再认或回忆三个环节组成的彼此紧密联系而统一的心理过程。记和忆是两个不同的阶段。按照信息论的观点，识记和保持是人脑对外界输入信息进行编码与储存的阶段，即记的阶段，其目的是使信息通过心理操作转换成大脑可以接受的形式，并对这些信息进行加工与组织；再认和回忆是将信息从大脑中检索提取出来并经译码加以运用的阶段，即忆的阶段。没有储存就无法提取，没有记也就没有忆。记是忆的前提，忆是记的表现。

记忆对人来说是一种非常重要的心理过程。首先，记忆是人的心理活动得以连续的根本保证，是经验积累或心理发展的前提。不难想象，如果一个人没有记忆，他的知识经验就难以积累，那么他的心理将永远只能在新生儿状态徘徊，永远无法成熟和发展。其次，记忆也是学习的必要条件，所有的学习都包含着记忆。从某种意义上说，学习的过程，就是记忆的过程。人们通过学习把他人或前人积累起来的知识储存在大脑中，并在此基础上继续学习新的知识，在使用的时候再从大脑中把有关知识提取出来，运用到实践中。如果一个人记忆力不好，那么他的学习效果将会大打折扣。

三、记忆表象

记忆表象简称表象，是指过去感知过的事物不在面前时，在头脑中重现出来的形象。例如，你去北京旅游回来后，别人一提到"北京"这两个字，你脑中就会浮现出天安门、人民大会堂、鸟巢、水立方等雄伟壮观的景象；你吃过梅子后，别人一提到"梅子"，你就能想起它那酸溜溜的味道；你听过周杰伦的歌曲《双节棍》后，别人一提到这首歌曲，你就能在头脑中回想起它那明快的节奏……这些都是记忆表象。表象是以感知为基础的，没有感知，表象就不可能形成。例如，先天失明的人，就不可能有颜色表象，先天失聪的人就不可能有声音表象。

表象虽然是在感知基础上形成的，但它实际上又摆脱了感知的局限，有以下明显的特点。

（一）形象性

形象性是指头脑里保持的表象是以生动具体的形象的形式出现的。例如，当学生回忆起自己的某一老师讲课情景时，老师的动作、表情都浮现在他的头脑中。知觉是对当前事物的直接反映，而表象是由其他有关事物或词引起的对过去感知过的事物的反映，表象在头脑里存在着加工过程，因此，表象与知觉有着明显的区别。

1. 表象不如知觉映象鲜明

表象无论怎样清晰，总比不上知觉鲜明生动，它是比较模糊暗淡。例如，学生在头脑中产生的某位老师的形象，总不如当时直接看到的老师形象那样鲜明。

2. 表象不如知觉映象完整

表象不能完整地反映事物的一切属性，往往有些部分清晰，有些部分模糊，甚至有些部分没有映象，只反映出事物的一些主要部分和突出的特征，所以表象具有片段性。

3. 表象不如知觉映象稳定

每一种表象产生时，常常只能保持很短的时间，并且再次出现时反映的方面也会有所改变，有时这些特征鲜明，有时那些特征鲜明。而知觉对象就在面前，所以映象比较稳定。

（二）概括性

概括性是指表象所反映的事物形象，不是某一具体事物或其个别特点，而是一类事物所共有的特点，是一种类化了的事物形象。这一点也是表象与感知形象的主要区别之一。例如，我们头脑中关于"树"的表象，就既具有所有树的共同特征——叶、枝、干、根等，又不是某一棵具体的"树"的形象。但表象的概括与思维的概括是不同的，表象是对一类事物的形象概括，而思维则是对一类事物的本质、规律的概括，一般是抽象的概括。

表象在人的认识过程中起着重要作用。首先，表象是记忆的主要内容和形式。记忆信息主要以语词和表象两种形式储存。据有关专家推测，在人的记忆信息中，语词与表象的比例大约是 1：1 000。其次，表象是认识发展链上的中间环节，是从知觉向思维过度的桥梁。记忆表象使思维摆脱了感知的束缚，通过头脑的加工分析，能够获得对事物的理性认识。第三，表象是学生学习的基础。书本知识属于间接经验，具有抽象性的特点，丰富的表象储备有助于学生理解抽象知识。实验证明，儿童表象缺乏会影响到他们想象和思维的发展。因此，在教学过程中，教师要注意发展和丰富学生的表象，特别是要设法使学生的表象具有鲜明性、完整性和稳定性。

四、记忆的类型与脑机制

（一）记忆的类型

记忆是一种复杂的心理现象，按照不同的标准，可以把记忆分为不同的类型。

1. 根据记忆的内容划分

根据记忆的内容，可以把记忆分成四种类型。

（1）形象记忆

形象记忆是以感知过的事物的具体形象为内容的记忆。从各种感官输入的各种事物的信息都可以形成形象记忆。但是，人脑对视觉、听觉和运动觉形象的记忆发展最好，储存在脑中的这几种记忆映象的数量最多。从嗅觉、味觉、肤觉等通道输入的信息所形成的形象记忆，主要是与职业活动相联系，如烹饪师的嗅觉和味觉形象记忆就比一般人发展得好。形象记忆是从事艺术活动时进行构思、创作和表演的基础。

（2）逻辑记忆

逻辑记忆是以词语所概括出来的逻辑思维成果为内容的记忆。如概念、公式、定理、思想、规律等都是关于事物的意义、关系、性质方面的内容，是通过思维活动形成的，具有高度的抽象性和概括性，它们只有借助于词语，通过理解才能更好地识记、保持、再认或回忆。逻辑记忆是在其他记忆类型的基础上发展而来的，是人类所独有的记忆类型。

（3）情绪记忆

情绪记忆是以体验过的某种情绪、情感为内容的记忆。人是有感情的动物，在各种活动中，会产生喜怒哀乐等多种态度体验，并在脑中留下一定的映象，在一定条件下，会重新唤醒当时的那些态度体验，这就是情绪记忆。情绪记忆是人的道德感、美感和理智感发展的基础，它也可以作为联想有关事物的起点。

（4）运动记忆

运动记忆是以做过的或看过的动作为内容的记忆。例如，运动员对武术套路的记忆、对体操动作的记忆，钢琴师对演奏技巧的记忆，画家对绘画技法的记忆，等等，就属于运动记忆。运动记忆识记时较难，但一经保持则不易遗忘。

在人的实践活动中，不同类型的记忆都是相互联系的，只是每个人都有自己主导的记忆类型。根据苏联学者涅洽耶夫对 1 000 多个 10～20 岁学生进行的研究发现，在被调查者中约有 2% 的人属于视觉记忆类型，1% 的人属于听觉记忆类型，3% 的人属于运动觉表象记忆类型，16% 的人属于视—听觉表象记忆类型，33% 的人属于视—动觉表象记忆类型，9% 的人属于动—听觉表象记忆类型，还有 36% 的人属于无差别的综合记忆类型。

2. 根据记忆内容保存时间的长短划分

根据记忆内容保存时间的长短，又可以把记忆分为三种类型。

（1）瞬时记忆

瞬时记忆又叫感觉记忆，是指客观刺激物停止作用后，其印象在人脑中保留一瞬间的记忆。如果你注视电灯的晕光，经过几分钟之后，你将视线移至另一地方，你会发现还能"看见"这种晕光。心理学称这种现象为"后像"。不仅视觉如此，其他感觉也有此现象。例如，用铅笔扎一下手背，移去之后，还有这种扎的感觉；优美动听的乐声停止后，好似"余音绕梁"等。这些现象都叫瞬时记忆。瞬时记忆有三个特点：①信息储存时间极短，大约为 0.25～2 秒钟；②其编码方式为直接以材料的物理特性编码，具有明显的形象性；③可在短暂时间内接受大量信息，犹如所谓"登高远眺，尽收眼底"，虽然都收眼底，但不能记住。瞬间记忆中的信息如不加以注意就会迅速消失，如果受到注意就会转入短时记忆。

（2）短时记忆

短时记忆是指刺激停止作用后，其信息在头脑中保持 1 分钟左右的记忆。短时记忆也叫工作记忆，是一种为当前动作而服务的记忆，即人在工作状态下所需记忆内容的短暂提取与保留。我们打电话时记下一个电话号码，除非特别想记住它，否则打完后号码马上就忘记了，就是短时记忆。

短时记忆的储存特点有二：①容量有限，大约为 7±2 个组块。组块是指人们生活中熟悉的、并加以组织的记忆单位，它可以是一个数字、一个词，也可以是一组数字、短语或一个句子。②其编码方式主要以听觉为主，也有视觉的和语义的编码。短时记忆中的信息如果不经复述，也会很快消失，如经复述，则有可能进入长时记忆。

（3）长时记忆

长时记忆是指信息保持在 1 分钟以上，可以是几小时、几天、几月、几年乃至终身的记忆。长时记忆的特点有三：①信息保持时间长，从 1 分钟以上直至数日、数年，甚至终身；②信息容量大，可以说是没有限制的，无限大的；③编码方式以意义编码为主。

从信息加工的理论看，以上三种记忆可称为记忆的三个阶段，三者虽各有特点，但从时间衔接来看，又是紧密联系的，不可分割的。它们的关系可用图 5-1 加以说明。

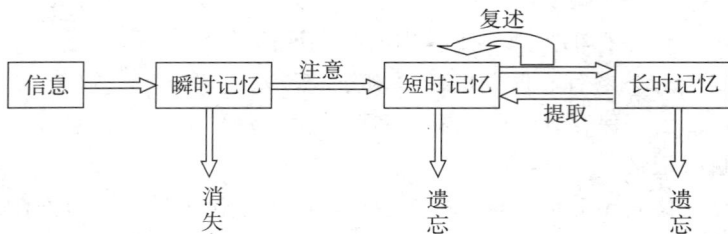

图 5-1　记忆系统模式图

（二）记忆的脑机制

记忆是脑的机能，其生理机制是相当复杂的。一般认为，客观刺激作用于分析器，在大脑皮层上就会形成暂时神经联系，这些暂时神经联系在刺激物作用终止以后以某种痕迹的方式保留在头脑中，它在一定的条件下又重新活跃起来。依据巴甫洛夫的分析，记忆就是大脑皮层暂时神经联系的建立、巩固和恢复的过程。遗忘是暂时神经联系的消退和被干扰。识记是暂时神经联系的建立。保持是经过复习和强化，暂时神经联系的巩固。在刺激影响下，暂时神经联系又恢复起来，就是再认和回忆。这就是记忆的生理机制。

现代科学研究进一步证明，脑的许多部位都参与记忆活动。首先，大脑皮层颞叶和额叶同记忆有关。加拿大医生潘菲尔德用电刺激癫痫病人颞叶外侧部，引起了患者对往事的回忆，这种回忆多半是视、听觉方面的形象记忆。其次，海马与短时记忆有关。把两侧海马都切除，则最近的记忆消失，但从前的记忆和学会的技能却不丧失。再有，乳头体病变的患者也会有记忆障碍的症状。

通过对脑电现象和神经结构的研究，人们还发现，记忆会使神经结构和神经化学物质发生一系列的变化。瞬时记忆是神经细胞的惰性作用。短时记忆是神经系统反响回路中的反响效应机制。长时记忆与神经元的结构变化有关，当反响回路的活动十分持久时，突触会发生结构变化，形成复杂网络。因而兴奋活动能保持较长时间，以后相同刺激的作用，就会激活复杂网络的复杂活动，重现过去的活动。

第二节 记忆过程的规律

一、识记

识记就是识别并记住感知过的事物。从信息加工理论的观点来看，识记是信息输入和编码的过程。识记是记忆活动的开端，是其他环节的前提和基础。

(一) 识记的种类

按识记的目的性和意志努力程度，可以将识记分为无意识记和有意识记。

1. 无意识记

无意识记是指事先没有预定目的，也不需要意志努力，自然而然发生的识记。例如，我们碰到过的惨烈的车祸，看过的冯巩的相声、赵本山的小品，吃过的可口饭菜、水果，等等，尽管当时并没有识记的目的，但自然而然就记了下来，过很长时间还记忆犹新，这就是无意识记。无意识记的心理基础是无意注意。无意识记这一心理事实表明，心理活动对有些信息的输入能够自动操作和进行编码，同时不知不觉地储存起来，以后，在适当的条件下，这些信息也可以经过译码恢复起来。所以，儿童的一些不教而能的行为和表现，就是通过"潜移默化""耳濡目染"这样的无意识记途径获得的。

当然，并不是生活中的任何事物都可以经由无意识记的途径进入记忆，无意识记带有很大的选择性，只有那些对人的生活具有重要意义的、符合人的活动需要的、与人的兴趣密切相关的、能够引起人的强烈情感反映的事物，才容易在头脑中留下深刻的印象。无意识记不能保证学生获得系统的完整的科学文化知识。在教学过程中，大量的识记内容是通过有意识记获得的。

2. 有意识记

有意识记是指有明确的预定目的，在识记过程中需要做一定意志努力的识记。有意识记以有意注意为基础，是在明确的识记目的支配下进行的。识记的目的性决定了识记过程是对识记内容的一个积极主动的编码过程。这种编码包括"识记什么"和"怎样识记"。"识记什么"确定识记的方向和内容，"怎样识记"确定识记的方法。学生在听课过程中的识记就属于有意识记。每节课都有明确的教学目的、任务，教师一般会先做交代，使学生产生识记意图，以一种积极的心态去努力识记新知识。为了更好地记住老师讲的内容，有些同学还采取一些科学的识记方法，如做课堂笔记、将新旧知识进行梳理形成新的知识系统等。

人们的全部知识经验就是通过有意识记和无意识记的方式获得和积累起来的，两种识记方式都有必要。但就识记的效果而言，有意识记要优于无意识记。

根据识记时对材料是否理解，又可以把有意识记分为机械识记和意义识记。

（1）机械识记

机械识记是指在材料本身无内在联系或不理解其意义的情况下，按照材料的顺序，通过机械重复的方式进行的识记。机械识记由于对识记材料没有理解，识记时往往费时多，识记慢，忘得快，效果差，所以有人认为机械识记是一种无用的识记方法。其实它也是一种必要的识记方法，因为有些材料之间无任何意义联系，又必须记住，如无意义音节、地名、人名、历史年代、山高、河长、电话号码等，只能采用机械识记的方法；另外，也有些材料本身有意义，但学习者由于年龄、知识经验等的限制，不能理解材料的意义，又必须记住有关材料，这时也只能采用机械识记的方法，如学前儿童背诵唐诗、宋词，小学生背诵乘法口诀表等。

对于有些无意义的材料，可以采用人为加工的方式赋予其意义，来提高识记效果。如在识记汉字"碧"字时，有的教师就编成儿歌"王大娘、白大娘，一块儿坐在石头上"，让学生很容易就记住了其字形结构。再如，有的教师教授汉语拼音时，根据拼音的形状特点，编成顺口溜，帮助学生识记："一门 n，两门 m，拐棍 f，伞把儿 t，椅子 h，一根小棍就是 l。"对有些数字如车牌号、电话号码、历史年代、山的高度等可以采用谐音记忆法。

（2）意义识记

意义识记也叫理解识记，是指在对材料理解的基础上，通过材料的内在联系而进行的识记。在意义识记中，理解是关键，理解了材料的意义、特点、内在联系，识记起来就会既快又牢。理解是对材料的加工，它根据人的已有知识经验，通过分析、比较、综合来反映材料的内涵以及材料各部分之间的关系。如数字 816449362516941 共 15 位，用机械识记的方法记起来是非常困难的，即使勉强记住了，也很容易忘记，但是如果理解了它由 9～1，9 个数字的平方组成的，就很容易记住了。

意义识记应该是学生识记的主要形式，因为许多实验和经验都证明，意义识记的效果优于机械识记。在教学过程中，教师让学生识记的内容，应该尽量引导学生在理解的基础上进行识记。当然，无法理解的内容，还可以把机械识记作为辅助识记方式。

（二）影响识记效果的因素

1. 识记的目的和任务

明确的识记目的和任务，对识记效果具有重要的影响。识记的目的任务越明确，识记的效果就越好。因为有了明确的识记目的和任务后，人们就能把注意力集中到识记对象上去，并采取各种方法去努力实现它。彼得逊（L. Peterson）曾对两组被试进行学习 16 个单词的对比试验。结果表明，有目的组当时记住 14 个单词，两天后记住 9 个单词；而无目的组当时只记住 10 个单词，两天后只记住 6 个单词，前者效果明显好于后者。[①]

2. 识记材料的性质和数量

材料的性质不同，识记效果也不一样。实验证明，识记直观形象的材料比识记抽象的材料效果好些，识记视觉性质的材料比识记听觉性质的材料效果要好些。另外，识记有意义联系的材料比识记无意义联系的材料效果要好些，识记有韵律的材料比识记无韵律的材料容易。我国心理学工作者对诗歌和散文两种不同性质材料的识记效果进行了研究，结果表明，诗歌比散文识记时间短，精确回忆的数量也多。这说明，诗歌的韵律、节奏有助于形成字词之间、句子之间及段落之间的联系。

从材料的数量来说，要达到同样的识记水平，材料越多，平均所用的时间或诵读的次数也越多。实验证明，在识记 12 个音节时，平均一个音节需要 14 秒，识记 24 个音节时，平均一个音节需要 29 秒，而在识记 36 个音节时，平均一个音节需要 42 秒。在实验有意义的材料时，平均时间的增加，不像无意义材料那样显著，但趋势是相同的。

3. 识记的方法

同样的材料，采用不同的方法识记，效果也会不同。因此，要提高识记效果，还得有良好的识记方法。识记的方法很多，如直观形象识记法、谐音识记法、特征识记法、歌诀识记法、列表识记法、归类识记法、重点识记法、活动识记法等，都是行之有效的方法。如果能针对不同的识记材料采取与之相适应的方法，并在理解的基础上进行意义识记，效果会更好。

二、保持和遗忘

陶渊明诗曰："此中有真意，欲辩已忘言。"真令人感到惋惜。如果他不忘

---

① 蔡笑岳：《心理学》，54 页，北京，高等教育出版社，2003

记，把真意告诉我们该多好啊！可见并不是做过的、学过的、想过的东西都能够在头脑中长期保持下来，一生受用不尽。识记只是自动吸收经验的过程，保持就是被动积累经验的过程。一条经验一经获得，要永久保持，就存在一个保持与遗忘的斗争过程。

（一）保持

保持是指经历过的事物在头脑中储存和巩固的过程。按信息论观点看，保持就是信息的储存过程。保持是记忆系统的中间环节，是再认和回忆的前提，也是记忆力好坏的重要标志。

保持是一个动态过程，识记过的内容在保持过程中，会发生质和量的变化。

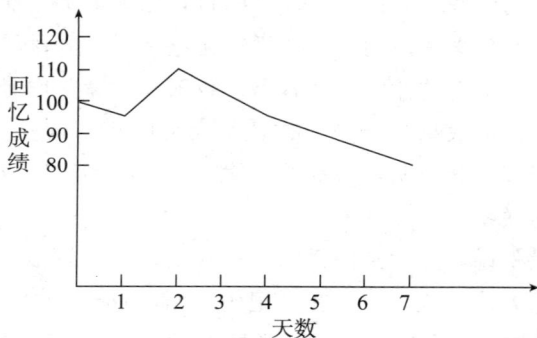

图 5-2　12 岁儿童学习诗的保持曲线

保持内容的质变主要表现为：（1）内容变得简略而概括，不重要的细节趋于消失；（2）内容变得更加完整，更加合理和有意义；（3）内容变得更具体，或者更为夸张与突出。

保持内容的量变主要表现为：记忆回涨和保持内容减少。

记忆回涨又叫记忆恢复，指学习材料后，相隔一段时间，所测的保持量，比学习后即时测得的保持量要高。这种现象一般发生在儿童身上和不完全的学习（即没有达到透彻理解、牢固记忆的学习）上，随着年龄的增长，它会逐渐消失。巴拉德（P. B. Ballard）的实验说明了这个问题。他要求 12 岁左右的学生用 15 分钟学习一首诗，学习后立即检查回忆的结果。然后按照不同的时间间隔让他们对这首诗进行延迟再现，以最初学习后的测验保持量为 100%，结果如图 5-2 所示。

记忆恢复现象发生的原因主要有：①识记时的累积抑制。即时测验结果受连续学习所产生的累积抑制的影响，如果间隔一段时间后，抑制作用解除，回忆量会有所恢复。②材料的相互干扰。识记后的即时测验，由于学习者对学习材料没有形成一个统一的整体，对材料的储存是零散的，因而回忆成绩差；之后学习者采用了某种有效的解决任务的方法，把学习材料作为一个整体来考虑，这样回忆的内容就较详尽。

保持内容减少的主要表现形式是遗忘。

（二）遗忘

遗忘是指识记过的材料不能再认或回忆，或错误再认或回忆的现象。按信息论的观点来看，遗忘是信息的丢失，表现为信息不能提取或错误提取，遗忘在记忆过程的每个阶段都存在。有人研究表明，人一生能记住的东西还不到学过的东西的 1/10。

遗忘基本上是一种正常的、合理的心理现象。这是因为：①感知过的事物没有全部记忆的必要；②识记材料的重要性具有时效性；③遗忘是人的心理健康和正常生活所必需的。在日常生活中难免会与人发生一些矛盾，产生一些消极的情绪，这些东西如果久久不能忘怀，不仅严重影响我们的工作、生活，而且还会影响我们的身心健康。

根据不同的标准，可以把遗忘分为不同的类型。

根据遗忘时间，可以把遗忘分为暂时性遗忘和永久性遗忘。暂时性遗忘是指遗忘的发生是暂时的，以后还有可能重新回忆的遗忘现象。如提笔忘字，看到很熟悉的人想不起名字，考试时某些很熟悉的知识点回忆不起来等。永久性遗忘是指不经重新学习，记忆内容永远不能回忆出来的遗忘。

根据遗忘内容，可以把遗忘分为部分遗忘和整体遗忘。部分遗忘是指对记忆内容的部分产生了遗忘，如背诵课文时一部分能背下来，而有的地方背不出来。整体遗忘是指把学习过的材料全部遗忘。

产生遗忘的原因是多方面的，既可能是生理方面的，如疾病、疲劳，也可能是心理方面的，如紧张、压抑。关于遗忘的原因主要有四种理论。

1. 消退说

这种理论认为，遗忘是由于记忆痕迹得不到强化而逐渐减弱、衰退以致最后消失引起的，如果记忆经验不断被提取使用，其痕迹就会因强化而变得更加巩固。这种学说一般用来解释永久性遗忘的原因。

2. 干扰说

这种理论认为，遗忘是由于先前的学习和后来的学习相互干扰造成抑制的结果，干扰一旦排除，记忆就能够恢复。干扰可分为前摄抑制和倒摄抑制。前摄抑制是指先前所学习的材料对后学习材料的干扰作用。例如，一年级小学生学习了汉语拼音后，再学英语时，经常用汉语拼音的发音来代替英文字母的发音，这种情况就是前摄抑制的表现。倒摄抑制是指后学习的材料对先学习材料的干扰作用。例如，当学生在数学作业中回忆以前所学的公式时，最近学的新公式总不断在头脑中出现，从而影响了对前者的回忆，这就是倒摄抑制的表现。

大量研究证明了这两种抑制的存在，产生这两种抑制的原因主要有三个方面：一是材料的相似性。先后学习的两种材料在意义上、组成上或排列顺序上有某些相似或相同的成分时，会产生较大的抑制效果。二是学习的巩固程度。先学习的材料巩固程度好，则容易产生前摄抑制，反之，则容易产生倒摄抑制。三是先后两种学习的时间安排。实验证明，先后两种学习之间的时间间隔越小，越容易产生抑制；反之，抑制作用则越小。

3. 压抑说

这种理论认为，遗忘是由于情绪或动机的压抑作用造成的，如果压抑解除，记忆就能恢复。如学生参加高考时，由于心理压力太大，一进考场头脑里一片空白，平时很熟悉的一些知识也想不起来了，但一出考场，压抑解除了，又一下子想起了试卷上的很多内容，后悔莫及。这种理论是由弗洛伊德在临床实践中发现的，主要用以解释与情绪有关的暂时性遗忘。他认为，那些给人带来不愉快、痛苦、忧愁的体验，常常会导致动机性遗忘。

4. 同化说

这种理论认为，遗忘是知识的组织和认知结构简化的过程。这是奥苏贝尔根据他的有意义言语学习理论提出的一种独特的解释。他认为，当人们学到了更高级的概念与规律之后，高级的观念可以代替低级的观念，使低级观念遗忘，从而简化了认识并减轻了记忆。在真正的有意义学习中，前后相继的学习不是相互干扰，而是相互促进，因为有意义学习总是以原有的学习为基础，后面的学习则是对前面的学习的加深和补充。

遗忘是有其规律的。最早对遗忘进行系统研究的是德国心理学家艾宾浩斯（H. Ebbinghaus）。他以自己为被试，用无意义音节为识记材料，学到恰好能背诵的程度，经过一定的时间间隔再重新学习，以重学时节省的诵读时间或次数作为记忆的指标，实验结果见表 5-1。

表 5-1 不同时间间隔后的保持成绩

时间间隔	重学时节省诵读时间的百分数
20 分钟	58.2
1 小时	44.2
8～9 小时	35.8
1 日	33.7
2 日	27.8
6 日	25.4
31 日	21.1

根据表 5-1 的数据画出的曲线（图 5-3），称为艾宾浩斯遗忘曲线或保持曲线。遗忘曲线揭示了遗忘过程的规律：遗忘进程是不均衡的，在识记后的最初阶段遗忘速度最快，之后逐渐减慢，最后几乎不再遗忘，即遗忘速度"先快后慢"。

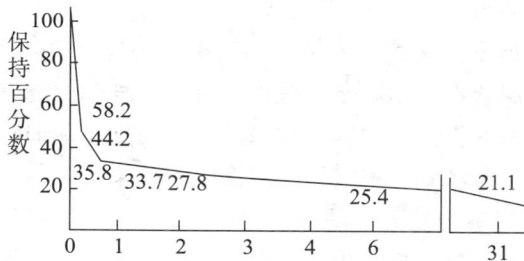

图 5-3 艾宾浩斯遗忘曲线

（三）复习

现代心理学研究证明，巩固记忆痕迹，防止遗忘的最好办法就是复习。俄国教育家乌申斯基认为"复习是学习之母"。他形象地把学习中不注意巩固知识的现象，比喻为醉汉拉货车，边拉车、边丢货，最后到家时只剩下一辆空车。这个比喻形象而意义深刻。那么应如何组织学生科学复习呢？

1. 复习要及时

根据遗忘进程先快后慢的规律，学习之后要"趁热打铁"，及时复习。心理学实验证明了及时复习对巩固知识的重要作用：实验时给两组被试学习一段课文，甲组在学习后进行了一次复习，乙组没有复习。一天后甲组保持率为

98％，乙组保持率为 58％；一周后甲组保持率为 85％，乙组仅为 33％。①

2. 分配复习

同样的复习时间，由于分配方式不同，复习效果也不同。复习时间的分配方式有集中复习和分配复习两种。许多实验证明，分配复习的效果优于集中复习，因为分配复习之间有时间间隔，可以防止抑制，有利于知识的巩固。而集中复习材料多，时间长，容易疲劳，甚至降低兴趣，抑制的作用大。

在分配复习时间时，每次复习之间间隔不宜过短，否则近似于集中复习；但间隔也不宜过长，否则难免有遗忘。一般来说，最初复习时，各次复习应该密一些，因为教材初步识记所保持的时间是较短的；以后各次的间隔可以逐渐加长。

3. 反复阅读与尝试回忆相结合

在复习时，不要机械地一直简单重复阅读，这样没有重点，平均使用时间，效果不好。最好在阅读几遍之后，把书本合起来，尝试着回忆。当回忆不起来时，再看书本。这样复习就有了侧重点，回忆不起来的地方可以多看几遍，复习效果会大大提高。

4. 复习方法多样化

复习最忌单调重复，这样会使学生感到枯燥无味，容易产生厌倦和疲劳，使大脑皮层处于抑制状态，影响复习效果。采用多样化的复习方法，如反复阅读、列复习提纲、相互提问，这样每次都从新的角度重现旧材料，学生会感到新颖、有趣，有助于调动学习积极性，提高复习效果。

5. 动员多种感官参与复习活动

动员多种感官参与复习也是提高复习效果的一个重要条件。多种感官参与复习会使复习过程变成读、听、写、想的综合活动，信息可以通过多种感觉通道到达大脑皮层，形成广泛的神经联系，有利于知识的巩固。研究表明，在同样的时间内识记同样的材料，单凭视觉识记，只能记住 70％；单凭听觉识记，只能记住 60％；而采用视听结合识记，则能记住 86.35％。

三、回忆与再认

（一）回忆

回忆是在一定的诱因的作用下，过去经历的事物在头脑中再现的过程。如在考试答题时，要先将过去学过的有关知识从头脑中提取出来，这种提取的过

---

① 蔡笑岳：《心理学》，58 页，北京，高等教育出版社，2003

程就是回忆。

根据回忆时的目的是否明确和是否需要意志努力，可以把回忆分为无意回忆和有意回忆。凡是没有预定目的，也不需要意志努力的回忆叫无意回忆。如触景生情、每逢佳节倍思亲等都是无意回忆。凡是有预定目的且需要一定意志努力的回忆叫有意回忆。如冥思苦想、搜肠刮肚以及考试答题时的回忆都是有意回忆。

根据是否需要中介性联想，回忆又可分为直接回忆和间接回忆。不需要中介性联想而由当前事物直接唤起旧经验叫做直接回忆。如学生对十分熟悉的公式、单词、诗词通常都可以直接地回忆起来。借助于中介性联想才能回忆起旧经验的回忆叫间接回忆。例如，回忆一些记得不牢固的定理、公式、物理法则、化学方程式要依靠与它有关的实验、习题应用的方法等中介性联想才能回忆出来。这种中介性联想，可能是同所需要回忆的事物有关的形象、词，也可能是运动和情感等。

（二）再认

再认是过去经历过的事物重新出现时，能够被识别和确认的心理过程。例如，在街上碰见中学同学你能把他认出来，听到以前听过的歌曲知道是什么歌曲，考试时做是非题与选择题，都是再认。

不同的人对不同的材料的再认速度是不一样的，再认速度与准确性主要取决于两个条件：一是原有经验的牢固程度。对识记过的事物记得越牢固、越清晰、越准确，再认的速度也就越迅速；反之，则再认速度就慢，且准确性差。如再认一个朝夕相处多年的老同学比再认一个只有一面之交的陌生人要容易得多。二是原有事物与重新出现时的相似程度。如果当前出现的事物与原来识记时的事物非常相似，变化不大，则容易再认，否则，再认就困难。如假期回来大家一眼就认出来同班同学，因为一个假期同学们几乎没有什么变化；如果毕业后同学们三四十年没见面，再相遇时就很难再认了，因为那时风华正茂的小青年已变成老态龙钟的老头儿、老太太了。

回忆和再认这两种形式都是头脑对已有经验进行的提取，二者没有本质的区别，但速度是存在差异的。一般来说，回忆比再认的心理活动程度要复杂一些，所以再认的速度一般要比回忆快，能回忆的一般都能再认，能再认的不一定能回忆。

第三节　记忆的品质与增进记忆的策略

一、记忆的品质

记忆的品质是鉴别一个人记忆力好坏的指标，主要包括四个方面：敏捷性、准确性、持久性和准备性。

（一）记忆的敏捷性

记忆的敏捷性反映的是识记速度快慢方面的特征。记忆的敏捷性是以单位时间内能记住事物多少来衡量的。一个人在单位时间内记住的内容越多，表明他的记忆越敏捷，反之，记忆的敏捷性就越差。"过目成诵"就是指记忆很敏捷。著名科学家茅以升小时候旁观祖父抄写《东都赋》，祖父刚抄完，他就能把全文背出来，这表明他的记忆力非常敏捷。

（二）记忆的准确性

记忆的准确性是指对识记的材料记得是否精确方面的特征。记忆准确的人，识记过的材料回忆时准确无误，丝毫不差，没有歪曲和遗漏，也没有增加或减少；而记忆准确性差的人，回忆时往往错误百出，面目全非。记忆的准确性是最主要的记忆品质。记忆知识时，不仅要识记得快，而且还要回忆得准确，这样的记忆才有意义。我国汉末学者蔡邕的400篇作品，是在他被害后，他的女儿蔡文姬准确无误地背出来，才得以流传后世的。

（三）记忆的持久性

记忆的持久性是指识记过的事物在头脑中保持时间长短方面的特征。我们学习的知识不仅要记得快、记得准，而且还要记得牢，在需要的时候才能随时从大脑中提取出来。记忆持久的人能够过目不忘。据说宋朝宰相王安石的记忆力非常好，一位朋友想测试一下他的记忆力，从他的书架上拿起一本积满灰尘的书，随便翻到一页，刚报出页码，王安石就一口气背了下来，可见他的记忆的持久性是多么的惊人。

（四）记忆的准备性

记忆的准备性是指从大脑中提取出所需知识速度快慢方面的特征。记忆准备性好的人，在需要某些知识时，能迅速从大脑中提取出所需要的知识；而准备性差的人，有些知识尽管记住了，但需要的时候，搜肠刮肚，需要很长时间才能回想出来。知识竞赛时回答抢答题，实际上就是考的参赛选手的记忆准备性的好坏。

阅读材料 5-1：记忆的个别差异

　　人的记忆力是有很大差异的，有的人具有超常的、惊人的记忆力。1981年5月，西欧计算中心的著名的电子计算机专家巴拉齐博士，邀请创造了六项心算世界纪录、被人们称为人脑计算机的威·克莱因当场表演。当时，给他出了一道 12345÷85 的题，他不假思索地立即写下 145.235294117647058…随后又计算 1256 开 5 次方，他随手写下 4.1667546。在此之前，巴黎电视台曾经转播过克莱因在几千名观众参加下的心算表演。表演中，一位观众出了一题 38×22×37＝？克莱因马上写出 30932，而且直摇头，意思是题目过于简单；接着要求他心算 4529÷29＝？他很快写出了 156.17241393103414827…由于已写到黑板边缘，才未能继续下去。这道题，他只用了 20 秒钟。为什么有这样惊人的记忆呢？据他解释，除掉一些运算而外，有些算法，在他来说就像我们熟记 7×7＝49、9×9＝81 一样，他能够记住任何两位数的相互乘积以及任何数的对数值、三角函数值等。他熟记这些数值就像人们熟记1＋1＝2那么容易。克莱因为什么能记住任何数的对数值之类的东西呢？这和他从小就喜欢心算，长期锻炼是分不开的。在他九岁时，教师已经发现他是心算"神童"。在他的生活里，数字几乎成了他生活中一个特别重要的部分。有人说，他"离开了数字，就要生病"。这就充分说明，热爱某一专业，并孜孜不倦地进行艰苦锻炼，就可以使记忆力获得发展。被誉为我国"心算神童"的申克功的情况，也说明刻苦锻炼的重要。

　　资料来源：中央教育科学研究所教育心理研究室，《心理学基础知识问答》，北京，教育科学出版社，1983，92～93 页

二、增进记忆的策略

　　增进记忆的策略很多，下面简要介绍几种最常见的策略。

（一）直观形象记忆法

　　把抽象的材料加以直观形象化进行记忆的方法，称直观形象记忆。例如，特级教师斯霞教"笔"这个生字时，她拿起课堂上的毛笔问学生："笔杆是什么做的？"大家说："是竹子做的。"她便在黑板上写了一个"竹"字。又问："笔头是什么做的？"大家说："是毛做的。"她又写了一个"毛"字。然后斯霞老师告诉同学们"竹"字头下面加一个"毛"字，合起来就是"笔"。这样，"笔"这个字的字形就在孩子们头脑中留下了深刻的印象。

（二）口诀记忆法

在各科教学中，如果把识记的材料能编成合辙押韵的口诀，能够收到极好的记忆效果。例如，有的化学教师把化合价编成口诀："一价氢氯钾钠银；二价氧钙钡镁锌，三铝四硅五氮磷；二三铁，二四碳，二四六硫全都齐；铜以二价最常见；单质零价永不变；氟氯溴碘负一价。"学生读起来朗朗上口，很容易记住。

（三）谐音记忆法

在识记一些无意义的或无法理解的材料时，可以采用谐音记忆法，人为的赋予其意义，能产生良好的记忆效果。如记忆车牌号"008929"时，可记为"动动八九两酒"；记忆电话号码"2878518"时，可记为"儿发妻发我也发"等。

（四）归类比较法

有比较才有鉴别。对那些在认识上易产生泛化的相似性材料，通过归类比较，分辨其细微的差别，使其在认识上产生分化，在储存上系统化，有助于牢固保持记忆。如学过质数、质因数、互质数的概念后，可以用下面列表进行辨析。

表 5-2　质数、质因数、互质数辨析

概念	说明	举例
质数	看一个数本身的特征：只有 1 和它本身两个约数	2、3、7
质因数	既看一个数本身的特征，又看它和另一个合数的关系：本身是质数，又是另一个合数的因素	$42＝2×3×7$
互质数	看两个数之间的关系：两个数的最大公约数是 1，但它们本身并不一定是质数	6 和 11，14 和 13

（五）重点记忆法

将复杂的识记材料进行简化，先记住要点，然后以此作为记忆的支撑点再逐步扩大重现的范围的方法称重点记忆法。如自列复习提纲，按提纲记忆；先记教材目录中各章的标题，再记各章中各节的标题，然后再记各节中的各个知识点。重点记忆法是一种经济有效的记忆法，它往往能够通过记忆的各个"重点"，触类旁通，使思维获得发散，把"浓缩"的知识再"稀释"到原来的状态。

（六）联想记忆法

联想是回忆的基础，是指在心理上由一事物想起他事物的心理活动。例如，汉字好多是形声字，回忆一些字形时就可以采用联想法。回忆"急躁"的

"躁"，就可以联想人急躁时就容易跺脚，所以"急躁"的"躁"应该是"足"字旁；回忆"干燥"的"燥"，可以联想物体干燥容易着火，所以"干燥"的"燥"应该是"火"字旁。

第四节　学习

一、学习的概念

学习是动物和人类与环境保持平衡，维持生存和发展的必要条件。学习的概念有广义和狭义之分。

(一) 广义的学习

广义的学习泛指个体由经验的获得所引起的比较持久的行为变化的过程。广义的学习是人类与动物所共有的。它包括以下三层含义：首先，学习是以行为变化为特征的。这种变化既可以是感知、记忆、思维、想象等内部心智活动的变化，也可以是言语、表情、动作等外部行为的变化。但并非所有的行为变化都是学习的结果。其次，这种变化是由后天获得的经验引起的，而不是由自然成熟或先天遗传本能所引起的。最后，这种变化不是暂时的，而是比较持久的。

(二) 狭义的学习

狭义的学习，专指学生的学习，是以语言为媒介，自觉能动地获取人类社会的文化遗产，引起较为持久的行为变化的过程。它是人类学习的一种特殊形式，具有以下几个特点。

1. 以掌握书本的间接经验为主

间接经验是人类在漫长的社会实践中积累起来的精神财富，它包括科学文化知识、生产技术和行为规范。学习直接经验和间接经验对于人类来说都是必要的。正如毛泽东同志所说："一切真知都是从直接经验发源的，但人们事事不能直接经验，事实上多数的知识都是间接的东西，这就是一切古代的和外域的知识。"学生的学习以掌握间接经验为主，因为学生要在较短的时间内掌握人类数千年积累起来的知识，要求他们事事都去直接经历和体验，既是不可能的，也是没有必要的。间接经验对学习者来说是间接的，但对发明创造者来说则是直接的，是经过实践证明正确的。当然，强调学生以掌握间接经验为主，并不排除学生也要获得必要的直接经验。因为没有一定的直接经验，学生学习间接经验就会发生困难。

2. 学生的学习是在教师的指导下进行的

学生在教师的组织和指导下的学习与人们在日常生活中的学习是不同的。教师是经过教育和训练过的专职教育工作者，他们能按照一定的教育目的和要求，遵循教学规律和学生身心发展的规律，有计划、有组织地进行教育教学。学生在教师指导下的学习，其学习目的和任务比较明确，学习要求具体，学习内容丰富而系统，时间安排比较科学，学习形式灵活多样，这就可以保证学生在较短的时间内掌握较多的系统的科学知识，取得良好的学习效果。这同人们在日常生活中通过交往而进行的学习和自学，在学习的目的、内容和效果等方面，都有着明显区别。在教师指导下进行学习，是学生学习的一个重要特点。

3. 学习的目的是为参与未来的生活实践做准备

学生在学校里学习系统的科学知识，形成技能，发展智力，形成科学的世界观和良好的道德品质，其目的是为参与未来的社会实践做准备。学生的学习，实际上是一种社会化的过程，他们不仅学习科学知识，更要学会做人，掌握社会行为规范。由于学生的学习是为将来参与社会实践做准备，他们对学习的重要性、紧迫性往往认识不足，因而必须对他们进行学习目的的教育，培养和激发其学习动机与学习兴趣，以充分调动他们的学习积极性。

二、学习过程的一般模式

(一) 尝试学习模式

尝试学习是指用尝试题引路，引导学生自学课本，通过尝试练习，引导学生讨论，相互启发的一种自主学习。即由学生用尝试的方法，去探究所学的知识，初步解决问题。这是一种有指导的发现式学习，更注重教师的主导作用和教科书的示范导向作用。其基本流程是：提出问题—学生尝试—教师指导—学生再尝试—解决问题。

1. 提出尝试问题

提出尝试问题是引发学生积极尝试的动力和前提。尝试学习是以"提出问题—解决问题"为主线的自主学习过程。尝试问题一般由教师根据教科书的要求提出，到高年级也可以让学生自己发现和提出，进而寻找解决问题的策略。

2. 解决尝试问题

问题提出后，不是教师先讲解，而是让学生先尝试来解决，在解决过程中，学生遇到难以解决的困难时，教师再给予适当的指导。学生解决尝试问题的策略主要有：自学课本、合作讨论、动手操作、提问请教、资料查询等。

3. 自我评价、自我鉴别

学生通过各种尝试策略，并在教师的指导帮助下获得了尝试结果，尝试问题基本解决，但尝试学习并没有完结，此时教师应让学生对尝试结果进行自我评价、自我鉴别。谁做对了，谁做错了，还存在什么问题？谁的问题解决策略最优？学生在教师指导点拨下，再尝试练习，直到解决问题。

尝试学习模式的主要特征是"先试后导、先练后讲、先学后教"。

（二）发现学习模式

发现学习是指在教师组织的学习情境中，学生通过自己动脑、动手探究，亲自获得知识的一种学习模式。发现学习模式是由美国教育心理学家布鲁纳（J. S. Bbruner）于 1960 年在其名著《教育过程》中提出，其核心思想是让学生体验科学家从发现过程中所获得的情感，从而激起学生学习科学的动机，通过"发现"过程了解科学的性质，掌握科学知识，形成科学素养。其一般流程是：创设情境—提出假设—检验假设—总结运用。

1. 创设情境

教师先要创设一个有效的问题情境。问题情境可以是一个真实事件、一个问题背景、一个知识中的疑问或一段材料等。这些情境的设计必须注意要使学生体验到问题某种程度的不确定性，以激发起求知欲望。问题情境要指向学生的"最近发展区"，即这些问题要是学生通过主动探索有可能得到解决的。否则，问题太简单，没有发现的价值；问题太难，学生难以攻克，又会挫伤其学习积极性。

2. 提出假设

假设是对所研究的问题的规律或原因作出的一种推测性论断和假定性解释。学生面对问题情境时，他们可以借助自己已有的经验和知识，利用教师所提供的材料，或凭借对实验的操作和观察，自己提出解决问题的假设。然后学生会用自己的知识背景对假设的合理程度初步评价，直到形成最后的假设。

3. 检验假设

形成假设后，学生会设计一个合适的实验来检验假设是否成立，按照假设对实验结果作出预测，随后进行实验，观察实验结果。如果当前假设被拒绝，则需要重新提出新的假设，如果当前实验结果还没有得到确定性的结论，那就继续设计实验来进一步检验假设。教师在这个过程中要引导学生运用分析思维去验证结论，最终使问题得以解决。

4. 总结运用

当学生发现规律之后，教师应指导学生进行总结，回顾发现知识和运用知识解决问题的方法，把发现的结果纳入原有的知识结构，形成新的认知结构。这样，一方面能帮助学生获得一些策略性知识（问题解决的策略）；另一方面还能为一些未真正自己发现知识、建构知识的学生提供一个再学习的机会，并且能帮助学生将新知识纳入到原有的认知结构中去。

（三）探究学习模式

探究学习指的是仿照科学研究的过程来学习科学内容，从而在掌握科学内容的同时，体验、理解和应用科学研究方法，形成科研能力的一种学习方式。1962 年结构主义代表人物之一的美国著名生物学家和教育学家施瓦布（J. J. Schwab）首次提出了"探究学习"的概念。早期的探究学习在某种意义上说是发现学习的进一步发展。探究学习的一般模式是：设置问题情境—提出假设—获得结论—反思评价。

1. 设置问题情境

在课堂上，教师应该预先设计一个能激发学生探究欲望的问题情境，并且通过合适的方式呈现在学生面前，引导学生的好奇和疑问。于是学生会发现问题，提出问题。

2. 提出假设

为了能解决问题，学生还需要提出自己解决问题的假设（包括问题解决的途径、方法或结论等）。他们有可能根据自己已有的经验或知识直接提出假设，也可能受经验和知识的局限而先通过一些尝试或讨论来帮助自己形成合理的假设。在这个探究过程中学生需要收集数据，包括收集罗列数据、分析数据、组织数据、选择数据、利用数据。教师在这个过程中不直接给出方法、程序或结果，而仅仅是通过组织讨论来帮助他们抓住问题的实质，通过引导来帮助他们解决碰到的困难。

3. 获得结论

当学生有了假设之后，他们就通过各种实验来验证自己的假设，通过自己主动探究的活动，根据逻辑关系和推理，找到事件的因果关系，形成解释，获得结论。

4. 反思评价

学生们获得结论之后，通过交流将自己获得的结论呈现给同学和老师，并向大家描述自己的探究过程，解释自己的结论，再通过同学或老师对自己的探究过程、方法和结论进行质疑、反驳或鉴赏等评价，并通过自己的反思来修正完善结果。最后，学生们再通过交流和验证他们提出的解释来检验自己得出的结论。

三、学习的分类

学习现象极其复杂，它涉及学习的内容、形式、方法等各个方面。为了提高教与学的有效性，需要对学习的特点和规律进行分类研究。由于不同的心理学家持有不同的观点，因此分类也不尽相同。

（一）加涅的学习层次分类

美国心理学家加涅（R. M. Gagne）认为，人类的学习是复杂而多样的，简单学习是复杂学习的基础。20 世纪 60 年代，他根据产生学习的情景（前提条件）及内在心理机制，把学习分为由简单到复杂、由低级到高级的八个层次，即信号学习、刺激——反应学习、连锁学习、词语联想学习、辨别学习、概念学习、规则学习和问题解决学习。1977 年，他又把学习分为五个层次，即联结与连锁学习、辨别学习、概念学习、规则学习和高级规则学习。

（二）奥苏贝尔的学习二维分类

美国心理学家奥苏贝尔（D. P. Ausubel）认为，对学习现象可以从两个不同的维度去进行分类：一个维度是根据学习进行的方式将学习分为接受学习和发现学习；另一个维度是根据学习材料及其与学习者原有知识结构的关系将学习分为机械学习和有意义学习。

1. 接受学习与发现学习

接受学习是由教育者系统地向学习者传授知识，学习者以接受的方式学习知识和经验；发现学习是教育者只提示有关的教育内容，学习者依靠自己的力量，通过独立发现的步骤学习知识和寻求解决问题的方法。

2. 机械学习与有意义学习

机械学习是指学习者在没有理解新知识的真正含义，或者学习材料本身不具有可理解的意义的情况下，单凭死记硬背进行的学习。有意义学习是指学习者能够理解符号所代表的知识意义，并能应用知识解决问题。

接受学习和机械学习、发现学习和有意义学习并无必然的联系。只要具有有意义学习的条件，使学习材料与学生原有的知识结构联系起来，注意揭示知识的生成过程，并使学生保持理解的意向，这种条件下的学习就是有意义学习。所以，接受学习并不一定是机械学习；发现学习也并不一定是有意义学习。机械和有意义、接受和发现，是划分学习活动的两个相对独立的维度，是两种不同的分类方法。两种分类的关系如图 5-4 所示。

有意义

有意义接受学习　　有意义接受学习

接受　　　　　　　　　　　　　　　　发现

机械接受学习　　　机械接受学习

机械

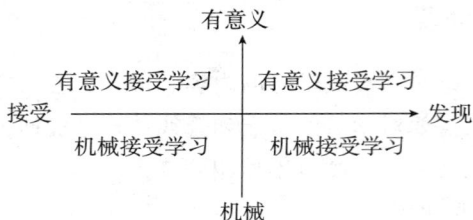

图 5-4　学习二维分类关系图

（三）我国学者的学习分类

我国学者过去一般把学习分为三类：①知识的学习；②技能学习（包括操作技能学习和智力技能学习）；③道德品质或行为习惯的学习。

这种分类只是从教育工作的实际需要提出的，但它比较笼统，不易揭示具体的学习规律。

四、学习的策略与方法

（一）学习策略与学习方法的界定

学习策略是学习者为了提高学习的效果和效率，有目的有意识地制定的有关学习过程的复杂方案。学习策略与学习方法的关系微妙难分。有的学者把学习策略视为学习模式的总体倾向和特征，包含观念与操作，把学习方法视为学习实践中学习者采用的具体措施。方法有好有坏之分，有适当与不适当之别，使用不当可能产生相反的后果，但学习策略则只是指有效达成学习目的的学习行为和方法，而且只指有意识采用的学习行为和方法。应该说：学习策略是有意识、有目的使用学习方法的活动。当把学习方法看做是采取的有效学习措施时，就可以把学习策略与学习方法理解为同义语。

（二）几种常见的学习策略

1. 画线

画线（underlining）是最常用的学习策略之一。画线能使学生快速找到和复习课文中重要的信息。有研究表明，如果学生画出课文中重要的和相关的信息，学生就能从课文中学到更多的东西。下面是一些常用的方法：①圈出不知道的词；②标明定义；③标明例子；④列出观点原因或事件序号；⑤在重要的段落前面加上星号；⑥在混乱的章节前画上问号；⑦给自己作注释，如检查上文中的定义；⑧标出可能的测验项目；⑨画箭头表明关系；⑩注上评论，记下不同点和相似点。

2. 做笔记

做笔记（note taking/making）是在阅读和听讲中用得比较普遍的一种学习策略。俗话说，好记性不如烂笔头。笔记能加深对学习信息的印象，也便于以后的复习，另外，笔记还能促进新信息的精细加工和整合，有助于形成新的知识结构。

西方学者麦克沃特（Mc Whorter，1992）认为，做笔记的过程包括以下三个步骤：①在笔记的每一页的左边（或右边）留出几厘米的空白；②做笔记时保留这部分空白；③做完笔记后，在空白处用词和句子简要总结笔记。这些记忆线索能起到标签的作用，有助于引发你回忆笔记上的信息。除了在扉页上写总结性的词和句子外，还可以写出一些问题，这些问题能提醒你回忆笔记上的信息，通过这些问题，你也能检查自己对这些材料的理解。①

克耶拉（Kiewra，1989）提出，教师能促进学生做笔记和复习笔记。这可以通过下列方法来实现：①讲演慢一点；②重复复杂的主题材料；③呈现做笔记的线索；④在黑板上写出重要的信息；⑤给学生提供一套完整的笔记，让他们观看；⑥给学生提供结构式的辅助手段，如提纲或二维方格表等。②

3. 写提要

写提要（summarizing）就是把所学知识的要点简明扼要地摘录出来或概括出来。这种策略的效果取决于学习者如何使用。一种有效的方法是让学生每读完一段后用一句话概括；另一种有效的方法是让学生准备一个提要来帮助别人学习这些材料，其部分原因是这种活动使得学习者不得不认真考虑什么重要，什么不重要。但是，值得一提的是，有些研究发现写提要方法并没有效果，并且如果要用这种策略增强对书面材料的领会和保持，其条件不甚明了。前面所讲的列提纲、建立网络、画关系图等学习策略都要求学习者以梗概的形式总结所学的材料。

4. PQ4R 方法

一个最有效的能帮助学生理解和记忆的学习技术是 PQ4R 方法，这是由托马斯和罗宾逊（Thomas & Robinson，1972）提出来的。PQ4R 分别代表：

（1）预览（Preview）：快速浏览材料，对材料的基本组织主题和副主题有一个初步的了解。注意标题和小标题，找出你要读的和学习的信息。

（2）设问（Question）：阅读时自问一些问题。根据标题用"谁""什么"

---

① 陈琦，刘儒德：《当代教育心理学》，204 页，北京，北京师范大学出版社，2005

② 同上。

"为什么""哪儿""怎样"等疑问词提问。

（3）阅读（Read）：阅读材料，不要泛泛地做笔记。试图回答自己提出的问题。

（4）反思（Reflect）：通过以下途径，试图理解信息并使信息有意义：①把信息和自己已知的事物联系起来；②把课本中的副标题和主要概念及原理联系起来；③试图消除对呈现的信息的分心；④试图用这些材料去解决联想到的类似的问题。

（5）背诵（Recite）：通过大声陈述和一问一答，反复练习记住这些信息。你可以使用标题、画了线的词和对要点所做的笔记来提问。

（6）回顾（Review）：最后一步积极地复习材料，主要是问你自己问题，只有当你肯定答不出来时，才重新阅读材料。[①]

5. 提问的策略

提问是一种有助于学生学习课文、讲演以及其他信息的策略。学生要不时地停下来评估自己对课文或老师的讲演的理解。基本上，训练学生在活动中自己和自己谈话，自己问自己或彼此之间相互问老师要问的问题。结果表明，学生能在解数学题、拼写、创作和许多其他课题中成功地学会自我谈话。

在介绍教学材料之前提问有助于学生学习与问题有关的信息，但不利于学习与问题无关的信息。解决这一问题的方法就是提与所有重要信息有关的问题。另外，口头复述而非重复教学课本的提问，可帮助学生学习课本的意义，而不是简单地记住课本。

6. 生成性学习（generative learning）

生成性学习是一种强调积极整合新信息于已有图示的理论。结构主义方法论的一个主要假设是所有的学习都是"发现"，即使我们告诉学生某件事，他也要对这些信息进行心理操作，使之变成自己的东西。生成性学习策略是要教学生一些具体的心理加工新信息的方法。例如，可以成功地教学生对所学材料提问、总结和类比，教学生讲解他所听到的内容。这些生成性活动都有益于学生的学习和记忆。

【思考与练习】

一、填空

1. 记忆是由 _____ 、 _____ 、 _____ 或 _____ 三个环节组成的 _____ 。

---

① 陈琦，刘儒德：《当代教育心理学》，204 页，北京，北京师范大学出版社，2005

彼此紧密联系而统一的心理过程。

2. 根据记忆内容保存时间的长短，又可以把记忆分为三种类型，即 _____、_____ 和 _____。

3. 美国心理学家奥苏贝尔根据学习进行的方式将学习分为 _____ 和 _____；另根据学习材料及其与学习者原有知识结构的关系将学习分为 _____ 和 _____。

二、判断

1. 机械识记是一种无用的识记。

2. 遗忘基本上是一种合理的心理现象。

3. 所有的行为改变都是学习的结果。

4. 接受学习就是机械学习。

三、选择

1. "一朝被蛇咬，十年怕井绳"是 _____。

A. 情绪记忆　　　B. 形象记忆　　　C. 动作记忆　　　D. 逻辑记忆

2. 无意识记具有很大的 _____。

A. 情境性　　　　B. 选择性　　　　C. 目的性　　　　D. 自觉性

3. 及时复习的理论依据是 _____。

A. 前摄抑制　　　B. 倒摄抑制　　　C. 遗忘规律　　　D. 记忆回涨现象

4. 学生学习绘图属于 _____。

A. 知识的学习　　　　　　　　B. 技能学习

C. 道德品质学习　　　　　　　D. 行为习惯的学习

四、问答

1. 应如何组织学生进行科学复习？

2. 常见的学习策略有哪些？

第六章　思维与想象

【内容提要】

思维是认识过程的高级阶段。人们凭借思维，可以把握那些无法直接感知的事物，理解事物之间的相互关系，推测其发展进程，认识其内在本质。当代最著名的理论物理学家霍金的科学头脑完美地诠释了思维的力量。需要说明的是，思维的表现形式十分丰富，包括想象、问题解决、推理、判断和决策等，这为思维研究开辟了广阔的天地①。本章将重点介绍思维的一般概念和思维的基本过程、问题解决的相关知识，然后介绍想象的基本知识和创造性思维的心理学研究以及如何培养学生的创造性思维等主要内容。

【学习目标】

1. 掌握思维的概念和分类，了解思维的基本过程。

2. 掌握问题解决及影响问题解决的因素，理解问题解决的策略。

3. 掌握想象的概念、种类和功能，学会区分再造想象和创造想象。

4. 理解思维的品质，掌握创造性思维的特征；能够结合学生的心理特点和教学实际，培养学生的创造性思维能力。

---

① 黄希庭，郑涌：《心理学十五讲》，203 页，北京，北京大学出版社，2005

第一节　思维的概述

一、思维的概念和特点

(一) 思维的概念

思维是人脑对客观事物本质特征和内在规律性联系的间接的、概括的反映。思维是人类认识的高级阶段，它是在感知基础上实现的理性认识形式。例如，通过对人的观察分析得出"人是能言语，能制造和使用工具的高等动物"；根据对水的研究得出水和温度之间的关系，水的温度降低到 0℃，就会结冰，升高到 100℃，就会沸腾等。这些都是人脑对客观事物的本质及其规律的认识。人们常说的"考虑""设想""深思熟虑"等都是思维活动的表现形式。

(二) 思维的特点

思维和感知觉一样都是人脑对客观事物的反映，同属于心理活动的认识过程。所不同的是感知觉是对客观事物的直接反映，而且反映的是外在特征或外在联系，具有直观性、形象性。而思维是建立在感知觉基础上的，人只有获取了大量感性材料，才能进行种种推论，作出种种假设，并检验这些假设，进而揭示感知觉所不能揭示的事物的本质特征和内部规律，具有间接性、概括性的特点。

1. 间接性

所谓间接性是指思维活动是借助一定的事物或已有的知识经验为媒介对客观事物进行的反映。例如，考古学家通过古生物化石、地层结构及挖掘出来的文物等，推测生物进化历程及历史的发展；医生根据病人的脉搏跳动、体温等临床症状对病人的疾病作出诊断；教师根据学生的行为表现推测学生的内心世界等，这些都是思维间接性的表现。借助于思维的间接性，人们可以超越感知觉提供的信息，认识那些没有直接作用于人的各种事物的属性，揭露事物的本质规律，预见事物发展变化的进程。从这个意义上讲，思维认识的领域要比感知觉认识的领域更广阔、更深刻。

2. 概括性

所谓概括性是指思维活动是在大量感性材料的基础上，把一类事物共同的、本质的属性抽取出来加以概括，反应事物间的规律性联系。例如，人们把形状、大小各不相同而能结出枣子的树木称之为"枣树"；根据日常生活中长期的观察得出"燕子低飞要下雨""朝霞不出门，晚霞行千里"等结论。思维的概括性促进了人类对客观事物的本质特征、内在关系及其规律性的认识，有利于人们对环境的适应与改造。人类思维的概括性是借助语言实现的，正是由于语言的无限丰富的内容，才使思维的概括活动成为可能。所以思维概括的水平，无论是从个体发生来讲，还是从种系发展来看，都是随着语言的发展，知识经验的积累由低级向高级发展的。概括在人们的思维活动中有着重要的作用，它使人们的认识活动摆脱了具体事物的局限性和对事物的直接依赖关系，从而扩大了人们认识的范围，加深了人们对事物理解的深度。所以概括水平在一定程度上表现了思维的水平。

3. 思维是对经验的改组

思维活动常常是由一定的问题情景引起的，并试图解决这些问题。例如，人们在设计新的计算机程序时，不是简单地把头脑中有关的原理和经验统统呈现出来，而是根据设计的要求、课题的性质、材料的特点等重新组合已有的知识，提出种种可行的方案，然后进行检验，逐步形成一种新的可行方案。所以思维不是简单地再现经验，而是对已有的知识经验进行改组、建构的过程[①]。人们过去认为世界上最小的物质是原子，后来发现原子还可以分为质子、中子等。思维是一种探索和发现新事物的心理过程，它常常指向事物的新特征和新关系，这就需要人们对头脑中已有的知识不断地进行更新和改组。

二、思维的种类

思维的种类很多，可以从不同的角度进行分类。

（一）动作思维、形象思维和抽象思维

根据思维过程中解决问题的方式不同，可分为动作思维、形象思维和抽象思维。

1. 动作思维

动作思维又称操作思维，是在实际动作中进行的思维。它解决问题的方式是一边动手操作一边思考。3 岁以前婴儿的思维是以动作思维为主。他们的思维是借助于动作而进行的，很难在感知和动作之外进行思维，动作停止，思维活动也停止。当然，成年人也有动作思维，但是成年人的动作思维与婴儿的动作思维有着本质的不同。成年人的动作思维是在经验的基础上，在第二信号系统的调节下实现的，具有明确的计划性和目的性。

---

① 彭聃龄主编：《普通心理学》，第 3 版，247 页，北京，北京师范大学出版社，2004

2. 形象思维

形象思维是指运用头脑中已有的表象进行的思维。学前儿童的思维主要是形象思维。例如，让三四岁的儿童计算加减法，虽然也能计算出 $3+2=5$，但实际上他们并不是对抽象数字进行分析和综合，而主要是凭借头脑中的实物表象（两块糖和三块糖）进行相加计算出来的，这只是初级经验的概括。研究表明，在个体心理发展过程中，形象思维是个体思维发展的重要阶段。成人的思维虽然主要是抽象逻辑思维，但在解决复杂问题的过程中，仍离不开形象思维的帮助，鲜明生动的形象有助于问题的解决。如工程师从事新产品的开发、发明家从事的科学技术发明与创造，作家、艺术家塑造的典型人物形象等。但成人的这种形象思维往往带有强烈的创造性和情感色彩，是一种概括化了的形象思维。

3. 抽象思维

抽象思维又叫逻辑思维，它是以概念、判断、推理等形式所进行的思维。在个体思维发展中，只有到青年后期才能具有较发达的抽象思维。抽象思维解决问题的方式是运用概念进行判断、推理和论证。例如，数学定理的证明，科学假设的提出，文章中心思想的概括，人物性格的分析等都需要运用这种思维。它是人类思维的典型形式。

(二) 直觉思维和分析思维

根据思维过程是否被清晰地意识到或有明确的步骤，可以分为直觉思维和分析思维。

1. 直觉思维

直觉思维是指思维步骤和思维过程不明确、不清晰，对某些现象或问题直接地迅速地作出某种猜想、假设或判断的思维。它具有整体性、直观性、简约性、突发性、模糊性的特点，例如，医生根据病人的口述材料，迅速作出疾病的诊断；公安刑警根据犯罪现场，立即对案件作出判断等。

2. 分析思维

分析思维是指明确意识到思维的步骤和思维的过程，并按一定的程序进行的思维。例如，医生对疑难病症的会诊；军事指挥员根据侦察兵的情报材料作出决策的过程等。

(三) 集中思维和发散思维

根据思维的方向性和多向性，可以把思维分为集中思维和发散思维。

1. 集中思维

集中思维又叫辐合思维、聚合思维，是指思维沿着单一的方向，从所给予的信息中产生逻辑结论的思维。其主要特点是求同。这种思维是利用已有的知识经验或传统方法来解决问题的一种有方向、有范围、有组织、有条理的思维形式。

2. 发散思维

发散思维又叫分散思维，是从所给予的信息中产生众多的信息，或是指从一个目标出发，沿着各自不同的途径去思考，探求多种答案的思维。其主要特点是求异与创新。例如，某仓库发生了火灾，这火灾是怎样引起的？人们就开始沿着不同的方向去思考：漏电引起、烤火引起、抽烟引起、坏人故意放火或其他。这种思维方式在解决问题的过程中，可以产生多种答案、结论或假说，究竟哪种答案最好或哪种假说是正确的，则要通过实践检验。

另外，根据思维的创造性程度，还可将思维分为常规性思维和创造性思维（后面详讲）等。对思维从各种角度进行分类，有助于我们对思维进行系统的全方位的认识和研究，对培养学生良好的思维品质，提高其思维能力具有重要的作用。

阅读材料 6-1：思维与大脑优势半球

几十年来，苏联科学家和美国科学家的研究资料表明，大脑的左右两半球在功能上存在一定分工。人的大脑右半球"掌管"直观形象思维。大脑右半球受损害的病人尽管说出他所在医院的名称，却找不到他所在病房、病床，也认不出熟人；能回答询问的某年某月日期，但让他看窗外的阳光，光秃的树木和雪堆时，却不能判断是白天或是黑夜。大脑右半球主要掌管形象材料的知觉以及情感活动，第一信号系统活动占优势。现实生活中的文学家、艺术家、工程师、设计师等大多属于大脑右半球功能占优势的人。

大脑左半球掌管概括的抽象的思维，第二信号系统活动占优势。大脑左半球受损害的人尽管不能记得医院的名称、年月的名称，却能分辨出种种直观形象的情景。现实生活中的哲学家、思想家、数学家等大多属于大脑左半球功能占优势的人。

优势脑是人脑所特有的现象，是在劳动和语言的实践中逐渐形成的。

三、思维的过程

思维之所以能够反映事物的内在本质和规律，解决生活实践中的具体问题，是由于思维活动的进行是通过一系列比较复杂的心智操作实现的，具体表现为对作用于人脑的各种信息进行分析与综合、比较与分类、抽象与概括、系统化和具体化等。

（一）分析与综合

分析与综合是思维过程的基本环节，一切思维活动，从简单到复杂，从概念形成到创造性思维，都离不开人脑的分析与综合。

分析是在头脑中把事物的整体分解为各个部分、个别属性或个别方面。例如，我们把植物分解为根、茎、叶、花、果实、种子；把几何图形分解成点、线、面、角等；思维过程一般是从对问题的分析开始的。

综合是在头脑中把事物的各个部分、个别属性或个别方面结合为一个有机整体。例如，把单词组成句子；把文学作品的各个情节连成完整的场面；把一个学生的思想品德、智力水平、学业成绩、健康状况等方面联系起来，加以评价，作出结论等，都属于综合过程。

分析与综合是彼此相反而又紧密联系的过程，是同一思维过程中不可分割的两个方面。分析为了综合，分析才有意义；分析基础上的综合，综合才更加完备。

（二）比较与分类

比较是在头脑里把各种对象和现象加以对比，确定它们的相同点、相异点及其关系的过程。比较建立在分析的基础上，只有通过分析，把事物分解为各个不同的部分，区分出其特征，同时把它们相应的部分联系起来加以比较，才能确定异同点。例如，比较正方形、长方形、平行四边形、梯形、菱形的相同和不同的方面，使学生了解它们各自的特征，对于图形的认识就更加清晰了。比较必须要确定一个标准，没有标准就无法进行比较，也就是说只有同类的或某些相似的事物才能进行比较，完全不同的事物是无法比较的。同时，比较还要确定事物之间的关系。所以，比较又是一个综合的过程。例如，人们挑选计算机，首先要了解各种型号计算机的配置、性能、外形结构以及价格等，这是分析；当把不同型号计算机的配置、性能、外形结构以及价格等结合在一起进行比较时，才能确定哪一款计算机符合自己的需要，这是综合。

分类是在头脑里根据事物属性的异同，把事物分为不同的种类。分类是以比较为基础的，只有通过比较才能找出事物之间的共同点和不同点，将事物归于不同的类别。分类也必须按一定的标准来进行，而且每次分类只能用一个标准。例如，我们对人进行分类，有时以性别为标准分类，有时以年龄为标准分类等。

比较与分类是思维的重要环节，也是重要的思维方法。有比较才能有鉴别，只有通过比较才能找到事物间的共同点和差异点，才能够进行科学的分类。所以，比较与分类在人们的认识活动中具有非常重要的作用。

（三）抽象和概括

抽象就是把事物的共同的、本质的特征抽取出来，舍弃其个别的、非本质的特征的过程。例如，人们从手表，怀表、电子钟，石英钟、挂钟等对象中，在思想上抽出它们共同的、本质的特征即"能计时"，舍弃它们的非本质特征，如不同的形状、大小、构造等。抽象是非常复杂的思维加工方式，它首先要通过分析找出事物的个别特征；其次要通过比较找出事物之间的共同特征，确定哪些是本质特征，哪些是非本质特征；最后通过抽象，抽取出本质特征，舍弃其非本质特征。

概括就是把抽象出来的事物的共同的本质的特征综合起来，并推广到同类事物中去的过程。例如，把有生命的物质称为生物。即不论是单细胞还是多细胞，是植物还是动物，是低等动物还是高等的人类，只要它们具有生命这个特征就称之为生物，这个思维过程就是概括。

抽象与概括是互相依存、相辅相成的，如果不能抽出一类事物的本质特征，就无法对这类事物进行概括。而如果没有概括性的思维，就抽象不出一类事物的本质特征。概括的程度越高，所要舍弃的次要的、非本质的特征就越多，思维就越加抽象。人类借助于抽象与概括，其认识便从感性上升到理性，由特殊上升到一般，实现认识过程的飞跃。

（四）系统化与具体化

具体化是把概括出来的一般认识推广运用到同类其他事物中去的思维过程。具体化是认识发展的重要环节，它可以使一般认识不断扩大、丰富、深入和发展。在教学工作中应注意引导学生善于运用典型事例，对在学习中获得的一般理论加以具体说明和阐释。同时也应培养学生有独立地运用一般理论来解决具体问题的能力。具体化是真正掌握科学知识，避免理论与实际脱节的重要保证。

系统化就是把本质属性相同的东西，分成一定的类别并归纳到一定的类别系统中去，使之建立联系的过程。例如，生物包括动物和植物两大类，动物包括脊椎动物和无脊椎动物两种，脊椎动物又包括鱼类、鸟类、哺乳类等，这样就把有关生物的知识系统化了。知识系统化有助于学生形成合理的知识结构，有助于其对知识的理解、记忆和运用以及提高学习效率。

上述各种思维的认知加工方式是相互联系、相互依存的。没有分析就无法综合；没有比较就不能分类；没有抽象就无法概括。完成一项思维活动的任务，往往需要多种思维过程。

四、思维与语言

语言是人类通过高度结构化的声音组合，或通过书写符号、手势等构成的一种符号系统，人们运用这种符号系统来交流思想的行为则称为言语。语言是人类的基本交际工具，也是人类思维的重要武器和载体。思维和语言的关系是国内外学术界长期争论的一个问题，各种观点各执己见，莫衷一是。其实，两者的关系非常复杂，既有密切的联系，又有重要的区别。

（一）思维和语言的联系

1. 语言是思维的载体

人的思维活动是以感性材料为基础，凭借语言为载体而实现的。语言具有概括性，人类掌握了大量具有高度概括性的词语，就可以凭借语词摆脱具体事物形象的束缚进行相应的抽象思维，实现认识活动质的飞跃。

2. 思维是语言的"内核"

语言要依靠思维的内容和结果予以充实、发展。如果语言不被人们所运用，语言就成为纯粹的物质外壳。只有当语言的那些物质形式被思维内容和结果丰富起来时，语言才能成为一定对象的符号和具有一定意义的标志。

（二）思维和语言的区别

思维和语言既有密切的联系，又有本质的区别，主要表现在以下几个方面：

1. 本质属性不同

思维是人脑对客观现实的间接的、概括的反映，是一种心理现象；而语言则是有一定的物质形式与概括的内容所构成的符号系统，是思维的物质外壳，它是一种社会现象。这是思维和语言的根本区别。

2. 与客观事物的关系不同

思维与客观事物的关系是反映与被反映的关系，其间有必然的内在联系，它是不以人的意志为转移的客观存在，在一定条件下，不同的人对同一个事物可能会产生相同的思维结果；语言与客观事物的关系是标志和被标志的关系，两者没有直接的必然的内在联系，是人为规定、约定俗成的，不同地域的人们对同一事物可以赋予不同的符号或标志，具有较大的主观随意性。如红薯又可称为甘薯、白薯、山芋、地瓜等。

3. 表达的含义不完全相同

语言的基本要素是词语，思维的基本要素是概念，一个词可以表达多个概念，如一词多义；一个概念也可以用不同的词来表达，如"目""眼睛""视觉器官"等代表的都是同一概念。

4. 语言的语法规则与人类的思维规律不同

语法规则因民族而异，具有民族性、区域性。而思维规则不然，具有全人类性，只要是大脑发育正常的人，不论任何民族、任何职业或性别，其思维都是在分析综合的基础上，运用概念、判断、推理的形式，由感性认识能动地发展到理性认识，又从理性认识能动地指导实践，改造主观世界和客观世界。

第二节　问题解决

当一个人试图发现对一个问题的解答时，他的思维活动是怎样的？人怎样着手寻找对问题更简单的解法？我们怎样研究这些隐蔽的解题过程？这些都属于问题解决的领域。

一、问题解决的思维过程

(一) 什么是问题解决

认知心理学认为：问题解决是指一系列有目的指向性的认知操作过程。问题解决是思维活动的方式之一，但并不是所有的思维活动都是问题解决的思维活动。一般认为，问题解决的思维活动必须具备三个条件[1]。

1. 目的指向性

问题解决必须有明确的目的性，问题解决活动必须是目的指向活动，它总要达到某个特定的终结状态。做梦由于缺乏明确的目标，所以就不是问题解决。

2. 操作序列

问题解决必须包括心理过程的操作序列。有的活动虽然也有明确目的性，如回忆朋友的电话号码，但是这种活动只需要简单的记忆提取，因此也不是问题解决。

3. 认知操作

问题解决的活动必须由认知操作来进行。有些活动，如洗碗碟、打绳结，虽然也含有目的和一系列的操作，但没有思维的认知操作参与，因此也不属于问题解决。

---

[1]　叶奕乾，何存道，梁宁建主编：《普通心理学》，293 页，上海，华东师范大学出版社，1997

这三个特征在问题解决活动中必须全部具备，否则就不是问题解决。

（二）问题解决的基本阶段

问题解决的思维过程一般分为发现问题、分析问题、提出假设和检验假设四个阶段。

1. 发现问题

发现问题就是认识到问题的存在，并产生解决问题的需要和动机。一般来说，问题是客观存在的，但有的人善于发现问题，有的人则对问题熟视无睹。善于发现问题的人，思维具有较高的积极性，有着强烈的求知欲，他们能从司空见惯的现象中发现问题，提出问题。例如，牛顿从"苹果向地上落而不向天上飞"的现象中，发现了地球引力。善于发现问题是思维发展水平的重要标志。爱因斯坦曾说过"发现一个问题比解决一个问题更重要"，因为后者仅仅是方法和实验的过程，而发现问题则是要找到问题的关键要害。

2. 分析问题

分析问题主要是指弄清问题的特点和条件，找到问题的核心与关键，把握问题的实质，以确定问题解决的方向。其依赖的基础是收集与占有与问题有关的大量材料。问题总是在具体事实上表现出来的，因此，没有大量的与问题有关的有价值的信息，要顺利解决问题是不可能的。例如，马克思创作《资本论》，研读了 1 500 本以上的著作，说明占有大量有关信息对解决问题是非常重要的。

3. 提出假设

提出假设就是指出解决问题的途径、原则和方法，也就是要凭借已有的知识经验来推测解决问题的可能途径。提出假设是问题解决的关键阶段，只有提出合理的假设，找出正确的方法或答案，问题才能得以解决，离开合理的假设问题就无法解决。

4. 检验假设

检验假设就是通过一定的方法确定所提出的假设是否符合实际，是否与某些原理、原则、公式相符合。检验假设的方法主要有两种，一种是直接检验，就是在实践中通过实际操作或实验进行检验。检验成功，说明假设正确；检验失败，说明假设错误，那就需要寻找新的解决问题的方案，重新提出假设。例如，科学家的新发明，生产中的设计方案，都要通过实践检验。另一种是间接经验，即通过思维活动来检验。有的假设不能在实践上立即进行检验，如作战方案、医疗方案等，必须凭借已有的知识经验，通过逻辑推理，从理论上检验假设的正确性，确定方案的可行性。当然，最终还得由实践来检验。

以上是问题解决的思维过程的四个阶段，它的划分并不是绝对的。在解决问题时，由于过程短，难以区分它们的界限。在解决复杂问题时，这些阶段往往相互重叠，循环往复，需要在不同的方向和问题的情景中进行探索，最后才能找到正确的答案。

二、影响问题解决的因素

问题解决受很多因素的影响，知识经验、解决策略都影响到问题解决的效果和效率。我们着重从心理学的角度，探讨影响问题解决的因素。

（一）知觉情境的影响

解决问题往往会受知觉情境的影响。一般情况下，知觉情境越简洁明显，有关的条件越容易感知，问题就容易解决；复杂的隐匿的知觉情境，问题就不易解决。例如，在解决如何连续画出四条线段一次通过所有九个点子的问题中（图 6-1），由于九个点子的整齐排列，极容易使人把它们知觉为一个正方形的整体，于是思维活动被局限在九个点子组成的图形之内，问题始终不能解决。然而，思维活动一旦突破了知觉的束缚，就会立刻转向从九点之外下笔，问题很快得到解决。

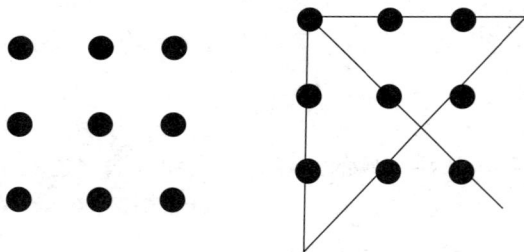

图 6-1　知觉情境对问题解决的影响

（二）迁移

迁移是指已有的知识经验对解决新课题的影响。例如，学会了骑自行车再学骑摩托车就要容易些；学会了骑自行车反而影响学骑三轮车。这些现象都是迁移的表现。迁移有正迁移和负迁移之分。正迁移是指已获得的知识经验对解决新问题有促进作用。例如，毛笔字写得好的学生，钢笔字往往也会写得不错。负迁移是指已获得的知识经验对解决新问题有阻碍或干扰的影响。例如，学过汉语拼音的学生在初学英文时往往有一些困难。一般来说，知识经验越丰富，概括水平越高，新旧情境间共同因素越多，越易于将知识经验迁移到解决新问题的情境中去，促使问题解决，产生正迁移；相反，知识经验片面、概括水平低或使用不当，会妨碍问题的解决或把问题解决的思路引向歧途，导致负迁移产生。

（三）定势的影响

定势是由先前活动所形成的、并影响后继活动趋势的一种心理准备状态。也就是说，以前多次运用某一思维程序（方法、思路）去解决同一类问题，逐步形成了习惯性反应，以后仍然用习惯了的程序（方法、思路）去解决问题。

心理学家卢钦斯曾经做过一个有名的量水实验来说明和验证定势的影响。该实验要求被试计算如何用大小不同的容器量取一定量的水。具体见表 6-1。

表 6-1　定势对问题解决的影响

问题	A	B	C	求 D	习惯解决	注
1	21	127	3	100	$D=B-A-2C$	—
2	14	163	25	99	$D=B-A-2C$	—
3	18	43	10	5	…	—
4	9	42	6	21	…	—
5	20	59	4	31	…	—
6	23	49	3	20	…	$D=A-C$
7	15	39	3	18	…	$D=A+C$
8	28	76	3	25	…	$D=A-C$

（资料来源：Luchins，1942）

此实验以大学生为对象，实验分为两组，实验组 79 人，控制组 57 人，实验组从第 1 题做到第 8 题，控制组只做 6、7、8 三题，每题半分钟。结果实验组在解题时，81％的人套用 $D=B-A-2C$ 的公式一直做到底，而控制组则全部采用简单的方法即 $A-C$ 或 $A+C$ 解决了问题。这说明实验组被试明显的受思维定势的影响，而控制组则不受其影响。可见，思维定势对问题的解决既有积极作用，也有消极影响。在条件不变的情境下，当解决相同或类似的课题时，可以帮助人们熟练、迅速地解决问题，具有积极作用；但在条件变化的情境下或面对新的课题时，思维定势则阻碍人们积极思考，无法跳出旧框框的限制，具有消极的影响。

（四）功能固着

功能固着是指个体在解决问题时只看到某种物体的通常功能，而看不到它的其他方面的功能。这是人们长期以来在日常生活中形成的关于某种物体的功能或用途的固定的看法。例如，粉笔是用来写字的，茶杯是用来盛水的。但在问题情景中，有时需要改变事物固有的功能才能解决问题。在功能固着的影响下，人们不容易摆脱物体固有功能的局限而影响到问题的解决。图 6-2 是让人们利用给定的工具将蜡烛固定在墙壁上，对于这个问题，只有你不仅仅把火柴盒看做是装东西的盒子，而换一个角度看成是一个平台，你才能想出解决办法。

案例 6-1：功能固着问题

心理学家艾德姆生曾做了一个实验。桌子上放有三个纸盒、三支蜡烛、几根火柴和几枚图钉，他要求被试把蜡烛固定在木板墙壁上，当蜡烛燃烧时，烛油不滴落下来也不能烧着墙壁。解决问题的方法是：先用图钉把纸盒钉在墙壁上，然后再把蜡烛点燃后粘在纸盒上。被试分为两组，第一组在实验开始前，蜡烛、火柴、图钉分别放在三个纸盒里，纸盒在此时起着装东西的功能。第二组在实验前，盒子都是空的，它和火柴、图钉、蜡烛一样散放在桌子上。实验结果，第一组被试中只有 41% 的人能解决这个问题，而第二组被试中却有 86% 的人能解决。这是因为第一组被试一开始就将纸盒固定地看成是装东西的容器，而没有看到纸盒还有当烛台的功能，所以没能顺利解决。而第二组纸盒是空的，容易考虑到它的其他功能，问题就容易解决了。功能固着对解决问题起的是消极影响，所以我们在面临问题情境时，要灵活机智地使用已有的工具或材料，以求思维的变通，达到问题的顺利解决。

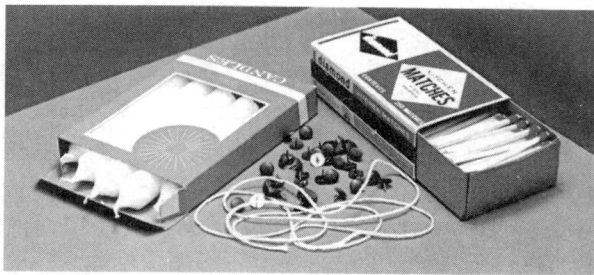

图 6-2　功能固着问题

（五）动机和情绪状态

动机是驱使人进行行动的内部动力，它影响着个体思维活动的积极性。没有解决问题的动机，缺乏相应的内在动力，问题自然不会顺利解决；但动机过强，会造成很大的心理压力，反而抑制思维活动，降低思维活动效率，不利于问题的解决；动机强度只有保持在一个恰当适中的水平上，才有利于问题的解决。研究表明，动机强度与解决问题的关系可以用倒 U 形曲线表示。

个体的情绪状态也影响着问题解决的效果和进程。一般来说，高兴、愉快等积极情绪可以为问题解决的思维活动提供良好的情绪背景，有利于问题的顺利解决；而高度紧张和焦虑以及悲伤等消极情绪则阻碍问题的解决。

（六）原型启发

原型启发是指在其他事物或现象中获得的信息对解决当前问题的启发。而能给人获得解决问题启发的事物叫做原型。莫扎伊斯基受鸟的飞行和鸟体的解剖构造启发，发明了世界上第一架飞机。阿基米德从身子进入浴缸将水溢出的现象获得启发，发现了浮力定律；贝尔从吉他助音箱获得启示，解决了电话音轻的问题。原型之所以具有启发作用，是因为它与解决的问题有相同或相似的地方，而人又具有联想和类推的能力，才能获得启示，从而解决问题。

（七）个性特征

能否顺利解决问题与人的个性特征有着密切的关系。一个有远大理想、富于自信、有创新意识、勤奋、乐观、勇敢、顽强、坚忍、果断、勇于进取和探索的人，能克服困难去解决许多疑难问题；而一个鼠目寸光、畏缩、懒惰、畏难、拘谨、自负、自卑、遇事动摇不定的人，往往会使问题解决半途而废。研究表明，绝大多数有重大贡献的科学家、发明家和艺术家，都有强烈的事业心和积极的进取心。他们善于独立思考，勤于钻研，富于自信，勇于创新，有胆有识，有坚持力等。此外，人的能力、气质类型也影响解决问题的效率和方式。

三、问题解决的策略

（一）算法

算法策略就是在问题空间中随机搜索所有可能的解决问题的方法，直至选择一种有效的方法解决问题。简言之，算法策略就是把解决问题的方法一一进行尝试，最终找到解决问题的答案。如打开密码箱，但又忘了密码，可以进行多次尝试最终打开箱子。

（二）启发法

启发法是人根据一定的经验，在问题空间内进行较少的搜索，以达到问题解决的一种方法。启发法不能完全保证问题解决的成功，但用这种方法解决问题较省时省力。启发法又称经验规则，如中国象棋常用的"控制河口""制造双将""抽吃棋子"等。下面是几种常用的启发法策略。

1. 手段—目的分析

所谓手段—目的分析就是将需要达到的问题的目标状态分成若干子目标，通过实现一系列的子目标最终达到总目标。它的基本步骤是：①比较初始状态和目标状态，提出第一个子目标；②找出完成第一个子目标的方法或操作；③实现子目标；④提出新的子目标。如此循环往复，直至问题的解决。以河内塔问题为例（如图6-3所示）：

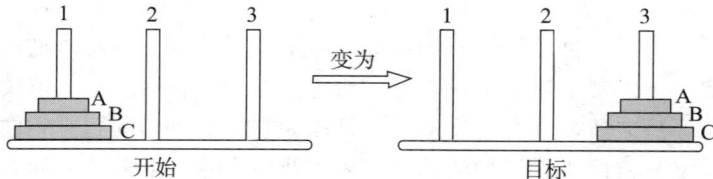

图6-3　三层圆盘的河内塔问题

要解决这一问题，目前最重要的差异是C盘不在柱3上，要消除这一差异，选择的操作是把C盘移到柱3上。但根据条件，当C盘上没有其他圆盘时才可移动，现在C上有B和A，因此建立的第二个子目标是先移动B。由于移动B的条件不成熟，因此另一个子目标是先移动A，现在移动A的条件成熟，因此把A移到柱3，B移到柱2，再将A移到柱2，B的上面此时即可将C盘移到柱3上，就实现了第一个子目标。以此类推，直至达到了问题所要求的目标状态。

2. 逆向搜索

逆向搜索就是从问题的目标状态开始搜索直至找到通往初始状态的通路或方法。前面所述的手段—目的分析是从问题的起始状态或当前状态出发，逐步接近并达到目标状态，这可以说是一种正向工作法。但是在解决某些问题时，也可以从问题的目标状态往回走，倒退到起始状态，而且显得很有效。人们查看地图来确定到达目的地的交通路线常应用逆向工作方法，查找一条从目的地退回到出发点的路线。逆向工作方法可有效地运用于数学问题，如解几何证明问题。

逆向搜索和手段－目的分析一样，也要考虑目标和实现目标需要哪些算子。但手段－目的分析必须考虑目标和当前状态的差异而逆向搜索却不要考虑这种差异，所以，手段－目的分析是一种更受约束的搜索问题空间的方法。

3. 简化计划

在解决问题中，人们常可先抛开某些方面或部分，而抓住一些主要结构，把问题抽象成较简单的形式，先解决这个简单的问题，然后利用这个解答来帮助或指导更复杂的整个问题的解决，这种启发法称做计划或简化计划（Planning by Simplification）。人们在现实生活中，常应用这种策略来解决各式各样的问题，例如，下棋时可先撇开对方可能的回步来考虑本方的步子。

阅读材料6-2：简化计划法

该策略的基本思想是，先抛开某些细节而抓住问题解决中的主要结构，把问题抽象成较简单的形式，然后解决这个简单的问题，再从此解决整个复杂问题。

有这样一个问题：在一张桌前从左到右依次并排坐着甲、乙、丙、丁四人，根据下述信息，请指出谁拥有小轿车。

1. 甲穿蓝衬衫；

2. 穿红衬衫的人拥有自行车；

3. 丁拥有摩托车；

4. 丙靠着穿绿衬衫的人；

5. 乙靠着拥有小轿车的人；

6. 穿白衬衫的人靠着拥有摩托车的人；

7. 拥有三轮车的人距拥有摩托车的人最远。

这一问题的求解似乎头绪较乱，但若采用简化计划法策略，不考虑各人与衬衫颜色的联系，而抓住他们的座位次序及其与车子的联系，问题就较容易解决了。

4. 类比迁移策略

类比迁移策略是个体把先前解决问题的经验应用到解决新问题上的策略。这是解决不熟悉问题的一种主要策略，如"肿瘤问题"和"将军问题"。

案例 6-2　"肿瘤问题"和"将军问题"

所谓类比就是指人们往往会借助一些观点来帮助理解其他的观点，进而获得新的发现。吉克和霍利约克（Gick & Holyoak，1980，1983）在他们思维系列实验中使用的问题叫"肿瘤问题"，它首先被邓克（Dunker，1945）使用，问题表述如下：

假如你是医生，面临着一个胃内有恶性肿瘤的病人。肿瘤不切除，病人就会死去，但是，在肿瘤上又不能动手术。有一种辐射能摧毁肿瘤，如果辐射以足够高的强度立刻到达肿瘤，肿瘤会被摧毁。但不幸的是，其他的健康组织同时也会被摧毁。而辐射强度较低时，射线对健康机体无害，但对肿瘤也就不起作用。那么，我们应该用什么类型的辐射去摧毁肿瘤，同时又能避免伤害健康的组织呢？（Gick 和 Holyoak，1980）。

对此最具创造性和有效性的解决办法是从不同方向分别向肿瘤射几束弱射线，并使它们会聚在一起。由于每束射线本身强度较弱，因此通过机体时不致产生伤害，但是所有这些射线的强度聚集在一起则足够摧毁肿瘤。邓克对这一问题的最早研究中发现，45 个被试中只有 2 个（4%）给出了这个解决办法。

吉克和霍利约克（1980，1983）感兴趣的是，当在辐射问题前先给出一个类似的问题及其解决办法时，被试是否能从第一个问题中抽象出基本原则并运用到第二个中去。基于这种想法，吉克和霍利约克设计了一些"类比故事"。这些类比故事中均蕴涵着高效解决辐射问题的基本原则。

例如，在一个叫"将军问题"的故事中，一支坦克部队的将军要向敌军司令部发起攻击。如果使用很多坦克，他赢的机会就很大，但他的部队必须经过一个又窄又不牢固且仅能通过少数坦克的桥；而如果使用少量的坦克发起袭击则易被敌方击退。为了取得胜利，这支坦克部队的将军制订了一个让坦克分别通过每座小桥，进而包围敌司令部的计划。这样，所有坦克都能同时过桥攻击和占领敌司令部。

很明显，在坦克袭击问题与肿瘤问题之间具有很高的相似性。实验中被试是否能使用"将军故事"中的道理来帮助其解决"肿瘤问题"？为了回答这个问题，吉克和霍利约克（1980）设计了一系列实验进行研究。在吉克和霍利约克的前三个实验中，他们研究了三种情况下被试对辐射问题的解决。三种情况分别为：在解决辐射问题之前，被试阅读过类似于"将军问题"的包含类比推理的故事（实验条件）；没读过任何其他的故事（控制条件）；或阅读过不相关的故事（控制条件）。然后比较了不同条件下被试的问题解决情况。结果他们发现，那些在解决"肿瘤问题"前没有阅读故事或阅读无关故事的被试中，仅有大约 10％使用了最有效的方法来解决问题，而解决"肿瘤问题"之前阅读过类比故事的被试中，有大约 75％在时间限度内使用"会聚解决法"（从不同方向发射射线）解决了"肿瘤问题"。这些实验的结果说明人们对问题的解决能从类比中受益。

第三节　想象

一、想象的概念

想象是人脑对已储存的表象进行加工改造而形成新形象的心理过程，这是一种复杂的高级的认识活动。例如，人们听广播、看小说时，在头脑中所呈现的各种各样的情景和人物形象；发明家设计新机器时，在头脑中创造出的新产品的形象；作家根据生活体验，创造出作品中的人物形象。根据别人的口头言语或文字描述，或者根据自己已有的知识经验，在头脑中所形成的有关事物的新形象都是想象活动的结果。

形象性和新颖性是想象活动的基本特点。形象性表现为它处理的主要是直观生动的图像信息，而不是词和符号。新颖性表现在它不是已有表象的简单再现，而是在已有表象的基础上通过加工改造而产生的有关事物的新形象。例如，当我们读马致远的《天净沙·秋思》时，头脑中会出现一幅苍凉的画面。虽然这样的场景我们没有亲眼见到过，但是我们头脑里储存的有枯藤、老树、昏鸦、小桥、流水、夕阳、瘦马等表象，人脑就对这些表象加工组合而形成一幅这样的画面。想象不仅可以创造出人们未曾知觉过的事物的形象，还可以创造出现实中根本不可能存在的形象。例如，《西游记》中孙悟空、猪八戒以及妖魔鬼怪等。尽管这一类形象离奇古怪，有时甚至荒诞无稽，但它们仍来自现实之中，来自对人脑中记忆表象的加工，孙悟空是人的特征和猴子的习性、动作等结合在一起而创造出来的；猪八戒则是对人和猪的某些特征加工改造的结果……想象的形象在现实生活中都能找到其原型，它同其他心理活动一样，都是对客观现实的反映。

二、想象的功能

（一）预见功能

想象是一种超前反映现实的形式，具有预见性。人类的任何实践活动，无论是制造简单的工具，还是进行科学发明、艺术创作，在活动之前，总是先想象出未来活动过程和劳动成果的形象，然后，再利用这些形象指导调节活动，从而开展某项工作，实现活动的预期计划和目的。如做一张桌子，要先设计出桌子的形状、长、宽和高等。在创造性活动过程中更是如此，科学家的技术发明、作家的人物塑造、工程师的技术革新等，所有这些活动都是想象预见功能的体现。正如爱因斯坦说的"想象力是科学研究中的实在因素"，没有想象便没有科学技术的发明与创造。

（二）补充功能

在实际生活中，人们常常会遇到一些无法直接感知的东西，如宇宙间的星球，原始人类生活的情景，历史上的事件等，这些遥不可及的东西，人们要直接感知是很困难的，甚至是不可能的。但是我们可以借助言语描述，通过想象补充其感知上的不足，超越个体狭隘经验的范围，从而实现对客观现实深刻的、全面的认识。

（三）替代功能

由于现实生活的局限，人们的某些需要有时不能得到满足，但人们可以利用想象的方式得到满足或实现。例如，儿童想当一名医生，但由于他们的能力所限而不能实现，于是就在游戏中通过扮演医生的角色，给布娃娃看病、打针、吃药，从而满足自己想当一名医生的愿望。日常生活中，借助于想象来满足实际上难以满足的愿望，是实现心理平衡的重要途径，有利于个体心理健康的维护。

（四）调节功能

人在想象时，机体常出现心理的乃至生理的变化，它表明了想象对机体本身的反作用。例如，我们想象自己右手靠在燃烧的火炉旁，左手握着冰块，过一段时间两手温差最大可达 $3℃\sim4℃$；想象令自己激动和兴奋的事情，会使自己的血压升高，心跳加快等。这些都是想象对机体调节作用的体现。

总之，想象对我们的日常生活有重要作用，它不仅丰富了我们的生活，让我们认识不可能亲自感知的世界，而且对于激发人们的创造热情，特别对于创造性思维能力的培养更是起着重要作用。凡是人类的创造性劳动，无一不是想象的结果。

三、想象的种类

根据想象活动是否具有自觉的目的性，可把想象划分为无意想象和有意想象。

（一）无意想象

无意想象是一种没有预定目的，在一定刺激的作用下，自然而然产生的想象。例如，当我们抬头仰望天空变幻莫测的浮云时，脑中可能呈现起伏的山峦、柔软的棉花、可爱的羊羔、嘶鸣的奔马等事物形象，就属于无意想象。

梦是无意想象的极端形式，它在睡眠中发生，是人生活中普遍存在的心理现象。心理学家研究发现：没有梦的睡眠是不存在的，梦具有离奇性和逼真性的特征。其形成原因可能是身体内部的某些生理上的变化，也可能是外部的客观刺激而导致。研究梦的心理学家们指出，人的梦表现为三种不同的水平：第一种水平，属于最低层次的无意识活动，使人在梦的需要满足上执行"愿望达成"的功能。例如，在饥饿和性的冲动下，梦中可能完成本能方面的虚假的满足。第二种水平，属于中间层次的无意识活动，使人在梦中实现联想与追忆。例如，在梦中完成白天未曾完成的思维任务。第三种水平，属于最高层次的无意识活动，又称为超意识活动，它显示出高度的理性与智慧，可以给人以灵感，完成文学与艺术的创作，进行科学发明①。

（二）有意想象

有意想象是根据一定的目的，在意识的控制下，自觉进行的想象。例如，学生作文训练中的看图作文，建筑设计师的设计构思等，都属于有意想象。在有意想象中，根据想象内容的独立性、新颖性、创造性，可以将想象划分为再造想象、创造想象和幻想。

1. 再造想象

再造想象是指根据语言的描述或非语言的描绘，在大脑中形成相应事物形象的过程。例如，根据《祝福》中鲁迅对柳妈的描写："柳妈的打皱的脸也笑起来，使她蹙缩得像一个核桃"，我们脑海中就会出现一个饱经风霜，笑起来脸上皱纹密布的老太婆形象。虽然再造想象的形象都是别人想象的，但对想象者来说仍有创新的成分。另外，由于个体知识经验、兴趣爱好、欣赏能力、个性特点的差异，同样的描述，每个人再造出来的形象也存在着差异。因为，个

---

① 库思著，郑刚等译：《心理学导论》，254～256页，北京，中国轻工业出版社，2004

体都是按照自己的方式来再造某个新形象的。所以，再造想象也有创造性的成分。

再造想象的形成依赖于两个条件：一是正确理解语言描述和非语言描述的意义；二是要具有丰富的知识表象储备。在教学中，培养学生的再造能力对于丰富学生的知识、提高其认识能力具有非常重要的作用。

2. 创造想象

创造想象是根据一定的目的和任务，独立地创造出事物新形象的过程。它具有首创性、独特性、新颖性的特点。是人们在创造性活动中产生的一种新异的想象，需要进行创造性的构思，付出巨大的智力劳动。例如，鲁迅先生在《阿Q正传》中塑造的阿Q，就是把在旧中国受压迫、受剥削的下层人民的形象和由于残酷的生活折磨以及封建思想的毒害形成的与劳动人民品质相矛盾的精神特质——愚昧、麻木、自轻自贱、自欺自慰的心理状态融合起来创造出的一个典型人物。比读者读了作品后再造出阿Q的形象要复杂得多，艰难得多。

创造想象是一种比再造想象更复杂的智力活动。它的产生有赖于社会实践的需要，有赖于创造者强烈的创造欲望、丰富的实践经验和知识表象储备以及敢于创新和善于创新的积极思考能力等。

3. 幻想

幻想是一种与人的生活愿望相结合并指向于未来的想象。它是一种特殊的创造想象。幻想有两大特点：第一，幻想中的形象体现着个人的愿望；第二，幻想不与目前行动相联系，而是指向未来的活动。

根据幻想和客观现实的关系可以把幻想分为宗教幻想、童话与神话幻想、科学幻想。宗教幻想脱离现实，逃避现实，对人们具有欺骗性和麻醉性。童话与神话幻想以现实为基础，反映人们的美好愿望。如端午节纪念屈原、天仙配、精卫填海等。科学幻想以现实为基础，指向未来，是科学预见的组成部分。

根据幻想的社会价值和有无实现的可能性，把幻想分为积极的幻想和消极的幻想。凡是脱离现实，背离客观规律，不能实现的幻想是消极的幻想，又称为空想。空想是一种非常有害的幻想，往往使人想入非非，盲目乐观，不但不能引导人们前进，反而使人逃避现实生活，走向倒退和失败。

凡是符合客观发展规律，并具有一定的社会价值和实现的可能性的幻想是积极的幻想，又称之为理想。理想能使人充分展望未来美好的前景，激发人的信心和斗志，因而能成为鼓舞人们学习、生活和工作的巨大动力。

第四节　思维的品质与创造性思维的培养

一、思维的品质

（一）思维的深刻性

思维的深刻性指思维的深度特征。具有思维深刻性的人在思维活动中善于全面、深入地思考问题，能够透过问题的表面现象，抓住事物的本质和规律，准确预见事物的发展和进程。与深刻性相反的品质是思维的肤浅性，具有这种品质的人易为事物的表面现象所迷惑，常常满足于一知半解、浅尝辄止，目光短浅，缺乏洞察力和预见性。一般说来，那些好学深思、不耻下问、刻苦钻研、力求甚解的学生，其思维是深刻的。

（二）思维的敏捷性

思维的敏捷性是指思维过程的速度或迅速程度特征。具有思维敏捷性的人思路流畅，有较强的直觉判断能力，对复杂问题能进行周密的思考，在短时间内能很快理出思路，抓住问题的关键，并根据具体情况当机立断地作出决定。古人所谓"眉头一皱，计上心来"，便是思维敏捷性的一种表现。与敏捷性相反的是思维的迟钝性，这种品质表现为思路堵塞、遇事优柔寡断、缺乏正确的判断力或流于匆忙草率。

（三）思维的灵活性

思维的灵活性是指思考问题、解决问题时的灵活程度特征。具有思维灵活性的人有很强的应变能力，当问题的情况与条件发生变化时，能摆脱偏见，及时打破思维定势，提出解决问题的有效办法。这一品质与思维的敏捷性联系密切，可以说，没有敏捷性，就没有灵活性。与灵活性相反的品质是思维的固执性和刻板性。具有思维固执性和刻板性的人思维僵化、墨守成规、固执己见，易受定势影响，不易适应新问题新环境。

（四）思维的独创性

思维的独创性是指善于独立地思考、独立地发现和解决问题方面的特征。具有思维独创性的人常常不依赖于现成的解决问题的方法，能够创造性地认识事物，寻求并获得解决问题的新方法，遇事既不固执己见、也不唯我是从，有独到的、合理的见解。与独创性相反的是思维的依赖性。具有思维依赖性的人，遇事缺乏主见、人云亦云、盲从附和，过分崇拜权威，有很强的易受暗示性。

（五）思维的批判性

思维的批判性是指善于依据客观标准，严格权衡评判他人或自己的思想与成果方面的特征。具有思维批判性的人，能够冷静、客观、慎重地检验他人或自己的思维成果，缜密审查和验证一种假设或理论的观点、论据和论证过程。也能够吸取别人的长处和优点以及思想的精华。对人对事能坚持原则，在没有确认其正确之前，绝不把它当做偶像或真理。对己也能勇于自我解剖，扬是而弃非。与批判性相反的是思维的随意性。具有思维随意性的人，遇事往往主观自负、自以为是，得出结论时随心所欲，缺乏客观依据；对人对己没有原则，易受情感左右。

二、创造性思维及特征

（一）创造性思维的概念

创造性思维是指运用新颖独特的方法去解决问题，产生首创的、具有重大社会价值的思维成果的思维活动。它是人类思维的高级形式，也是智力水平高度发展的体现。创造性思维不仅能揭露客观事物的本质和规律，而且能引导人们去获得新知识或以前未曾发现的问题的新解释，从而产生新颖的、前所没有的思维成果。创造性思维能力是创造型人才的重要标志。

（二）创造性思维的特征

1. 发散思维和集中思维的统一

创造性思维主要是发散思维和集中思维的统一。我们要解决某一创造性问题，首先进行发散思维，设想种种可能的方案；然后进行集中思维，通过比较分析，确定一种最佳方案。在创造性思维中，发散思维和集中思维都是非常重要的，二者缺一不可。然而对于创造性思维来说，发散思维更为重要，它是思维的创造性的主要体现。发散思维可以突破思维定势和功能固着的局限，重新组合已有的知识经验，找出许多新的可能解决问题的方案。它是一种开放性的没有固定的模式、方向和范围的，可以"标新立异""海阔天空""异想天开"的思维方式。没有发散思维就不能打破传统的框框，也就不能提出全新的解决问题的方案。

发散思维有三个指标：①流畅性，指发散思维的量。单位时间内发散的量越多，流畅性越好；②变通性，指思维在发散方向上所表现出的变化和灵活；③独特性，指思维发散的新颖、新奇、独特的程度。

例如，让学生说出"红砖"有哪些用途，学生可能回答：盖房子，筑墙，砌台阶，修路，当锤子，当武器，压纸，作画写字，磨红粉当颜料，练功，垫东西，吸水……在有限的时间内，提供的数量越多，说明思维的流畅性越好；能说出不同的用途，说明变通性好；说出的用途是别人没有说出的、新异的、独特的，说明具有独创性。发散思维的这三个特点有助于人消除思维定势和功能固着等消极影响，顺利地解决问题。

集中思维在创造活动中发挥着集大成的作用。当通过发散思维，提出种种假设和解决问题的方案、方法时，并不意味着创造活动的完成，还需从这些方案、方法中挑选出最合理、最接近客观现实的设想，这一任务的完成是靠集中思维来承担的，集中思维具有批判地选择的功能。

2. 多有直觉思维出现

直觉思维是指不经过一步步地分析，而迅速地对问题答案作出合理猜测、设想或突然领悟的思维。它是创造性思维活跃的一种表现，它不仅是创造发明的先导，也是创造活动的动力。直觉思维的结果，是使用逻辑思维所得不到的预见的捷径，或是解决问题的最佳方案的雏形。它往往从整体出发，用猜测、跳跃、压缩思维过程的方式，直觉地、迅速地领悟。许多科学家的发明创造都是从直觉思维开始的。例如，达尔文通过观察植物幼苗顶端向阳光弯曲，直觉地提出"其中有某种物质跑向背光一面"的设想，以后随科学的发展被证明确有其"某种物质"即"植物生长素"在起作用。数学领域中的哥德巴赫猜想、费尔马猜想等都是当初数学大师未经论证而提出的一种直觉判断，都是直觉思维活动的结果。

直觉思维作为创造性思维中的一个重要思维活动，具有三个特点：一是从整体上把握对象，而不是拘泥于细枝末节；二是对问题的实质的一种洞察，而不是停留于问题的表面现象；三是一种跳跃式思维，而不是按部就班地展开思维过程。直觉思维是在知识经验的基础上形成和进行的，丰富的知识经验有助于人们形成深邃的直觉。

3. 创造想象的参与

创造想象的参与是创造性思维的重要组成部分。因为创造性思维的成果都是前所未有的，而个体进行思维时需要借助于想象、特别是创造想象来进行探索。创造性思维只有创造想象的参与，才能从最高水平上对现有知识经验进行改造、组合，构筑出最完整、最理想的新形象。例如，牛顿的万有引力定律的提出就是以地球绕太阳运转、月亮绕地球运转、大海潮汐现象、苹果落地等事实为前提，先在头脑中进行创造想象，然后进行推理而产生的。世界著名的物理学家爱因斯坦在高度抽象的理论物理领域中有许多杰出的创造性成果，也大多是运用创造想象来进行研究的。他对想象力的评价是：

"想象力比知识更重要，因为知识是有限的，而想象力概括着世界上的一切，推动着进步，并且是知识进化的源泉。严格地说，想象力是科学研究中的实在因素。"①

4. 多有灵感出现

在创造性思维过程中，新的解决问题的思路、方案的产生往往带有突然性，这种突然产生新思路、新方案的心理活动状态，称为灵感。它常给人一种豁然开朗、妙思突发的体验，使百思不得其解的问题顿释。对许多科学家的调查表明，他们在发明创造过程中，大多出现过灵感。灵感并不是什么神秘之物，它是思考者长期积累知识经验、勤于思考的结果。研究表明，灵感的出现有一定的规律性。首先，灵感出现的基本条件是，个体对所要研究的问题有一个长时间的思考，要反复考虑所要解决问题的一切方面、一切角度及一切可能。这种苦思冥想是灵感产生的前提。其实灵感的出现是对某问题的一切方面经过深入考虑之后达到的瓜熟蒂落、水到渠成的境界。其次，注意力高度集中在所要解决的问题上，甚至达到痴迷的程度。这样可以全身心地投入思考，使要解决的问题时时萦绕在心。第三，灵感出现的最佳时机是在长期紧张思考之后的短暂松弛状态下出现的，可能是在散步、洗澡、钓鱼、交谈、舒适地躺在床上的时候或其他比较轻松的时刻。因为紧张后的轻松之时，大脑灵活，感受力强，最易产生联想、触发新意。

三、创造性思维的基本过程

创造性思维的过程是指在问题情境中，新的思维从萌发到形成的整个过程。对于创造性思维过程的分析，最有影响的理论是心理学家沃拉斯（J. Wallas）1926 年在《思想的艺术》一书中提出的四个阶段论。他认为创造性思维过程大致经过准备期、酝酿期、豁朗期和验证期四个阶段。

（一）准备期

这是提出课题、收集各种材料、进行思考的过程，也就是有意识地努力的时期。要想从事创造活动，首先要提出有价值的问题。创造性思维就是围绕这些问题展开的，而且，这些问题决定着思维的方向。因此，提出有意义、有价值的问题成为这个阶段的重要一环。接着，思维者有意识地收集资料、挑选信息，或同时进行一些初步的反复试验，认识课题的特点，通过反复思考和尝试来努力解决问题。

---

① 《爱因斯坦文集》，第一卷，304 页，北京，商务印书馆，1979

(二) 酝酿期

是指在已积累的知识经验的基础上，对问题和资料进行深入地探索和思考，力图找到解决问题的途径和方法的时期。假如不能立即得到解决问题的方法，酝酿阶段随即来临。酝酿时期内，思维者不再蓄意解决问题，或者说已经暂时"放弃"了问题解决，从外表看是有意识的努力一度中断的时期。但实际上此阶段"无意识的大脑活动"仍在继续，即大脑的潜在意识仍在不知不觉地对收集到的材料进行着筛选和重组。

(三) 豁朗期

这一阶段又称顿悟期或灵感期，是新思想、新观念、新形象产生的时期。这种"顿悟"，并不是本人有意识地努力得来的。它的出现，大都是在疲倦极了、一度休息之后，或者是正在注意别的事情、完全忘神的时候突然出现的。"顿悟"的出现，常常是通过视觉上的幻象表达出来的。它不同于别的许多经验，是突然的、完整的、强烈的，以至会脱口喊出："是这样的！""哈！没错儿！"……沃拉斯把这种经验称为"尤瑞卡经验"（Eureka experience）。如阿基米德终于寻到了希腊王向他提出的检验王冠含金量问题的解答时，从浴盆里跳出来，狂喜地在大街上边跑边喊，向世界大声宣告："我已经找到它了！我已经找到它了！"

(四) 验证期

验证期是指对新思想或新观念进行验证补充和修正，使其趋于完善的时期。并非所有的问题解决都会以这种突然降临的经验而告终，这种经验也可能是和问题的错误解决相伴随。所以，这种思维的成果必须经历一个仔细琢磨、具体加工和验证的过程。这是对整个创造过程的反思，以使创造成果建立在科学的理论基础之上，并物化为能被他人所理解和接受的形式。这一阶段，是在意识的支配下进行的。

四、学生创造性思维的培养

创造性思维并不是与生俱来的，它是在一般思维的基础上，经过后天的培养、教育和训练发展起来的。教师不仅要传授知识，而且要有计划地教给学生必需的思维方法，培养他们良好的思维品质，发展其创造性思维能力。创造性思维的培养应注意以下几点。

(一) 引导学生积极参加创造性活动，增强其创新意识

引导学生积极参加创造性活动，增强其创新意识，是培养他们创造性思维的前提。要让学生认识到创造性思维能力是创造型人才的重要标志，创造能力不是

少数人的特权，每一个智力正常的人都具有创造能力，都可以进行发明创造。人的各种能力是在活动中形成和发展的，创造性思维能力也只有通过创造性活动才能得到发展和提高。所以，要引导学生积极参加各种创造性活动，肯定学生的各种新颖、独特的创造性行为和成果，增强学生的创新意识和信心，激发他们的创造欲望，鼓励他们大胆尝试，勇于实践，不怕失败，善于总结经验等行为。

（二）保护好奇心，激发求知欲

好奇心是人对新异事物产生好奇并进行探究的一种心理倾向。求知欲又称认识兴趣，它是好奇心、求知欲的升华，是人渴望获得知识的一种心理状态。好奇心和求知欲是学生主动观察事物、进行创造性思维的内部动因。一些研究认为，儿童的好奇心、求知欲如果得不到支持与扶植，就会泯灭。因此，儿童的好奇心、求知欲以及由此引起的各种探索活动，应得到鼓励和保护。教师在教学过程中要创造条件，保护学生的好奇心，激发其求知欲。例如，通过启发式教学或创设问题情境，使学生面临疑难，产生求知的需要和探索的欲望，主动提问和质疑，并给予鼓励；通过现代化的教学手段，创造新异的活动、变化的课件来激发学生的好奇心、求知欲和探索动机；组织或引导学生去观察大自然或社会生活，鼓励他们去发现问题，并启发他们自己寻找答案；经常结合教学向学生提出一些他们感到熟悉而又需要动脑筋才能解决的思考题等，从而促进学生创造性思维的发展。

（三）加强发散思维和直觉思维的训练

创造活动过程中始终伴随着发散思维，发散思维是创造性思维的主要成分。因而，在教学中有意识地训练学生的发散思维，有助于学生创造性思维的培养。学生发散思维的培养主要是通过加强其思维的流畅性、变通性和独特性的训练，限制与排除心理定势与功能固着的消极作用来进行。例如，每次作业内容不要太单调，不要机械地死套公式，应多出一些选择题来锻炼学生灵活解决问题的能力；鼓励学生一题多解，一事多写；善于给学生布置一些有多种答案的作业或习题等。

直觉思维在人的创造性活动中具有重要的作用。有意识地培养和发展学生的直觉思维能力，是培养学生创造性思维的一个重要环节。可靠的直觉思维来源于丰富的知识，直觉思维总是以丰富的知识为依据的，教育学生认真掌握每门学科的基本理论和体系，这是发展学生直觉思维的根本；引导学生获得应用知识和解决问题的知识经验，有助于学生简缩思维过程和依据某些线索迅速作出直觉判断；鼓励学生对问题进行推测、猜想、应急性回答、提出各种怪问题或不合常规的设想等，以培养他们的直觉思维习惯，使学生有更多的机会获得新观念、新设想，并注意保护学生的自尊心和勇气。当然，直觉思维与分析思维在创造性思维中是有机结合在一起的，教师在教学中应当注意两者的协调发展。

（四）发展学生的想象力

想象力是人类进行创造活动不可缺少的重要条件。因此，发展学生的想象力对培养其创造性思维具有重要的作用。在教学过程中，作为教师首先要引导学生努力学习科学文化知识，增加知识储备。其次，引导学生学会观察，获得感性经验，不断丰富其表象储备。再次，引导学生积极思考，打开想象力的大门。最后，还要组织学生积极参加科技、文艺、体育等活动，不断丰富学生的生活经验，为发展其想象力创造良好的条件。

（五）培养学生的创造个性

创造性思维的发展不仅和智力因素有关，而且与个性因素也有密切关系。研究表明，人的意志力、自信心、独立性等个性因素在创造性活动中起着重要作用。因此，教师要有意识地通过各种活动培养学生独立、自信、坚持有恒、有创新意识、有责任感、勤奋、乐观、勇敢、顽强、坚忍、果断、勇于进取和探索、富有想象、兴趣广泛、有强烈的好奇心、好冒险、不盲从等个性品质，这些都有利于学生创造性思维的发展①。

阅读材料 6-3　学会科学用脑

心理学家通过大量的研究发现，人们在思维过程中，人的思维高潮因人而异，主要有以下几种类型：

（1）百灵鸟型：清晨，上午精神焕发，精力旺盛，思维活跃。这段时间工作效率较高。一些需要集中思考的复杂问题应放在这段时间来处理。

（2）猫头鹰型：这类人晚上思维活跃，善于打夜战，而白天相对来说则工作效率较低。

（3）麻雀型：又称混合型。这种类型的人全天工作效率差不多，因此又被称为全天候型。

【思考与练习】

一、填空题

1. 根据思维过程中解决问题的方式不同，可把思维分为_____、____

---

① 周昌忠编译：《创造心理学》，168～172页，北京，中国青年出版社，1985

____和_____。

2. 发散思维有三个指标：_____、_____和_____。

3. 问题解决的思维过程分为_____、_____、_____和_____四个阶段。

二、判断题

1. "朝霞不出门，晚霞行千里"体现了思维的间接性。

2. 梦是无意想象的一种极端形式。

3. 我们读了《红楼梦》而在头脑中产生林黛玉这个人物形象的心理过程是创造想象。

4. 思维定势对那些简单的只需靠记忆或熟练操作即可解决的问题，具有积极作用。

三、问答题

1. 什么是问题解决？影响问题解决的心理因素有哪些？

2. 想象的功能有哪些？

3. 思维的品质包括几个方面？

4. 什么是创造性思维？它包括哪些过程？

5. 如何培养学生的创造性思维？

第七章　情绪与情感

【内容提要】

我们生活在这个多姿多彩的世界中，看待任何事物都会有一些感触，都带着个人的情绪和情感，正因为如此，我们的生活才会变得更加丰富多彩。但不是所有的情感是积极的，有些情感会给我们动力，而有些情感会给我们阻力。那么，什么是情感，情感是如何产生的，情感对我们的生活有何意义，我们该如何调控个人的情感以使我们更积极健康的生活呢？本章将让你了解并理解自己及他人的情感，适当地调控个人的情感，让自己更积极地面对生活、工作及学习。

【学习目标】

1. 理解情绪情感的概念及区别。
2. 掌握情绪情感的类别及表现方式。
3. 了解各种情绪理论的主要内容及对我们生活的指导。
4. 掌握情绪情感的应用及调控方法。

第一节　情感概述

一、情绪、情感的概念

人非草木，孰能无情？人们在不断认识和改造世界的过程中，必然会因为内外界环境而产生各种各样的情绪和情感，有时感到高兴和喜悦，有时悲伤难过，有时甚至会气愤和憎恶。这里的喜、怒、哀、乐、忧、愤、憎等都是情绪（emotion）和情感（feeling）的不同表现形式。

情绪和情感是人对客观事物态度的体验，是人的需要是否获得满足的反映。"体验"是情绪和情感的基本特征，无论人对客观事物持什么态度，人自身都能直接体验到，离开了体验就根本谈不上情绪和情感。当客观事物符合个人需要时就产生积极的情感，例如，得到心仪已久的礼物，实现了自己的愿望等，人就会产生高兴、喜悦等积极情绪（情感）。当客观事物不符合个人需要时则产生消极情绪，如好心被人误解，喜欢的东西被别人破坏等，人就会产生难过、气愤等消极情绪（情感）。因而情绪和情感有积极和消极之分。情绪和情感有别于认识过程，认识过程是人对客观事物本身的反映，而情绪和情感反映则是客观事物与人的主观需要之间的关系。

二、情绪、情感的区别和联系

情绪和情感都是与人特定的主观愿望或需要相联系的，历史上曾统称为感情，二者有联系也有区别。一是从需要角度看，情绪是和有机体的生物需要相联系的体验形式，如婴儿在饥饿、睡眠不足或是身体不舒服时会哭，在吃饱后会笑，成年人的喜、怒、哀、乐等都属于情绪体验；情感是同人的高级的社会性需要相联系的，如与人交往相关的友谊感，与遵守行为准则规范相关的道德感，与精神文化相关的美感和理智感。二是从发生角度看，情绪发生较早，为人类和动物所共有；情感体验发生得较晚，是人类所特有的，是个体发展到社会化进程的一定阶段才产生的，如婴儿的情绪体验明显而丰富，婴儿主要通过个人的情绪表达来传达个人的一些信息，或是和成年人来进行沟通和交流，舒服不舒服，高兴不高兴全表达在脸上或是其他的行为上，成人据此来判断儿童的健康状态等。三是从稳定性程度看，情绪永远带有情境性，而情感有可能既具有情境性，又具有稳固性和长期性，稳固的情感体验是情绪概括化的结果。情绪和情感统称为感情，是分别处于感情这条线的两端，中间没有明显的界限，所以二者的区别是相对的，如热情既可以是情绪，也可以是情感。

情绪和情感有区别，但又相互依存、不可分离。情感离不开情绪，稳定的情感是在情绪基础上形成的，而且通过情绪来表达。情绪也离不开情感，情绪的变化反映情感的深度，在情绪中蕴涵着情感。例如爱国主义热情，具有一定社会内容的情感，可能以强烈、鲜明的情绪形式表现出来，又能表现为深沉而持久的情感；与生理性需要相联系的情绪，都可能由所赋予的社会内容而改变它的原始表现形式，从而表现为情感，如一些科学家为了创造出更多的成果而废寝忘食。情操是富有高级社会内容的，它既可以表现为情绪，也可以表现为情感。

三、情绪、情感的外部表现及生理变化

情绪和情感的外部表现叫表情，一般包括面部表情、姿态表情和语调表情。

1. 面部表情

面部表情是所有面部肌肉变化所组成的模式，主要是指由面部肌肉、腺体和面色的变化所表示的情绪状态。它以眉、眼、鼻、嘴及颜面肌肉的变化为主。如人在高兴时，额眉平展、面颊上提、嘴角上翘；人在愤怒时，横眉张目、鼻孔张大、咬牙切齿、面部发红、怒容满面；人在悲哀时，双眉紧皱、眼泪汪汪、张嘴大哭、面带愁容；人在恐惧时，双眼大睁、鼻孔收缩、屏息敛气、脸部出汗、面色苍白；人在兴奋时眉飞色舞、满面春风；人在轻蔑时嗤之以鼻；人在羞愧时面红耳赤等。面部表情能精细地表达不同性质的情绪和情感，因此是鉴别情绪的主要标志。

2. 姿态表情或身段表情

姿态表情或身段表情是指面部表情以外的身体其他部分的表情动作，包括手势、身体姿态的变化所表示情绪状态。头、手、脚是身段表情的主要动作部位。如人在高兴时，手舞足蹈，昂首挺胸，欢呼跳跃，捧腹大笑；人在愤怒时摩拳擦掌，或是双手叉腰，捶胸顿足，全身发抖；人在悲伤时，失声痛哭，低头肃立，步履沉重，动作缓慢；人在恐惧时，紧缩双肩，手足失措，全身发抖；人在沮丧时，全身松弛，有气无力等。除此之外，还有点头表示满意，摇头表示不满意，垂头表示沮丧，慢条斯理表示从容，手忙脚乱表示急迫，振臂高呼表示激愤，双手一摊表示无可奈何等。汉语成语中的趾高气扬、抱头鼠窜、呆若木鸡等成语都是形容人的身段表情的。

3. 语调表情或言语表情

语调（言语）表情是通过言语的声调、节奏和速度等方面的变化来表达的

情绪状态。如人在高兴时语调高昂，语速快，语音高低差别较大，音色悦耳动听；人在愤怒时，音调高昂、尖锐严厉，生硬刺耳；人在悲哀时，音调低沉，语言缓慢，语音高低差别较小；人在恐惧时，音调高尖急促，声音刺耳颤抖。此外，笑声朗朗表示愉快，声嘶力竭表示紧张。同样的语言用不同的声调说出来，表达的情绪和情感也是不同的。人们可以通过言语的声调、语气了解其言外之意。

人的表情具有先天性和社会性。表情的先天性是指人类的表情是与生俱来的，具有程序化的模式和生物适应性，是生存斗争适应环境的结果。表情的社会性是指人的表情是在社会环境中逐渐表现和形成的，是后天获得的，具有一定的社会性，它是受环境的制约，受一定的社会文化、风俗习惯的影响而形成的复杂的表情系统。所以作为基本情绪反应的几种表情，一般是全人类的，但是在不同的社会文化中成长的人又具有不尽相同的表情方式，显示出表情的个别差异。在社会环境中，人们逐渐学会根据需要来控制自己的表情，以协调人际关系。如婴儿在刚出生时表情都是先天遗传而来的，并没有太大的意义，随着年龄的增加，便慢慢由无意识的微笑转化为有意识的微笑，并控制自己的表情来表达个人的意愿，以达到和成年人的交流与沟通。经常保持微笑的人，让人觉得很平易近人；而经常板着面孔的人，让人感觉拒人于千里之外，很难接近和沟通等。

情绪和情感产生时，除了有较强的主观体验、外部丰富的表情之外，还有较强的生理反应或是生理唤醒，涉及广泛的神经结构。这主要表现在呼吸系统、循环系统、消化系统和腺体活动的变化上。不同的情绪、情感，生理反应模式是不一样的，这些变化可作为情绪状态变化的客观指标之一。如某些情绪状态中，心血管系统会发生一系列的变化。满意、愉快时心跳节律正常，血管舒张；惊恐时心跳加速加强，血输出量增加，收缩压升高，血糖和血氧含量增加；恐惧或愤怒时，心跳加速、血压升高、呼吸频率增加甚至出现间歇或停顿；痛苦时血管容积缩小。人在羞愧时面红耳赤，气愤时脸色铁青，就是由于面部血管舒张和收缩造成的。呼吸的频率、深浅、快慢、是否均匀等也会随情绪状态而变化。如人在平静时每分钟呼吸 20 次，高兴时每分钟呼吸 17 次，悲伤时每分钟呼吸 9 次，愤怒时每分钟呼吸 40 次，恐惧时每分钟呼吸 60 次，狂喜或突然悲痛时，呼吸会发生痉挛现象，呼气快而吸气慢。在某些情绪状态下，消化系统的活动也会发生变化。人在愉快时肠胃的蠕动和消化腺的分泌会加强，消化系统的活动会提高；在悲伤时，胃肠蠕动功能下降，消化液分泌减少，酸度下降，造成食欲减退；愤怒时，胃黏膜充血发红，胃酸分泌增多，胃的运动增加，引起胃痉挛。在某种情绪状态下，会引起内外腺体活动的变化。如极度紧张时，肾上腺分泌增多，导致血糖、血压、消化及其他腺体活动的变化，愤怒时去甲肾上腺素分泌增加，引起血糖、血压升高和肌肉紧张度提高，焦急不定时，抗利尿激素分泌抑制，引起排尿频率增加。

四、情绪、情感的功能

（一）适应功能

人类或是动物在生存和发展的过程中有多种适应方式，情绪和情感是其中最重要的适应方式之一。表情的发展是情绪和情感适应功能发展的标志，类人猿等灵长类高级动物有和人类相似的表情，可以表达喜、怒、哀、乐等基本情绪。这些基本情绪是高等动物在生存适应过程中发展、分化出来的。

婴儿在出生时会依赖情绪来传递信息，与成人进行交流，得到成人良好的照顾。在成人生活中，情绪直接反映着人们生存的状况，如通过愉快表示处境良好，通过痛苦表示处境困难，通过移情维护人际关系，通过察言观色了解对方的情绪状况以便采取适当的措施或对策等。即人通过各种情绪和情感来了解自身或他人的处境与状况，适应社会的需要，求得更好的生存和发展。[1]

（二）动机作用

人的各种需要是行为动机产生的基础和主要来源，而情绪和情感是需要是否得到满足的主观体验，它们能激励人的行为，改变行为效率，因此，情绪和情感具有动机作用。

积极的情绪会成为行为的积极诱因；消极的情绪会成为行为的消极诱因，人们会受激发以摆脱这种状态，这样情绪状态就起到了动机的始动作用和指引功能，使人们追求导致积极情绪的目标而回避导致消极情绪的目标。积极的情绪可以提高行为效率，起正向推动作用，消极的情绪则会干扰、阻碍人的行动，甚至引发不良行为，起反向的推动作用。研究发现，适度的情绪兴奋性会使人的身心处于最佳活动状态，能促进主体积极地行动，从而提高行为的效率，一定情绪紧张度的维持有利于行为的进行，过于松弛或紧张对行为的进程和问题的解决都是不利的。情绪与行为效果的关系是一个倒 U 字形，当情绪处于较适当的状态时，行为效果才会最佳。

（三）组织作用

情绪是一个独立的心理过程，有自己的发生机制和发生发展的过程。什劳

---

[1]　彭聃龄：《普通心理学》，第 3 版，北京，北京师范大学出版社，2004

费（Sroufe，1976，1979）认为情绪作为脑内的一个检测系统，对其他心理活动具有组织作用。这种组织作用表现为积极情绪的协调作用和消极情绪的破坏、瓦解作用。如人情绪的偏好能影响到知觉的选择性，儿童选择某一种玩具的颜色却很少注意到别的颜色。情绪和情感促成知觉选择，维持稳定的注意，监视信息的移动。人对资料的喜好也影响到记忆的效果。反之，消极的情绪和情感有干扰和破坏作用。人们的偏听、偏信及过度兴奋的情绪会影响到人的思维活动。中等强度的愉快情绪，有利于提高认知活动的效果。而消极的情绪，如恐惧、痛苦等会对操作效果产生负面影响，消极情绪水平的激活越高，操作效果越差。

情绪和情感的组织作用还表现在人的行为上，当人们处于积极、乐观的情绪状态时，易注意事物美好的一面，其行为比较开放，愿意接纳外界的事物。而当人们处于消极的情绪状态时，容易失望、悲观，放弃自己的愿望，有时甚至产生攻击性的行为。俗话说，"愤怒是魔鬼"，愤怒使人冲动而不计行为后果。

（四）信号作用

情绪和情感在人际间具有传递信息、沟通思想的功能。人们除了用语言来传递信息之外，还可以通过表情来传递信息。如面部表情、言语表情、身段表情等都可以表达人的情绪状态。人通过表情反映自己的意愿，也通过对他人表情的观察和体验来了解周围人的态度和意愿。如微笑表示满意、赞许和鼓励；一脸的严肃表示问题严重；点头表示同意；厌恶、怒目表示否定的态度；语调轻快表示心情愉悦，语调低沉表示心情不佳；侧耳倾听，双目凝视，表示对对方的话题感兴趣等。喜怒哀乐是人们交流彼此的思想、愿望、需要、态度以及观点的有效途径。婴儿在语言尚未发展起来时通过对周围成人的表情观察来调节自己的行为，如婴儿犯错误时，大人怒目相视或是不予理会，婴儿就会了解到大人生气了，从而调节自己的行为。婴儿对成年人情绪的了解及理解是在成长过程中不断的经验学习之后慢慢获得的，而不是先天就有的。有关儿童对他人情绪情感的理解或是别人情绪所传达的信息的理解程度，主要还是依靠成年人的关注，越是受成年人忽视的儿童越是很难理解别人的情绪情感。成年人对婴儿的情绪和情感反应是婴儿学习、认识世界，发展个性的主要手段之一。

（五）感染作用

情感的感染作用是指个体的情感可以感染别人，使之产生强烈的内心体验，形成与之相应的情感。在一定情境下，一个人如果与别人产生情感上的共鸣，就容易把别人的要求转化为自己的要求，就会乐意接受别人的意见和教育。如看一部电影或电视剧有时会被主人公的悲惨遭遇所感动而产生同情，甚至会因此而泪流满面。在快乐的情绪氛围中，我们自身也会感到快乐。

第二节　情感的分类

人的情感内容丰富多彩，表现形式多种多样。我国古代名著《礼记》中提出"七情"，即喜、怒、哀、惧、爱、恶和欲[①]；《白虎通》中提出"六情"，即喜、怒、哀、乐、爱和恶等[②]。在众多纷繁的情感中，可以从不同角度，不同方面来把情绪情感分成不同的类别。

一、根据情绪状态分类

情绪状态是指在某种事件或情境的影响下，在一定时间内所产生的某种情绪，较典型的情绪状态有心境、激情和应激三种。这三种情绪状态是按照情绪发生的强度和持续时间的长短划分的。

（一）心境

心境指人比较平静而持久的情绪状态。心境具有弥漫性，是一种使人的一切其他体验和活动都染上情绪色彩的情绪状态。

心境的显著特点是：不具有特定的对象性，即不针对任何特定的事物，具有弥漫性。它是一种带渲染性的情绪状态，当一个人处在某种心境中时，他往往以同样的情绪状态看待一切事物，使自己的整个生活都渲染上某种情绪色彩。心境与人们通常所说的"心情"比较一致。在欢愉的心境状态下，"看花花在笑，听水水在歌"，一切事物似乎都是那么美好。而在消极心境状态下，看见什么事物都觉得心烦意乱。古语"忧者见之则忧，喜者见之而喜"即说明不同心境的人对同一事物的不同体验。

心境往往由对人有重要意义的事件引发产生。经济社会地位、工作顺逆或事业成败、人际关系、身体健康状况、自然环境、思想观念等都对心境有重要影响。一般来说，经济地位和社会地位比较高的人常常心情比较舒畅，俗语说的"贫贱夫妻百事哀"，即没有经济基础的夫妻，心境常常都是忧郁愁闷的。工作顺利，事业成功的人总是心潮澎湃，欢欣鼓舞，反之工作事业受挫会心情烦闷苦恼。人际关系良好的人，总是心情愉悦，幸福感比较强，而关系不良的

---

① 《礼记》"礼运"篇。
② 《白虎通》"情性"篇。

人则会产生郁闷的心情。身体健康的人总是精神饱满，心境轻松愉悦，而被病魔缠身的人总是无精打采，情绪低落。自然环境的变迁及环境的舒适与否都可能引起人的某种心境。例如在冬天时人更容易心情抑郁，而在春天时人总是精神抖擞。除此之外还有激情的余波，如狂欢之后，心情舒畅；恐惧之后，委靡不振等。个人的理想、信念、世界观对心境的产生和持续也起着十分重要的作用，如挫折使人消沉还是振奋，主要是由一个人的世界观决定。

心境的持续时间可以是几小时、几周、几个月甚至更长的时间。心境持续的时间依赖引起这种心境的客观环境的特征和个体的个性特点。事件意义越重大，引起的心境越持久。性格开朗、灵活的人受不良心境影响的时间少些，反之，则会对某事耿耿于怀，郁郁寡欢。

心境对人的生活、工作、学习和身体健康有很大的影响。积极的心境会促进主观能动性的发挥，提高活动效率，增强自信心。消极的心境则降低活动效率，有碍健康。心境不是主客观环境影响的消极产物，人可以有意识控制、掌握自己的心境，做心境的主人，使心境经常保持在乐观的基础上，愉悦舒畅的心境对我们的工作、学习和生活有十分重要的意义。

（二）激情

激情是强烈的、短暂的、爆发性的情绪状态。如暴怒时拍案大叫，暴跳如雷。狂喜时捧腹大笑，手舞足蹈。这一类情绪就像狂风暴雨。激情的特点为：有激动性与冲动性，具有强烈的力量；发作短促，冲动一过，迅速弱化或消失；发作通常由专门对象引起，指向性较为明显。激情往往由与人关系重大的事件所引起，如重大成功后的狂喜、惨遭失败后的沮丧和绝望等。对立意向的冲突或过分抑制，也很容易引起激情。例如，对某种痛苦忍耐过久、抑制过度，一旦爆发出来，就会是强烈的激情状态，难以控制。

从生理上看，激情是外界超强刺激使大脑皮层对皮下中枢的抑制减弱甚至解除，从而使皮层下的情绪中枢强烈兴奋的结果。

激情的发展大致经历三个阶段：①由于意志力减弱，身体变化和表情动作越来越失去控制，人的行为受情绪体验的左右。②人失去意志的监督，发生了不可控制的动作和失去理智的行为。③激情爆发后的平息阶段。这时会出现平静和疲劳现象，严重时甚至精力衰竭，对一切事物不关心，精神委靡。

激情对人的活动有很大的影响。积极的激情常常能调动人的身心的巨大潜能，成为人上进的强大动力，使人积极投入到行动中去，作出通常情况下做不出的事情来。例如，运动员满怀激情在运动场上为了国家的荣誉努力拼搏；战士以高昂的爱国激情冲锋陷阵；诗人以满腔激情创作出激励人心的诗篇。现实生活中一些英雄人物的见义勇为无不满怀着激情。而消极的激情会出现"意识狭窄"现象，产生不良后果。在激情状态下，人的认识活动范围往往会缩小，仅仅指向与体验有关的事物，理智分析能力减弱，不能正确地评价自己行为的意义和后果。自我控制能力减弱，往往不能约束自己的行为，惊慌失措，作出一些鲁莽的行为和动作，甚至酿成千古之恨。然而，激情是完全有可能控制的，在激情发生的最初阶段有意识地加以控制，能将危害性减轻到最低限度。如转移注意、自我暗示、找人谈心、散步、听音乐、跳舞跑步等，都有利于宣泄怒气，降低激情的冲动程度。加强思想道德修养和意志力的锻炼，养成谦逊、豁达、热情、冷静处理问题等良好品德，是控制激情最有效、最可靠的办法。

（三）应激

应激是在出乎意料的紧张和危急状况下出现的情绪状态。在突如其来的或十分危险的条件下，必须迅速的、几乎没有选择余地的作出决定的时刻，容易出现应激状态。如架车出现危险情境的时刻，在遇到巨大自然灾害的时刻，这时就需要人们根据自己的知识经验和集中意志力，迅速地判明情况，果断地作出决定。

在应激状态下，人可能有两种表现：一是目瞪口呆，手足无措，陷入一片混乱之中；二是头脑清醒，急中生智，动作准确，行动有力，及时摆脱困境。对付应激状态是可以训练的。

长期处于应激状态对身体是不利的。加拿大生理学家谢尔耶认为：应激状态的持续能击溃一个人的生物化学保护机制，降低抵抗力。如在长期的高压状态下工作或学习，会引发胃溃疡、神经衰弱等生理性疾病，或是出现精神倦怠、抑郁等心理疾病。

产生应激状态的原因有：①已有的知识经验与面临事件提出的新要求不一致，没有现成的办法可参考，需要进入应激状态。②已有经验不足以应付当前的境遇而使人产生无能为力的无助感和紧张感。

应激具有最典型的适应性功能，如在应激状态下产生一系列的生理反应，来集中自己的智慧和经验，充分调动全部力量，迅速而及时地作出决定，以应付紧急情况和重大变故。高度紧张是应激的本质特性。在应激状态下会出现两种反应：一种是积极的，另一种是消极的。在自然状态下，应激更容易导致消极反应。若要增加积极反应的倾向，必须经过训练。通过训练培养思维的敏捷性，提高意志的果断性，加强技能的精巧熟练性，可提高在意外情境下迅速决策的能力。如军人的实战训练、居民的防空演习、学生的模拟考试等。但应注意学生经常处于应激状态，并减少学生在应激状态下的消极反应倾向。

二、根据情感的社会内容分类

情操是以人的社会需要为中介，以某种思想和社会价值观念为中心的高级情感。它是由情绪、情感和思想观念等复杂心理成分综合形成的。英国心理学家麦独孤认为情操是持久的心理成分，是几种情绪以某一事物为对象结合成的一个体系，是情绪最高、最集中的表现。冯特称为高级感情。中国有的心理学家曾把情操划分为宗教的、道德的、知识的、审美的四种。

现代心理学中，人们习惯于把复杂的情绪称为高级情感（即情操），并把它分为道德感、理智感、美感三种。

（一）道德感

道德感是人们根据一定的道德标准去评价自己或他人的思想、意图、言语和行为时产生的情感体验。如果自己或他人的思想和行为符合道德规范的要求，则产生肯定的道德体验。反之，则产生否定的道德体验。例如，对别人的大公无私的行为会感到满意，产生敬佩之情。对别人的损人利己行为，则会产生愤怒、蔑视的情感。自己助人为乐、爱护公共财产，尽到了自己应尽的社会责任和义务，会感到心情舒畅，心安理得；如果未尽到自己应尽的责任和义务，则会受到良心的谴责，会感到内疚和不安。

道德标准是社会历史发展的产物。同样，道德也受社会历史条件所制约。不同的社会历史时期，不同的社会集团或民族，有着不同的道德标准和行为规范，不同的人们对这些标准和规范又有着不同的理解，于是就会产生不同的道德需要，因而也就有着不同的道德感。

道德感就其内容来讲非常丰富，如爱国主义情感，集体主义情感，对工作和事业的责任感和义务感，同事之间的友谊感，同情感，以及正义感、是非感，善恶感和人道主义情感等都是道德感的具体体现。产生道德感的基础是对社会道德规范的认识，缺乏这种认识，道德感就无法产生。

道德感在人的情感中占有特殊的地位，对人的活动具有重要的指导作用，因此，要注意培养和激发学生的道德感。

（二）理智感

理智感是人对认识活动成就进行评价时产生的情感体验。例如，人们在探索真理时的求知欲，了解和认识未知事物时的兴趣和好奇心，在问题解决时的迟疑、惊讶和焦躁，获得成就时的自豪和喜悦等都是理智感的体现。惊奇感、怀疑感、自信感是与学习密切联系的几种理智感。

理智感对人们学习知识、认识事物发展规律和探求真理的活动，有积极的推动作用。如好奇心是科学家们追求真理的源泉。理智感是个体良好精神境界的体现，是追求真理的精神力量。理智感的推动作用发挥的得如何与已有的知识水平和经验有关，也与世界观、理想等有关。

（三）美感

美感是根据一定的审美标准评价事物时所产生的情感体验，是对事物美的体验。每个人的审美标准既反映事物的客观属性，又受个人思想观点和价值观念的影响。因此不同民族、不同国家、不同时代、不同阶级的人对事物美的评价有共同的方面，也有不同的地方。

人人都有求美的需要，美感是属于精神的、理智的高级的情感。美感是由一定的客观情境引起的。这包括两方面的内容，一方面，是自然景象和人类创造物的特征。如山清水秀的自然风光，神秘多彩的敦煌壁画等，能引起人们愉快的、肯定的情感体验。但在自然界和人类创造物中也有丑的特征。如破烂的结构，不协调的色彩等，给人不愉快、否定的情感体验。另一方面，人类社会的道德品质和行为特征，也能引起美的体验。善良、淳朴、坚强、公正等品质和行为能引起美的体验。反之，则引起人们厌恶、憎恨的情感体验。

任何事物的美都有形式美和内容美，一般情况下它们是一致的，但也有不一致的情况。客观事物形式美，不一定内容美。如有些穿着体面的人道德素质却很差，而有些事物外表形式不美但是内容美，像巴黎圣母院中描写的男主人公，虽然长相很丑陋，却有一颗善良的心。由此可见，尽管美感由事物的感性特点引起，但同时也和道德感紧密联系。

三、根据情绪的性质分类

近代心理学家通常把快乐、愤怒、悲哀、恐惧列为四种最基本的情绪，它们是常见的最基本、最原始的情绪形式，与基本需要有关，常常具有较高的紧张性。[①] 由这四种情绪可以组合成为各种各样的复杂情绪。

（一）快乐

快乐是盼望的目的达到后，继之而来的紧张解除时个体产生的心理上的愉快和舒适。快乐的强度与达到目的的容易程度和偶然性有关。一个目标越难达到，达到后快乐的体验越强烈。当人们的愿望在意想不到的时机和场合得到满足时，也会给人带来更大的快乐体验。快乐可分为满意、愉快、大喜和狂喜，程度逐渐加强。

---

① 叶奕乾等：《普通心理学》，上海，华东师范大学出版社，1997

（二）悲哀

悲哀是个体失去某种他所重视和追求的事物时产生的情绪体验。悲哀的强度取决于失去的事物对主体心理价值的大小，心理价值越大，引起的悲哀越强烈。悲哀可分为遗憾、失望、难过、悲伤和哀痛，程度逐渐加深。悲哀所带来紧张的释放会产生哭泣。

（三）愤怒

愤怒是愿望得不到满足或实现愿望的行为一再受到阻碍和干扰时引起的紧张积累而产生的情绪体验。当所遇到的挫折是不合理的或被人的恶意所造成的时候，愤怒最容易发生。其程度从不满、生气、愠怒、愤怒、大怒到暴怒、狂怒逐渐加深。

（四）恐惧

恐惧是企图摆脱、逃避某种情境时的情绪体验。往往是由于缺乏处理、摆脱可怕情境的力量和能力而造成的。如在遇到地震等自然灾害时，熟悉的情境突然变化，失去了掌握、处理办法时就会产生恐惧。

第三节　情绪的理论

一、情绪的早期理论

（一）詹姆斯—兰格理论

美国心理学家詹姆斯和丹麦生理学家兰格，分别于 1884 年和 1885 年提出了内容相同的一种情绪理论，他们强调情绪的产生是植物神经系统活动的产物，后人称它为情绪的外周理论即詹姆斯—兰格情绪学说。

詹姆斯根据情绪发生时引起的植物性神经系统的活动和由此产生的一系列机体变化，提出情绪就是对身体变化的感觉。主张先有机体的生理变化，而后才有情绪。当一个刺激物作用于我们的感官时，立刻会引起身体上的某种变化，激起神经冲动，传至中枢神经系统产生情绪。在詹姆斯看来，悲伤乃由哭泣而起，愤怒乃由打斗而致，恐惧乃由战栗而来，高兴乃由发笑而生。意思是说人的情绪的产生都是由于外周神经的活动或躯体的活动所导致的。如我们要是在情绪不良的时候仍然保持微笑，就会让我们真的愉快起来，是符合外周神经理论的。

兰格认为情绪是内脏活动的结果。他强调情绪与血管变化的关系。他说："情感，假如没有身体的属性，就不存在了。"兰格以饮酒和药物为例来说明情绪变化的原因。酒和药物能引起情绪的变化，主要是因为其引起血管的活动，血管的活动是受植物性神经系统控制的。植物神经系统支配作用加强，血管舒张，结果就产生了愉快的情绪；植物性神经系统活动减弱，血管收缩或器官痉挛，结果就产生了恐怖。因此，情绪决定血管受神经支配的状态、血管容积的改变及对它的意识。

詹姆斯和兰格看到了情绪的独特属性是与机体变化直接联系的，强调植物性神经系统在情绪产生中的作用。但是他们片面强调植物性神经系统的作用，而忽略了中枢神经系统对情绪的作用，没有看到在情绪过程中高级中枢对植物性神经系统的调节作用，从而否认人的态度对情绪的决定意义。因此，詹姆斯—兰格学说在情绪理论的发展史中虽然居于很重要的地位，但是在解决情绪的实质问题上有很大的局限性。

（二）坎农—巴德学说

美国心理学家坎农针对詹姆斯—兰格学说不足，提出了情绪的丘脑学说。他认为情绪的中心不在外周神经系统，而在中枢神经系统的丘脑。

由外界刺激引起感觉器官的神经冲动，通过内导神经传至丘脑，再由丘脑同时向上向下发出神经冲动，向上传至大脑，产生情绪的主观体验，向下传至交感神经，引起机体的生理变化，如血压升高、心跳加快、瞳孔放大、内分泌增多和肌肉紧张等。坎农—巴德学说还强调大脑对丘脑抑制的解除，使植物性神经活跃起来，加强身体生理的反应，从而产生情绪。情绪产生的过程即为：外界刺激引起感觉器官的神经冲动，传至丘脑，再由丘脑同时向大脑和植物性神经系统发出神经冲动，从而在大脑产生情绪的主观体验，而由植物性神经系统的作用下产生个体的生理变化。所以说，丘脑是植物神经的中枢，调节植物性神经的化学递质的分泌，从而影响到个体的情绪。如长期的心理障碍导致内分泌失调，从而使个人的情绪波动较大或是极端表现等。

坎农的丘脑学说强调了大脑皮层对丘脑抑制的解除是情绪产生的机制，但是他却忽略了外周性神经系统变化的意义以及大脑皮层对情绪发生的作用。

二、情绪的认知理论

（一）阿诺德"评定—兴奋"说

这一学说是美国心理学家阿诺德提出的。阿诺德在 20 世纪 50 年代提出情绪与个体对客观事物的评估联系着。她认为，刺激情景并不直接决定情绪的性质，从刺激出现到情绪的产生要经过对刺激的估量和评价。情绪产生的基本过程是刺激情景—评估—情绪。同一刺激情景，由于对它的评估不同就会产生不同的情绪反应。评估的结果为有利，即产生肯定的情绪体验，否则，产生否定的情绪，而评估无关的刺激则忽略。

阿诺德认为，情绪的产生是大脑皮层和皮下组织协同活动的结果，大脑皮层的兴奋是情绪行为的最重要的条件。她提出情绪产生的理论模式是：作为引起情绪的外界刺激作用于感受器，产生神经冲动，通过内导神经上送至丘脑，在更换神经元后，再送到大脑皮层，在大脑皮层上刺激情景得到评估，形成一种特殊的态度，这种态度通过外导神经将皮层的冲动传至丘脑的交感神经，将兴奋发放到血管或内脏，所产生的变化使其获得感觉。这种从外周来的反馈信息，在大脑皮层中被估价，使纯粹的认识经验转化为被感受到的情绪。

（二）沙赫特的两因素情绪理论（情绪的归因理论）

沙赫特的两因素情绪理论（情绪的归因理论）也称情绪的认知—生理学说，是美国心理学家沙赫特和辛格提出的一种情绪理论。这一理论认为，情绪的产生有两个不可缺少的因素：一是个体必须体验到高度的生理唤醒，如心率加快、手出汗等；二是个体必须对生理状态的变化进行认知性的唤醒。

情绪状态是由认知过程（期望）、生理状态和环境因素在大脑皮层中整合的结果。环境中的刺激因素，通过感受器向大脑皮层输入外界信息；生理因素通过内部器官、骨骼肌的活动向大脑输入生理状态变化的信息；认知过程是对过去经验的回忆和对当前情境的评估。来自这三个方面的信息经过大脑皮层的整合作用，才产生了某种情绪经验。

（三）拉扎勒斯的认知—评价理论

拉扎勒斯是情绪认知理论的另一位代表。他认为情绪是人与环境相互作用的产物。在情绪活动中，人不仅反映环境中的刺激事件对自己的影响，同时要调节自己对于刺激的反应。即情绪活动必须有认知活动的指导，只有这样，人们才可以了解环境中刺激事件的意义，才可能有适当的、有价值的动作组合，即动作反应。情绪是个体对环境知觉到有害或有益的反应。因此，在情绪活动中，人们需要不断地评价刺激事件与自身的关系。具体来讲，有三个层次：初评价、次评价和再评价。

初评价是指人确认刺激事件与自己是否有利害关系以及这种关系的程度。次评价是指人对自己反应行为的调节和控制，它主要涉及人们能否控制刺激事件以及控制的程度，即一种控制判断，在这种评价过程中，经验起着重要的作用。再评价是指人对自己的情绪和行为反应的有效性和适宜性的评价，实际上是一种反馈行为。

三、情绪的动机一分化理论

伊扎德于 1992 年提出了情绪理论，并以整个人格结构为基础研究情绪的性质和功能，重视情绪的动机作用。他认为情绪是在生命进程中分别发展起来的，包括情绪体验、脑和神经系统的相应活动及面部表情三个方面。他提出情绪一认知一运动反应模型，认为在情绪激活的过程中，人与环境是相互作用的，期间个体内部认知过程起着重要作用。认知、运动系统和情绪作用经过认知整合导致一定的情绪体验和反应。

在重视认知因素对情绪作用的同时，伊扎德认为情绪是基本动机，情绪的适应价值很重要。情绪使有机体对环境事件更敏感，它激起机体的活力；情绪对认知的发展和认知活动起着监督作用，它激发人去认识、行动。例如兴趣激发人去学习、研究和创造。

伊扎德认为情绪不是其他心理活动的伴随现象，情绪对人格整合有动机功能。他认为，人格是由知觉、认知、运动、内驱力、情绪和体内平衡六个子系统构成的复杂组织，情绪是这个复杂组织的核心。这个复杂组织的整合是靠情绪的动机作用来完成的。

情绪的认知理论既继承了情绪生物进化成分和进化价值的观点，又重视社会文化环境、个体经验和人格结构等对情绪的制约作用，它强调情绪受主体认知功能的调节，是一种较全面的理论。[①]

以上各种情绪理论都从不同的角度去分析情绪产生的根源，都有可取之处。但任何一个理论都不能很全面地解释人的情绪，我们人类的情绪本来就是复杂多变的，它的产生也会有多种原因，我们应该在不同的情况下区别对待。

第四节　　情感的应用与调控

一、情感与身心健康

《黄帝内经》中指出：喜伤心，怒伤肝，思伤脾，悲伤肺，恐伤肾。情感产生的同时经常伴随个人身体上一系列的生理变化，因而，情感是人致病的因素，也有治病的作用。良好的情绪调节能促进身心健康，不良的情绪调节或情绪失调

---

① 　陈少华：《情绪心理学》，广州，暨南大学出版社，2008

会破坏身心健康。一些研究认为，某些认知策略或方法，如认知评价上的忽视，可以预防或减轻抑郁。有的研究还发现，情绪调节可以减少表情行为，降低情感体验，从而减轻焦虑等负性情绪对人们的不良影响，因而对身心健康有益。①

相反，不良的情绪调节不利于身心健康。如长期压抑悲伤和哭泣容易引起呼吸系统的疾病，抑制爱会引起支气管疾病或癌症，不表达情绪会加速癌症的恶化，对愤怒的压抑与心血管疾病、高血压的发病率有着密切联系。

二、情感在教学中的应用

情感是客观事物是否符合个人的需要而产生的一种主观体验。人的一切活动不仅伴随着一种情感体验，而且情感体验反过来对人的行为活动有一定的支配作用，若能引起愉快的情感体验，就能发生积极的模仿和反复进行的趋势，而不愉快的情感体验，就会引起行为停滞或改变的趋势。教学是需要情感来支持的。列宁说："没有人的情感，就从来没有，也不可能有对真理的追求。"⑤

（一）重视教学过程中的情感目标

在教育活动中师生之间不仅有认知方面的信息传递，也有情感方面的信息交流。学生的成绩除了受智力因素的影响外，同时还受学习动机、人格特征、意志品质等非智力因素的影响。而非智力因素的激发，与学习中的情感状态有很大关系。学生学习的过程中带着积极的情绪情感，学习的过程会更加轻松有效。在教育教学过程中要让学生尽量保持一种兴趣盎然、精神饱满等积极的情绪状态，让学生形成好学、乐学、志学的良好心理。然而，在以往的教学活动中，总是以学习文化知识作为主要的教学目标，而忽略了学生情感目标的教育，忽略了教学过程中情感的调控与情操的陶冶。在教学过程中，注重培养学生学习情感的调控对认知活动是有很大的帮助的。如果一个学生在很小的年纪就开始学习并学会有效调控个人的学习情绪，并陶冶高尚的情操，在以后的学习中就会养成良好的学习态度和习惯，并能把学习看成一件非常快乐的事情，学业成就自然会比较高。

对于情感目标的确立，要根据不同年龄、不同阶段、不同学科来确定，要有针对性。

卢家楣等人认为，一些应该包含在情感教学目标体系之中的几个方面：

①让学生处于愉悦、兴奋、饱满、振奋的情绪状态之中，为认知活动也为情感的陶冶创设良好的情绪背景。

---

① 彭聃龄：《普通心理学》，第 3 版，北京，北京师范大学出版社，2004

②让学生在接受认知信息的同时获得各种积极情感，并加强对高尚情操的陶冶。

③让学生对学习活动本身产生积极的情感体验，形成良好的学习心向，如好学、乐学的人格特征。

（二）在教学中重视学生的情绪状态以及理智感的培养

情感会直接影响到学习这种认识活动过程本身并影响到学习效率。教师在教学过程中要帮助学生及时调整不良的情绪状态，保持一种科学的、适合自身学习特点的学习状态。一般认为学习的情绪状态过于轻松或紧张都不利于学习效果，只有在适度的情绪紧张状态下，学习效果才会最佳。故教师要让学生保持适当的学习情绪状态，对学生的学业有适当的要求，但也不能要求过高。在教学中，要考虑到学生实际的水平，并要不断扩展学生相关的较高的知识范畴。这样，学生产生良好的学习兴趣和积极的学习情感，才能使学习取得更好的效果。

另外，在高级社会性情感中，理智感与学习活动有着密切联系。教师应该在教学中激发学生对自己所学课程的兴趣、爱好和好奇心，激发学生的求知欲，培养他们不断探索和追求真理的精神，并使他们体验到获得知识的满足感和成就感，让学习活动变成一种丰富有趣的事情。

（三）在教学中加强师生之间的情感交流

古人云：“亲其师，而信其道。”学生只有在情感上去接纳教师，在人格上去尊重教师，才能听从他的教诲，模仿他的言行。美国人本主义心理学家罗杰斯（C. Rogers）提出，教学过程实际上是建立起教师和学生之间一种“诚实、理解和接受”的人际关系的过程。这说明师生的情感交流对知识教学的重要意义。教师作为教学过程的引导者，也应该是情感交流的主动方。教师应该善于抓住教学中的关键环节和学生学习活动中的有利时机展开情感交流。平等、信任、愉快的情感联系，使得学生愿意接受教师的谆谆教导，教师也能接受学生的质疑和与众不同的见解，做到教学相长。

三、情感的调控

教师应该帮助学生了解情感发展的特点和规律，做自己情感的主人，培养自己的健康积极的社会性情感，更好地成长。

人要保持良好的情绪状态，就必须重视情感的自我调节。方法主要有以下几种。

（一）自我意识调控

自我意识调控就是通过自我认识和评价来调节自己的情绪。情绪和情感是人们主观意识的体验，人们不仅能认识到自己的体验，还可以有意识地自觉地调整自己的体验，改变自己的不良的情绪。如在遇到挫折和失败时，多分析原因，正确的认识和评价自己的能力，总结良好的经验，不要设想远远超出个人能力的目标，目标要和个体能力相匹配等。要认识到"有得必有失，有失必有得"，或是"失败乃成功之母"等。

（二）理智调控

理智调控就是用合乎原则和逻辑性的思维去调控情绪。遇事冷处理，大事化小，小事化了，得饶人处且饶人，不要用别人的错误惩罚自己。属于自己的过失，要总结经验，吸取教训，"吃一堑，长一智"，不过分自责。要用平常心态去对待发生的事情，懂得包容，"有容乃大"，心胸宽广。遇事要冷静，人在头脑发热时会变得冲动冒失，从而影响到个人的人际交往或是影响到个人在别人心目中的良好形象。

（三）转移调控

转移调控就是有意识地把自己的情绪转移到另一个方向上去，使情绪得以缓解。即情绪不好时暂时离开引起这种情绪的环境，干自己喜欢干的事情，如散步、打球、听音乐、看书等。

（四）激励调控

激励调控就是用自我激励的办法调控自己的情绪。人们的不良情绪产生时，机体内部会蓄积很多能量，这些能量得不到释放就会感到烦闷难受。如果引向正确的方向，就可以成为激励人们积极行动的力量。如有些学生会因为个人生理条件或是家庭经济条件不好而苦恼，可以将这种压力转化为动力，更努力的学习文化知识。

（五）合理宣泄

合理宣泄就是把自己压抑的情绪向合适的对象释放出来，使情绪恢复平静。消极情绪产生时，人会觉得痛苦难忍，长期压抑会引起意识障碍，影响身心健康。有人说："把快乐讲给别人听，会得到两份快乐，把痛苦告诉别人，痛苦就会减少一半。"当不良情绪产生时，对别人诉说自己的烦恼，将压抑的心情释放出来不良情绪就会消失或减少。当然，释放的途径要合理适当，不能过度，更不能损害别人的利益，要合理宣泄。如写日记、打电话、聊天、运动都是很好的宣泄方式。①

合理的调节情绪，使我们的生活每天充满阳光，微笑着面对生活中的一

---

① 梁宁建：《心理学导论》，上海，上海教育出版社，2006

切。经常保持微笑，在遇到任何事情都保持微笑，不仅可以让你保持良好的效果，更是能让你真的就快乐起来，收到意想不到的效果。

阅读材料7-1：为你的健康干杯

在学习、工作和生活中，我们难免会遇到一些压力或是一些不顺心的事，使我们产生不良情绪，有损我们的身心健康，与其等压力或疾病找上门，不如设定目标来健康地组织你的生活。下面的9步可以带来更多的快乐和更好的精神健康，可以作为一种指导，鼓励你更加积极地生活，并为你自己和他人创建一个更加积极地心理环境。下面的步骤可以在一年内实施。

1. 永远不要说关于你的不好的事情。寻找那些你将来采取行动可以加以改变的不快乐的根源。只给你自己和他人建设性的批评——下次应该采取什么不同的做法来得到你想要的东西。

2. 将你的反应、想法和感受同你的朋友、同事、家庭成员以及他人进行比较，从而使你可以估计出自己行为的适宜性以及你的反应同适宜的社会规范的关系。

3. 结交一些密友，你可以同他们分享感受、快乐和忧虑。致力于发展、保持和拓展你的社会支持网络。

4. 发展一种平衡时间的观点，从而可以灵活地对待你的工作、环境的要求和自身需求。有工作在手时请面向未来，目标达到、有快乐在握时请珍惜现在，和你的老友联系时请珍惜过去。

5. 永远对你的成功和快乐充满信心（并且和他人分享你的积极感受）。请粗略地了解你独特的、与众不同的品质——那些你可以提供给他人的品质。如一个害羞的人可以给一个善谈者提供专注的倾听，了解你的个人优势和可以有效进行应对的资源。

6. 当你感觉你就要对自己的情绪失去控制时，请用离开的办法避开使你不快的环境，或者站在另一个人的位置上考虑一下，或者设想未来，使你看到问题得以克服的前景，或者向一个同情者加以倾诉。请允许你自己感受和表达自己的情绪。

7. 记住失败或失望有时是伪装下的祝福。他们可以告诉你目标可能不适合你，或者救你于未来更大的失败之前。吃一堑，长一智。遭受挫折后说一句"我犯了个错误"，再继续前进。你所经历的每一次事故、不幸和挫折实际上都是一个潜在的美妙机会，只是它们未以真面目示人。

8. 如果你发现你无法使自己或他人走出抑郁，那就向学校或社区的健康部门受过训练的专业人员寻求建议。在某些情况下，有些看上去的心理问题实际上是生理问题，有些则正好相反。在你需要他们之前就了解一下你的学生心理健康服务内容，而在运用他们时不必有任何被诬蔑的疑虑。

9. 培养健康的愉悦。花些时间去放松、去反省、去收集信息、去放风筝、去享受你的爱好，去进行一些你可以独处的活动以及那些你可以做到并得到更好的享受的活动。

资料来源：［美］理查德·格里格，菲利普·津巴多著，王磊，王甦等译，《心理学与生活》，北京，人民邮电出版社，2003

【思考与练习】

一、判断

1. 学生考试获得优异的成绩而自豪是理智感。

2. 激情是一种积极的情感。

3. 由于每个人美感的标准不同，对同一事物的美感体验也会因人而异。

二、填空

1. 情感具有_____、_____、_____、_____和_____功能。

2. 人类最原始的情绪有_____、_____、_____和_____。

3. 情感按其社会内容分为_____、_____和_____。

三、简答

1. 什么是情绪和情感？

2. 情绪和情感是如何分类的？

3. 如何在教学中更好地应用情绪情感的规律？

4. 如何调节不良的情绪情感？

第八章 意 志

【内容提要】

孟子曰:"人若无志与禽兽何异?"意志是人与动物的本质区别。狄更斯说:"顽强的毅力可以征服世界上任何一座高峰。"任何成就的获得都离不开坚强的意志。本章着重诠释和讲解意志的概念、意志行动过程、意志的品质和意志的培养。

【学习目标】

1. 掌握意志的概念和意志行动的特征。

2. 正确理解意志自由问题以及意志和认识、情感的关系。

3. 了解意志行动的基本过程。

4. 学会分析自己的意志品质,通过多种渠道自觉地培养自己坚强的意志。

第一节 意志的一般概念

一、什么是意志

意志是人自觉地确定目的,并根据目的来支配、调节自己的行动,克服各种困难,从而实现目的的心理过程。人不但能认识客观世界，而且能在认识客观世界的过程中采取行动，反作用于客观世界。人根据对客观事物的认识，先在头脑中确立行动的目的，然后根据这个目的支配自己的行动，力求实现预定的目的，这种心理过程就是意志。

意志是人的意识能动性的集中表现。人的意识的能动性表现在两个方面：一是人能认识客观现实，也就是说人能通过感知、记忆、想象和思维认识客观事物，揭示其本质和规律；二是人能反作用于客观现实，能按照自己的意志去改造客观世界。即人能主动地提出目的，采取行动来积极地改造客观事物，满足自身的需要，表现出意志的能动性。

人的意志有两种表现，一是推动人们坚持有困难的任务；二是制止改造与目的不符合的愿望和动机。意志作用的这两个方面，在实际活动中是对立统一、相互联系、相互制约的，人有所不为才能有所为，即必须克制一些诱惑才能采取有效地行动实现预定的目的。

意志总是表现在人的意志行动之中的。但需要指出的是，人的意志行动并不是经过一次的发动和制止就可轻而易举地完成，往往需要反复多次，克服内部困难和外部困难才能完成。

二、意志行动的特征

我们把受意志支配和调节的行动叫意志行动。意志行动具有三个基本特征。

（一）自觉的目的性

自觉的目的性是意志行动的首要特征。目的性也是人的行为与动物行为的本质区别。动物也有各种各样的行为，有些动物的行为甚至十分精巧，但动物不会在行动之前有明确的目的和意识。马克思说："蜜蜂建造蜂房的本领使人类许多建筑师感到惭愧，但是，最蹩脚的建筑师从一开始就比最灵巧的蜜蜂高明的地方，是他在用蜂蜡建筑蜂房以前，已经在自己的头脑中把它建成了。"而蜜蜂采蜜和建造蜂房的行为是本能行为。动物没有意志，它不能根据自己的意志去改造环境，只能消极地顺应环境。恩格斯说："我们并不想否认，动物是具有从事有计划的、经过思考的行动的能力的。……但是一切动物的一切有计划的行动，都不能在自然界打下他们的意志的印记。这一点只有人才能做到。一句话，动物仅仅利用外部自然界，单纯以自己的存在来使自然界改变，而人则通过他所作出的改变来使自然界为自己的目的服务，来支配自然界。这便是人同其他动物的最后的本质的区别，而造成这一区别的还是劳动。①"意志是人类特有的心理现象。人能根据自己的意志自觉地改造自然，使之为人类服务。如人能根据自己的意志办工厂、造汽车、飞机和宇宙飞船。人也可以根据自己的意志安排自己的行为，如升学、就业、发展各种兴趣爱好等。所以，人的行为具有明确的目的性。目的在人的意志行动中具有重大意义。目的越高尚，社会意义越远大，对人产生的意志力越大。斯大林说："伟大的精力是为伟大的目的而产生的。"即一个人有了明确的奋斗目标才会有坚强的意志。

意志行动具有自觉的目的性，但并不是所有的有目的的行动都是意志行动。意志行动的目的不是轻而易举就能获得的，必须与克服困难相联系，不需克服困难就达到目的的行动不是意志行动。

（二）与克服困难相联系

克服困难是意志行动的核心。人的意志只有在实现预定目的的过程中，遇到困难而又坚定不移地加以克服时，才能显现出来。意志的强弱是以克服困难的数量和大小来衡量的，克服困难的难度越大，数量越多，人表现出来的意志越坚强。困难概括起来有两种：内部困难和外部困难。内部困难是指干扰目的确立的内在条件。它包括心理方面和生理方面的困难。心理方面的困难有信念的动摇，情绪的冲动，能力的缺乏，知识经验的不足，相反愿望的干扰等。生理困难指身体健康状况不佳。外部困难是指阻碍目的确立的外在条件。如社会环境恶劣，缺乏必要的工作人员，设备欠缺，资金不足，领导不支持，他人的讽刺打击等。内部困难和外部困难在一定条件下可以相互转化，一方面内部困难往往由外部困难引起；另一方面，由于内部困难的存在，又往往会夸大外部困难。一般情况下，内部困难对人的意志干扰更大。

（三）以随意动作为基础

动作可分为不随意动作和随意动作两种。不随意动作是指不受意识支配的、不由自主完成的动作。如无条件反射、习惯性的动作等。随意动作是人能意识到的，具有一定的目的性、方向性的动作，是在生活中学会了的、较熟练的动作。如学习、打字、记笔记、提问题等。随意动作是意志行动的必要组成部分。如果没有掌握这些必要的随意动作，意志行动就无法实现。有了随意动作，人就可以根据目的去组织、调节、支配一系列的动作来组成复杂的行动，从而实现预定目的。

意志行动的三个特征是密切联系在一起的。自觉的确定目的是意志行动的

---

① 《马克思恩格斯选集》，第3卷，516～517页，北京，人民出版社，1972

前提，克服困难从而实现目的是意志行动的核心，随意动作则是意志行动得以顺利进行的基础和手段。

三、关于"意志自由"问题

关于意志的实质，在哲学界和心理学界有两种极端的认识。

行为主义心理学完全否认意志的存在，他们把人的行为归结为"刺激—反应"（S—R）的简单公式，认为人的反应是机械地被外界刺激物所决定的。

很明显这种观点是极端错误的。人的行为有高度的自主性。面临同样的情景，人可以有不同的选择，既可以产生不同的动机，也可以确立不同的目的。面对同样的目的还可以采用不同的方法。也就是说，人的行为并不是单纯地由外部情景制约，也受主体意识的调节，人的意志有一定程度的自由。

主观唯心主义者则片面夸大意志的作用，他们把意志看成是一种独立于客观现实的、纯粹的"精神力量"，是一种超越物质之上并不受客观规律制约的"自我"的表现。尼采和叔本华就宣扬唯意志论。他们认为人的自由意志主宰一切。这种观点也是极端错误的。唯意志论者完全否认了意志的客观制约性。

辩证唯物主义确立了科学的心理观，认为人的意志是自由的，又是不自由的。说它是自由的，因为在一定条件下，人可以根据自己意愿自主地选择目的，发动或制止某种行为，按照某种方式、方法行事。说它是不自由的，因为人的一切愿望，一切行动都必须符合客观规律，否则，将一事无成。违背了客观规律，不但达不到预定目的，还要受到客观规律的惩罚。如1958年，极左思想的人提出"人有多大胆，地有多高产"的口号，结果受到客观规律的惩罚，在实践中碰壁。所以，不尊重客观规律，意志是不自由的。而一旦掌握了客观规律，按规律办事，人就能自觉地改造现实，充分发挥主观能动性，实现自己的目的，满足自己的愿望，获得意志自由。所以，恩格斯说："自由不在于幻想摆脱自然规律而独立，而在于认识这些规律，从而能够有计划地使自然规律为一定的目的服务。……因此意志自由只是借助于对事物的认识而作出决定的那种能力。[①]"所以，一个人掌握的知识越多，越善于运用客观规律，他对世界的改造就越主动，意志就越自由。人不能想怎么样就怎么样，否则就会"欲速则不达"。如果能按客观规律办事，就会达到预期目的，在工作和生活中立于不败之地。

---

① 《马克思恩格斯选集》，第3卷，153～154页，北京，人民出版社，1972

由此可见，意志具有巨大的能动作用，但这种能动作用绝不能违背客观规律和超越客观条件的限制。意志自由只是人对客观规律的认识和在行动中对客观规律的驾驭，那种违背客观规律的绝对自由是没有的。所以，从绝对意义上来说，意志是不自由的，人永远要受客观规律的制约。从相对和有条件的意义上，意志是自由的，人掌握了客观规律，按规律办事，就能满足自己的愿望，实现预期目的，获得意志自由。

四、意志与认识、情感

（一）意志与认识

1. 意志的产生以认识过程为前提

首先，确立意志行动的目的离不开认识。意志行动具有自觉的目的性，但任何目的都不是随意确立、凭空产生的，都是在认识活动的基础上产生的。人只有认识了客观世界及其规律，认识了自身需要和客观规律的关系，才能提出和建立合理的目的。列宁说："人的目的是客观世界所产生的，是以它为前提的。"若没有对客观世界的认识，意志行动也无从产生。意志行动还要随形势的变化不断调整，这也需要通过认识活动把握事态发展，分析主客观条件，以决定是加速意志行动过程，还是调整意志行动的进程和方向。

其次，选择达到目的的方法也离不开认识。选择行动方法及策略，就必须运用以往的知识经验，根据事物的客观规律，分析主客观条件，拟订行动方案，预测未来的后果，这一切都必须通过感知、记忆、想象、思维这些认识过程才能实现。

再次，意志行动是与克服困难相联系的，而对困难性质和大小的估计，是离不开认识过程的。如果对困难的性质认识不清，严重性估计不足，就可能使人盲目地采取行动，付出很多的意志努力却事与愿违、半途而废。

所以，只有把意志行动建立在深思熟虑的认识基础上，才能有效地确立目标，克服困难，实现预定目的。从这个意义上说，没有认识就没有意志。

2. 意志对认识过程也有很大的影响

人对外部世界的认识活动，总是有目的、有计划的，离不开精细的观察、持久的注意和专注的思考，没有意志的参与，这些都是无法做到的。另外，人在进行各种认识活动时，尤其在进行系统地学习和独立的研究时，总会遇到一定的困难，要克服这些困难，就需要作出意志努力。意志坚强的人能克服各种困难把认识活动坚持到底。意志薄弱的人会遇难而退，半途而废。所以，没有意志，就不可能有持久的认识活动，科学离不开坚强的意志。马克思说："在科学上没有平坦的大道可走，只有那在崎岖小路的攀登上不畏劳苦的人才有可能达到光辉的顶点。"巴甫洛夫指出："科学需要人们付诸最大的紧张和高度的热情。"这充分说明人的认识离不开意志。坚强的意志能促进一个人认识能力的发展，意志薄弱则会阻碍一个人的认识能力的发展。在认识过程中，那些意志薄弱、不能做到坚持不懈的人，学习和工作也缺乏成效，不能承担复杂而艰巨的任务。

（二）意志与情感

1. 情感既可以成为意志行动的动力，也可以成为意志行动的阻力

当某种情感对人的活动起推动和支持作用时，这种情感就成为行动的动力，我们把它叫做积极情感。如热爱、兴奋、振作等常常激励人行动。热爱教育事业的教师会含辛茹苦，几十年如一日地投身于教育教学工作中；学生热爱自己所学的专业，就会在学习中表现出极大的热情和坚强的意志。反之，当某种情感对人的活动起阻碍作用时，这种情感就成为行动的阻力，这就是消极情感。如悲观、失望、厌倦等常阻碍人行动。不热爱教育事业的教师会不思进取，对教育教学敷衍了事，最后可能不得不离开教育岗位；学生对自己的学习不感兴趣也会遇难而退，半途而废。当前很多家长强迫自己的孩子去学音乐或练体操，孩子以一种"不乐意"的情绪被迫去学，缺乏主动积极的意志活动的参与，结果是可想而知的。

但需要指出的是，不是肯定情感都是积极情感，也不是否定情感都是消极情感。如兴奋、喜悦是肯定情感，一般情况下能促使人行动，但被胜利冲昏头脑时就不利于人的行动，成为消极情感。悲伤是否定情感，常阻碍人的行动，但化悲痛为力量就能促使人采取积极行动达到预定目的，成为积极情感。

2. 意志可以调节、控制人的情感

意志坚强的人可以调节和控制由失败带来的痛苦和愤怒，也可以调节和控制由胜利带来的狂喜和冲动。这就是人们常说的用理智战胜情感，做到"胜不骄，败不馁"。意志坚强的人可以控制消极的情感，常常在逆境中发奋成材，干出一番事业来。正如司马迁在《史记》中记载的："昔西伯拘羑里，演《周易》；孔子厄陈蔡，做《春秋》；屈原放逐，著《离骚》；左丘失明，厥有《国语》；孙子膑脚，《兵法》修列；不韦迁蜀，世传《吕览》；韩非囚秦，《说难》《孤奋》；《诗》三百篇，大抵圣贤发奋之所为作也。"这说明坚强的意志可以控制消极的情感。反之，意志薄弱的人常常受情感左右，或者是一次失败就情绪低落，一蹶不振，或是难以控制不良情绪，导致背离理智的冲动行为。

第二节 意志行动过程分析

意志行动有其发生、发展和完成的过程。它可以分为两个阶段：一是决策阶段，即采取决定阶段；一是实施阶段，即执行决定阶段。这两个阶段相互联系构成意志的完整过程。

一、采取决定阶段

这是意志行动的开始阶段，准备阶段。决策是一个过程，不是一瞬间就能完成的，它有丰富的心理内容，这个过程包含动机斗争、确定目的、选择行动方法和制订行动计划等环节。

（一）动机斗争

人的行动总是由一定的动机引起的。动机是激励人行动的内部原因和推动力量。它是在需要的基础上产生的。有了对某种事物的需要，人就产生一种满足需要的愿望，当人的愿望指向行动并成为推动行动的一种心理动力时，就变成行动动机。人的行动有时是由单一动机引起的，有时是由多种动机引起的。在较复杂的意志行动中，动机之间会发生矛盾和冲突，这就构成了动机斗争。动机斗争是意志过程的主要内部障碍。

1. 从形式上看，动机斗争分为三种类型

双趋式动机斗争（接近—接近型心理冲突）：指个体在生活中同时存在两个有同样吸引强度的动机，而两者又无法兼得时产生的难以取舍的动机斗争。即一个人以同样强度的两个动机追求同样并存的两个目的，但又不能同时达到，仅择其一的矛盾心理状态。正如孟子所说的："鱼我所欲也，熊掌亦我所欲也，二者不可得兼，舍鱼而取熊掌者也。"一般来说，那些人生面临的关键选择，常使人左右为难，难以抉择。如大学毕业后是考研究生还是选择就业；在选择职业时，是选择高薪水的职业还是选择自己喜欢又能发挥专长的职业，当两者发生冲突时对人的心理影响很大。

双避式动机斗争（回避—回避型心理冲突）：指个体在活动中，同时存在两个具有同样威胁程度的事件，而两者又不能同时避开而产生的难以抉择的动机斗争。即一个人同时遇到两个威胁性而都想躲避的目的，而他又必须接受其一始能避免其二，这种从两所恶者或两躲避中必须择其一的困扰心理状态，称为双避冲突。即前有悬崖，后有猛虎，两种结果都想避开，但只能避开其中的一种。如犯了严重错误的同学又想说，又不想说，说了怕受批评、受处分，不说又有可能酿成更大错误，受更大的处分。

趋避式动机斗争（接近—回避型心理冲突）：指个体在生活中，对同一个目的同时具有趋近与逃避两种动机，形成欲趋之又欲避之的动机斗争。趋避式动机斗争又分为双重趋避和多重趋避。双重趋避是一个人对同一目的同时产生两种动机：一方面好而趋之，另一方面恶而避之。两难问题是典型的趋避冲突。如有的学生又想当班干部，又怕影响自己的学习；遇到歹徒，又想挺身而出，又怕歹徒铤而走险。是趋是避，不同的人有不同的选择，但都是趋避斗争的结果。多重趋避是一个人面对两个或两个以上的目的，而每一个目的又分别具有趋避两方面的作用。像这种对几个目的兼具好恶的复杂矛盾心理状态，称为多重趋避冲突。

2. 从内容上看，动机斗争分为两种类型

非原则性动机斗争：指很少涉及个人愿望与社会道德准则矛盾，而仅仅指兴趣、爱好、时间安排方面的动机斗争。如周末是看电影还是看球赛；是在家学习还是出去购物等。这种动机斗争不那么强烈，持续时间也不长，矛盾很容易解决。

原则性动机斗争：指个人愿望与社会道德准则相矛盾的动机斗争。正如孟子所说的："生，我所欲也，义，亦我所欲也。二者不可得兼，舍生而取义者也。"这种动机斗争带有原则性，往往会比较强烈，并且有持续时间长、反复进行等特点。对于这种动机斗争，往往需要权衡其轻重缓急、利弊得失，评定其社会价值，然后作出抉择。

动机斗争的心理过程是很复杂的，有时是非常强烈的，往往表现出心情紧张、犹豫不决的心理状态，只有反复比较，才能最后作出决定，引起紧张的心理反应才会减弱或消除。因此动机斗争的过程是意志过程的一个重要组成部分。

（二）确定目的

目的是指意志行动所要达到的目标和结果。目的在意志行动中有着及其重要的作用。目的越明确，人的行动越自觉；目的越远大，它对行动的动力作用越大；目的的社会意义越深刻，意志也就越坚强。相反，一个没有明确目的而盲目行动的人往往会斤斤计较、患得患失。

通常，一个人在行动之前往往会有几个彼此不同甚至相互抵触的目的。如果几种目的都很诱人，就会产生内心冲突，难以作出抉择。这时必须权衡比较，选择最合适、最需要的目的。意志坚强的人能根据国家、社会的需要选择行动目的。因此，目的的确定明显地表现出一个人的意志水平。

行动目的是有层次的，远大的目的确定之后，还要确定一个个近期的目的，才能实现最终目的。但美国人本主义心理学家奥尔波特说，最终目的是永远都不可能实现的，一个目的实现了，新的目的就会产生。人是得陇望蜀，永无止境。他认为健康的人所渴望的附属的、小的目标是能够达到的，而总的目标是不能达到的。他说："福音只会降临到这种人身上，他不断地激励自己去追求那种最终不能完全达到的目的。"为此他解释说，如果完全达到了目标，我们将不会再有指引我们生活并整合统一我们人格的促进力量。也就是说，最终目的实现了，就不会有再指引我们前进的力量了，人就会感到空虚、无聊、绝望、没意思。这也就是马斯洛所说的超病理状态。所以，从心理健康的角度讲，人应该一生都有所追求，追求的目标可以不断变化，但不能没有目标。

（三）选择行动方法和制订行动计划

行动目的确定之后，还需要选择行动方法，制订行动计划，才能使目的得以顺利实现。切实可行的行动方法及周密的行动计划，能使意志行动事半功倍；不好的方法和行动计划则使意志行动事倍功半，甚至导致行动失败。

行动方法的选择受道德观念和品德修养的制约，也能表现出一个人的意志水平。意志薄弱的人会为达到目的不择手段，意志坚强的人选择的方法符合道德准则，通过正常渠道达到目的，即"君子爱财，取之有道"。

行动计划制订之后，立即引向执行决定阶段。

二、执行决定阶段

执行决定阶段是实施所作出的决定，实际去完成意志行动阶段，是将头脑中的愿望、确定的目的、制订的计划付诸实施的过程。意志行动只有经过执行决定，才能达到预定的目的。没有执行阶段，动机再高尚，目的再远大、再美好，方法再合理，计划再周密，都是一句空话，都不能达到预期目的。

在执行决定的过程中，意志对行动的调节表现在两个方面：一是采取积极的行动达到目的；二是制止那些不利于达到目的的行动。

在执行决定的过程中，除克服各种困难外，还要经受成功和失败的考验。

活动成功，给人带来成就感，使人心情愉快、精神振奋、自信心增强，有利于执行决定。同时，成功也往往使人骄傲自满，松懈斗志，使事业半途而废。面对胜利，意志坚强的人会时刻警惕自满情绪的发生，再接再厉，最终实现预定的目的。

活动失败，给人带来挫折感，往往使一些人怨天尤人，推卸责任，或惊慌失措，无所适从，丧失信心，丧失斗志。意志坚强的人在遭遇失败时，会冷静、自制，勇于承担责任，认真分析失败的原因，克服各种不利因素，争取成功。

可见，执行决定是不断克服困难，经受成功和失败考验的过程。

采取决定阶段和执行决定阶段共同构成了意志行动。这两个阶段是不可分割的统一体。采取决定阶段是执行决定的准备和前提，执行决定阶段是采取决定阶段的实施和完成。其中，执行决定阶段是意志行动的中心环节。

第三节　意志的品质与培养

一、意志的品质

意志品质是衡量一个人意志坚强与否的尺度。主要包括以下几个方面。

(一) 自觉性

自觉性是指一个人在行动中具有明确的目的性，并充分认识行动的社会意义，使自己的行动服从于社会要求方面的品质。

有自觉性的人，能独立支配自己的行动，目的明确，行动坚决，不屈服于周围人们的压力轻易改变自己的决定，不随波逐流，而能根据自己的认识与信念，独立地采取决定，克服困难去执行决定。

与自觉性相反的意志品质是易受暗示性和独断性。易受暗示的人，人云亦云，毫无主见，轻易改变自己的决定。易受暗示性的人，行为动机不是从自己已形成的观点和信念产生的，而是受他人影响的结果。独断性的人盲目地自信，不考虑自己的决定是否合理，拒绝接受他人的合理意见，一意孤行，固执己见。

(二) 果断性

果断性是指一个人善于明辨是非，迅速而合理地采取决定和执行决定的品质。果断性表现为有能力及时采取有充分根据的决定，并且在深思熟虑的基础上去实现这些决定。具有果断性品质的人，善于审时度势，善于对问题情境作出正确的分析和判断、洞察问题的是非真伪，需要行动时当机立断，及时勇敢地作出决定，情况发生变化时随机应变。

与果断性相反的意志品质是优柔寡断和草率决定。优柔寡断的人在决策时常常犹豫不决，冲突和动机斗争没完没了；目的手段之间摇摆不定，执行决定时也三心二意，时机成熟不做决定，患得患失，贻误时机。需要指出的是，当情况复杂时，人们在作出决定以后，会根据情况的发展需要随时修改决定，这种修改是为了保证决定的正确执行，因而和优柔寡断是不同的。草率的人，则是在没有明辨是非的情况下，不负责任地作出决定，打草惊蛇或贸然行事。

（三）自制性

自制性是指一个人善于控制和支配自己行动的品质。马卡连柯说："坚强的意志不是想什么就获得什么的那种本事，也是迫使自己在必要时放弃什么的那种本事。……没有制动器就不可能有汽车，而没有克制也就不可能有任何意志。"自制的人善于控制自己的思想、情绪、言论、行动。富贵不能淫、贫贱不能移、威武不能屈是高度自制的表现。另外，从戒烟、戒酒这些小事上，也能看出一个人的意志力水平。

与自制性相反的意志品质是任性和怯懦。任性的人从不约束自己的言行，从不克制自己的情绪。怯懦的人，胆小怕事，遇到困难惊慌失措。

（四）坚持性

坚持性是指一个人在意志行动中，百折不挠地贯彻决定并完成既定目的的品质。

与坚持性相反的意志品质是顽固执拗和见异思迁。执拗是一种不合理的坚持性，固执己见，对行为不做理性评价，明知不可为而为之。见异思迁是行动中随意改变方向目标，或做事虎头蛇尾，遇到困难望而却步。

阅读材料：你是一个意志坚强的人吗？

下面20道题，请你在题后的五种答案中选择一种，在下面画上"√"。

1. 我很喜欢长跑、远途旅行、爬山等体育运动，但并不是因为我的身体条件适合这些项目，而是因为它们使我更有毅力。

（很同意　比较同意　可否之间　不大同意　不同意）

2. 我给自己定的计划常常因为主观原因不能如期完成。

（这种情况很多　较多　不多不少　较少　没有）

3. 如果没有特殊原因，我能每天按时起床，不睡懒觉。

（很同意　较同意　可否之间　不大同意　不同意）

4. 定的计划应有一定的灵活性，如果完成计划有困难，随时可以改变或撤销它。

（很同意　较同意　无所谓　不大同意　反对）

5. 在学习和娱乐发生冲突时，哪怕这种娱乐很有吸引力，我也会马上决定去学习。

（经常如此　较经常　时有时无　较少　非如此）

6. 学习或工作中遇到困难的时候，最好的办法是立即向师长、同志、同学求援。

（同意　较同意　无所谓　不大同意　反对）

7. 在长跑中遇到生理反应、觉得跑不动时，我常常咬紧牙关，坚持到底。

（经常如此　较常如此　时有时无　较少　非如此）

8. 我常因读一本引人入胜的小说不能按时睡觉。

（经常有　较多　时有时无　较少　没有）

9. 我在做一件要该做的事情之前，常能想到做与不做的好坏结果，而有目的地去做。

（经常如此　较常如此　时有时无　较少　非如此）

10. 如果对一件事不感兴趣，那么不管它是什么事，我的积极性都不高。

（经常如此　较常如此　时有时无　较少　非如此）

11. 当我同时面临一件该做的事和一件不该做却吸引我的事时，我常常经过激烈斗争，使前者占上风。

（是　有时是　是与非之间　很少这样　不是）

12. 有时我躺在床上，下决心第二天要干一件重要事情（例如突击学一下外语），但到第二天这种劲头又消失了。

（常有　较常有　时有时无　较少　没有）

13. 我能长时间做一件重要但枯燥的事情。

（是　有时是　是与非之间　很少这样　不是）

14. 生活中遇到复杂情况时，我常常优柔寡断，举棋不定。

（常有　有时是　时有时无　很少有　没有）

15. 做一件事情之前，我首先想的是它的重要性，其次才想它是否使我感兴趣。

（是　有时是　是与非之间　很少是　不是）

16. 我遇到困难情况时，常常希望别人帮我拿主意。

（是　有时是　是与非之间　很少是　不是）

17. 我决定做一件事时，常常说干就干，绝不拖延或让它落空。

（是　有时是　是与非之间　很少是　不是）

18. 在和别人争吵时，虽然明知不对，我却忍不住说一些过头话，甚至骂他几句。

（时常有　有时有　有时无　很少有　没有）

19. 我希望做一个坚强又毅力的人，因为我深信"有志者事竟成"。

（是　有时是　是与非之间　很少是　不是）

20. 相信机遇，好多事实证明，机遇的作用有时大大超过人的努力。

（是　有时是　是与非之间　很少是　不是）

凡单序号题，每题后面的五种回答，从第一种到第五种依次记 5、4、3、2、1分；凡双号题，题后的五种回答依次记 1、2、3、4、5分。20 题得分之和与意志品质的关系是：

81～100分意志很坚强；61～80分意志较坚强；41～60分意志品质一般；21～40分意志较薄弱；1～20分意志很薄弱。

资料来源：张双会，刘春魁，柳国强，《大学生心理健康教育》，北京，中国经济出版社，2005，305 页

二、意志的培养

（一）加强目的性教育

使学生树立明确目标和远大理想，用理想指导自己的学习、工作和生活，培养坚强的意志力。有了理想学生就会不断地为理想而奋斗，与困难作斗争，逐渐发展成优良的意志品质。所以，苏联无产阶级革命家、教育家加里宁说："只有向自己提出伟大的目标并以自己的全部力量为之奋斗的人才是幸福的人。"而没有理想的人整天浑浑噩噩，不可能有坚强的意志。俄国作家屠格涅夫说："生活中没有理想的人是可怜的人。"

再次需要指出的是，人的最终目标是永远达不到的。所以富兰克林说："希望是永远达不到的，因此人才有希望，追求希望。"

（二）组织实践活动

古语说：宝剑锋从磨砺出，梅花香自苦寒来。有些同学觉得这句话过时

了，没什么新意了，但坚强的意志的确是从实践中锻炼出来的，不是说教出来的。一项权威调查表明，中国中学生心理素质合格率为17%。还有人说，现在中国的孩子脆弱得连豆腐也咬不动了。这话并不夸张。有的小学生连鸡蛋皮都不会剥，有中学生炒菜时把水倒进油锅里，造成严重烫伤。值得庆幸的是，很多父母觉醒了，有的父母甚至开始对孩子实施磨难教育。这是社会的进步，也是民族的希望。我们要多组织学生参加实践活动，如文体活动、公益劳动、爬山、游泳等，锻炼学生的意志。

（三）充分发挥榜样的教育作用

模仿是人类的学习方式之一，青少年由于生理和心理的不成熟，特别喜爱模仿，教育者应多给青少年讲伟人传记、英雄事迹。对他们来说，榜样的力量是无穷的。南宋爱国诗人文天祥在《正气歌》中列举了我国古代几个意志坚强的人："在齐太史简，在晋董狐笔，在秦张良锥，在汉苏武节。"这些都可作为学生学习的榜样。

（四）启发学生加强自我锻炼

在意志形成中，除了家庭、社会和学校的影响外，还离不开学生的主观能动性，外界的影响必须通过个体的自我锻炼才能真正起作用。在意志培养中，教师要帮助学生制订切实可行的自我锻炼计划。首先要指导学生了解自己，用意志品质理论正确分析自己的意志，既要让学生看到自己的意志品质上的优点，增强自信，又要让学生看到自己身上的不足，找到努力的方向。其次要帮助学生完善自己，善于自我督促，自我激励。鼓励学生遇到困难和挫折时，用名人名言、榜样人物的言行来督促自己、激励自己，逐渐形成坚强的意志。

（五）针对学生意志的个别差异，采取不同的培养措施

学生的意志品质存在很大的差异，教育者要因材施教，有的放矢。对于易受暗示的学生要加强目的性教育，指导他们树立合理的目标；对于优柔寡断的学生，鼓励其勇敢果断、敢想敢干；对于轻率、冒险的学生要培养沉着、耐心的品质；对于虎头蛇尾、缺乏恒心的学生，注意培养其毅力；对于情绪不稳定、缺乏自制的学生，注意严格要求，用纪律约束他们。

总之，培养学生意志是一项艰巨而又需持之以恒的工作，培养途径虽多种多样，但任何一种方法都不是万能的，作为教育工作者，只有不断总结、坚持不懈，才能培养学生坚强的意志。

【思考与练习】

一、填空

1.意志行动可分为_____和_____两个环节。

2.意志行动具有_____、_____和_____三个基本特征。

3、良好的意志品质包括_____、_____、_____和_____四个方面。

二、选择

1."人云亦云"是缺乏_____的表现。

A.自觉性   B.果断性   C.坚持性   D.自制性

2.意志行动的关键环节是_____。

A.动机斗争阶段   B.采取决定阶段   C.执行决定阶段

3."富贵不能淫，贫贱不能移，威武不能屈"是_____的表现。

A.自觉性   B.果断性   C.坚持性   D.自制性

三、判断

1.意志是人特有的，是人的主观能动性的表现。

2."有志者事竟成"，说明人有了坚强的意志无所不能。

3.不需要克服困难的行动不是意志行动。

4.执拗是意志不坚强的表现。

四、问答

1.意志和认识、情感有什么关系？

2.以生活中的实例分析意志行动的过程。

3.结合意志品质理论分析自己的意志品质。

4.结合实际，设想在教学中如何培养学生优良的意志品质？

第九章
个性与个性倾向性

【内容提要】

世界上没有两片完全相同的树叶，也没有两个完全相同的人。说明人的个性千差万别、各不相同。那么什么是个性？个性是怎样形成和发展起来的？本章将围绕这个问题来诠释个性的概念，介绍个性的特征和结构，分析影响个性形成和发展的因素，阐述个性倾向性的重要内容。

【学习目标】

1. 掌握现代心理学关于个性概念的界定和个性的特征。

2. 能结合自身深入理解并掌握影响个性形成与发展的因素。

3. 掌握需要的基本含义和马斯洛需要层次理论的主要内容。

4. 掌握动机的含义，能简要描述动机与行为、工作效率的关系。

5. 理解价值观的含义及表现形式，能结合实际领会兴趣的品质。

第一节　个性的概述

一、什么是个性

（一）个性的含义

生活中我们有时会说一个人"有个性"，是形容这个人和别人不同。在心理学中，个性又称人格，从词源上讲，英文 personality 来源于古希腊语 persona，persona 的原意是指古希腊戏剧中演员戴的面具。面具随人物角色的不同而变化，从某种程度上说，面具体现了剧中人物的身份、性格等角色特点，如狡猾、诚实、鲁莽。心理学沿用了面具的含义，把它转译为个性，指一个人在人生舞台上所扮演的角色，包括个体表现出来的种种言行和未展现出的心理活动。

目前在心理学中，个性被看成是探讨完整个体与个体差异的领域。由于心理学家各自研究的方向不同，因此关于个性的定义有很大差异。综合各家之言，我们认为：个性是构成一个人思想、情感及行为的特有统合模式，此模式包含了一个人区别于他人的稳定而统一的心理品质。[①]

（二）个性的特征

1. 独特性

个性的独特性是指每个人都有与他人不同的个性特征。一个人的个性是在遗传、环境、教育等先天后天因素的交互作用下形成的。遗传因素的不同、生活及教育环境的差异，形成了每个人各自独特的个性特征。在日常生活中，每个人都有各自的需要、爱好、认知方式、情绪、意志和价值观，每个人的行为表现也各不相同。例如，有人内向，有人外向；有人做事稳重细致，有人做事急促马虎。即使是再类似的个性也会表现出独特的色彩。

2. 稳定性

俗话说："江山易改，禀性难移。"个性是在一个较长的时间内逐渐形成的，一旦形成，就相对稳定下来了，要想改变它是比较困难的事情。个性的稳定性表现为具有跨时间的持续性和跨情境的一致性。例如，一位性格外向的学生，他不仅在家人面前表现的活泼开朗，在学校里喜欢交际，有很多朋友，而

---

① 彭聃龄：《普通心理学》，修订版，426 页，北京，北京师范大学出版社，2001

且在陌生人面前也很活跃；并且这种外向的特征从小学、中学到大学始终不变，甚至毕业几年后同学聚会时还是如此。

但是，个性的稳定性并不意味着个性是一成不变的。随着年龄增长、生理的成熟和社会环境的影响，个性的表现方式会或多或少发生变化；生活中遭遇重大事件也会使个性的某些方面发生改变。

3. 整体性

个性是由多种心理成分构成的一个有机整体。在每个人的个性世界里，各种心理成分并不是相互独立的，也不是简单堆积在一起的，而是相互联系、交互作用，如同宇宙世界一样，依照一定的内容、秩序、规则有机结合起来的一个动力系统，具有内在的一致性，受自我意识的调控。当一个人的个性结构的各方面彼此和谐一致时，就会呈现出健康的个性特征；否则，就会使人发生心理冲突，产生各种生活适应困难，甚至出现"分裂人格"。

4. 功能性

人们常常会从个性特征的角度来分析、解释某人的言行及事件的原因，可见个性是一个人在生活、工作上成功与否的重要因素。个性决定一个人的生活方式，有时甚至会决定一个人的命运。面对挫折与失败，坚强者发奋拼搏，在失败的废墟上重建人生的辉煌；懦弱者则一蹶不振，失去了奋斗的动力。当个性正确发挥其功能时，表现为健康而有力，支配着一个人的生活与成败；而当个性功能失调时，就会表现出软弱、无力、失控，甚至变态。

二、个性的心理结构

个性的心理结构是指个性的基本组成部分。个性是一个多层次、多维度的、复杂的完整系统，一般认为个性的心理结构由以下三部分组成。

(一) 个性倾向性

个性倾向性主要包括需要、动机和价值观。它是个性中的动力结构，是人活动的基本动力，也是个性中最积极、最活跃的因素。它决定着人对现实的态度，决定着人对认识和活动的对象的趋向和选择。例如，价值观的不同决定着人们在选择生活目标和人生方向上各不相同，从而表现出不同的待人接物方式和人生追求。在个性倾向性的各成分中，需要是形成其他心理倾向性的基础，价值观则决定着一个人总的思想倾向，对个性起着控制作用。

(二) 个性心理特征

个性心理特征是指个体经常地、稳定地表现出来的心理特点，个性心理特征主要包括能力、性格和气质。个性心理特征是个性结构中比较稳定的部分，它表现了一个人的比较典型的心理活动和行为，是个性差异的具体表现。例如，在能力方面，自然科学家表现出认知能力强，而社会活动家表现出人际交往能力强；在气质方面，有人冲动暴躁，有人温和安静；在性格方面，有人正直，有人阴险。

个性心理特征是在心理过程中形成的并且表现在一定的心理过程中；它反过来又对个体的心理活动起着调节、支配作用。

（三）自我意识

自我意识是一个人对自己以及自己和他人关系的意识。自我意识是个性中的调节结构，是个性中的内控系统或自控系统，包括自我认知、自我体验、自我控制三个方面，主要是对个性的各个组成部分进行调控，保证个性的完整、统一、和谐。

个性心理的三个部分相互影响、相互制约，构成一个完整的整体。这三个部分在每个人身上的表现有所不同，从而构成每个人独特的个性。

三、影响个性形成与发展的因素

一个人的个性是怎样形成的和发展起来的？这是个从古至今争论不休的问题。在早期心理学界有两种极端的观点，即遗传决定论和环境决定论。遗传决定论主张个性的形成完全是由遗传因素决定；环境决定论则认为个性的形成与遗传因素无关，完全是由环境因素决定。现代心理学不再强调遗传或环境的单方面因素的影响，而一致认为，个性是在遗传与环境交互作用下逐渐形成发展起来的。

（一）生物遗传因素

由于个性具有较强的稳定性特征，因此它的形成和发展必然要受到生物遗传因素的影响。俗话说："子肖其父。"指的就是遗传因素的作用。研究者通常首先从遗传因素的角度对个性的形成进行分析。

关于生物遗传因素对个性具有何种影响的探讨由来已久了，目前研究者还不能确切把握生物遗传因素的对个性的影响程度，但相当多的研究成果已经表明，遗传因素对人的个性具有制约作用。

心理学家通常借助双生子研究法来研究生物遗传因素对个性的影响。双生子有同卵双生和异卵双生，前者来自同一受精卵，遗传基因相同；后者来自两个受精卵，遗传基因不同（与普通兄弟姐妹一样）。曾有心理学家选取了139对四岁半的同卵和异卵同性别双生子，就情绪稳定性、活动性（爱动或好静）、社会性（活泼或羞怯）三种个性特质进行了评定。研究结果发现，在这三种个性特质上，同卵双生子之间的相关均显著高于异卵双生子之间的相关，如表9-1所示。也就是说，具有同样遗传基因的同卵双生子在情绪、活动、社会这三种个性特质上比具有不同遗传基因的异卵双生子有更高的相似性，造成相似性高的原因可以归结为遗传因素。这个研究结果显示，遗传因素对个性的形成的确有相当大的影响。

表 9-1 双生子间个性特质的相似度

人格特质	男孩间的相关		女孩间的相关	
	同卵双生	异卵双生	同卵双生	异卵双生
情绪	0.68	0.00	0.60	0.05
活动	0.73	0.18	0.50	0.00
社会	0.63	0.20	0.58	0.06

（资料来源：Buss & Plomin，1975）

另外，还有的研究者试图从生理结构的角度具体分析造成个性差异的原因。个性包含三种基本特质，即内外向、神经质和精神质，研究者发现这三个基本特质都可以从生理学的角度进行解释。例如，就内外向性而言，外向的人喜欢社交、喜欢刺激较强的活动，内向的人不爱交往、喜欢安静的环境。研究者指出，造成这种差异的原因是由于大脑皮层的生理唤醒水平不同。外向的人皮层唤醒水平比内向的人低，所以他们要去寻求较强烈的刺激，缺少刺激对他们而言意味着枯燥、沉闷和无聊；内向的人皮层唤醒水平较高，微弱的刺激就足以维持他们的兴奋，所以较强的刺激很快就会使他们感到疲劳。因此，外向的人喜欢嘈杂的聚会而内向的人却希望早一点离开。

根据以往研究，我们认为：生物遗传因素是个性中不可缺少的必要因素，它影响人格的发展方向及难易程度，为个性的形成和发展提供了潜在可能性。但是一个人的个性是遗传与环境交互作用的结果，不能过分夸大了遗传因素的作用而忽视环境的影响。另外，生物遗传因素对个性的作用程度因个性特征的不同而异，通常在智力、气质这些与生物因素相关较大的心理特征上，遗传因素较为重要；而在价值观、信念、性格等与社会因素关系更密切的心理特征上，后天环境因素更重要。

（二）环境因素

人既是一个生物个体，又是一个社会个体。一个人从出生开始，就受到后天各种环境因素的影响，并且一生都无法摆脱环境的作用。因此环境因素是影响个性的又一重要因素。后天环境的因素是多种多样的，小到家庭环境，大的到社会文化因素。

1. 社会文化因素

每个人都处于特定的社会文化之中，文化对个性的影响是极为重要的。社会文化塑造了社会成员的个性特征，使其成员的个性朝着相似性的方向发展，而这种相似性又具有一个维系社会稳定的功能。这种共同的个性特征又使得每个人正好稳固地"嵌入"整个文化形态里。

社会文化因素决定了个性的共同性特征，它使同一社会的人在个性上具有一定程度的相似性。由于受社会文化因素的影响，不同文化的民族都有其固有的民族性格。例如，黄坚厚（1967）调查了 660 名大学生，并与美国学生比较，发现中国大学生在顺从、秩序、求助、谦虚、慈善和坚毅等方面表现较高的需要倾向，但在表现、省察、支配、变异和爱恋等方面表现出较低的需要倾向。许多研究表明，由于受传统儒家文化的影响，不论是海峡两岸的华人或是新加坡等地的华人都有不少相同的个性特征。[①]

另外，电影、电视、网络和文艺读物等"拷贝世界"对个性潜移默化的影响也是十分明显的。

2. 家庭环境因素

家庭是一个微观的社会单元，是人出生后最早接触的环境，也是人生活中最主要的环境。家庭对个性的形成与发展具有强大的塑造力。

家庭对个性的影响是多方面的，如家庭气氛、家庭教养方式、父母的言行榜样作用等，其中重点研究的是不同的家庭教养方式对个性发展与个性差异的影响。

家庭教养方式表现多种多样，研究者将家庭教养方式概括为三类：权威型教养方式、放纵型教养方式和民主型教养方式，它们对孩子的个性形成和发展有不同的影响。权威型教养方式表现为：父母对子女的教育表现得过于支配，孩子的一切由父母来控制。成长在这种教育环境下的孩子容易形成消极、被动、依赖、服从、懦弱，做事缺乏主动性，甚至会形成不诚实的人格特征。放纵型教养方式表现为：父母对孩子过于溺爱，让孩子随心所欲，有时对孩子的教育甚至达到失控状态。这种环境里的孩子多表现为任性、幼稚、自私、野蛮、无礼、独立性差、唯我独尊、蛮横胡闹等。民主型教养方式表现为：父母与孩子在家庭中处于一个平等和谐的氛围中，父母尊重孩子，给孩子一定的自

---

① 黄希庭：《心理学》，35 页，上海，上海教育出版社 ，1997

主权，并给予孩子积极正确的指导。这种教育方式能使孩子形成积极的个性特征，如活泼、快乐、直爽、自立、彬彬有礼、善于交往、富于合作、思想活跃等。可见，家庭教养方式的恰当与否直接决定孩子个性特征的形成。

除了教养方式以外，家庭气氛对个性形成和发展也有重要的作用。家庭气氛主要表现为家庭成员之间的相互关系，特别是父母的关系。和睦融洽、彼此尊重、理解和支持的家庭氛围对个性的形成和发展有积极的作用，而互相争吵、猜疑甚至关系破裂与离异的家庭对个性会造成消极的影响。

（三）早期经验

中国有句俗话："三岁看大，七岁看老。"指的就是早期经验对个体人格的作用。心理学家历来就重视研究早期经验对个性的影响。弗洛伊德早在他的理论中就已经指出，人生早期的创伤性经验对成年后的个性起着决定性的作用。

斯皮茨（Spitz，1945，1946）对孤儿院里的儿童所进行的研究中发现，这些早期被剥夺母亲照顾的孩子，长大以后在各方面的发展均受到影响。许多孩子患了忧郁症，其症状表现为哭泣、僵直、退缩、表情木然。① 艾斯沃斯（Ainsworth，1978）通过陌生情境进行婴儿依恋的研究，将婴儿依恋模式分为安全依恋、回避依恋与矛盾依恋三类，并做了数十年的追踪研究，将婴儿时期的依恋对人格的发展进行了相关研究，结果表明：早期安全依恋的婴儿在长大后有更强的自信与自尊，确定的目标更高，表现出对目标更大的坚持性，更小的依赖性，并容易建立亲密的友谊。

早期经验的问题引发了许多的争论，例如，早期经验对个性产生何种影响？这种影响是否为永久性的？研究者普遍认为，个性的形成与发展的确受到早期经验的影响，幸福的童年有利于儿童发展健康的个性，不幸的童年也会引发儿童不良个性的形成。但二者不存在一一对应的关系，溺爱也可使孩子形成不良个性特点，逆境也可磨炼出孩子坚强的性格。早期经验不能单独对个性起决定作用，它与其他因素共同来决定个性。另外，早期经验是否对人格造成永久性影响因人而异，对于正常人来说，随着年龄的增长、心理的成熟化，童年的影响会逐渐缩小、减弱。

（四）自我教育

人在接受遗传因素与环境因素影响的同时，个体的主观能动性也在起着积极的作用。一个人在个性的形成和发展过程中，并不是被动地接受外界的影响，个性中的自我调控系统会主动地对个性的各个组成部分进行调控，以保证

---

① 彭聃龄：《普通心理学》，修订版，451页，北京，北京师范大学出版社，2001

个性的完整统一和谐。也就是说，一个人从环境中接受什么、拒绝什么，希望成为什么样的人、不希望成为什么样的人，是有一定的自主权的，主要取决于他对自己进行什么样的自我教育。美国心理学家凯利（G. Kelly）认为，对同一事物可以形成不同的解释，有多种建构。个人已经确立的建构系统会成为个人预期事件的方式，从而决定个人对待世界和人生的方式。也就形成了个性上的差异。"两个人从监狱的铁栅栏中向外看，一个人看到的是泥土，而另一个人看到的是星星。"①

因此，我们应该引导个体自觉地对自己的个性特征进行自我分析和评价，制订自我教育计划，对自己的行为进行自我调节和控制，有意识地形成健康的个性。

第二节　个性倾向性

一、需要

（一）需要的含义

需要是有机体内部的某种缺乏或不平衡状态，表现为有机体对内部环境或外部生活条件的一种稳定的要求，是有机体活动的源泉。

需要的产生源于个体对客观事物的某种要求，体现为机体内部的不平衡状态。个体对客观事物的要求既可能来自内部，也可能来自个体周围的环境。如人对水、食物的需要是由机体内部的要求引起的，而由于父母对子女的期望而使孩子努力学习、积极向上，这种对学业的需要是由外部要求引起的。当人们感受到这些要求，并引起自身某种内在的不平衡状态时，需要就产生了。需要引起的这种不平衡状态包括生理和心理的不平衡。例如，血液中血糖成分的下降会产生饥饿求食的需要；水分的缺乏会产生口渴想喝水的需要；社会秩序混乱和战争的爆发会产生安全的需要；亲人的丧失会产生爱的需要……一旦机体内部的某种缺乏或不平衡状态消除了，需要也就得到了满足。当产生新的某种缺乏或不平衡状态时，又会出现新的需要。

需要是个体活动的基本动力，个性积极性的源泉。人的各种行为活动，从饮食、学习、交往到文学艺术创作、科技发明，都是在需要的推动下进行的。

---

① ［美］赫根汉，何谨，冯增俊译：《人格心理学导论》，364 页，海口，海南人民出版社，1986

需要激发人去行动，使人朝着一定的方向、追求一定的目标，以求得自身的满足。需要越强烈、越迫切，由它所引起的活动动机就越强烈。同时，人的需要也是在活动中不断产生和发展的。当人通过活动使原有的需要得到满足后，人和周围现实的关系就发生了变化，又会产生新的需要。这样，需要推动着人去从事某种活动，在活动中需要不断地得到满足又不断地产生新的需要，从而使人的活动不断地向前发展。

人的需要和动物的需要有着本质区别。人的需要主要是在社会生活条件下产生的，需要对象和满足需要的方式要受社会历史条件的制约，具有社会性；人还具有意识能动性，能调节和控制自己的需要。动物的需要多体现为个体本能的反应。

（二）需要的种类

人的需要是一个多维度多层次的结构体系，根据不同的标准有不同的分类。按照需要的起源，可分为生理性需要和社会性需要；按照需要的对象，可分为物质需要和精神需要。

1. 生理性需要和社会性需要

生理性需要也称本能需要，是机体维持生命和延续种族所必需的，包括对饮食、休息、运动、睡眠、排泄、繁衍后代等的需要。这些需要主要是由机体内部的某些生理的不平衡状态所引起。人类的生理性需要具有重要的生物学意义，如果生理性需要不能满足，将严重地影响一个人的身心健康。人和动物均有生理需要，但人的生理需要和动物的生理需要有本质的区别，人的生理需要的满足要受社会环境因素、行为规范、文化风俗等的制约，具有一定的社会性。例如，不同的民族、国家有不同的文化礼仪，在满足饮食需要上有很大的差异。

社会性需要与人的社会生活紧密联系，是对维持社会生活所需求的事物的反映。如对爱情、友谊、成就、劳动、尊重、社会赞许等的需要。社会性需要是后天习得的，是人类所特有的高级需要。社会性需要对于维系人类社会生活，推动社会进步具有重要意义。如果这种需要在长时间内得不到满足，会使人产生痛苦和忧虑的情绪。

2. 物质需要和精神需要

物质需要指向社会的物质产品，并以对这些物质产品的占有而获得满足。如对衣、食、住、行及相关日常生活必需品的需要。物质需要既包括对自然界产物的需要，也包括对社会文化产品的需要。因此，在物质需要中，既有生理性需要的内容，也有社会性需要的内容。例如，对空气、阳光的需要是较单纯的生理性需要，对家具、服饰等物质的需要则既有生理性需要的内容，也有社会性需要的内容。人的物质需要随着社会生产力的发展和社会的进步而不断发展进步。

精神需要指向社会的各种精神产品，并以占有这些精神产品而得到满足。如对知识的需要、欣赏美的需要、影视艺术作品的需要、道德的需要等。这是人类特有的需要。

关于需要的分类只具有相对意义。人的需要是一个多维度多层次的结构系统，各种需要不是彼此孤立的，而是互相联系的。生理性需要中包含着一定的社会性，要依赖一定的文化条件作为满足其需要的手段和对象。人在追求美好的物质时会表现出精神需要，同时精神需要的满足也离不开一定的物质条件。因此，当我们从某个维度来考察人的需要时，应同时考虑到其他维度的存在。

（三）马斯洛的需要层次理论

马斯洛（A. H. Maslow，1908—1970）是美国的心理学家，人本主义心理学创始人之一。马斯洛对人的需要进行了系统研究，提出了著名的需要层次理论（图 9-1）。他认为，人的需要包括不同的层次，从低级到高级由五个层次构成：生理需要、安全需要、归属与爱的需要、尊重需要、自我实现需要。

1. 生理需要

生理需要与机体生存有直接的关系，是人和动物所共有的。包括对食物、水、空气、睡眠、性和排泄的需要等。生理需要是人类最原始的需要，在人的所有需要中也是最基本的、最重要的。如果生理需要得不到满足，就会影响人的生存和种族延续。从这个意义上说，生理需要是推动人们行动的最强大动力。

2. 安全需要

安全需要包括人们要求人身安全、职业稳定、有秩序、免除恐惧和焦虑等。例如有些人愿意参加各种保险，有些人会放弃高收入、高风险的工作，而去从事安全稳定的工作，这都体现了他们的安全需要。

3. 归属与爱的需要

归属与爱的需要是指个体希望从属一定的群体，成为群体的一员，希望给予他人爱和得到他人的爱。包括两部分内容：其一是爱的需要，表现为结交朋友、追求爱情、保持融洽的同事关系。其二是归属的需要，即人有一种要求归属于一个集团或群体的感情，希望成为其中的一员并得到关爱。如果这类需要无法得到满足，人会感到孤独、空虚。如果生理需要和安全需要能很好地得到满足，归属和爱的需要就会产生。

4. 尊重需要

尊重需要是指个体追求体现个人价值的需要，包括自尊和受到别人的尊重。自尊是指个体对胜任、自信、成就、独立自主等的需求。受到他人的尊重是指个体需要他人的肯定、赞赏。尊重需要的满足，会使人产生自信心，在生活中变得更有能力、更富有创造力；相反，尊重需要受挫则会产生自卑、脆弱、无信心处理面临的问题等。

5. 自我实现需要

自我实现的需要是促使自己的潜能得以实现的趋势。这种趋势表现为个人希望充分发挥自己的潜力和才能，成为所期望的人物，完成与自己的能力相称的一切。当上述四个层次的需要均基本上得到满足时，自我实现的需要就变得突出了。例如，音乐家必须演奏音乐，画家必须绘画，这样他们才能感到最大的快乐。另外，在人生道路上，每个人的自我实现的形式是不一样的，歌唱家与家庭主妇都有机会满足自己的需要，满足自我实现的需要。

马斯洛认为，这五种需要都是人的基本需要，它们构成了不同的等级或水平，成为激励和指引个体行为的动力。其中，生理需要、安全需要、归属与爱的需要、尊重需要被称为缺失性需要，自我实现需要被称为成长性需要。

需要具有层次性，需要的满足是由低层向高层不断发展的，只有低层的需要得到基本满足，才会有动力促使高一层次需要的产生和发展。生理需要是其他各种需要的基础，自我实现的需要是人类需要发展的顶峰，是最高层次的需要。需要的层次越低、越基础，对人的影响也就越大。随着需要层次的上升，需要的力量相应减弱。但高层需要也不是与人的健康毫无关系的。这种需要的满足能使人健康、长寿、精力旺盛，产生更深刻的幸福感、宁静感，以及内心生活的丰富感。

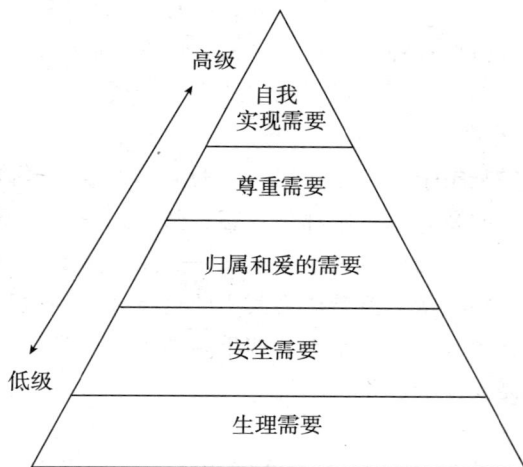

图 9-1 马斯洛需要层次理论

马斯洛看到了高层需要和低层需要的区别，要满足高层需要，必须先满足低层需要，但他并没有把两者绝对对立起来。他认识到在人的高层需要产生以前，低层需要部分地得到满足就可以了。有时人会在低层需要尚未得到满足之前，去寻求高层需要，例如，在人类历史上，有一些人为了理想和事业不惜牺牲一切、甚至自己的生命，其实是为了自我价值的实现而不考虑生理需要和安全需要的。

二、动机

（一）动机的含义及功能

在心理学中，关于动机的含义说法很多。心理学家一般把动机定义为：激发和维持人们从事某种活动，并引导活动朝向某一目标的内部心理过程或内在动力。动机是构成一个人大部分行为的基础，人的一切有意识的活动都是在动机的驱使下进行的。

需要和动机是紧密相连的，但也有差异。需要在主观上常以意向和愿望被体验着。有某种意向时，人虽然意识到一定的活动方向，却不明确活动所依据的具体需要和以什么途径和方式来满足需要；如果愿望仅停留在头脑里，不把它付诸实际行动，那么这种需要还不能成为活动的动因。只有当愿望或需要激起人进行活动并维持这种活动时，需要才成为活动的动机。例如，当人饥饿时，产生了寻找食物的需要。需要还不是动机，只有当这种需要达到一定强度并有满足需要的客体存在时，需要就变成实际行动的动机。从这一点上看，需要是产生动机的重要因素，动机是在需要的基础上产生的。

动机是一种内部心理过程，对于这种心理过程，人们是无法直接观察到的，人经常看到的是动机所驱动的行为，只能通过观察表面行为的变化来推测背后的动机。例如好朋友经常在一起学习、玩耍，这种友谊行为背后的交往动机是无法直接观察到的。动机主要可以通过任务选择、努力程度、对活动的坚持性和言语表达等外部行为间接推断出来。通过任务选择，人们可以判断个体行为动机的方向、对象或目标；通过努力程度和坚持性，人们可以判断个体动机强度的大小。

作为活动的一种动力，动机在行为活动中的具体功能表现如下。

1. 激发功能

动机具有发动行为的作用，会推动个体产生某种活动，使个体由静止状态转化为活动状态。例如，为了消除饥饿会促使个体作出觅食的活动，为了获得他人的赞扬而勤奋工作。

2. 指向功能

动机使个体进入活动状态之后，指引个体的行为朝向一定的方向和目标。例如，在成就动机支配下，人会积极地学习，主动选择有挑战性的任务；在休息动机的支配下，人会去看电影、去娱乐场所或散步等。动机不同，个体行为的方向和目标也不同。

3. 维持与调节功能

当动机激发个体的某种活动后，这种活动能否坚持下去，同样要受动机的调节和维持。当活动指向个体所追求的目标时，这种活动就会在相应动机的维持下继续进行下去；当活动背离了个体所追求的目标时，这种活动的积极性就会降低，或者完全停止下来。同时，动机调节着活动的强度和持续时间。如果活动达到了目标，动机促使个体终止这种活动；如果活动尚未达到目标，动机将驱使个体维持（或加强）这种活动，或转换活动方向以达到某种目标。

（二）动机的产生

动机的产生受内外两种因素的共同作用。

1. 内驱力

内驱力是由于某种缺乏或不平衡状态所产生的旨在恢复稳态的内部动力。一些学者把需要、内驱力和动机作为同义词来使用。但多数学者对这三个术语是有区别地加以使用的。需要是内驱力的基础。当个体缺乏某种东西而产生需要时，个体内环境的相对稳定状态（即内稳态）便遭到破坏。例如，当个体内血液中血糖成分减少时，产生对食物的需要。这种生理变化所产生的需要又对个体形成一种紧张的内驱力，从而导致求食行为的出现，以恢复内稳态。这种连续作用表现为：某种缺乏或不平衡→需要→内驱力→行为。

内驱力与需要在一般情况下呈正相关。例如，饥饿的人比吃饱的人具有较强的内驱力，而又饿又渴的人比只是饥饿的人具有更大的内驱力。但是，需要和内驱力又不是等同的，有时个体有某种需要，但是缺乏行为活动的可能性，内驱力水平反而没跟上需要水平。例如，长期挨饿的动物对食物的需要强度大，但由于非常虚弱而不能动弹，其内驱力水平反而降低了。

人的内驱力可以分为两大类：一类是由生理需要而驱使机体产生一定行为的内部力量，称为原发性内驱力或生物性内驱力，如饥饿内驱力、口渴内驱力、避痛内驱力；另一类是由后天形成的社会性需要所产生的内驱力，称为继发性内驱力或社会性内驱力，如有人爱钱如命，由对钱的需求而产生追求钱财的内在动力。

2. 诱因

内驱力是解释个体行为的内在原因，但个体行为并不仅仅是由于内驱力的驱使产生的，外部刺激也能激起个体的行为。例如，当研究者把一群被剥夺食物和水的老鼠放到一个全新的环境里，到处都有食物和水，老鼠却没有像预料的那样进食和喝水，而是四处探寻，直到它们的好奇心得到满足后，才开始进食、喝水。可见，外部刺激也可能成为引起动机的原因。凡是能引起个体动机行为的外部刺激，均称为诱因。

诱因按其性质不同可分为两类：正诱因和负诱因。因个体趋向或获得它而满足需要的刺激物称为正诱因，如食物、水、名誉、地位等；因个体逃离或回避它而满足需要的刺激物称为负诱因，如饥饿、贫困、危险、灾难等。诱因可以是物质的刺激，也可以是精神性的鼓励。如教师对学生的关心和表扬，就是一种激发学生学习和产生良好行为的精神诱因。另外，外部刺激的诱因强度和性质也不是固定不变的，而是依个体的经验和需要等的不同而经常变化的，甚至会改变正负的方向。例如，平时酒可能是正诱因，但是在酩酊大醉后的第二天，酒就转变成了负诱因，甚至一想起酒味，就会恶心呕吐。

内驱力和诱因是形成动机的必要条件，个体在某一时刻有最强烈的内驱力，并在有诱因的条件下，能产生最强烈的动机。但是，内驱力和诱因所起的作用是不同的，越来越多的研究都表明，内驱力并不能直接推动个体的动机行为，只能使个体处于更易于反应、准备反应的状态，诱因才能使机体真正产生动机，导致行为的出现。如一个饱食的人看见美味佳肴时仍然忍不住再次进食，此时是诱因促使了个体行为动机的产生。

（三）动机的种类

1. 生理性动机与社会性动机

根据动机的性质，人的动机可以分为生理性动机和社会性动机。

生理性动机是由个体的生理需要所驱动而产生的动机。它以个体的生物学需要为基础，对维持个体的生存和发展有着极其重要的作用，如饥、渴、性欲、排泄等，这些都是保证有机体生存和繁衍的最基本的生理性动机。在人类的身上，纯粹的生理性动机很少见，因为人不仅是自然的人，更是社会的人。因此人类所表现出来的生理性动机已不再是纯粹的生理性动机了。

社会性动机是人类所特有的，它以人的社会文化需要为基础。人在成长的过程中要逐渐社会化，接受其所在社会文化的熏陶。为得到社会的认同，同时也满足自己的社会文化需要，就会产生各种社会性动机，如工作动机、交往动机、成就动机、成长动机、权力动机等。社会性动机推动人们与他人交往、参与一些团体、努力工作并希望获得别人的赞许等，如果社会性动机长期得不到满足，虽然不会危及人的生命，但却有可能导致孤独、痛苦、适应不良，出现某种心理障碍。

2. 内在动机与外在动机

根据引起动机原因的不同，可以分为内在动机与外在动机。

外在动机是指在外界的要求与外力的作用下所产生的行为动机。例如，有的学生的学习动机是为了得到老师和家长的称赞或奖励而学习，这种动机就是外在动机。内在动机是指有个体内在需要引起的动机。例如，有的学生是对学习本身怀有极大地好奇心和兴趣，或认识到学习的意义、价值而努力学习，这种动机就是内在动机。一般来说，由内在动机支配下的行为更具有持久性。

内在动机与外在动机划分不是绝对的，因为动机是推动人活动的一种内部心理过程，任何外在的力量都必须转化为人的内在需要，才能成为活动的推动力量。内在动机和外在动机有时可以相互转化。例如，最初在学生学习过程中起作用的是外在动机，学生在教师和父母的表扬或批评的督促下学习；逐渐地，学生认识到学习的意义，把学习看成一种乐趣，专心致志地学习，这时外在动机就转化为内在动机。适度的外部奖赏有利于巩固个体的内在动机，有利于内在动机的形成。

3. 主导动机与从属动机

根据动机在活动中地位和所起作用的不同，可分为主导动机和从属动机。

主导动机在行为的发生过程中表现强烈而稳定，起主导作用，支配着行为发生的方向和强度。从属动机则处于辅助从属地位，起次要作用。例如，学生在学习活动中，可能同时存在几种动机：为祖国富强而学习、为受到老师的表扬和同学的称赞或奖学金而学习、为提升自己的能力而学习等。如果把提升自己的能力作为学习的主导动机，那么其余几种动机则处于从属地位，属于从属动机。

在人的成长过程中，活动的主导动机也是不断变化和发展的。例如，同是学习活动，小学生和初中生的主导动机可能是为了获得父母的表扬，上了高中之后，随着人生目标的渐渐明确，主导动机就变成为实现人生理想而学习。

4. 长远动机和短暂动机

根据动机的影响范围和持续作用的时间，可以把人的动机划分为长远动机和短暂动机。

长远动机一般来自对活动意义的深刻认识。这种动机持续作用的时间长，比较稳定，影响的范围广。短暂动机常常是由活动本身的兴趣所引起的，这种动机只对个别的具体活动起作用，作用时间较短，常受个人的情绪的影响，不够稳定。例如，一位大学生想成为一名科学家，希望在国家科学事业上有所成就。这种动机是长远的、概括的，如果仅仅为了一次考试得高分或应付老师的提问而努力学习，这种动机是短暂的、具体的。

长远动机和短暂动机相互联系、相互补充，共同对个体的行为形成巨大的推动力。

（四）动机与行为、工作效率

1. 动机与行为

动机虽然具有激发、指向和调节行为的作用，但是在具体的活动中，动机和行为的关系是很复杂的。主要表现在动机与行为之间并不是简单的对应关系，同一动机可以产生不同的行为，同一行为也可以由不同的动机引起。例如，当人工作累了想休息一下时，不同的人就会有不同的行为表现：散步、睡觉、听音乐、旅游等。同样是做好事，有的人可能是为了追求一种高尚的品德，为社会献爱心；有的人可能是为了换取荣誉，为自己赢得更大的收益；有的人则可能是被周围的环境和气氛所迫，不得不这样干。另外，在同一个人身上，也会有多种多样的动机表现出来，推动个体的行为。

动机是激励人行为的内在动力，属于主观愿望；人进行活动时产生的结果即效果，属于客观范畴。主观愿望与客观效果有时是一致的，有时则不一致。因此，行为的动机与效果之间的关系也非常复杂。一般情况下，良好的动机会产生良好的效果，不良的动机会产生不良的效果，这时，动机与效果是统一的。但在实际生活中，动机与效果不一致的情况也比较常见。如一个孩子想帮父母干家务，但不小心把碗摔碎了，好的动机并不一定产生好的效果。

可见，动机和行为之间的关系异常复杂，只有在了解一个人的动机的基础上分析人的行为，才能比较准确地判断、解释和控制行为。

2. 动机与工作效率

动机与工作效率的关系主要表现在动机强度与工作效率的关系上。一般认为，动机强度越高，工作效率也越高；动机强度越低，工作效率也越差。但事实并非如此。例如，考前做了充分准备的学生，一心想考出好成绩，但往往事与愿违，由于动机太强，反而造成考试失利。这种现象在生活中很常见。

心理学家耶克斯（R. M. Yerkes）与多德森（J. D. Dodson）的实验发现，动机强度与工作效率之间的关系不是一种线性关系，而是倒 U 形曲线。中等强度的动机最有利于任务的完成。也就是说，活动动机很低时，工作效率是低的；当动机强度处于中等水平时，工作效率最高；一旦动机强度超过了这个中等水平，对行为反而会产生一定的阻碍作用。因为过强的动机会使个体处于高

215

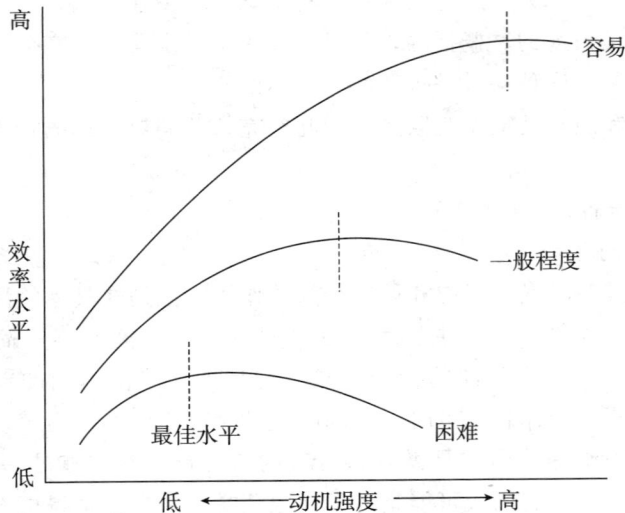

图 9-2　耶克斯—多德森定律

度的紧张状态，其注意和知觉的范围变得过于狭窄，记忆和思维活动也无法顺利进行，反而降低了工作效率。考试中的"怯场"、运动员比赛发挥失常等现象主要都是由动机过强造成的。

耶克斯和多德森的研究提出，在各种活动中都有一个最佳的动机水平，动机不足或过于强烈，都会使工作效率下降。最佳动机水平还因课题的性质不同而不同：在比较容易的课题中，工作效率有随动机提高而上升的趋势；在比较困难的课题中，动机最佳水平有逐渐下降的趋势。这种现象被称为耶克斯—多德森定律（Yerkes—Dodson law）（图 9-2）。

（五）动机的归因理论

从 20 世纪初开始，心理学家针对动机的实质进行了大量的研究，提出了不同的看法，形成了多种不同的理论，这里主要介绍一下近些年提出的动机归因理论。

归因是指用因果关系推论的方法，从人们行为的结果寻求行为的内在动力因素。首先提出归因理论的是社会心理学家海德（F. Heider）。海德的归因论认为，无论人们在活动中体验到成功或失败，都会分析成功或失败的原因。一般来说，在对行为进行归因时有两种解释：一是将行为发生的原因归于外界环境因素，此种归因称为情境归因或外部归因；二是将行为发生的原因归于个体自身的性格因素或其他主观因素如能力、努力、兴趣等，此种归因称为性格归因或内部归因。一般人在解释别人的行为时，倾向于性格归因，而在解释自己的行为时，倾向于情境归因。显然，这两种归因倾向都有可能导致归因误差。

海德还提出了"控制点"的概念，并把人分为内控型和外控型。内控型的人倾向于把行为的原因归结为自身的因素；外控型的人倾向于把行为的原因归结为外部的因素。

美国心理学家韦纳（B. Weiner）在前人动机理论基础上，系统提出了个人解释自己行为的归因理论，因此他的理论被称为自我归因理论。

韦纳认为，每个人在做完一件重要的事情之后，无论结果是成功或失败，他在对自己行为结果进行分析时，一般都从六个方面归因：①能力。根据自己评估，个人应付此项工作有无足够能力。②努力。个人反思这次工作是否尽了最大的努力。③工作难度。凭个人经验，对此次工作感到困难还是容易。④运气。个人自认此次工作成败是否与运气好坏有关。⑤身心状况。凭个人感觉工作时的心情及身体健康状况。⑥别人反应。在工作时及以后别人对自己工作表现的态度。在这六方面的归因中，按与当事人的关系，分为外在因素和内在因素：能力、努力、身心状态属于内在因素；工作难度、运气、别人反应属于外在因素。按稳定性来分，有的因素是稳定不变的，如能力、工作难度；有的因素是不稳定的，会随任务不同而发生变化，如努力、运气、身心状况、别人反应。按控制性来分，有的因素是个人能够控制的，如努力；有的因素是不能控制的，如能力、工作难度、运气、身心状况和别人反应（表9-2）。

表 9-2 归因别与归因事项特征的关系

归因别	归因事项的特征					
	稳定性		因素来源		能控制性	
	稳定	不稳定	内在	外在	能控制	不能控制
能力	√		√			√
努力		√	√		√	
工作难度	√			√		√
运气		√		√		√
身心状况		√	√			√
别人反应		√		√		√

（资料来源：张春兴，现代心理学，2005）

韦纳认为，归因通过影响人们对未来的预期或期望及情绪、情感，对行为活动产生不同（如激励、阻碍）的作用，进而影响人们的动机。当失败被归因于稳定的、内部的、不可控制的原因时，将会弱化进一步活动的动机，而失败被归因于不稳定的、外部的、可控制的原因时，则不会弱化甚至还会强化进一步活动的动机；当成功被归因于稳定的、内部的、可控制的原因时，将会强化进一步活动的动机，而成功被归因于不稳定的、外部的、不可控制的原因时，则不利于强化甚至会弱化进一步活动的动机。另外，归因会影响人们的情绪。如果把成功归结为内部原因，人们就会感到满意和自豪，相反，把失败归结为内部原因，就会感到内疚。

既然行为动机产生于人们对行为因果关系的归因，那么通过一定的归因训练，帮助人们按动机激励的方向去对行为进行归因，就有可能促使人们形成和保持较积极的动机状态。

韦纳的归因理论是动机理论中较为深入、系统和严密的理论，也是影响较大的一种理论。该理论从人们内在的心理活动角度来认识行为动机，对于解释人的行为很有说服力，因此具有很好的应用价值。

三、价值观

（一）价值观的含义及分类

价值观是指主体按照客观事物对其自身和社会的意义或重要性来进行评价和选择的原则、信念和标准。它是一个人思想意识的核心，对人的思想和行为具有一定的导向或调节作用。符合个人价值观标准的事物和行为就被认为是有价值的，否则就被认为是没有价值的。个人的价值观直接影响着个体对各种观念、事物和行为的判断，使个体发现事物对自己的意义，确定自己奋斗的目标，并按照自己认为有价值的事物或目标去做。

人的价值观是多种多样的，心理学家从不同的角度对价值观进行了分类，其中影响较大的是德国心理学家施普兰格尔和罗克奇的观点。

施普兰格（E. Spranger，1928）根据社会文化生活方式将人的价值观分为六类：经济价值观、政治价值观、社会价值观、宗教价值观、理论价值观和审美价值观，他认为人们对这六个领域中哪一方面感兴趣，就是拥有哪方面价值观的表现。经济价值观是以谋求利益为最高价值。有这种价值观的人，倾向于从经济观点出发看待一切事物，判断事物的有用程度。他们的生活目标就是获得财富。实业家多属于这种价值观。理论价值观是以发现事物的本质为人生的最高价值。有这种价值观的人，对批判的观点或思想感兴趣。他们追求各种观念和理想，不大注意具体问题，哲学家和科学家多属于这种价值观。审美价值观是以感受事物的美为人生的最高价值。有这种观点的人致力于使事物变得更有魅力，艺术家多属于这种价值观。社会价值观崇尚人的交往和帮助他人。有这种观点的人，致力于增进社会的福利，社会活动家多属于这种价值观。政治价值观是以掌握权力为最高价值。有这种观点的人拼命追求权力，且有一种强烈支配和控制他人的欲望，政治家多属于这种价值观。宗教价值观是以超脱现实生活为最高价值。他们的主要兴趣在于创造最高的和绝对满意的境界和体验，宗教信仰者或传教士多属于这种价值观。

罗克奇（Rokeach，1973）把价值观分为终极性价值观和工具性价值观（表9-3）。终极性价值观指的是一种期望存在的终极状态，这是一个人希望通过一生而实现的目标。工具性价值观指的是偏爱的行为方式或实现终极价值观的手段。

表 9-3　罗克奇的价值观分类

终极价值观	工具价值观
舒适、富足的生活	雄心勃勃（辛勤工作、奋发向上）
振奋的生活（刺激的、积极的生活）	心胸开阔（开放）
成就感（持续的贡献）	能干（有能力、有效率）
和平的世界（没有冲突与战争）	欢乐（轻松愉快）
美丽的世界（艺术与自然的美）	清洁（卫生、整洁）
平等（兄弟情谊、机会均等）	勇敢（坚持自己的信仰）
家庭安全（照顾自己所爱的人）	宽容（谅解他人）
自由（独立、自主选择）	助人为乐（为他人福利工作）
幸福（满足）	正直（真挚、诚实）
内在和谐（没有内心冲突）	富于想象（大胆、有创造性）
成熟的爱（性和精神上的亲密）	独立（自力更生、自给自足）
国家的安全（免遭攻击）	智慧（有知识的、善思考的）
快乐（快乐的、闲暇的生活）	符合逻辑（理性的）
救世（救世、永恒的生活）	博爱（温情的、温柔的）
自尊（自重）	顺从（有责任感、尊重的）
社会承认（尊重、赞赏）	礼貌（有礼貌的性情）
真挚的友谊（亲密关系）	负责（可靠的）
睿智（对生活有成熟的理解）	自我控制（自律的、自我约束）

价值观的主要表现形式有兴趣、理想、信念等，价值观通过这些形式来影响个体的行为表现。

(二) 兴趣

1. 兴趣的含义及分类

兴趣是人们探究某种事物或从事某种活动的心理倾向，它以认识或探究外界的需要为基础，对人们认识事物、探究真理有巨大的推动作用。人们对感兴趣的事物给予优先注意，积极地探索，并且伴随着积极的情绪色彩。例如，对美术感兴趣的人，对各种画作、美展、摄影都会认真观赏、评点，对好的作品进行收藏、模仿。我国古代翁森的《四时读书乐》里就对读书的兴趣和愉快情绪进行生动地描述：春季"读书之乐乐何如，绿满窗前草不除"；夏季"读书之乐乐无穷，拨琴一奏来熏风"；秋季"读书之乐乐陶陶，起弄明月霜天高"；冬季"读书之乐何处寻？数点梅花天地心"。

人的兴趣是在需要的基础上，在活动中发生发展起来的。需要的对象也就是兴趣的对象。正是由于人们对某些事物产生了需要，才会对这些事物发生兴趣。

人的兴趣有各种各样。根据兴趣的内容，可以把兴趣划分为物质兴趣和精神兴趣。物质兴趣是以人的物质需要为基础，主要指人们对舒适的物质生活（如衣、食、住、行方面）的兴趣和追求。精神兴趣是以人的精神需要为基础，主要指人们对精神生活（如学习、研究、文学艺术、知识）的兴趣和追求。根据兴趣的倾向性，可以把兴趣划分为直接兴趣和间接兴趣。直接兴趣是由事物或活动本身引起的兴趣，例如，对看电影、打篮球的兴趣。间接兴趣是由活动的目的、意义和结果而引起的兴趣。例如，学生对学习本身不感兴趣，但是他认识到学习和将来的职业之间有密切的关系，为了获得好的职业而对学习产生了兴趣，这是间接兴趣。

2. 兴趣的品质

(1) 兴趣的倾向性

人的兴趣是指向一定事物的。有人对文学感兴趣，有人对体育感兴趣，这就是人与人之间兴趣的倾向性不同。兴趣的倾向性不是天生的，其差异性主要是由于人后天的生活实践不同造成的，受社会历史条件的制约。

(2) 兴趣的广阔性

兴趣的广阔性指的是兴趣的广泛程度、范围大小。人的兴趣广度有相当大的差异。有人兴趣广泛，有多种多样的兴趣；有人兴趣狭窄，除了对自己所从事的专业发生兴趣外，对其他任何事物几乎都不感兴趣。一般来说，兴趣广泛有利于人们获得广博的知识，人的心理也能得到充分发展。爱因斯坦是最伟大的物理学家，同时他又非常喜欢音乐，小提琴拉得好，钢琴弹得也很出色，甚至能撰写文学评论。但也要防止兴趣太广，什么都喜欢，而什么又不深入、不专注，结果也会一事无成。

（3）兴趣的稳定性

兴趣的稳定性是指兴趣保持在某一或某些对象时间上的久暂性。有的人对事物的兴趣能够长时间保持稳定，可以做到数年乃至几十年如一日不懈地努力和追求，最终取得成就。有的人则缺乏稳定的兴趣，做起事来半途而废、见异思迁，这样很难在工作和学习中作出成绩。稳定而持久的兴趣对人的学习和工作有重要的意义。人们有了稳定的兴趣，才能坚持学习、工作，取得创造性的成就。

（4）兴趣的效能性

兴趣的效能性是指兴趣在积极推动人的认识和提高活动效能方面所起的作用。有的人的兴趣只停留在消极的感知水平上，听听音乐、看看绘画便感到满足，没有进一步表现出认识的积极性；有的人的兴趣是积极主动的，表现出力求认识它、掌握它。前者的兴趣缺少推动的力量，没有实际的效能。

兴趣是价值观的初级形式。兴趣也是人用来评价事物好坏的一个内心尺度。但是，这个内心尺度稳定性较差，人们往往也不一定有意地用这个尺度来评价事物。

（三）信念

信念是坚信某种思想、观点或知识的正确性，并调节控制自己行为的心理倾向性。如文天祥的名句"人生自古谁无死，留取丹心照汗青"就是他坚定信念的体现。

信念不仅仅是一种与人的知识经验相关的认识活动，而且它通常还是伴随着深刻的情感体验，是知、情、意的高度统一体。具有信念的人，对构成其信念的知识有广泛的概括性，信念成为洞察事物的出发点、判断事物是非曲直的准则；人对必须捍卫的信念表现出强烈的感情；信念也是人行动的指南和内在支柱，使人在任何环境中都能坚持自己的观点。而只停留在口头上，而不付诸实际行动的信任感是不能称之为信念的。

信念是价值观的核心层次，稳定性强，指引着人的思想和行为，是一种被意识到的具有理论性的价值取向。信念会对主体的活动产生深远的影响，能给人的行为动机以巨大力量，决定着一个人行动的原则性和坚韧性。如历史上无数的英雄人物，他们舍生取义的行为就是个人坚定信念的体现。

信念比较难以改变。只有在反复的实践活动中被确认是错误的时候，信念才有可能改变，否则是很难转变的。

信念在人的个性中起着重要作用。它使人的个性稳定而明确，缺乏信念的人，个性往往有模棱两可、看风使舵、朝秦暮楚的特点。信念的动摇与瓦解，往往是人精神崩溃的一个根本原因。

（四）理想

理想是个体对未来可能实现的奋斗目标的向往和追求。理想也是个人动力系统的重要组成部分，一旦形成．就成为鼓舞人们前进的巨大动力。它为人们提供了奋斗目标，为人生的航船指明了方向。

理想具有未来性与现实性的特点。一方面，理想能够超越现实指向未来。一般情况下，理想与目标相联系，通过目标来激发和影响人的行为，使人产生顽强拼搏的力量和坚韧不拔的意志，朝着目标的方向奋斗。从这一点上看，理想虽然与信念紧密相连，是信念指向的未来形象，但它比信念更具体、更丰富、更确定、更有感染力。另一方面，理想又离不开现实，现实中客观事物的规律是理想的依据。理想的目标符合事物发展的规律，并要求尽可能地加以实现。从这一点上看，理想又不同于空想，空想则往往脱离实际过分夸大地想象，空想的目标一般无法实现。

理想是对社会存在的反映，是在一定的社会实践中产生并不断实现的，具有社会历史制约性。不同的历史时代，不同的社会环境，不同阶级的人们，社会理想和生活理想的内容是不同的。

【思考与练习】

一、填空

1. 个性具有四个特征：_____、_____、_____、_____。

2. 按照需要的起源，可把需要分为_____和_____；按照需要的对象，可分为_____和_____。

3. 动机的产生受两种因素的作用，即_____和_____。

4. 价值观有三种表现形式：_____、_____、_____。

二、判断

1. 个性倾向性是个性中最稳定的成分，个性心理特征是十分活跃的因素。（　　）

2. 动机与效果的关系是一致的，有好的动机就会产生好的效果。（　　）

三、问答

1. 简述马斯洛需要层次理论的主要内容。

2. 结合自身谈谈影响个性形成与发展的因素有哪些。

3. 简述韦纳的动机归因理论。

第十章　能　力

【内容提要】

　　现实生活中，我们要完成任务就需要具备一定的能力，能力的大小直接影响着活动的效率。人和人之间在能力上存在着明显差异，有人会唱歌，有人会打球，有人能写出漂亮的文章。什么是能力？能力与知识、技能的关系如何？人和人之间的能力有哪些差异？如何去培养一个人的能力呢？这就是本章要学习的内容。

【学习目标】

1. 理解能力、才能和天才的含义。
2. 了解能力的类型、能力与知识技能的关系。
3. 掌握能力的结构理论。
4. 掌握能力测量的方法。
5. 了解能力发展的个体差异。
6. 懂得如何培养学生的能力。

第一节　能力的一般概念

一、什么是能力

能力是指人们顺利地完成某种活动所必需的并直接影响活动效率的心理特征。

能力表现在所从事的各种活动中，并在活动中得到发展。如一个有绘画能力的人，只有在绘画活动中才能施展自己的能力；一个有管理才能的人，也只有在领导活动中才能显示出能力。能力和活动紧密相连，活动的速度和活动成果的质量是能力水平的重要标志。

能力总和活动相联系并通过活动表现出来，但不是在活动中表现出来的所有心理特征都是能力，只有那些直接影响活动效率、完成活动必不可少的心理特征才叫能力。例如，急躁、稳重也是心理特征，但一般情况下，他们并不影响活动效率，不是完成活动必备的心理特征，急躁的人、稳重的人都可以从事音乐、绘画等活动，所以急躁、稳重这些心理特征不是能力。但要从事音乐活动，必须有节奏感、曲调感和听觉表象能力，所以节奏感、曲调感、听觉表象是从事音乐活动必不可少的心理特征，则属于音乐方面的能力。

人只有一种能力还不能顺利地从事某种活动，只有多种能力结合起来才能顺利进行活动，多种能力的完备结合叫做才能。比如，音乐才能包括上述三种音乐能力；绘画才能包括色彩表现力、物体透视力、颜色辨别力、美术鉴赏力等；教师的教育才能包括教学能力、组织能力、管理能力、科研能力；数学才能包括对数学材料的迅速概括能力、运算过程中思维活动的迅速"简化"的能力等。才能的高度发展就是天才，它是多种能力最完备的结合，使人能够创造性的完成某种或多种活动。如果一个人在一个方面或几个方面有杰出的才能就叫天才。天才不是天生的，它是在良好素质基础上，通过后天环境、教育的影响，加上自己的主观努力发展起来的，是在后天实践中各种能力达到最完备的结合。所以说"天才即勤奋"。鲁迅先生也说："我哪里是天才，我是把别人喝咖啡的工夫都用到了工作上。"爱迪生说："天才就是百分之九十九的汗水加百分之一的灵感。"

二、能力的类型

人的能力种类繁多，可以从不同的标准对能力进行分类。

（一）一般能力和特殊能力

按照倾向性，能力分为一般能力和特殊能力。

1. 一般能力

一般能力又叫智力，是指在许多基本活动中表现出来的能力，是完成各种活动必备的能力。主要包括观察力、记忆力、注意力、想象力和思维能力，其中思维能力是核心。例如，文学创作、数学研究、绘画活动等都离不开观察、记忆、想象、思维。在这五种能力中，注意力是智力活动的门户，观察力、记忆力是智力活动的基础，想象力是智力活动的翅膀，思维能力是智力活动的核心。在教学中要求学生做到：观察要仔细、注意要集中、记忆要牢固、想象要丰富、思维要活跃。

2. 特殊能力

特殊能力指在某种专业活动中表现出来的能力。它只在特殊活动领域内发挥作用，是完成某种专业活动的心理条件。数学能力、体育能力、写作能力、绘画能力、音乐能力等都属于特殊能力。一个人可以具有多种特殊能力，但往往有一两种特殊能力占优势。

一般能力和特殊能力的关系是非常密切的。一方面，一般能力是各种特殊能力形成和发展的基础，是特殊能力的组成部分，一般能力的发展为特殊能力的发展创造了条件。如人的一般的听觉能力既存在于音乐能力中，也存在于言语能力中，没有一般听觉能力的发展，就不可能发展音乐和言语听觉能力。另一方面，在各种活动中，特殊能力的发展也会促进一般能力的发展。要顺利地完成一项活动，既要具有一般能力，又需要具有与某种活动相关的特殊能力。

（二）模仿能力和创造能力

根据创造性的大小，能力可分为模仿能力和创造能力。

1. 模仿能力

模仿能力是指人们通过观察别人的行为、活动来学习各种知识，然后仿效他人的言谈举止而作出与之相似的行为的能力。如幼儿在家庭里模仿父母的语言、表情及动作，甚至模仿电视上演员的动作、服饰等。婴幼儿早期的学习和能力的发展主要是依靠观察和模仿。成人从字帖上模仿前人的书法等也属于模仿能力。动物也会模仿同类或是其他动物的动作来提高个体能力。模仿是动物和人类的一种重要的学习能力。

2. 创造力

创造力是指产生新的思想和新的产品的能力。创造能力是成功地完成某种创造性活动所必需的条件。在创造能力中，创造性思维和创造想象起着十分重要的作用。一个创造力比较高的人，能够打破传统观念和习惯势力的束缚，不受思维定势的影响，能在习以为常的事物和现象中发现新的联系和关系。作家创作构思新的人物形象、科学家提出新的理论模型、发明家发明新的事物都是创造力的表现。

模仿能力和创造能力相互联系、相互渗透。创造能力是在模仿能力的基础上发展起来的。人们在学习各种事物的时候，先模仿后创造。如学生学习写作及书法，先学习别人书写的套路和格式，然后再创造出自己的写作或书法的风格。科学工作者先模仿别人的实验，然后提出有独创性的实验设计。模仿是创造的前提和基础，创造是模仿的发展。

（三）认知能力、操作能力和社交能力

根据能力所涉及的领域，能力分为认知能力、操作能力和社会交往能力。

1. 认知能力

认知能力是指人脑接收、加工、储存和应用信息的能力，即我们通常所讲的智力，包括观察力、记忆力、想象力、思维能力。它是人们认识客观世界，获得各种知识，完成各种活动最重要的心理条件。

2. 操作能力

操作能力是指操纵、制作和运动的能力，是人们操作自己的肢体以完成各项活动的能力。劳动能力、艺术表现能力、体育能力、实验操作能力都是操作能力。操作能力是在操作技能的基础上发展起来的，又是顺利的掌握操作技能的重要条件。操作能力的形成和发展是在认知能力积累一定的知识和经验基础上完成的，同时操作能力的发展也会影响到认知能力的发展。

3. 社会交往能力

社会交往能力是在人们的社会交往活动中表现出来的能力。组织管理能力、言语感染能力、判断决策能力、调解纠纷的能力、处理意外事故的能力都是社交能力。社交能力对组织团体、促进人际交往和信息沟通有重要的作用。学习社交技巧，有效提高个人的社交能力，是个人成功的一个关键。古语说，天时、地利、人和是成功的关键，人和就是指人际关系的和谐。

三、能力与知识、技能的关系

常言道：人的能力有大有小，知识有多有少，技能有高有低。那么知识、技能与能力的关系如何？这三者之间既有联系又有区别。

（一）区别

1. 能力、知识、技能属于不同的范畴

能力是个体顺利完成某种活动所必需的个性心理特征或人格特征，是经常、稳定地表现出来的，属于个性心理特征的范畴。知识是人脑对客观事物的主观表征，是人对客观事物和现象的特征、联系与关系的反映，是人类社会历史经验的总结和概括。人类积累的知识经验是人类思维活动的结果，是心理活动的对象和内容之一。例如，书本知识或他人的经验总结，都是以思想、观念等形式被个体理解与掌握而成为个体意识或个体知识体系中的一部分。因此，知识是人的心理过程的范畴。知识有不同的形式，一种是陈述性知识，即"是什么"的知识；另一种是程序性知识，即"如何做"的知识。技能是活动的方式，是人们通过练习而获得的动作方式和工作系统。有时表现为一种操作活动方式，有时表现为一种心智活动（智力活动）方式。感知、记忆、思维活动和肌肉运动等构成技能形成与发展的必要环节，所以技能是心理活动方式的范畴。操作技能的动作由外显的机体运动来实现，其动作对象为物质性的客体，即物体。心智技能的动作，通常是借助于内在的智力操作来实现的，其对象为事物的信息，即观念。能力则是直接影响活动效率的个性心理特征。例如，关于音程、和弦、音阶等的概念和理论属于知识范畴；听音、辨音、节奏感属于能力范畴；弹琴、唱歌属于技能范畴。

2. 能力、知识、技能发展不同步

能力的发展往往落后于知识技能的掌握，比知识、技能的获得慢得多，而且不是随着知识的增加永远成正比发展。人的知识随年龄增加不断地积累，但有些能力随着年龄的增长，是一个发展、停止和衰退的过程。技能的发展和变化是随着年龄因素的影响而发生不同的变化，有些技能随年龄增长进步和发展，而有些技能会随着年龄的增长停滞不前，甚至倒退。另外，在不同的人身上可能具备相同水平的知识、技能，但能力不一定相同。

3. 知识、技能在一生中通过积累不断增多，而能力发展有一定的限度

人经过不断地学习和练习，知识会不断丰富，技能会不断提高，而能力增长到一定程度就不再增长，甚至在下降。如人的知觉能力在 $10\sim17$ 岁的时候发展到高峰期，之后慢慢下降；记忆力在 $18\sim29$ 岁时发展到高峰期，之后也逐渐下降；而思维能力在 $18\sim49$ 岁为发展的高峰期，到 80 岁以后慢慢下降。

（二）联系

能力和知识、技能是密切联系的。它们之间的相互联系表现为：

首先，能力的形成与发展依赖于知识、技能的获得。人们正是在学习知识和技能的过程中发展了各种能力，离开了学习和训练，任何能力都不可能得到

发展。例如，学生掌握了一定的语法知识和写作知识，就能提高写作能力。一般说来，知识和技能掌握得越多，能力发展就会越快，随着人的知识、技能的积累，人的能力也会不断提高。知识和技能是能力的基础，但只有那些能够广泛应用和迁移的知识和技能，才能转化为能力。

其次，能力的发展又影响到掌握知识、技能的掌握。能力是掌握知识、技能的内在条件，一个人的能力影响着他掌握知识、技能的快慢、难易、深浅和巩固程度。

总之，能力既是掌握知识、技能的结果，又是掌握知识、技能的前提。

正确理解能力和知识、技能的区别和联系，有利于鉴别与培养人才。既然能力有别于知识和技能，能力的提高既可以通过个体的知识和技能表现出来，也可以作为一种潜在蕴涵的形式而不表现出来，所以不能仅凭知识和技能的现状来评价一个人的能力或者选拔人才。同样，也不能仅以知识、技能的传授来代替能力的形成和培养，否则将出现"高知低能"或"高分低能"的倾向。所以在发展能力时，应首先从掌握知识、技能入手，并在获得和掌握知识技能的同时，关注其能力的培养。只有这样，能力才会随知识与技能的增长而发展。

第二节　能力结构的理论

一、能力的因素说

（一）独立因素说

美国心理学家桑代克（Thorndike，1926）曾对能力做过系统的描述。在他看来，人的能力是由许多独立的成分或因素构成的，不同能力和不同因素是彼此没有关系的；能力的发展只是单个能力独立的发展。这种学说很快受到人们的批评，心理学家们发现，当人们完成不同的认知作业时，他们所得到的成绩具有明显的相关，这说明各种能力并不是完全独立的。

（二）二因素说

英国心理学家斯皮尔曼（C. E. Sperman，1863—1945）根据人们完成智力作业时成绩的相关程度，提出能力由两种因素构成：即 G 因素（一般因素）和 S 因素（特殊因素）。其中 G 因素是个人的基本能力，是影响个体所有认知活动效能的基本心理潜能，是能力结构的基础和关键，决定着一个人能力水平的高低。S 因素则是个人在某种特殊的智力活动中必备的因素，是保证人们顺利完成特定的作业或活动的关键因素。人们在完成各种活动或作业时，都有 G 因素和 S 因素的共同参与。

（三）卡特尔的流体智力和晶体智力理论

美国心理学家卡特尔等人（Cattell et al.，1967）发现了斯皮尔曼等人没有注意到的一个重要事实，即他在进行因素分析时，发现一般智力因素不是一个，而是两个，即流体智力和晶体智力。

流体智力是指在信息加工和问题解决过程中所表现的能力，是指与基本心理过程相关的能力，如知觉、记忆、运算速度和推理能力。这些能力大部分是先天的，依赖于大脑的神经解剖结构，受教育文化的影响较少，多半不依赖于学习，而决定于个人的禀赋。卡特尔认为流体智力属于人类的基本能力，几乎可以参与到一切活动中去，故称为流体智力。随着年龄的增长，流体智力在 20 岁以后达到顶峰，30 岁以后将随年龄增长而降低。

晶体智力指获得语言、数学等知识的能力，如词汇和计算方面的能力就是晶体智力。晶体智力是过去对流体智力应用的结果，大部分属于从学校中学到的能力，它决定于后天的学习，与社会文化有密切的关系。随着年龄的增长，知识经验的丰富，晶体智力一直在发展，只是到 25 岁以后，发展的速度渐趋平缓。晶体智力是经验的结晶，故称为晶体智力。

流体智力和晶体智力有着不同的发展曲线。流体智力随个体年龄的衰老而衰退，随生理成长而变化，30 岁以后将随年龄的增长逐渐下降。晶体智力的衰退比较慢，它随年龄的增加，不仅能保持，还能增长，一般到 60 岁左右才开始缓慢衰退。

卡特尔认为，通常这两种智力包含在任何一种智力活动中，是很难分开的，流体智力是晶体智力的基础。

（四）多元智力理论

多元智力理论是由美国心理学家加德纳（Gardner，1983）提出的。通过对脑损伤病人的研究及对智力特殊群体的分析，加德纳提出，人类的神经系统经过 100 多万年的演变，已经形成了互不相干的多种智力。智力的内涵是多元的，它由 7 种相对独立的智力成分所构成，每种智力都是一个单独的功能系统，这些系统可以相互作用，产生外显的智力行为。

①言语能力：包括阅读、写文章或小说以及用于日常会话的能力。

②逻辑—数学能力：包括数学运算与逻辑思考能力，如做数学题和逻辑推理。

③空间智力：包括认识环境、辨别方向的能力，如查阅地图等。大脑的右半球掌握空间位置的判断，大脑的右后部受伤的病人，会失去辨别方向的能力，易于迷路，其辨别面孔和关注细节的能力明显减弱。

④音乐智力：包括对声音的辨别与韵律表达的能力。如拉小提琴或谱曲等。大脑右半球对音乐的感知和创造起重要作用，研究表明，脑损伤会造成成人的"失歌症"或音乐能力丧失。

⑤运动能力：包括支配肢体完成精密作业或活动的能力，如打篮球、跳舞等。身体运动由大脑运动神经皮层控制，大脑两半球分别控制和支配对侧身体的运动。

⑥社交智力：包括与人交往并能和睦相处的能力，如理解别人的动机、行为和情绪。大脑额叶在人际关系的知识方面起主要作用，这一区域受到损伤，虽不会影响解决其他问题的能力，但会引起性格的很大变化。

⑦自知智力：包括认识自己并选择自己生活方向的能力。大脑额叶对自知智力起着重要的作用。

二、能力的结构成分理论

(一) 吉尔福特的三维结构模型

美国心理学家吉尔福特（J. P. Guilford）基于 20 多年的因素分析，于 1967 年提出了智力的三维结构模型理论（见图 10-1）。这一理论是把一般智力活动所共有的操作方式、操作内容和操作的产品作为智力的三个维度，并把这三个维度作为长、宽、高，构成一个智力的三维立体结构模型。在这个模型中，智力的三个维度是内容或信息类型、操作或心理活动表现的类型、产品或信息表征的方式。这一模型中有 5 个内容、5 种操作、6 种产品。5 个内容（即信息材料的类型）包括：图形的（看到的具体材料或视觉的）、听觉的（听到的具体信息）、符号（字义、数字及其他符号）、语义的（语词的意义和观念）和行为的（本人或其他人的行为）；5 种操作（即智力的加工活动）包括：认知（理解或再认）、记忆（短时记忆、长时记忆）、发散思维（对一个问题寻求多种答案或观念、思想）、聚合思维（对一个问题寻求最佳答案或最普遍答案）、评价（对人的思维品质或事物性质作出某种鉴定）；6 种产品（即运用智力操作信息后得到的结果）包括：单位（一个单词、数字或概念）、分类（一系列有关的单元）、关系（单元与单元之间的关系）、系统（运用逻辑方法组成的概念）、转换（对安排、组织和意义的修改）和推测（从已知信息观察某个结果）。每一智力成分都包含这三个维度。而且，吉尔福特相信，每一个内

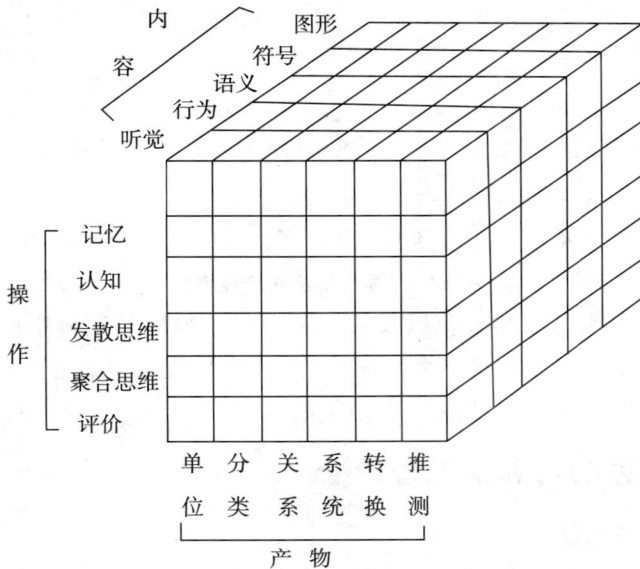

图 10-1 吉尔福特的智力三维结构模型

容—产品—操作的结合代表一个独立的心理能力。例如，语词测验可以测定你的语义内容的认知单元，学习一个舞蹈动作需要行为系统的记忆。

这一理论模型与化学的周期元素相似。根据这一系统框架，智力因素可以像化学元素一样，在他们发现之前被假定。由此可见，吉尔福特的智力概念具有预测价值。

吉尔福特的智力三维结构极大地促进了智力测验研究的深入发展，特别是在教育实践中，使教师能够有效地区分学生智力的优势与欠缺，为因材施教提供了理论依据。

（二）能力的层次结构理论

英国心理学家弗农（P. E. Vernon，1971）继承和发展了斯皮尔曼的二因素说，提出了能力的层次结构理论（见图10-2）。他认为，能力的结构是按层次排列的。智力的最高层次是一般因素（G）；第二层次分两大群，即言语、教育方面的因素与操作、机械方面的因素，叫大因素群；第三层为小因素群，包括言语、数量、机械信息、空间信息、用手操作等；第四层次为特殊因素，即各种各样的特殊能力。弗农的能力层次结构理论像生物分类学的分类系统那样来设想能力的结构。

弗农在斯皮尔曼的 G 因素和 S 因素之间增加了大因素群和小因素群，尤

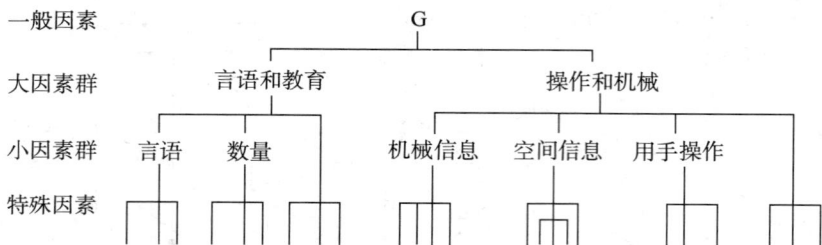

图 10-2　能力的层次结构模型

其把大因素群分为言语和教育以及机械和操作，得到了脑科学研究结果的支持，即大脑左半球以言语机能为主，右半球以空间操作机能为主，从而明显改变了把一般因素和特殊因素相互对立的状况。

三、能力的信息加工理论

（一）智力三元论

美国心理学家斯腾伯格（Sternberg，1985）提出了智力的三元理论，认为人的智力活动总是在一定社会文化环境背景下发生发展的，不同文化条件下判断智力活动的标准不同，但是，相同的智力活动的内在心理机制是相同的。智力活动不仅与个体所处的社会文化环境有关，而且也与其内在的心理机制有关，一个人的经验是实现自身内心世界与外部环境之间联系的纽带。斯腾伯格认为，大多数的智力理论是不完备的，它们只从某个特定的角度解释智力。一个完备的智力理论必须说明智力的三个方面：即智力的内在成分、这些智力成分与经验的关系以及智力成分的外部作用。这三个方面构成了智力成分亚理论、智力情境亚理论和智力经验亚理论。

智力成分亚理论（或组合性智力）阐述解决问题时的各种心理过程，即个体智力与其内在活动的关系，主要处理个体内部的心理关系，被认为是智力三元结构的核心。它又包含三个层次的成分：①元认知成分，它对高级认知加工过程进行计划和监控，并对结果进行评价。②操作成分，主要用于任务操作时执行不同的策略，包括信息的编码、信息的组合和信息之间的比较以及反应等。它接受元成分的指令，进行各种认知操作，并提供信息反馈。③知识获取成分，主要用于个体获得信息和新知识的过程。

智力情境亚理论（或适应性智力）说明智力在日常情境中具有适应当前环境、选择新环境和改变旧环境的功能。一般来讲，个体总是努力适应他所处的环境，力图与环境之间建立一种和谐。当和谐的程度低于个体的满意度时，就是不适应。当个体在一种情境中感到不能适应或不愿适应时，他会选择能够达到的另一种和谐环境，此时，人们会重新塑造环境以提高个体与环境之间的和谐程度，而不只是适应现存的环境。

智力经验亚理论（或经验性智力）阐明个体智力与经验之间的关系，主要处理个体解决新问题以及随着经验的增加而将这种认知活动自动化的能力。新任务是个体以前从未遇到过的问题，新情境具有新异性、富于挑战性。当遇到新问题时，有的人能够应用已有的知识和经验来解决它，有的人则束手无策。在面临新情境时，有的人能很好地应对自如，有的人则不知所措。心理操作的自动化过程即信息加工的自动化过程，这种能力是智力的重要成分。人们在进行复杂任务的操作时，需要运用许多操作化的过程，只有许多操作自动化之后，复杂任务才容易完成。从经验的角度而言，当个体的行为含有对新异性情境的适应或操作上的自动化时，就表现为一种智慧行为。它在一定程度上反映了处理新任务和新情境的能力以及对信息的加工能力。

（二）智力的 PASS 模型理论

智力的 PASS 模型理论由戴斯和柯尔比（Das & Kirbk，1990）等人提出。此理论来源于神经心理学和认知心理学，是以认知过程来重建智力，依据大脑的活动来概括认知过程的新智力理论。PASS 模型即"计划—注意—同时性加工—继时性加工"（Planning-arousal-simultaneous-successive，PASS）模型。该理论认为，智力有三层认知功能系统：①注意—唤醒系统，它是整个系统的基础，是个体对信息进行编码加工和作出计划的基本功能系统，起激活和唤醒作用。个体只有达到适宜的觉醒状态，才能够接受和加工信息。如果第一机能单元表现不充分，则会因第二、第三机能单元过高或过低的唤醒而导致在信息编码（同时性加工和继时性加工）、计划以及选择和组织反应中发生障碍。②同时—继时性加工编码系统，处于中间层次，它与一个人接受、加工、维持来自外界环境的信息有关。同时性加工过程，即同步地整合刺激信息，主要是空间整合；继时性加工过程，即将刺激信息整合成暂时的系列组合。此过程是整个认知系统的核心。③最高层次的计划系统，主要负责智力活动的计划性工作，对操作过程进行监控和调节。戴斯等人认为，计划是人类智力的本质，因为它涉及提出新问题、解决问题和自我监控以及运用信息进行编码加工的能力。计划过程通过使用与知识相关联的注意、同时性加工、继时性加工过程，为个体提供决定并运用新的有效方法解决问题。三个系统协调合作，保证了一切智力活动的运行。注意、信息编码和计划之间是相互作用和相互影响的。计划过程需要一个充分的唤醒状态，才能使注意达到集中，进而促使计划的产生。编码和计划过程也是密不可分的，现实生活中的任务往往是以不同的方式进行编码，个体如何加工这种信息是计划的功能，所以，同时性或继时性加工要受到计划功能的影响。

第三节　能力的个别差异

"世界上没有两片相同的绿叶"，也就没有两个能力完全相同的人。人和人之间的能力有着明显的差异，这些差异的形成和人的先天素质、后天所处的社会生活条件、教育以及个体从事的实践活动具有密切的联系。能力的个别差异主要表现在能力类型的差异、能力发展水平的差异、能力表现的早晚差异以及能力发展的性别差异四个方面。

一、能力类型的差异

能力类型的差异是指一般能力和特殊能力两种能力类型上的差异。一般能力的差异主要表现在知觉、记忆、言语、思维和想象方面。

（一）知觉方面

①综合型：知觉具有概括性和整体性，但分析能力较弱。

②分析型：对事物的细节能清晰地感知，分析能力较强。

③分析综合型：知觉兼有上述两种类型的特点。

（二）记忆方面

①视觉型：视觉识记效果较好，画家多属于此类型。

②听觉型：听觉识记效果较好，音乐家多是听觉型的。

③运动型：有运动觉参与时识记效果较好，如运动员。

④混合型：运用多种表象时识记效果较好，大部分人属于此类型。

（三）思维和想象方面

根据高级神经活动中两种信号系统谁占优势，可以分成三种类型。

①艺术型：此类型的人第一信号系统占优势，在感知方面印象鲜明，并以事物的直观形象为识记材料，思维和想象也具有鲜明的形象性，比较容易发展音乐、舞蹈、绘画等艺术活动能力。

②思维型：此类人以第二信号系统占优势，他们倾向于逻辑构思、推理、抽象概括等活动，有利于发展数学、哲学、物理及语言等学科的学习和研究能力。

③中间型：兼有两种信号系统的活动，大多数人属于此类型。

一般能力类型的差异具体见下表：

知觉活动	记忆活动	思维与想象
分析型	视觉型	艺术型
综合型	听觉型	思维型
分析综合型	运动型	中间型
	混合型	

在特殊能力类型方面，人的差异就更大了。有的人擅长绘画，有的人擅长音乐，有的人擅长写作，有的人有数学天赋。

二、能力发展水平的差异

能力发展水平的差异主要指智力表现高低的差异。儿童的智力发展水平分为三个等级：超常、中常、低常。国内外的研究表明：智力水平在人口总体中呈常态分布，即两头小，中间大。大多数人的智商处于中间水平，而且差异不是很大，智力低下和智力超常者只占极少部分。我国心理学工作者对 228 000 名儿童的智力调查结果表明：低常和超常各占千分之三。

（一）智力超常

智力的高度发展叫超常。超常儿童是指智力发展显著地超过同龄常态儿童的水平，或具有某方面突出发展的特殊才能，能创造性的完成某种或多种活动的儿童。目前认为，凡智商达到或超过 140 的儿童均为超常儿童。超常儿童的特点：观察事物细致、准确，注意力集中，记忆速度快、准确而牢固，思维灵活，有创造性，不易受具体环境的局限。

与一般儿童相比，超常儿童往往在各种能力方面发展得比较早，速度比较快，但不代表一定能取得高成就。智力与创造力是两个不同的概念，高智商不代表高创造。

（二）智力低常

智力低常也叫智力落后或者弱智，是指智力发展水平显著低于同龄人的儿童，他们的智商通常在 70 分以下，其明显的特征是智力低下或适应不良。智力低常分为轻度、中度、重度三个等级。

①轻度：其智商在 70～50 分，他们一般生活能自理，能够从事简单劳动，但学习及应付新环境困难，很难领会学习中抽象科目的内容。

②中度：其智商在 50～25 分，他们生活自理有困难，行为动作基本协调或部分有障碍，只能说简单的字或极少的生活用语。

③重度：其智商在 25 分以下，生活不能自理，动作、生活都困难。

智力低下儿童的一般特点：知觉速度缓慢，范围狭窄，内容笼统、贫乏；对词和直观材料的记忆都很差，再现时错误多；语言发展迟缓、词汇量少、缺乏连贯性；认知活动缺乏概括力；严重丧失生活自理能力。造成智力低下的原因很多，有先天性的，有后天性的。先天因素有遗传性的，也有在胎儿期发生的脑障碍所致。后天的因素包括后天的脑损伤或缺乏良好的学习环境，成长过程营养比较差等。

低常儿童有学习生活障碍，但并不是学习上有困难的儿童都是智力低常。学习困难又叫学习障碍，是在智力正常或超常的情况下，某种学习技能存在缺陷。学习困难可以通过特殊的心理、行为训练进行矫正。

儿童的低智商并不是一成不变的，在生活早期对儿童进行特殊的训练和治疗，智商会得到较大的提高。

三、能力表现的早晚差异

人的能力的发展有早有晚，有些人能力表现较早，年轻时就表现出卓越才能，我们称为"早慧"。如王勃 10 岁能赋；李白 5 岁通六甲，7 岁观百家；杜甫咏凤凰；秦国时期的甘罗，12 岁被封为上卿，出色地完成了说服赵国割让 16 座城池给秦国的任务。此外，还有汉代科学家张衡、明代地理学家徐霞客以及现代诗人郭沫若，都是幼年时就表现出非凡智力。在国外，音乐家莫扎特 5 岁开始作曲，8 岁试作交响乐，11 岁创作歌剧。"早慧"在艺术领域比较常见。儿童早慧的主要原因是优异的先天素质、良好的环境教育及儿童本身良好的个性品质等。

另一情况叫"大器晚成"，是指智力的充分发展在较晚的年龄才表现出来。这些人在年轻时并未显示出个人的能力，而在中年才崭露头角。如齐白石 40 岁才显示绘画才能；达尔文 50 多岁才写成了《物种起源》，年轻时并无突出成就；拿破仑在学校被称作庸才；丘吉尔在预备学校念书时倒数第一，第四次才考上军事学院。所以，歌德说："是玫瑰总会开花的。"

以上事实告诉我们，不能对儿童的智力过早地下结论。一位心理学家说过："如果你仅凭一次测验来决定孩子有无发展前途，则必然会漏掉 70% 的人才。"

四、能力发展的性别差异

20 世纪 30 年代，许多研究发现，男女在一般智力因素上没有性别差异。40 年代，自韦氏智力量表问世后，使智力测验不仅能考察一般智力因素，还能测查特殊智力因素。通过对 8～11 岁儿童进行韦氏智力测验，结果发现，男女没有明显的差异，男女儿童在不同智力方面显示出各自的优势。劳森等（1987）分析了韦氏智力测验中的 1 100 名女孩和 1 099 名男孩，发现女孩在言语量表上高于男孩，而在操作量表上则低于男孩。研究表明，性别差异并未表现在一般智力上，而是反映在特殊智力因素中。

在数学能力方面存在着性别差异。数学能力是对数学原理和数学符号的理解与运用能力，这种能力主要表现在计算和问题解决上。海德（1990）纵观 40 年来 100 个有关的研究，经过元分析发现：女生在计算能力上具有一定优势，但这种优势只表现在中、小学阶段；在问题解决上，女生在中学时期稍微好些，而在高中及大学阶段男生表现比较好。一些研究还表明，男生在竞争性数学活动中比女生好，而女生在合作性数学中比男生好。

言语能力方面存在性别差异。言语能力是对语言符号的加工、提取、操作的能力，表现在听、说、读、写四个方面。胡佛尔（1987）总结了 3～8 年级的一系列研究后发现，女生言语能力普遍比男生好。在各种言语能力中，以词的流畅性所显示的女性优势最为明显，而言语推理能力则男性占优势。

空间能力存在性别差异。研究表明，在空间知觉和心理旋转测验中，男性明显优于女性；在空间想象力测验中，男女差异不明显。[①]

第四节　能力的测量和培养

一、能力的测量

（一）一般能力的测量

一般能力的测量即智力测验，是通过测验的方法来衡量人的智力水平高低的一种科学方法。能力的测量由来已久。例如，《文心雕龙》的作者刘勰用一手画方的同时另一手能否画圆来判断人的注意分配能力；杨雄用言语和书法的速度判断人的智慧。此外，七巧板、八卦阵、九连环都是用来测量人的能力的。但真正科学而又系统的测验却开始于近代。下面我们介绍几种经典的智力测验。

1. 比奈—西蒙量表

1905 年，法国心理学家比奈和医生西蒙编制了世界上第一个智力测验量

---

① 彭聃龄：《普通心理学》，第 3 版，417 页，北京：北京师范大学出版社，2004

表，称为"比奈—西蒙"量表。这套量表是以智力年龄表示儿童智力水平的。该量表把难易不同的题目按年龄顺序加以编排，每岁有六个题目，每通过一组题目，智力年龄就增加一岁，智力年龄超过实际年龄表示比较聪明，智力年龄小于实际年龄表示智力落后。

2. 斯坦福—比奈量表

智力年龄这个概念虽然可以对同一年龄儿童的智力水平进行比较，但不能比较不同年龄儿童的智力发展水平。因此，用智力年龄表示智力水平有一定的局限性。1916年美国斯坦福大学教授推孟把比奈—西蒙量表加以修复，修订后的量表被称为斯坦福—比奈量表。斯坦福—比奈量表中提出了智商的概念，智商是智力商数的简称，是智力年龄与实际年龄之比，为避免出现小数，再乘以100。用智商表示人的智力水平相对来说比较科学。

智商（IQ）＝智力年龄（MA）/实际年龄（CA）×100

智力年龄又叫心理年龄。斯坦福—比奈量表中，每个年龄有6个题目，每个题目代表两个月的智力年龄。

例如，甲、乙、丙三个儿童，实际年龄都是10岁，甲通过了12岁的题目，其智商为120；乙通过了8岁的题目其智商为80；丙通过了10岁组的题目，其智商为100。一般认为，智商在70以下属于智力落后；智商在70～90表明智力上稍有缺陷；一般人的智商在90～110；智商在120～140，表明智力优秀；智商在140以上，属于智力超常（或叫天才）。智力普查的结果表明，智商在70以下的和智商在120以上的约占人口的百分之三，智商在50以下和140以上的，约占人口的千分之三。

推孟用智力年龄与实际年龄之比求智商，是假定心理年龄与实际年龄是平行增长的，但实际情况却并非如此。人的智力发展速度前后是不一致的。一般说来，智力的发展是先快后慢，智力发展到一定阶段后会稳定在一定水平上，不再随年龄而上升。可见，该量表也有很大的局限性，只适用于测查16岁以下儿童的智力。

3. 韦克斯勒量表

从1939年开始，美国著名医学心理学家韦克斯勒研制出了新的智力测验量表——"韦克斯勒量表"或叫"韦氏量表"。这套量表有三个分量表，韦氏成人智力量表（WAIS）适用于16～75岁的成人；韦氏儿童智力量表（WISC）适用于6～16岁的少年儿童；韦氏学前儿童智力量表（WPPSI）适用于4～6岁的幼儿。

韦氏量表包括言语和操作两个分量表，言语量表包括：词汇、常识、理解、回忆、发现相似性和数学推理等；操作量表包括：完成图片、排列图片、事物组合、拼凑、译码等。韦氏量表不仅可以测出智商的一般水平（综合智力），还可以测出智商的不同侧面：言语智商和操作智商。

韦克斯勒还改革了智商的计算方法，将比率智商改为离差智商，离差智商是指一个人的成绩与同龄组受试者的平均成绩相比较而得出的相对位置。韦克斯勒还测出，人的智力测验分数呈常态分布，大多数人的智力处于平均水平，IQ＝100，离平均数越远，获得该分数的人数越少；人的智商从最低到最高，变化范围很大，智商分布的标准差为15。

离差智商的计算公式为：

IQ＝100＋15×（X−$\overline{X}$）/S

X是个体测验的原始分数，$\overline{X}$是同龄组的平均分数，S代表群体分数的标准差，100是常数，15是智商分布的标准差。

这样，只要我们知道了一个人的测验分数、他所属的群体的分数和群体分数的标准差，就可以计算出他的离差智商。例如，某个体测验分数为85分，个人所在年龄组的平均分数为80分，标准差为5，那么，他的智商IQ＝100＋15×（85—80）/5＝115。根据人类智力正态分布的原理，就可以说明这个人的智力比84%的同龄人要高。所以，离差智商表示一个人与同龄组大多数人智力平均水平的相对地位，此量表适用于个别测验。

斯坦福—比奈智力测验和韦克斯勒智力测验是当前国际上最常用的两种智力测验。

（二）特殊能力测量

特殊能力测量常用于测定人们从事某种专业活动的能力，在人才鉴定和选拔中使用较多。在特殊能力测量之前，要先对活动进行分析研究，找出它所要求的心理特征和能力结构，然后根据这些心理特征列出测验项目进行测验。如对音乐能力测验，以西肖尔提出的一种测验较为著名。他认为音乐能力包括音乐感觉能力、音乐动作能力、音乐记忆能力、想象能力、音乐智力、音乐情感六个方面，并分别列出六个项目方面的测验。除此之外，还有运动能力测量、文学能力测量、数学能力测量等测验，还包括美术、机械、飞行、管理、侦查等特殊能力测验。

学业能力测验是在学校教育中被广泛应用的一种特殊能力测验，它所测量的是影响学生学业成绩的基本能力，学校的考试考查也是学业能力测验，但这种能力有时信度效度较差，而且标准化较差。

特殊能力测验主要用于选拔某种专业人才并预测他们今后的职业成就，使各个部门对现有工作人员的能力提出要求和进行训练。用于教育上，可以及时发现有特殊才能的儿童，以便专门培养和训练。也可以使教师了解学生的能力差异，最大限度的促进学生能力的发展。

（三）创造力测量

创造力测验不同于一般智力测验。智力测验一般为常识性的，并有固定的答案的问题，因而测量的结果主要反映个人的记忆、理解和一般的推理能力。而创造力测验的内容，不强调对现成知识的记忆和理解，而强调思维的流畅性、变通性与超乎寻常的独特性，问题的答案也非唯一和固定的。

创造力测验的典型代表人物是美国心理学家吉尔福特，他发现智力测验主要测量的是认知和辐合思维，而创造性活动虽然需要辐合思维，但更需要发散思维的参与，因此创造性思维应该测试被试的发散思维。

以华来奇和科甘（1965）的研究为例，他们用一系列的测验测量儿童思维的流畅性：

①尽量说出几种常见东西的用途，如鞋子、软木塞等；

②尽量说出一对物体相似的地方，如火车与拖拉机、马铃薯与胡萝卜等；

③尽量列举一个抽象范畴所具有的各种实例，如圆形的东西有水珠、皮球、盖碗等；

④在看到某个抽象图形或线条画时，尽量说出你所想到的意义。

研究者记录了儿童所作出的反应数量和具有创造性的反应数量，通过这两方面的度量，就可以了解儿童思维的流畅性和独创性。

巴郎（1958年）研究设计了一系列的测验，研究那些富于创造性的科学家和艺术家。这些测验包括：解释墨迹图；用彩色方块拼图；在一个微型舞台上创造一种舞台设计；完成一些未画完的图画；说明自己对图片和图案的艺术爱好；根据随机抽取的名词、形容词和动词，尽量编出词汇众多的故事。从这些测验中发现，富于创造性的人都喜欢复杂的、不对称的、生动的图画。在选自己喜爱的图片和进行拼图时都是这样。在墨迹测验和符号意义测验中，他们都喜欢作出不同寻常的反应。

除上述创造力测验外，还有很多种创造力测验。如不寻常用途、后果推测、故事结尾、非直接联想、词的联想等。

许多研究表明，智商和创造力分数之间相关较低，但存在正相关。智商高的人不一定创造力高，一般说来，智商中上等水平的人创造力比较高。

二、智力测量的标准化问题

智力测量是心理测量的重要方面。智力测量的好坏关系到能否真实、准确地度量出人的智力水平。标准化的智力测量要求有常模、信度、效度、施测程序与计分方法，这是评定测量质量优劣的主要技术指标。

（一）标准化与常模

智力测量的工具是智力量表。智力量表的编制需要经过标准化处理过程才能使用。所谓标准化是指测量量表编制时要经历四个标准式的步骤：

第一，按照测量的性质选择具有代表性的测验题目。

第二，选取具有代表性的被试，确定标准化样本。

第三，施测程序标准化。要使测量准确有效，就要使测量的施测和评分都有统一的标准。

第四，统计结果，建立常模。

常模是在测量时取得的某个常模团体的平均分数。常模是不固定的，是随着社会的发展、时代的变迁发生变化的。因为人的心理发展除了受生物性因素影响外，还要受社会生活条件和教育的影响。因此，随着社会的发展、科技的进步，人们受教育的水平也在不断提高，个体的心理水平也在不断发生变化，有些过去求得的常模今天未必适用。所以，常模具有时间性。同时常模也具有空间性，在一个地域辽阔的国家中，各地的情况有所不同，在某地获得的常模不能直接用于其他地区。

（二）信度

信度是指测量的可靠程度与稳定性，它以反复测量时能否提供相同的结果来看测量的稳定性。如果一个测量对同一个人施测多次，多次测量的结果基本相同，则可认为这个测量是稳定可靠的，即信度高。反之，如果某个测量对某个学生多次施测，每次测量的得分变化不定，则说明这个量表的信度较低。不同的测量要求不同的测量信度。

（三）效度

效度是指一个测验欲测量某种心理特征的准确程度，也称为测量的有效性或准确性，是指测量内容或量具能够确实测量到与预期所欲测量的内容相符合的程度，它是衡量一个智力测验量表好坏的重要指标。

信度与效度的关系非常密切。信度是对测量一致性程度的估计，效度是对测量结果准确性的估计。信度不高的测量是无效的，但信度高的测量并不一定效度高，而效度高的测量必须要求信度高。

三、能力的形成和培养

(一) 影响能力形成的因素

当前，越来越多的人认为，遗传和环境因素对能力形成和发展都是重要的，能力主要是这两种因素相互作用的结果。遗传因素和环境因素的作用是无法分离的，两者相互依存，彼此渗透，致使能力得到发展。

1. 遗传的作用

心理学家通过对同卵双生子、异卵双生子及养子女同亲生父母和养父母能力发展的关系研究发现，同卵双生子之间的智商相关最高，无血缘关系者之间的智商相关最低；生父母与亲生子女之间的智商比养父母与养子女之间相关高，这是因为前者包括遗传因素和环境因素的作用，后者只包括环境因素的作用。遗传作用对能力的影响会随着年龄的增长而加强。遗传对智力的影响主要表现在身体素质上，如感官的特征、四肢及运动器官的特征、脑的形态和结构的特征等。身体素质是能力发展的自然前提，没有这个前提，就不能发展相应的能力，如脑发育不健全的儿童，就不可能发展计算能力；天生盲人难以发展绘画能力等。但是，素质本身不是能力，也不能决定能力，它仅仅提供能力发展的可能性。具有相同素质的人，可能会发展多种不同的能力；而良好的素质如果没有受到培养、训练，也得不到应有的发展。由此可见，遗传对能力的形成和发展影响是很大的。但也不能夸大其作用，重视后天的教育和实践，才能使能力发展的可能性变为现实性。

2. 环境和教育的影响

环境指客观现实，包括自然环境和社会环境。一般认为，大多数儿童的素质相差不大，其能力发展差异主要是环境、教育和实践活动所造成。环境对能力形成的影响，主要包括产前环境、早期经验及学校教育的作用。[①]

(1) 产前环境

我国早就有"胎教"的主张。胎儿出生之前生活在母体环境中，这种环境对胎儿的生长发育以及出生后智力的发展都有重要影响。许多研究表明，母亲怀孕年龄常影响到儿童智力的正常发展。母亲怀孕年龄在 26～29 岁，儿童的智力水平相对高一些。以唐氏综合征发病率为例，母亲年龄低于 29 岁，其发病率只有三千分之一，而母亲怀孕年龄在 45～49 岁，其发病率为四十分之一。这种儿童的脑袋小而圆，眼睛向外、向上斜，鼻梁翘，嘴巴小，嘴角向下，舌

---

① 彭聃龄：《普通心理学》第 3 版，435 页，北京：北京师范大学出版社，2004

头突出在外，他们的智力大部分低下。另外，母亲在怀孕期间服用各种药物、营养不良、情绪消极等都可能影响到儿童的肢体或智力。

（2）早期经验

一些研究表明，人的神经系统在出生后的头四年内获得迅速发展，为能力的发展提供了物质基础。发展能力要重视早期教育的作用。瑞士心理学家皮亚杰认为，人的智力发展的关键是从出生到 4 岁。美国心理学家布鲁姆认为：如果把 17 岁达到的智力水平比作 100%，那么 50% 是在 4 岁前获得的，80% 是在 8 岁前获得的。许多早慧儿童包括智力超常儿童，大多都是重视早期教育的结果。一些实验研究发现，丰富的环境刺激有利于儿童能力的发展。孩子出生后，如果睡在有花纹的床单上，床上方吊着会转动的音乐玩具，他们仰卧时就能自由的观察这一切，两周后，婴儿就试着抓这些东西，而没有提供刺激的婴儿，这个动作要在 5 个月才出现。实践表明，在早期教育中，父母付出一倍，儿童可以有十倍的收获。早期教育可以说是事半功倍。

早期教育对于那些智力迟钝的儿童也很有必要。一些实践表明，如脑瘫儿或是智力低下儿童，如果早发现，早期注重培养，智力提高的可能性是比较大的。对小白鼠的一项研究发现，小白鼠幼仔和成年的小白鼠在切除一部分脑皮层之后，幼年小白鼠的脑细胞发育更快，恢复能力更强。同样也可以应用到人类的研究上，幼儿脑细胞发育修复能力较快。所以，在早期教育中，幼儿的学习能力要比很多成年人强。

还有一些研究发现，那些缺乏母亲抚爱的婴儿，可能出现智力发展上的问题。有安全感的孩子喜欢探索环境，而探索环境正是能力发展的重要条件。

早期教育除了对儿童智力发展有很大影响外，对儿童其他方面也有重要影响，如培养孩子良好的学习习惯、良好的性格及道德品质，早期教育都是非常关键的。不过，在重视早期教育的同时，也应具有正确的教育观念和教育行为，不能拔苗助长。

（3）学校教育的作用

学校教育是对一个人进行有目的、有计划、有组织的影响。学生通过系统的接受教育，不仅可以掌握知识和技能，而且可以发展能力和其他心理品质。

能力不同于知识、技能，但又与知识技能密切相关。对于儿童和青少年来讲，掌握知识和技能是发展能力的关键。在学校中，课堂教学的正确组织，教师要求学生回答问题准确、严密、迅速，学生经过长期的学习和训练，思维能力和言语能力就会得到提高。课外实践也会发展学生的能力，如在课外活动中出现的小发明家、小气象家、小画家等，这对学生能力的发展及一生的事业有极其重要的影响。

3. 实践活动的影响

人的各种能力是在实践活动中最终形成的。离开实践活动，再好的素质，也没有办法获得相应的能力。人的能力也是在实践活动中得到发展的。长期从事某方面的工作，个体相应的能力就会得到提高，如常品茶的人能很容易察觉泡茶的水平。染色工人的颜色辨别能力、音乐工作者的音乐听觉能力等都是在长期的实践锻炼中逐步提高的。大学生参加一些社会实践活动，不仅能认识到知识的价值，同时还可以提高个人的动手实践能力、人际交往能力和社会适应能力，为以后的工作和就业打好基础。

4. 人的主观能动性对能力发展的影响

能力的发展离不开个人的主观能动性。例如，一个人如果能够刻苦努力，积极向上，具有广泛的兴趣和强烈的求知欲，他的能力就会得到很好的发展。相反，能力的发展就会受到影响。高尔基指出：才能不是别的什么东西，而是对事业的热爱。当人们迷恋自己的学习和工作，对学习和工作充满热情时，就给能力发展提供巨大的动力。

坚强的意志是一个人能力提高及成功的关键，勤奋是能力提高的必需品。爱因斯坦在回答一位年轻人的问题时曾说过：成功＝勤奋＋机遇＋时间的利用。可见，一个人能力的提高是和很多心理品质分不开的。

能力的发展还依赖自我分析和自我评价。一个成功的人或是有能力的人，除了具备以上的一些条件外，同时还要对自身进行很好的分析和评价，如知道自己的不足和优势，发展个人的特长等，这样才能使个人能力得到更好更迅速的发展。

总之，能力的形成和发展依赖各种因素，各种因素在每个人身上对各种能力的影响是无法精确估算的。遗传、环境及主观努力在能力发展中都非常重要，缺一不可。

（二）能力的培养

1. 重视早期教育，适时进行早期教育

苏联生理心理学家巴甫洛夫说："婴儿降生的第三天开始教育，就已经迟了两天。"发展智力的关键是要抓紧早期教育。如果没有早期教育，即使有最优秀的先天素质也无济于事。苏联教育家马卡连柯说："教育的基础需要是在5岁前奠定的，它占整个教育过程的90％。"意大利著名儿童教育家蒙台梭利说："儿童出生后头三年的发展，在其程度和重要性上超过儿童整个一生中的任何一个阶段。"中国也有句俗话："3岁看大，7岁看老。"那么如何进行早期教育呢?

所谓早期教育是指在0~6岁这个智力发展的关键期,给儿童的大脑以恰当的信息刺激和训练,就是在各种智能发展的最佳期给予相应的教育。进行早期教育要注意以下几点。

(1)加强营养,能促进儿童脑的生长发育

物质营养是指儿童的食品要有全面的营养素。营养学家非常强调营养对智力发展的作用。他们指出:"智力是吃进去的。""民族的命运取决于他们吃什么和怎样吃。"脑科学的研究表明,营养不良会造成脑神经的数目比正常儿童少,体积比正常儿童小,从而影响智力的发展。

(2)抓住智力发展的关键期

关键期又叫敏感期,最初是奥地利动物学家劳伦茨提出来的。劳伦茨发现,小鹅出生后一两天有一种追随老鹅的现象,劳伦茨就把这种追随现象叫印刻现象。但印刻现象的时间极短,于是他就把印刻现象发生的时期叫敏感期。

各种智力的发展也有最佳期。心理学家认为,口头言语的最佳期是2~5岁,书面语言在4~5岁,认字的最佳期是3岁,数概念的最佳期是5~5.5岁。同样,学音乐、学绘画都要在人生早期。有人说,一个人要想成为小提琴手,要在3岁时开始训练;要想成为钢琴大师要在5岁前开始学习。总之,0~6岁是各种智能发展的最佳期。一个人学音乐、学美术、学外语、学游泳等都要在生活的早期接受相应的教育,迟了就难以取得成就。早期教育既能培养兴趣,又能开发潜能。

2.通过教学活动发展学生的能力

能力是在掌握和运用知识、技能的过程中得到发展的。如在语文课学习中,听、说、读、写各种练习,能够培养学生的理解力、语言表达能力、记忆力、材料的组织能力;数学知识的学习,可以使学生的概括能力、空间想象能力、计算能力、判断和推理能力得以发展。但不是所有的教学都能发展能力。教学既可以促进能力的发展,也可能妨碍能力的发展。教学中发展能力取决于一定的条件:即教学内容的正确选择、教学过程的合理安排和教学方法的恰当运用。

合理安排所学内容的前后顺序,科学地组织学与练的结合,是能力发展的前提。要重视苏联教育家维果茨基"最近发展区"的理论使教学走在能力发展的前面,充分发挥教学在促进学生发展和智力开发方面的作用。

良好的教学方法是促进能力发展的重要条件。在教学过程中,教师要采用灵活多样的教学方法,让学生积极参与学习活动。例如,讨论、探究、发现等启发式教学能创造出激发学生思维的学习情境，改变以教师为中心的传统教学形式，使学生在教师的指导下，大胆想象，积极思维，主动发现问题、分析问题、寻找答案，不断体验探索的艰辛和成功的喜悦，既激发了学生的学习动机，也培养了学生创新精神和分析问题、解决问题的能力。

3. 加强实践教学，促进学生能力的发展

能力是在实践活动中发展起来的。学生拥有知识技能本身并不等于拥有能力，只有积极参与社会实践活动才能发展各种能力。因此，在教学活动中，教师要注意开辟第二课堂，组织和引导学生积极参与，如文体活动、文学社团活动和编织、雕塑、科技、种植、饲养等活动。在第二课堂的各种活动中，学生要勤于动手动脑，运用已有的知识经验去实践、去操作、去实验，从中不断地发现问题、解决问题，进而才能使他们的各种能力得到发展。

4. 教师应坚持正确的观点，促进学生能力的发展

首先，教师应该认识到，在能力发展上每个学生是不可能齐头并进的，但任何儿童都有其能力潜在力量和独特之处。学生的个别差异是多方面的，有认识能力的差异，有知识技能的差异，还有个性特征的差异。这些差异都会影响学生能力的发展。教师的任务之一，就是要了解学生的个别特性，发现问题，因材施教。如果是知识技能方面的缺陷，就可以着手从这方面培养，提高学生的知识技能水平。如果是个性方面的问题，应着重进行非智力因素的培养。动机、兴趣、情感、意志、性格等非智力因素，虽不直接参与智力活动的操作，但对智力活动起着十分重要的作用。非智力因素在智力活动中具有动力和调节效能。俗话说："勤能补拙"，在实践活动中，智力和非智力因素是相互制约、彼此促进的。因此，在开发智力，发展能力的过程中，绝不能忽视非智力因素的培养。

其次，教师不应歧视在某些能力方面有缺陷的学生，应鼓励他们树立信心，扬长避短。在能力的培养上，教师既要因材施教，又要一视同仁，采用适当的方法使学生长善救失，人尽其才。

阅读材料：创新人才的培养

纵观古今中外，创新人才的成长都遵循一定的规律，从创新人才个体成长的角度，其成功的经验有如下一些规律。

一、选准目标，坚持不懈

在依据自己最佳才能，选准成才目标的前提下，集中精力，目标始终如一，形成聚焦效应，形成突破性的创造能量。

（一）选择目标，尽快找准突破点。选择自己事业的目标，学会聚焦，将全部精力对准、凝结在自己选择的目标上。找准突破点：一要善于捕捉、筛选、浓缩各种信息；二要进入前沿阵地，大胆涉足科学和学术上无人区和危险区；三要讲究探寻的科学性、遵循规律。

（二）专一进取，善于"舍弃"。马克思说，天才是集中注意力。许多科学家都有广泛的兴趣爱好，但为了取得创新成功，不得不忍痛割爱，甚至抛弃原来所熟悉、热爱的专业，而转向具有战略意义的抉择目标。

（三）坚持不懈的意志。创新活动是一个艰苦的过程，因为创新都是做前人没有做过的事情，走前人没有走过的路。在创新的过程中越是坎坷的道路，越是严峻的环境，就越要执著地追求，越要拼命地奋进。

二、好奇质疑，兴趣浓厚

（一）科学发现的起点是好奇质疑。好奇质疑是人才求知欲的具体表现，又是潜在的创造因素。一般来说，好奇质疑的愿望越强，渴求获得知识的心情就越迫切。好奇质疑是向科学发现、发明迈出的第一步。爱因斯坦说："思维世界的发展，在某种意义上说，就是对惊奇的不断摆脱。"

（二）探索问题的力量是兴趣爱好。那些具备创新特质的人，总是兴趣非常广泛、爱好非常执著的人。兴趣爱好对创新人才的成长和成功是一种持久的重要因素。兴趣爱好对创新人才的作用有两点：一是为未来的创新活动打好坚实的知识和理论基础；二是对正在进行的创新活动给予推动，促进创新活动成功。创新人才从爱好中获得了追求科学的原动力，去主动地进行创新。

（三）探索精神的核心是寻根究底的追求。刨根问底是对科学追求的一种执著，是对科学本质和规律寻求真理的强大动力，没有这种寻根究底的精神，就不会为创新活动努力奋斗，至死不渝，更不会有更大的创新成果。

三、善于实践，超常勤奋

（一）天才等于勤奋。世界著名文学家高尔基说："天才就是勤奋。人的天赋就像是火花，它可以熄灭，也可以燃烧起来，而逼它燃烧成熊熊大火的方法只有一个，就是勤奋、勤奋、再勤奋。"

（二）实践是成功的桥梁。在实践中锻炼自己，在实践中积累知识和经验，在实践中大胆创新，是古今中外历史上很多成功人士的必经途径。

（三）创新成果是艰苦奋斗的结晶。卓越的创新人才都是终身下苦工夫的人。终生奋斗便是天才。创新活动是一项艰苦的长期性劳动。一项重大的创新成果，往往要经过几十年的艰苦奋斗。很多著名的科学家都在生命的最后一刻还在坚持工作，真所谓"春蚕到死丝方尽。"任何事情的成功都要有坚持不懈、艰苦奋斗的精神，不能总想着投机取巧。

四、掌握时机，善抓机遇

俗话说："机不可失，失不再来。"任何时候都要努力抓住眼前的机遇，不能让机遇轻易地从眼前溜走。要善抓机遇，目光敏锐，善于留意和发现，并把可捕捉到的机遇发挥到最大值，提高机遇的利用率，这样才可能有更大的创新成果。

五、敢于冒险，勇闯禁区

创新就是要敢于冒险，有惊人的胆识和勇气，不怕失败，为获取新的知识勇闯禁区，为开拓创新另辟蹊径。

六、执著严谨，务实求真

在科学研究中要执著严谨，要忍得住寂寞，要细心也要耐心。俗话说："不会做小事的人，也做不出大事。"科学研究更是要注重细节，脚踏实地，严谨执著，要务实求真，永不满足。鲁迅说："不满是向上的车轮。"对待科学研究要追求完美与卓越，这样才是自己不断挖掘个人潜能的动力，才是尽快成功的一条捷径。

七、思维超前，探寻未知

思维超前是创新的前锋，思维具有前瞻性，善于总结概括，预见性地提出正确的科学理论。丰富的创造性想象为创新开辟道路，多学科知识的掌握是获得最新突破的关键因素。

八、善待得失成败，逆境勇于奋起

对待任何事情都要一分为二，任何结果都是有得有失的，即使失败，失败是成功之母。创新人才要认真对待失败，善于总结和归纳，为下一次取得更大的成功做好充分准备。即使在逆境中，也要矢志不渝。创新人才对待逆境要一不怕，二不折，三以自己的行动克服它或摆脱它，或弥补它，或抛弃它。实践证明，逆境和曲折在正确的认识下，有时反而会变成一种强大的驱动力，使人们能更加勇敢地去拼搏，并在逆境和曲折的斗争中，获得特殊的思想品质与战胜困难的意志力，敢于迎接困难和挑战，战胜困难。世界著名的重量级拳击冠军穆华得·阿里说："什么是胜利？就是被打倒后站起来的次数比对手多。"

资料来源：窦胜功，《智商与情商》，沈阳，辽宁人民出版社，2001

【思考与练习】

一、填空

1. 根据能力在人的一生中的不同发展趋势以及能力对先天禀赋与社会文化因素的关系，可分为_____和_____。

2. 能力的个别差异主要表现在：_____、_____、_____和能力的性别差异。

二、名词解释

能力　智力　流体智力　晶体智力　模仿能力　创造力

三、简答

1. 能力与知识、技能之间的关系如何？

2. 能力的种类有哪些？

3. 简述各种能力理论的主要观点。

4. 智力测验应该注意哪些要求？

5. 结合实际谈谈如何培养学生的能力。

第十一章　气质与性格

【内容提要】

气质与性格是个性心理的特征结构，是个体心理面貌的集中反映。本章将重点诠释现代心理学关于气质、性格的概念、类型和结构以及二者的关系，阐明气质的生理基础、气质在实践活动中作用，阐述气质的测量、性格的培养以及人格测量的方法等。

【学习目标】

1. 理解气质的概念及其相关理论。
2. 理解性格概念及其与能力、气质的关系。
3. 掌握人格测量与鉴别的方法。
4. 能够根据学生气质与性格的特征进行因材施教。

第一节　气质

一、什么是气质

气质是个性中表现最明显、最易为人观察到的心理现象，通常叫做"脾气"或"秉性"，如有的人做起事来雷厉风行、干脆利落，有的人慢条斯理、不紧不慢，有的人爱说爱笑、喜欢热闹，有的人则沉默寡言、喜欢独处等，这些都是气质的不同表现。从心理学角度看,气质是指个体在心理活动中表现出来的典型的稳定的心理活动的动力特征。与其他个性相比,它有两个重要的特点。

(一)气质表现人的心理活动的动力特征

所谓心理活动的动力特征是指心理过程发生时的强度(情绪体验的强度、外显动作的强度等)、速度(知觉、思维反应的速度、情绪体验产生的速度等)、灵活性、稳定性以及心理活动的倾向性(心理活动倾向于外部或内部)等。它常常使人的动作方式、行为举止戴上某种"色彩",例如,有的人稍不如意就暴跳如雷,说明其情绪发生的速度快、强度大;有的人遇事总是冷静沉着、不愠不火,说明其情绪发生慢,也不强烈,这些都是气质的差异及其表现。但是,心理活动的动力特点的表现并不都属于气质特征。因为任何人无论有什么样的气质特点,当他(她)遇到愉快的事情时,总会精神振奋、情绪高涨、干劲倍增;反之,遇到不幸的事情则会精神不振、情绪低落。这种由活动的内容、目的和动机引起的心理活动的动力性表现则不属于气质表现。气质的表现较多地受个体的生物组织所制约。因此,气质不表现人的活动的内容,所以也没有好坏之分。

(二)气质是最稳定的个性特征

气质与能力、性格相比,它是最稳定的个性心理特征,具有天赋性,是与生俱有的。人出生后就带有个人气质的某种特点,例如,有的婴儿喜哭闹、好动、不认生,有的则比较平稳、安静、害怕生人;有的婴儿灵敏,有的则迟钝等;说明气质受个体与生俱有的生物特性所制约。对成人来说也是如此,我们常说"江山易改、禀性难移",指的就是气质具有不易改变的特点。但这种稳定性是相对的,"秉性"难易,并非不能移,在一定环境和教育的影响下,可以有一定程度的改变。

二、气质的类型及行为特征

气质是一个古老的概念。在古希腊语里,其原意是指"比例""关系"的意思。研究气质最早的是古希腊的医生希波克拉底,他认为人体内有四种体液:血液、黏液、黄胆汁、黑胆汁,由于这四种体液在不同的人体内比例配合不同,因而就产生了不同人的不同的行为方式和气质表现。后来古罗马医生盖伦继承了这种体液说,并把人的气质分成多血质、黏液质、胆汁质和抑郁质四种类型。尽管体液说对气质类型的解释缺乏科学依据,但这四种气质类型的名称仍被许多学者采用并一直沿用至今。具体来说,四种气质类型的主要特征如下。

（一）多血质

多血质属于敏捷好动的类型。这种气质类型的人具有很强的耐受性、敏捷性和可塑性，反应速度快，感受性较强。活泼、好动、为人热情、善于交际、适应能力强，常能机智地摆脱窘境。但注意力容易转移，兴趣广泛而多变，做事马虎、坚持性差，情感丰富易表露，心理活动具有外倾性。

（二）黏液质

黏液质属缄默而沉静的类型。这种气质类型的人具有很强的耐受性，善于克制和忍耐；敏捷性、可塑性、兴奋性较弱，他们动作缓慢、遇事沉着、冷静、自制力强，喜欢沉思，善于独处，工作认真踏实，但比较固执刻板、灵活性不足。不易接受新生事物，不能迅速地适应变化了的环境，情绪平稳、不易外露，具有内倾性。

你知道什么是气质吗？你知道四种典型的气质类型吗？
请你看看这四幅图，相信你一定会对胆汁质、黏液质、抑郁质、
多血质这四种典型的气质类型有更深刻的理解。
——［丹麦］皮特斯特鲁普

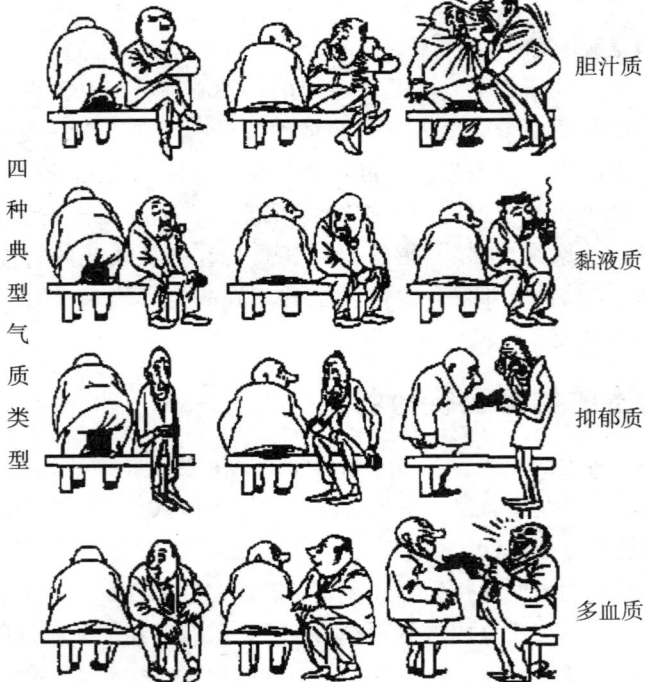

四种典型气质类型

胆汁质

黏液质

抑郁质

多血质

（三）胆汁质

胆汁质属于兴奋而热烈的类型。这种气质类型的人感受性较弱，敏捷性、可塑性均强，兴奋比抑制占优势，他们直率、热情、精力旺盛，遇事反应强烈、易急躁，常感情用事，智力活动具有极大的灵活性。整个心理活动笼罩着迅速而突发的色彩，具有外倾性。

（四）抑郁质

抑郁质属呆板而羞涩的类型。这种气质类型的人感受性很强，体验深刻，他们孤僻、敏感、心细，善于觉察别人不易觉察的事物的细节，情感体验深刻而持久，动作迟缓、行动无力易疲倦，不喜欢出头露面、很少表现自己，具有内倾性。

以上四种气质类型在个体身上的表现，除少数人属于这四种类型的典型代表外，绝大多数人都是混合型，即一种气质类型的某些特征同另一种或多种气质类型的某些特征的混合。

三、气质的生理基础

有关气质生理基础的理论很多，如体液说、阴阳五行说、血型说、体型说、激素说、高级神经活动类型说等。这里仅就影响较大的三种学说加以介绍。

（一）体型说

体型说由德国精神病学家克雷奇默（E. Kretschmer）提出。根据人的体型特点把人分成三种类型，即肥满型、瘦长型、筋骨型。例如，肥满型产生躁狂气质，其行动倾向为善交际、活泼、热情、平易近人等；瘦长型产生分裂气质，其行动倾向为不善交际、孤僻、神经质、多思虑等；筋骨型产生黏着气质，其行动倾向为迷恋、认真、理解缓慢、行为较冲动等。他认为这三种体型与不同精神病的发病率有关。

美国心理学家谢尔顿（W. H. Sheldon）认为，形成体型的基本成分——胚叶与人的气质关系密切。他根据人的外层、中层和内层胚叶的发育程度将气质分成三种类型。

内胚叶型：丰满、肥胖。特点是动作缓慢、爱好社交、情感丰富、随和、有耐性。

中胚叶型：肌肉发达、结实、体型呈长方形。特点是动作粗放、精力旺盛、喜爱运动、自信、富有进取性和冒险精神。

外胚叶型：高大细致、体质虚弱。特点是动作生硬、善于自制、对艺术有特殊爱好，并倾向于智力活动、敏感、反应迅速、工作热心负责、睡眠差、易疲劳。

克雷奇默和谢尔顿的体型说虽然揭示了体型与气质的某些一致性，但并未说明体型与气质间关系的机制。体型与气质的关系并不像他们所讲的那么简单和直接，二者之间并不存在因果关系。

（二）血型说

血型说由日本学者古川竹二提出，他根据血型把人的气质分为 A、B、O、AB 四种类型：

A 型：内向、保守、多疑、焦虑、富于感情、缺乏果断性，容易灰心丧气。

B 型：外向、积极、善交际、感觉灵敏、轻诺言、寡信、好管闲事。

O 型：胆大、好胜、喜欢指挥别人、自信、意志坚强、积极进取。

AB 型：兼有 A 型和 B 型特征。

血液作为人体的一种构成物质也许会对人的气质产生一些影响，但认为气质完全是由血型决定的观点是没有科学根据的。

阅读材料 11-1：值得注意的血型迷信

据报道，山东省淄博市有一所小学的一年级新生采用了依据血型分班的原则。校方称这是考虑到因血型不同，人的性格特点和为人处世态度也不一样，这样分班更有利于按性格因材施教，任课教师还可以针对各个学生的血型、性格特点，制订教育培养计划。对学校的这种做法，市民有的表示赞成，有的表示反对，究竟这种教育模式是否合适，一时难有定论。（《中国青年报》2006 年 8 月 30 日）

消息传出后，网上有人担忧地说，这次按血型分班，下次会根据"星座"来分班吗？这种担心倒是有些多余。星相在中国还只是一些年轻人在玩，学者、教师一般都知道那是迷信，不会太把它当回事。但是许多学者、教师却会觉得血型决定性格的说法很有道理，认为人的性格受遗传的影响，血型也是遗传的，所以这两种应该会有些关系吧。这样的解释自然无法令人满意，因为按照这个逻辑，我们也可以认为一切能遗传的性状——比如肤色的深浅、头发的曲直、身材的高矮——都能先天地影响性格。

所以，虽然现在学术界一般认为人的性格形成受遗传因素的影响，但是这并不等于说任何遗传因素都能影响性格。从生物化学和生理学的角度看，我们看不出 ABO 血型有可能影响到性格。ABO 血型是由红细胞表面抗原决定的。这些抗原属于糖类，在唾液等其他体液中也能检测到，但是在脊髓液中不存在。由于脑和血管之间有一道脑血屏障，血液不能流进脑组织，因此血型抗原不可能与中枢神经接触，也就不可能对性格发生影响。

"血型性格学"的书籍往往会罗列一些名人的血型以证明血型与职业的关系，有点科学头脑的人应该很容易想到这些名人是有选择地被挑选出来的，那些不符合结论的名人都被舍去了。还有的列出一堆血型与性格相关的统计结果，似乎显得更客观，其实这些统计并不是心理学专业人士做的，没有在学术期刊上发表过，即使不是捏造出来的，也没有得到学术界的承认。

总之，不管从哪个角度来看，"血型性格学"都是一门伪科学，相信血型影响性格则是一种现代迷信。

资料来源：方舟子，《中国青年报》，2006-09-06

（三）高级神经活动类型学说

高级神经活动类型学说由前苏联生理学家巴甫洛夫（И. П. Павлов，1849－1936）于 20 世纪初创立。他认为气质类型是高级神经类型在人的行为方式上的表现。高级神经类型是由高级神经过程的基本特性决定的。

1. 高级神经过程的基本特性

巴甫洛夫通过动物实验研究发现，动物的高级神经活动类型是由其神经活动过程的基本特性决定的。动物的高级神经活动过程有三种基本特性，即神经过程的强度、平衡性和灵活性。

神经过程的强度是指神经细胞和整个神经系统工作的性能，即耐受强烈刺激和持久工作的能力。这种能力有强弱之分。在一定的限度内，神经细胞的兴奋能力是与刺激物的强度相适应的；强刺激引起强兴奋，弱刺激引起弱兴奋。可是当强的刺激作用于某些动物的神经系统时，并不是所有的动物都能以相应强度的兴奋对其发生反应，兴奋过程强的动物对于强烈的刺激仍能形成条件反射，已形成的条件反射也能继续保持；而兴奋过程弱的动物对于强烈的刺激就很难形成条件反射；当刺激强度超过一定限度时，就会出现超限抑制。同样，抑制过程较强的动物对持续较久的抑制能忍受，而抑制过程较弱的动物在这种情况下就可能导致抑制过程的破坏，甚至引起神经症。

神经过程的平衡性是指兴奋和抑制两种神经过程间的相对关系。如果兴奋与抑制过程的强度是相近的，则为平衡型，如果二者之间任何一方占优势则为不平衡型。

神经过程的灵活性是指对刺激的反应速度和兴奋与抑制相互转化的速度而言的。如果两种过程更迭得迅速，表明神经过程灵活；反之则灵活性低。实验证明，神经过程灵活的动物，可以顺利地改变已形成的条件反射；神经过程灵活性低的动物，其形成的条件反射不易改变。

根据神经过程的这些特性，巴甫洛夫确定出四种高级神经活动类型。

2. 高级神经活动类型

（1）强、不平衡型：其特点是兴奋过程强于抑制过程，阳性条件反射比阴性条件反射易于形成。这是一种易兴奋、豪放不羁的类型，又称兴奋型或不可遏制型。

（2）强、平衡、灵活型：其特点是兴奋与抑制过程都比较强，并且容易转化，反应敏捷，外表活泼，能较快适应迅速变化的外界环境，又称活泼型。

（3）强、平衡、不灵活型：其特点较易形成条件反射，但不易改造，是一种坚毅而行动迟缓的类型，也称安静型。

（4）弱型：其特点是兴奋与抑制过程都弱。过强的刺激容易引起疲劳，甚至引起神经衰弱、神经官能症，并以胆小畏缩、反应速度缓慢为特征，又称抑制型。

3. 高级神经活动类型与气质的对应关系

巴甫洛夫认为，动物所具有的四种神经类型是与人共有的。由于这四种类型的表现恰恰相当于古希腊学者对气质的分类，并由此认为高级神经活动类型是气质的生理基础，气质是高级神经活动类型及特点在人的行为方式上的表现。其关系如表 11-1 所示。

表 11-1　高级神经活动类型与气质类型对照表①

高级神经类型				气质类型
类型	强度	平衡性	灵活性	
兴奋型（不可遏制型）	强	不平衡（兴奋占优势）	—	胆汁质
活泼型	强	平衡	灵活	多血质
安静型	强	平衡	不灵活	黏液质
弱型（抑制型）	弱	弱（抑制占优势）	—	抑郁质

不过，现代心理学研究表明，气质的生理基础是复杂的，不仅与大脑皮层的活动有关，也和皮层下活动有关，而且和内分泌活动有关，可以说整个人的身体组织都影响着一个人的气质。苏联心理学家罗索诺夫（B. M. Русалов）就指出，气质的生理基础不是某个个别的生理亚系统，而是人机体的整体结构，亦即人机体的所有结构的总和。其中，高级亚系统的结构和机能特点，即中枢神经系统的结构和功能特点与其他亚系统相比较，在气质行程中更为重

---

① 卢家楣，魏安庆，李其维：《心理学》，372 页，上海，上海人民出版社，1998

要。苏联心理学波果斯洛夫斯基（В. В. Богословский）等也认为，影响气质的，不仅有神经系统，还有整个人的身体组织。气质与高级神经活动类型并不等同，不能以个体的某种生理亚系统（体液、体型等）作为气质的生理基础。但是，高级神经活动类型与气质的关系较为直接和密切，是气质的主要生理基础①。

四、气质与实践活动

（一）气质在实践活动中的作用

首先，气质由于直接受高级神经活动类型特点所制约，只赋予人们的行为动作、言语表达方式以某种色彩，不表现人的活动内容，因而不能决定一个人的价值观和发展方向，更不能决定人的行为的社会价值。事实也表明，任何一种气质类型的人，既可以成为品德高尚的人、有益于社会的人，也可以成为道德败坏、有害于社会的人。一个人做什么，如何做，是由其动机、愿望、信念决定的。从这个意义上说，气质类型无好坏之分。但每一种气质类型都有其优点和缺点。例如，胆汁质的人，精力充沛，耐受力强，但容易急躁，难以自制；多血质的人，灵活机敏，反应迅速，容易适应新的环境又有较强的耐受力，但注意不稳定，兴趣容易转移，对事物的认识不深入，容易浅尝辄止；黏液质的人，相对来讲，反应迟缓，行动缓慢，但有耐心、有恒心，考虑问题细致周到；抑郁质的人信心不足，雄心不大，耐受力差，容易疲劳，但精力集中，情感细腻，谨慎细心。

其次，每一种气质类型的人都有可能在事业中取得成就。在同一领域或不同领域内的杰出人物中都可以找到不同气质类型的代表。如俄国著名文学家普希金属于胆汁质；赫尔岑属于多血质；克雷洛夫属于黏液质；果戈理属于抑郁质。他们虽属不同的气质类型，但在文学领域内都取得了杰出的成就。而达尔文和果戈理虽同属于抑郁质类型，但他们也都在各自所从事的专业方面取得伟大的成就。所以，我们不能以一个人的气质宿命地预测其在事业上的成就。

再次，虽然气质不能决定人的价值观和发展方向，但每种气质类型的特点都有有利于或有害于身心健康的一面。相比较而言，在环境不良或较恶劣的情况下，典型的或较典型的胆汁质或抑郁质，尤其是胆汁——抑郁质混合型的人，较容易产生心理问题，并引发一系列心身疾病，如心血管疾病、神经衰弱、抑郁症或胃溃疡等，进而影响他们的生活、工作、学习和事业成功。因此，每一个人都应该了解自己的气质类型及特征，并有针对性地进行自我锻

---

① 叶奕乾：《现代人格心理学》，33 页，上海，上海教育出版社，2005

炼，改善气质，消除不良特征，保障身心健康。

最后，气质对人从事不同性质活动的适应性、活动的效率有一定的影响。例如，要求作出灵活、反应迅速的工作，对多血质和胆汁质的人较为合适，对黏液质与抑郁质的人则较难适应；反之，要求持久、细致的工作对黏液质和抑郁质的人较为合适，而胆汁质和多血质的入较难适应。不同气质类型的人在从事上述工作时，工作效率就会有差异，即使取得相同的工作效率，其个人的努力程度也会不同。因此，在选拔和培训某些特殊专业工作人员时应特别注意其气质特征。如对飞行员或大型动力系统调度员要提出特定的要求，在选拔与训练特种职业的工作人员时要进行气质类型的鉴定。对个体来说，当自己的气质类型对某项工作不太适应时，不要妄自菲薄、悲观失望，应积极进行自我分析与观察，选择切实可行的调整方法，从而使自己的能力在工作中能够更好发挥作用，充分体现自我价值。

（二）气质研究对教育工作的意义

作为教育工作者，善于研究和了解学生的气质特点，依据学生气质特征的不同，采取正确的教育措施，进行因材施教，对于搞好教育工作和培养学生良好的个性品质具有重要的意义。

任何一种气质类型都有积极和消极的一面，教师了解和掌握学生气质的特点，对于有针对性地依据学生气质特点的不同，扬长避短、塑造其优良个性品质具有重要作用。具体可从以下几方面做起。

对多血质类型的学生，要着重培养其朝气蓬勃、满腔热情、足智多谋、善于交往等心理品质，防止朝三暮四、虎头蛇尾、粗心大意、任性等消极品质的产生。在教育方法上，要注意要求他们埋头苦干，在激起他们多方面兴趣的同时，要培养中心兴趣；在给予参加多种活动机会的同时，要强调认真负责的态度和坚持性，严格要求其组织纪律性。对多血质学生进行教育时，一定要"刚柔并济"。

对胆汁质类型的学生，要着重发展其热情、豪放、爽朗、勇敢、进取和主动的心理品质，防止他们出现粗暴、任性、高傲等消极品质。在教学过程中，要注意引导其能沉着、深思熟虑地回答问题，培养他们的自制力和自控能力。对胆汁质的学生进行教育时，既要触动思想，又要避免触怒他们，宜采用"以柔克刚"和"热心肠冷处理"等方法。

对黏液质类型的学生，要着重发展其诚恳待人、工作踏实、顽强等品质，注意克服墨守成规、固执、冷淡、迟缓等消极品质。要鼓励他们多参加学校或班上的集体活动，引导他们积极热情地探索新问题，生动活泼、机敏勇敢地完成任务；杜绝可能发生的淡漠和委靡不振。

对抑郁质类型的学生，要着重发展其敏感、细致、谨慎等品质，避免在公众场合指责他们，防止其怯懦、多疑、孤僻、退缩等消极心理的产生。在教育的方法上，教师要给以更多的关怀和帮助，鼓励他们多参加集体活动，扩大交往范围，勇于展现自己。

总之，教师不仅要根据学生气质特点的不同进行因势利导、因材施教，而且还要帮助学生学会正确认识和剖析自己的气质特征，加强行为的自我修养，采取有针对性的措施，运用适合自己特点的方式，扬长避短，优化心理品质，使每一个学生的个性都得到健康发展。

阅读材料 11-2：气质对学习的影响

林崇德教授在《学习与发展》中指出："气质作为一种非智力因素，对能力发展有着不可忽视的影响。"气质影响心理活动的速度和灵活性。例如，多血质的学生在做题时，解题速度、解题的灵活性明显超过黏液质和抑郁质的学生。气质影响个体智力活动的方式。苏联心理学家列伊捷斯对同班两位同学 A 和 B 进行了追踪研究。A 具有明显的多血质和胆汁质特征，B 具有明显的抑郁质特征。学生 A 在学习时表现为反应迅速，精力充沛。在从事紧张的学习和工作后，只需要短暂的休息就能恢复精力，很少有疲劳感。对新教材特别感兴趣，但对旧教材明显缺乏兴趣。B 学生的思维有高度的准确性和清晰性，反应缓慢，解决问题犹豫不决，对简单的作业都要沉思和准备。在学习一段时间后，很容易疲劳，需要休息一会儿才能恢复精力。在学习新教材时，常感到困难和疲劳，但在复习旧教材时则表现出主动性。这两个学生的学习成绩都很优秀。

资料来源：樊豫陇、张艺，《心理学》，郑州，河南科学技术出版社，2007，156 页

五、气质的测量

气质的测量是通过对人的行为特征的观察和了解来进行的，常用的测量方法有两种：测验法和行为观察法。

（一）测验法

测验法又称问卷法、自陈量表法，它通过让被试如实回答一些问题，然后从中分析被试的气质特征。

波兰华沙大学心理学教授简·斯特里劳（J. Stresau）从 20 世纪 50 年代开始对气质问题进行了大量研究，编制了多种适合不同对象使用的气质调查表。

其中具有特色且已被译成多种文字在国际上广泛应用的是简·斯特里劳气质调查表（简称 S-TI）。此表共有 134 个测验题目，包括兴奋强度、抑制强度、灵活性三个量表及一个二级量表——平衡性。此调查表已被译成中文，经测试基本适用于我国。

在我国使用广泛的气质测量测验是我国心理学学者陈会昌编制的气质调查问卷，该问卷主要以传统的四种典型的气质类型的行为特征为依据。问卷由 60 个题目组成，每种气质类型 15 个题目。每道题都有 5 个选项："非常符合""比较符合""拿不准""比较不符合"与"非常不符合"分别记分：＋2、＋1、0、－1、－2。答题结束时分别计算四种气质类型得分，根据其大小关系来判断个体的气质类型。这个问卷对于了解气质类型也是十分有效的。

（二）行为观察法

行为观察法是指在日常生活条件下，观察一个人的气质特性，从而作出鉴定。例如，教师要了解学生的气质特点，就可以细心观察学生在各种活动中的行为表现；如能否准确而迅速完成作业；能否坚持已开展的各项工作；当受到表扬或批评时，他们的情绪活动有什么特点；在集体生活中，他们是否愿意与别人交往；他们是否喜欢体育活动，在运动中是否勇敢、机智；日常生活中是否活泼好动，对新环境是否很快适应等。通过这些了解，也可以对一个人的气质作出评定。要求在观察、记录一个人日常生活中的行为特色、智力活动的特征、言语的特征以及情绪特征之后，对所得材料进行分析、判断、归纳与组合，然后对照气质心理特征的指标确定其气质类型。

由于气质的复杂性，有时个体的行为表现又会"掩蔽"真实的气质特征，因此，对气质的测量应该综合运用多种方法，多方面收集资料，而不要轻易相信一次测量或偶然观察的结果。应该对个体的生活条件、成长道路以及在各种环境中的表现，进行全面、深入、细致的了解，并以测验法的结果为参考，才能把个人的某些稳定的个性与偶然的行为区别开来，进而了解一个人真正的气质特点。

第二节　性格

一、性格的概念

性格一词来源于希腊语，原为雕刻之意，后转意为印刻、标记、特性等。我国心理学界认为，性格是人对现实的稳定态度和习惯化的行为方式中表现出来的个性心理特征。如勤劳或懒惰、认真或马虎、谦虚或骄傲、自律或散漫、热情或冷酷等。它是个体在后天的社会活动过程中，通过与社会环境的相互作用而逐渐形成的，具有以下几个特点。

（一）性格是在社会实践中形成的，具有明显的社会性

性格的社会性一方面表现为它是在后天的社会生活实践中形成和发展起来的，是社会生活的"烙印"在个体身上的表现，特别是儿童的早期经验对性格的形成具有重要的影响作用。另一方面表现为性格是人对现实的态度和行为方式。恩格斯说："人的性格不仅表现在他做什么，而且表现在他怎样做。""做什么"涉及一个人活动的倾向——追求什么或拒绝什么，反映了他对现实的态度是积极的还是消极的价值取向；"怎样做"说明其个人如何去追求或拒绝，表现了人的行为方式。即性格体现在人对现实的态度和行为方式之中，而人习惯化的行为方式又体现着他对现实的稳定态度。因而人们对性格特征进行评价时，非常重视其社会的价值取向。不同的价值取向是构成一个人性格的重要因素。所以，我们不能抽象地谈论性格问题。

（二）性格是比较稳定且独特的个性心理特征

性格是在一定的社会历史条件下，在个体的长期生活历程中逐渐形成的，即经形成就比较稳定。因而，那些一时的、情境性的、偶然的行为表现，不是人的性格特征的表现，也不能把它视为人的性格特征。例如，一个人处理问题总是优柔寡断，偶尔表现出果断的举动，那么，果断就不能看做是此人的性格特征，而优柔寡断才是此人的性格特点。正是由于性格具有一定的稳定性，才为我们认识他人、并依据他人的性格特征去预测其行为及其进程提供了可能性。但是性格的稳定性并不排斥性格的可变性。因为现实生活是十分复杂的，人与人之间的交往和关系也是纷繁多变的，作为人的生活经历所反映的性格特征，也必然会随着社会生活条件的变化而发生一定程度的变化，这是不以人的意志为转移的。

此外，性格不仅是稳定的，同时又是区别于他人的重要特征；为个人所独有；即使同一性格特征，不同的人也会有不同的表现。例如，同样是勤奋，有的人表现为默默无闻；有的人表现为不急不躁；有的人则表现为风风火火等。

（三）性格是具有核心意义的个性心理特征

性格在个性特征中的核心地位表现在两个方面。一方面，在所有的个性心理特征中，唯有人的性格与个体需要、动机、信念和世界观联系最为密切。人对现实的态度直接构成了个体的人生观体系，人的各种行为方式也是在这种态度体系的影响和指导下逐渐形成的。因此，性格是一个人道德观和人生观的集中体现，具有明显的社会性，人的性格受道德行为准则和价值标准的评判，所以有好坏之分。另一方面，个性作为一种整体结构包含着许多因素和特征，这些因素或特征都在性格中得以表现。如个性倾向性可以表现在性格的倾向性之中，气质特征也会为人的性格特征增加一种特殊的动力色彩，并在性格的某些特征中反映出来。同样，人的认识、情感、意志过程的特点也常常在性格特征方面得以体现。因此，性格是个性的集中表现和核心特征，掌握了一个人的性格特征就等于抓住了这个人的个性链条的核心，可以"窥一斑而知全豹"，能够对这个人精神面貌的某一方面作出相应的评判。

阅读材料11-3：从"拾柴火"看性格

苏联心理学家阿格诺夫曾设计"拾柴火"的自然实验，实验对象是保育院的40个学生。实验是在冬季晚上进行的。实验者把湿柴放在附近的棚子里，而把干柴放在较远的山沟里，要求学生在晚上去拾柴生火取暖，自己则隐蔽在一旁观察孩子们的动静。冬天的黑夜是寒冷而可怕的，但有的孩子是兴高采烈地到山沟里去拾干柴；有的虽然也去山沟了但是边走边发出怨言；有的不敢走远，只是到附近的棚子里去取湿柴。后来实验者对他们讲了有关勇敢者的故事，于是到山沟里拾柴的人渐渐多了。经过几个月的教育和观察，发现有20多个孩子的行为发生了较大的变化。

在此实验中孩子们对待相同事物会产生不同的态度和行为，说明他们的性格存在差异，有的孩子勇敢，有的孩子胆怯，有的孩子勤劳，有的孩子懒惰。同时实验还说明，虽然性格是比较稳定的个性特征，但是在较长时间的教育影响下，性格也会发生变化。

资料来源：樊豫陇、张艺，《心理学》，郑州，河南科学技术出版社，2007，157页

二、性格与气质、能力的关系

（一）性格与气质

由于性格与气质相互制约、相互影响，因而在实际生活中，人们经常把二者混淆起来，把气质特征说成性格，或把性格特征说成气质。例如，有人常说某人的性格活泼好动，有的人性子太急或太慢，事实上讲的都是气质的特点。性格与气质是个性心理中既有区别又有联系的两个重要方面。

1. 性格与气质的区别

首先从生理基础看：气质的生理基础是个体的高级神经活动类型，主要体现为神经类型的自然表现，受生物组织所制约，具有先天性；而性格的生理基础则是先天的神经类型特征在后天经验的影响下，神经系统所建立的暂时神经联系的"合金"，是人在生活中与社会环境相互作用的产物，它体现的是人的本质属性，具有社会性。

其次，从可塑性上看，气质稳定性强，变化较慢，可塑性小；而性格可塑性较大，环境对性格的塑造作用较为明显。

其三，气质只表现人的情绪和行为的动力特征（即强度、速度等），而与行为内容无关，因而无好坏之分；而性格对人的行为举止具有核心意义，决定着人的行为方向和行为结果，因此它可能有益于社会，也可能有害于社会。所以性格有好坏之分，并始终有社会评价的意义。

2. 性格与气质的联系

性格与气质的联系是既密切又复杂。相同气质类型的人可能性格特征不同；性格特征相似的人可能气质类型不同。具体地说，二者的联系有以下三种情况。

其一，气质可按自己的动力方式渲染性格，使性格具有独特的色彩。例如，同是勤劳的性格特征，多血质的人常表现出精神饱满，精力充沛；黏液质的人则表现出踏实肯干，认真仔细；同是友善的性格特征，胆汁质的人表现为热情豪爽，抑郁质的人则表现出温柔体贴。

其二，气质会影响性格形成与发展的速度。当某种气质与性格有较大的一致性时，就有助于性格的形成与发展，相反会有碍于性格的形成与发展。如胆汁质的人容易形成勇敢、果断、主动性的性格特征，而黏液质的人就较困难。

其三，性格对气质有重要的调节作用，在一定程度上可掩盖和改造气质，使气质服从于生活实践的要求。如飞行员必须具有冷静沉着、机智勇敢等性格特征，在严格的军事训练中，这些性格的形成就会掩盖或改造胆汁质者易冲动、急躁的气质特征。

（二）性格与能力

性格与能力是个性心理特征中的两个不同侧面，二者有着严格的区别，同时又是在一个人统一的实践活动过程中发展起来的，它们彼此相互影响、相互制约。

性格制约着能力的形成与发展。一方面，性格影响能力的发展水平。研究表明，两个智力水平相当的学生，其中勤奋、自信心强、富于创新精神的学生的能力发展较快，而懒惰、墨守成规的学生的能力则难以达到较高的水平。人对工作的责任感、坚持性以及自信、自制等性格特征，都制约着能力的发展。另一方面，优良的性格特征往往能够补偿能力的某种缺陷，"笨鸟先飞早入林""勤能补拙"，指的就是性格对能力的补偿作用。而不良的性格特征，则会阻碍能力的发展，甚至使能力衰退。

能力的形成与发展也会促使相应性格特征随之发展。例如，某学生在教师的培养和具体指导下，通过长期大量地阅读文学作品，注意观察周围环境和身边发生的事情，然后练习写作。不但发展了观察力、想象力和思维能力，久而久之也就形成了主动观察、善于想象和独立思考等性格特征。

三、性格的类型

性格的类型是指一类人身上所共有的性格特征的独特结合。由于性格类型复杂多样，在心理学界至今还没有一个公认的有充分科学依据的性格分类原则。不同的学者按照不同的依据可将性格划分为不同的类型。

(一) 按照心理机能划分性格类型

19世纪英国学者培因（A. Bain）和法国心理学家李波特（T. Ribot）根据智力、情感和意志三种心理机能在性格结构中何者占优势，把人的性格区分为理智型、情绪型和意志型。理智型的人通常以理智衡量周围发生的事物，以理智支配自己的行为，他们的智力机能相对于情感和意志更具优势；情绪型的人，行动易受情绪的左右，他们的心理机能以情感占优势；意志型的人，具有明确的行动目的和较强的自制能力，他们的意志明显地比理智和情绪占优势。

(二) 按照力比多活动的指向性划分性格类型

瑞士心理学家荣格（C. G. Jung）根据个体力比多（libido）活动的指向性将性格划分为外倾型和内倾型两种。力比多是指个体内在的、本能的力量。力比多的活动指向于外部环境，就是外倾型（外向型）的人；力比多的活动指向于主体自身，就是内倾型（内向型）的人。外向型的人，重视外部世界，表现为自信、勇敢、开朗、活泼、善交际、情绪外露、不拘小节、易于适应环境。内向型的人，表现为沉静、内省、谨慎、多思，缺乏信心、易害羞、冷淡、寡言，反应缓慢，较难适应环境。荣格认为，多数人并非典型的内向型或外向型性格，而是介于两者之间的中间型。

(三) 按照个体信息加工的方式划分性格类型

美国心理学家威特金（H. A. Witkin）等人根据场的理论，按照人信息加工的方式将人划分为场独立型和场依存型两种类型。前者也叫独立型，后者称作顺从型。威特金认为这两种类型的人，是按照两种对立的信息加工方式进行工作的。

场独立型的人倾向于利用内在参照物（主体感觉）作为信息加工的依据。他们不易受暗示，比较容易完成需要找出问题的关键成分和重新组织材料的任务，其社会敏感性差，不太注意他人提供的社会线索，比较自信，自尊，喜欢独处，不善于社交。

场依存型的人倾向于以外在参照物（客观事物）作为信息加工的依据。独立性差，易受暗示，对于完成需要找出问题的关键成分和重新组织材料的任务感到困难。社会敏感性强，容易注意他人提供的社会线索，并容易受他人影响，注意人际交往和人际关系，爱好社交，社会工作能力较强。

许多研究表明，大多数人处于场依存性和场独立性之间，或多或少地处于中间状态。

（四）按照心理状态的构成划分性格类型

加拿大医生贝尔尼（E. Berne）提出了性格的 PAC 理论。他认为性格是由三种心理状态构成，即"父母""成人""儿童"状态，因而，人的性格可分为父母、成人、儿童三种类型。由于"父母"（Parent）英文的第一个字母是 P，"成人"（Adult）英文的第一个字母是 A，"儿童"（Child）英文的第一个字母是 C，所以此理论称为性格 PAC 分析。

"父母"状态是权威和优越感的标志，有保护、呵护、批评、控制或指导倾向。当人格构成中 P 占优势时，有时以同情、安慰和赞扬的慈母式的状态出现，有时又以批评、命令口吻的严父式状态出现。他们的言语总是"你很棒！""你还好吗？""你应该……""你不能……"。

"成人"状态表现了客观和理智。这种人像计算机处理数据那样，对客观事物作细致分析，估计各种可能性，然后作出决策，以把握客观的真理性为思维特征。当一个人 A 成分占优势时，他的行为表现为待人接物冷静谨慎、尊重别人，讲起话来总是"我个人的想法是……"。

"儿童"状态的人行为表现像孩子。这种表现不仅仅体现在行为上，在思考、感受、看、听及反应时都像几岁的孩子。当一个人 C 占优势时，有时表现为爱憎分明、强烈冲动、天真自然、喜欢游乐，有时又表现为服从，易受暗示，任人摆布，独立性差，无主见，感情用事，易激动、愤怒。讲话的特点是"我猜想……""我不知道……"。

（五）按照人的时间匆忙感、紧迫感和好胜心的特点划分性格类型

美国心脏病专家弗里德曼（M. Friedman）和罗森曼（R. H. Rosenmon）

在人类历史上首次用科学的方法验证了性格特点与病症之间的对应关系，并按照人的时间匆忙感、紧迫感和好胜心的特点划分人的性格类型，提出了 A 型性格与 B 型性格的理论。

A 型性格的主要特点是常充满着成功的理想和进取心，整天闲不住，时间感特别强。因此导致急躁和长期的时间紧迫感。他们好争斗，易激动，信不过别人，事事都想亲自动手，属不安定型人格。这类人往往是一些智力较高、能力较强的人。具有这种人格特征的人易患冠心病，其患病率是 B 型性格的两倍以上。

B 型性格的主要特点是性情不愠不火，对受到的阻碍反应平静，喜欢不紧张的工作，爱过悠闲的生活，没有时间紧迫感，有耐心，能容忍，很少有敌意，喜欢娱乐，即使在娱乐活动中也不争强好胜。

四、性格的结构

性格结构非常复杂，它是由诸多成分交织而成的。性格结构通常包括人对现实的态度方面的特征、意志特征、情绪特征与理智特征四个方面。

（一）对现实态度的性格特征

人对现实的态度体系是性格最重要的组成部分，在人的性格结构中处于首要的核心的地位。属于这方面的性格特征主要是指对社会、对集体、对他人、对自己以及对待学习、工作、劳动的态度中所表现出来的性格特征。如关心社会、热爱集体、公正无私、乐于奉献或专注个人、假公济私、利欲熏心、贪婪无度以及诚实或虚伪、正直或狡诈、自尊或自卑、热情或冷漠、勤奋或懒惰、认真或马虎、谦虚或自负、善于求异或墨守成规等，都是个体对现实态度中所表现出来的性格特征。

（二）性格的理智特征

性格的理智特征又叫性格的认知特征，是指人们在认知过程中表现出来的个性差异。例如，在认识事物时，有人主动、有人被动；有人细致入微、有人则粗枝大叶；在解决问题时，有人另辟蹊径、不依常规、倾向冒险，有人则墨守成规、倾向保守；有人善于独立思考、有人喜欢依赖现成答案等都是性格的理智特征的表现。

（三）性格的情绪特征

性格的情绪特征是指人们在情绪的强度、稳定性、持续性和主导心境方面表现出的个性差异。例如，有的人情绪一经引起，就比较强烈，难以自控；有些人情绪比较微弱，总能冷静地对待现实，自控能力强，不易受情绪所左右；

有的人情绪稳定，有的人则喜怒无常；有的人乐观开朗、有的人悲观抑郁等都是性格情绪特征的表现。

（四）性格的意志特征

性格的意志特征是指人们在意志行动中表现出的个性差异。例如，果断与犹豫、谨慎与冒险、自制与放纵、独立与依赖、勇敢与怯懦、沉着冷静与任性冲动、坚忍不拔与半途而废等都是性格意志特征的表现。

五、学生良好性格的培养与塑造

人的性格不是先天具有的，而是在后天的生活实践中逐渐形成的，它是个体生活历史、成长经历的反映。在个体的一生中有相当长的时间是在学校度过的，学校是个体社会化的重要场所，也是影响学生性格形成和发展的重要因素。如何培养和塑造学生良好的性格，是学校教育的一项重要任务，也是每一位教育工作者必须面对的重要课题。具体要从以下几个方面进行。

（一）加强校园文化建设，构建和谐校园

校园文化建设是学校工作的重要组成部分，是全面推进素质教育的重要内容。先进的校园文化必定能营造一个积极向上的校园文化精神氛围，创造出有利于学生成长的优越环境。它对促进良好校风、教风、学风的形成，丰富师生的文化生活，陶冶师生情操，激发师生的积极性、创造性，塑造学生良好的性格都具有极其重要的作用。

校园文化包括物质文化和精神文化。物质文化能够满足师生员工教学、学习、生活、娱乐等需要，它是构成校园文化的基础，是学校办学的基本条件，也是学校文化品位的象征。优美、和谐的校园环境是物质文化的重要组成部分，它能够熏陶和净化置身其中的学生的心灵，增强他们的审美意识和审美情趣以及对美好事物的热爱，对于培养学生乐观开朗、宽容豁达、积极创造、开拓探索的性格特征具有十分重要的意义。精神文化主要是指学校的办学传统、办学理念以及校风、学风、教风等。学校精神文化是校园文化的灵魂与象征、是学校生存与发展的生命之所在。校园精神文化决定着校园文化的品位与风格，也是对学生性格影响最长远最持久的一种文化形式。因此，加强校园文化建设，构建和谐校园，对塑造学生积极健康的良好性格意义重大。

（二）利用课堂教学，培养学生良好的生活、学习习惯

课堂教学是学校教育工作的主渠道，也是教书育人的主要环节。因而，教师在教学过程中，要充分利用此环节，教育学生勤奋学习，努力提高文化素养，正确面对学习竞争；在传授知识的过程中，训练学生习惯于系统地、有明确目的地学习，善于克服学习中遇到的困难，从而培养其自觉、自制、坚定、顽强、努力进取、敢于拼搏等良好的性格特征。

（三）运用榜样作用，潜移默化地感染、影响学生

在学生面前教师作为知识的传授者、集体的领导者、纪律的执行和监督者以及家长的代理人，其一言一行，对学生都具有重要的榜样示范、暗示感染作用，在学生良好性格的养成方面起着潜移默化地作用。因而教师要加强个人修养，注意自己的一言一行，真正起到教书育人和良好的表率、楷模作用。此外，教师还可以通过树立历史上的伟人、现实中的模范和学生群体中的先进分子等榜样影响学生，尤其是学生群体中的榜样，因为年龄相近，彼此有共同语言，所以产生的影响更大。

（四）引导学生积极参加社会实践活动，培养学生良好的意志品质和行为习惯

无论是知识的获取，还是能力的形成，都离不开实践活动。学生良好性格的培养与塑造同样也如此。所以引导学生积极参加社会实践活动是培养和塑造学生良好性格的方法和重要途径。所以，教师在教育活动中要积极利用和创造条件，使学生获得陶冶性格、增强实践活动能力、养成良好行为习惯的机会。例如，一位教育家描述他给六岁儿童上课的情景：无论是课前还是课后，他每次都对孩子们说："男孩子们，你们要像真正的男子汉，让小姑娘先走！"如此这样坚持不懈地教育学生，对培养学生举止文雅、有礼貌等行为习惯有重要作用。

（五）强化自我完善机制，提高学生自我教育的能力

性格塑造说到底是一种终身的自我教育和自我完善。学生良好性格的培养与塑造同样也必须重视自我完善机制的运用。

首先，要教育和引导学生正确认识自我、正视现实、积极适应环境。对环境的不同态度，常可影响到学生的性格特征。顺境催人得意，逆境可能使人丧志。因而学生在学习、生活过程中应对现实和生活持正确的态度。一帆风顺时不要骄傲，处于逆境时不要怨天尤人，应检测自己、树立战胜艰难险阻的勇气和信心，积极适应环境。从而使自己在顺境中健康成长，在逆境中磨炼意志。同时要积极地认识自我、接纳自我，注意扬长避短、优化性格特征，从而使性格得到进一步完善，逐步达到健康人格的目标。

其次，教育学生要融入集体、主动进行人际交往。良好性格培养和塑造的过程是个人社会化的过程，是个人与他人、集体、社会相互作用的过程。个人在与集体、他人的交往中，可从他人那里获得友谊，吸收有益的经验，弥补自己的不足，提高自己的能力。在友好和谐的人际关系中可使个人的情感得到陶冶，归属与爱的需要得到满足，进而使个人的性格向积极、健康的方向发展。

阅读材料 11-4：为什么有些人会害羞

　　人们感到害羞，肯定有其原因。但这并不仅是一个人性格内向的问题。哈佛大学心理学家杰罗姆·卡格恩说："当我们同陌生人在一起时，害羞要比正常紧张或半信半疑的焦虑状态更强烈。羞涩的人更有可能是内向型的人，但内向型的人不全是害羞的人。"

　　卡格恩说，我们当中有超过 30% 的人是羞怯型的人，但其中有很多人自己都不愿意承认。今年年初，意大利米兰圣拉菲尔大学公布了一项调查结果。马可·巴特格里亚博士找了 49 名三年级和四年级的小学生，根据他们的害羞程度分了小组。孩子们被要求辨认一系列面部表情各异的照片，比如欢乐、愤怒以及没有任何感情的照片。结果发现，害羞程度高的儿童始终难以解读那些愤怒和没感情的照片。而同时的脑电波记录显示，那些害羞程度高的儿童，其大脑皮层的活动水平更低，研究人员还从中检测到焦虑和惊慌。巴特格里亚博士最后总结到，害羞的儿童不擅长解读人的面部变化，这些被其他儿童当做情感交流的暗示信号，到了警惕性很高的他们这里，会令他们感到不安。

　　巴特格里亚博士说："解读面部表情的能力是和谐人际关系的最重要的前提之一。"在斯坦福大学，心理学家约翰·格布艾里进一步揭示了面部表情和害羞之间的关系。格布艾里不仅向成年实验者展示一系列面部表情的图片，而且还向他们展示令人不安的场面（如车祸）。他发现，害羞的人对待车祸的方式和其他实验者一样，但不同之处仍在于他们对面部表情图片的反应，这与巴特格里亚博士的研究结果不谋而合。

　　解读面部表情并不是揭示害羞之谜的唯一途径，测试害羞者的基因同样有助于了解他们害羞的原因。作为研究的一部分，巴特格里亚博士分析了 49 名儿童的 DNA，发现羞怯孩子有一个或两个与大脑化学物质 5—羟色胺的流动有关的基因更短。5—羟色胺是一种神经传递素，可以影响人们焦虑、沮丧等精神状态。

　　虽然没人宣称基因是羞怯之谜的全部答案，但多数研究人员认为，它至少起着一定作用。精神病学家迈克尔·米恩尼说："总的来说，那些具有这种基因的人会更加羞怯，而且对压力的反应更加敏感。"即使某人天生就具有倾向羞怯的基因，但是什么原因最终促使他长大后成为一个害羞的人呢？这首先要取决于后天环境。20 多年前，卡格恩对一批具有羞怯性格倾向的 2 岁儿童进行了一项长期研究。等孩子们长到十几岁时，卡格恩又对他们进行了追踪调查。在所有这些研究对象中，那些最初有羞怯倾向的人，整整有

2/3 的人长大后仍是这种性格，但有 1/3 的人克服了这种抑制作用。施瓦兹说："父母的养育方式、环境和社会机遇——所有这些都会产生巨大的影响。"卡格恩指出："如果你天生就很害羞，那么你很难成为比尔·克林顿这样的人，但你可以朝他这个方向靠拢，发展成介于两者之间的性格。"

对于那些由于害羞而感到压抑的孩子，家长们应该向孩子们传达一种令人宽慰的信号，譬如说"这个问题比较难处理。我会帮你克服它"。而注意不要把孩子的焦虑和品行不好相提并论。这样做，对于防止害羞性格的朝孤僻方向发展是很重要的。对于那些害羞的成年人而言，认知谈话疗法能有效缓解他们的忧虑，尽量解除社交的障碍，减少与社交相联系的恐惧感。行为疗法也能有效治疗社会恐惧症，通过让病人慢慢接触社会，使得他们逐渐从感到不舒服的社会环境中解脱出来。华盛顿大学社会工作教授大卫·霍金斯说："害羞存在着不利因素，但它也具有一种保护性品质。"害羞孩子也许比那些开朗孩子的朋友少，但他们涉及暴力犯罪或团伙犯罪的概率更低。研究害羞的科学家指出，亚伯拉罕·林肯、穆罕达斯·甘地、纳尔逊·曼德拉等著名人物的性格都非常矜持，如果他们的性格不是这样，也许不会取得如此令人瞩目的成就。

资料来源：杨孝文，《北京科技报》，2005-04-08

第三节　人格的测量

性格测量在心理测量领域隶属于人格测量的范畴，因此本节主要介绍人格测量。人格测量是指在标准化的条件下，对一个人在一定情境下，经常表现出来的典型行为和人格特征进行测量的方法。由于人格内涵和结构的复杂性，加上人格表现的动态性，因而人格测量比较困难。各种人格测量由于所依据的人格理论不同，采用的方法也不同。目前，已有百余种人格测量方法，这里主要介绍两种典型的有代表性的人格测量方法——自陈量表法和投射测验法。

一、自陈量表式测验

（一）什么是自陈量表

自陈量表又称自陈问卷，是测量人格最常用的方法。所谓"自陈"，就是让受测者个人提供关于自己人格特征的报告。由于自我报告对有关变量难以控制且不容易客观评分，因此，自陈法多采用客观测验的形式，在量表中包括一系列陈述句或问题，每个句子或问题描述一种行为特征，要求受测者作出是否符合自己情况的回答。

自陈量表的基本假设是，只有受测者自己最了解自己，因为个人可以随时随地观察自己，而任何其他观察者都不可能了解受测者行为的所有方面。

最早的自陈量表是武德沃斯（R. S. Woodworth）在第一次世界大战期间设计的个人资料调查表，用于考察士兵对军队生活的适应情形，并甄别出不宜服役的严重精神病人。战后有人对此量表加以修订并用于学校。武德沃斯的调查表后来被奉为人格量表特别是情绪适应量表的蓝本，各种自陈量表就是在此基础上发展起来的。

（二）常见的人格自陈量表

1. 明尼苏达多相人格测验（MMPI）

明尼苏达多相人格测验是美国明尼苏达大学教授郝兹威（S. R. Hathaway）与精神病学家莫金利（J. C. McKingly）于 20 世纪 40 代初期编制的，因可以同时测量多种人格特质而得名。此量表原来是为了诊断精神疾病障碍而编制的，但现在已广泛地应用于心理学、人类学、医学、社会学等研究领域和实践领域。无论是临床应用的频率，还是有关论文的数量，MMPI 都高居各种心理测验之首，对 MMPI 的研究似乎已经成为一门学科。MMPI 的问世，是自陈法人格测验发展史上的一个重要的里程碑，对人格测量的研究进程产生了巨大的影响。

MMPI 共包括 566 个题目（其中有 16 道题目是重复的，用以检验被试反应的一致性和回答是否认真），14 个分量表，其中 10 个临床量表为：疑病（Hs）、抑郁（D）、癔病（Hy）、精神病态（Pd）、男子气、女子气（Mf）、妄想症（Pa）、精神衰弱（Pt）、精神分裂症（So）、轻躁狂（Ma）、社会内向（Si）。4 个效度量表为：说谎量表（L）、诈病量表（F）、校正量表（F）、疑问量表（Q）。

凡年满 16 周岁，具有小学文化水平，没有视觉障碍和书写障碍等生理缺陷的人，均可以参加测量。也有人放宽尺度，如果被试能够合作，并能读懂量表上的问题，就可以参加本测试。

对量表中的每个问题要求被测试者从"是""否""无法回答"三个答案中选择其中之一来回答。题目举例如下：

（1）我相信有人反对我。　　　　是（　）　　无法回答（　）　　否（　）

（2）我相当缺乏自信。　　　　　是（　）　　无法回答（　）　　否（　）

（3）每隔几夜我就会做噩梦。　　是（　）　　无法回答（　）　　否（　）

测验题目注重的是被试的主观感受，而不是客观事实。测验没有时间限制，正常人一般为 45 分钟，很少有人超过 90 分钟的，病态者可能长一些。计分方法可以用计算机计分，也可人工计分。

在 20 世纪 80 年代中期，MMPI 进行了一次重大修订，就是 MMPI-2，MMPI-2 为了更好地适应时代的变化，进行了言语和内容的更新。

2. 卡特尔 16 种人格因索测验（16PF）

这一量表是由美国伊利诺伊州立大学人格及能力测验研究所卡特尔（R. B. Cattell）教授于 20 世纪 50 年代编制的。适用于具有阅读能力的青年人、成年人及老年人。他根据自己研究所确定的 16 种人格根源特质在某些情况下可能产生的表现，分别编成 16 组题目，每组包括 10 或 13 个题目，共 187 个题。每题有三种选择答案，分别记 0 分、1 分、2 分。

例如：

（1）无论是工作、饮食，还是外出旅游，我总是：

A. 匆匆忙忙，不能尽兴　　　B. 介于 A、C 之间　　　C. 从容不迫

（2）我童年时，害怕黑暗的次数：

A. 极多　　　　　　　　　B. 不太多　　　　　　　C. 几乎没有

（3）我明知自己有缺点，但不愿意接受别人的批评：

A. 偶然如此　　　　　　　B. 极少如此　　　　　　C. 从不如此

每一个特质都可以得到一个原始分数。由于各特质题目数量不等，因此，还要查常模表将原始分数换算成标准分。通过这些工作，每一特质的量的差异就通过分数高低表现出来。某一特质的高分者与低分者有不同特点。

16PF 已在德、意、法、日等国进行了修订。20 世纪 60 年代美籍华人刘永和博士在卡特尔的帮助下，与伊力诺依大学人格及能力研究所研究员梅尔瑞博士合作进行了修订，于 1970 年发表了中文修订本，并作出港台地区常模。1979 年刘永和博士来华讲学时，将中文本介绍到国内。之后，辽宁省教科所对 16PF 又作了简单修订。

3. 艾森克人格问卷（EPQ）

艾森克人格问卷是英国伦敦大学心理系和精神病研究所艾森克（H. J. Eysebck）和其夫人在 1975 年编制的。艾森克搜集了大量有关的非认知方面的特征，通过因素分析归纳出三个互相独立的维度，从而提出决定人格的三个基本因素：内外倾性、情绪性和精神质。人们在这三方面的不同倾向和不同表现程度，便构成了不同的人格特征。艾森克还对人格表现不同的被试进行了大量的实验室研究，测试他们的各种实验心理学指标，并考察这些指标与人

格的关系，从而证实了上述三个维度的存在。

在这些研究的基础上，艾森克将先前数个调查表几经修改发展成 EPQ，目前有成人问卷和青少年问卷两种，其中成人问卷包括 90 个条目，青少年问卷 81 个条目。测验中让被试根据自己的情况回答是否，然后，按 E、N、P、L 四个量表记分。E、N、P 分别代表艾森克人格结构的三个维度，L 是后来加进的一个效度量表。

E：内外倾性。分数高表示人格外向，其特点是好交际，渴望刺激和冒险，情感易于冲动。分数低表示人格内向，特点是好静，富于内省，除了亲密的朋友之外，对一般人缄默洽谈，不喜欢刺激，喜欢有秩序的生活方式，情绪比较稳定。

N：情绪性（神经质）。其两极是情绪稳定和神经过敏。分数低的人，情绪反应缓慢且轻微，很容易恢复平静，他们通常是稳重、性情温和、善于自我控制。而分数高的人常常焦虑、担忧、闷闷不乐、忧心忡忡，遇到刺激有强烈的情绪反应，甚至出现不理智的行为。

P：精神质（又称倔犟性）。并非指精神病，它在所有人身上都存在，只是程度不同，但如果某人表现出明显程度，则易发展成行为异常。分数高可能是孤独、不关心他人，难以适应外部环境，不近人情，感觉迟钝，与别人不友好，喜欢寻衅闹事，喜欢干奇特的事情，并且不顾危险。

L：测定被试的掩饰、假托或自身隐蔽，或者测定其社会性朴实幼稚的水平。L 与其他量表的功能有联系，但它本身也代表一种稳定的人格功能。

艾森克人格问卷，经我国著名心理学家陈仲庚、龚耀先教授等修订后用于我国成人和青少年的人格测验。

二、投射测验

（一）投射测验的原理

投射（projection）一词在心理学上是指个人把自己的思想、态度、愿望、情绪、性格等个性特征，不自觉地反应于外界事物或他人的一种心理现象，亦即个人的人格结构对感知、组织及解释环境的方式发生影响的过程。

投射法是弗朗克（L. K. Frank）首先使用的。此类方法是向受测者提供一些未经组织的刺激情境，让受测者在不受限制的情境下，自由表现出他的反应，分析反应的结果，便可推断他的人格结构。在这里，刺激情境对决定受测者的反应并不重要，它的作用只像银幕一样，受测者把他的人格特点投射到此银幕上来。因此，把利用这种方法编制的测验称作投射测验。

由于被试很难知道投射出的结果有何意义，因此，被试不能通过"伪装"来掩饰真实的自我。投射测验的这个特点正好弥补了自陈测验在此方面的不足。此外，由于投射测验的答案不限于少数几个选择答案，因此，被试的报告可以提供非常丰富的信息。

（二）罗夏墨迹测验

罗夏墨迹测验（Rorschach Inkblot Test）也称为罗夏技术（Rorschan Technique）或墨迹测验，是历史最久和应用最广泛的一种投射测验，由罗夏（H. Rorschach）于20世纪20年代发明。罗夏是瑞士的精神医学家，其父为美术教师。他从1910年开始研究精神障碍对于知觉的影响，曾用许多画片来测病人，以后改用墨渍图。在最初制作时，先在一张纸的中央铺一堆墨汁，然后将纸对折，并用力压下，使墨汁向四面八方流动，形成两边对称且形状不同的图形。罗氏以多种此类图形，对各种精神病患者试验，发现不同类型的病人，对墨渍图形有不同的反应。然后再和低能者、正常人、艺术家等的反应作比较，最后选定其中十张作为测验材料，逐步确定记分方法与解释受测者反应的原则，发表于1921年出版的著名著作《精神诊断》一书中。

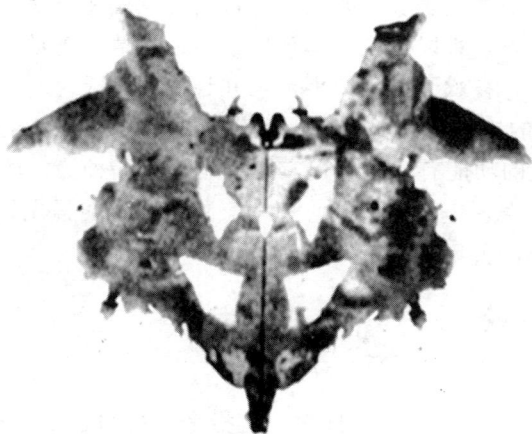

图 11-1　罗夏墨迹测验

在测试时，主试向被试呈现整张墨迹图，并要求他们描述从中看到了什么。然后，主试可能回到其中任何一张图，请被试确切地辨别图中的一个特定部分，详细解释刚才的描述，或根据新的印象作出解释。不同的人对同一张图片的回答可能有着明显的差别，比如，有些人从一张图上看到的是"鲜血正从匕首上滴下来"，而有的人则认为这张图是"原野上盛开的鲜花"。这些报告对于诊断人的心理冲突和幻觉有着重要意义。

实际上，被试从图中所看到的具体东西是什么不是最重要的。心理学家们认为，更为重要的线索是使被试发生想象的内容在墨迹图中的位置，以及被试是如何组织自己的想象的，只有后面这些信息才能够反映被试的知觉方式和情绪障碍。罗夏墨迹测验对于鉴别精神错乱等严重精神疾病患者极为有效。

（三）主题统觉测验

主题统觉测验（Thematic Apperception Test）是由哈佛大学的亨利·莫瑞（Henry Murry）在1938年创立的。全套测验包括30张内容颇为暧昧的图片（全为黑白色），另加一张空白卡片。图片内容多为人物（见图12-6），兼有部分景物。就刺激情境而言，TAT较墨渍测验有组织、有意义。不过，TAT对受测者的反应不加限制，任其自由凭想象去编造故事。因此，所测结果也属投射性质。

图 11-2　主题统觉测验

主题统觉测验的基本假定是，个人面对图画情境所编造的故事与其生活经验有密切的关系。故事内容，有一部分固然受当时知觉的影响，但其想象部分却包括个人有意识的与潜意识的反应。换言之，受测者在编造故事时，常是不自觉地把隐藏在内心的冲突和欲望等穿插在故事的情节中，借故事中人物的行为宣泄出来，亦即把个人心理历程投射在故事之中，主试者如能对受测者编的故事善加分析，便可了解此人心理的需求。

实际使用时，对每一受测者只从 30 张图片中选取 20 张（包括 1 张空白的在内），选取标准视受测者的性别与年龄而定（14 岁以上与以下男女各一组）。施测时，每次给予受测者一张图片要他编一个故事，说明图中所表现的是怎么回事，事情发生的原因是什么，将来演变下去可能产生的结果以及个人的感想等。要求故事越生动，越戏剧化越好。每张图片约需 5 分钟，测验完毕后，和受试者谈话一次，以求深入了解和澄清故事的内容。

TAT 通常采取个别实施，由主试记录（或录音），并要注意受试者在测验时的行为反应。在有些情况下可令受试者自己逐图写下他的故事，甚至可以用团体方式实施，在时间上较为经济。正是由于时间的关系，很多人不使用整套 TAT 图片，而是依照受试者问题的性质，选出 10～12 张来实施。

TAT 不但在临床方面的应用可与罗夏克墨迹测验相提并论，而且在发展心理学方面和跨文化研究方面也有着广泛的应用。

【思考与练习】

一、填空题

1. 巴甫洛夫根据神经类型的不同把气质分为四种类型_____、_____、_____和_____。

2. 性格的结构包括_____、_____、_____和_____。

3. 对气质和性格来说，_____更多体现神经系统基本特征的影响，_____更多受社会生活条件所制约。

二、选择题

1. 情绪兴奋快而弱，有明显的外部表现，易于变换印象和心境，行动敏捷灵活，反应迅速。这种人的气质属于_____。

A. 胆汁质   B. 多血质   C. 黏液质   D. 抑郁质

2. 神经过程强而不平衡，与之相对应的气质类型是_____。

A. 胆汁质   B. 多血质   C. 黏液质   D. 抑郁质

3. 勤劳、有责任心、谦虚、自信等，属于性格的_____。

A. 态度特征   B. 意志特征   C. 情绪特征   D. 理智特征

三、简答题

1. 气质与性格的关系是怎样的？

2. 结合实际谈谈如何培养学生良好的性格。

3. 自陈测验与投射测验有何异同？

第十二章
青少年的心理发展

【内容提要】

青少年时期是个体一生中身心发育的加速期和过渡期，在人的整个心理发展历程中占有特别重要的地位。本章阐述了心理发展的概念、心理发展的阶段与年龄特征、心理发展的基本特性以及青少年心理发展的内部动力等；重点介绍了少年期学生生理发展和心理发展以及人际交往的主要特点；同时还介绍了青年初期学生智力发展、情绪发展、自我意识发展的特点以及理想、价值观的形成与发展概况。

【学习目标】

1. 理解和掌握心理发展的概念、心理发展的年龄特征、心理发展的基本特性以及青少年心理发展的内部动力。

2. 了解少年期学生生理发展的主要特点，掌握这一时期学生思维发展、情绪情感发展、自我意识发展的特点以及人际交往的新变化。

3. 了解青年初期学生智力发展的一般特点，掌握青年初期学生自我意识发展、情感发展以及理想、价值观形成和发展的特点与表现。

青少年时期是从 11、12 岁开始到 17、18 岁结束，历时 6 年左右。相当于初中和高中阶段，正处于个体一生中身心发育的加速期和过渡期，也是人生中黄金时代的开端，是朝气蓬勃、充满梦幻和希望的年华；同时又是一个让人困惑、迷茫的时期——充满了各种矛盾、忧伤和烦恼。这一时期在人的整个心理发展历程中占有特别重要的地位。因此，正确理解和掌握青少年心理发展的特点和规律是教师搞好教育、教学工作的前提。

第一节　心理发展概述

一、心理发展的概念

世界上的万事万物都处在不断运动和变化之中，表现出由简单到复杂、由低级到高级、由量变到质变的发展特点和规律。从生命全程观来看，人类个体从出生到成熟直至衰老，心理也处在不断变化和发展之中。一般来说，从出生到成熟期间，心理发展的总趋势是从简单到复杂、从低级到高级、从混沌到分化的不断上升过程；而从成熟到衰老期间，心理发展的总趋势是从健全到衰减、从灵活到呆板、从清晰到朦胧的不断下降过程。总之，人的心理发展是持续终生的曲折复杂的变化过程。

发展是一种变化，是一种连续、持久而稳定的变化，但并非任何一种心理变化都可称之为发展。例如，疲劳、疾病、酗酒、情绪波动都可能引起个体心理发生某些改变，但这种变化是暂时的、消极的，不能称之为心理发展。所谓心理发展主要是指随着年龄的增长，个体心理所发生的连续的、持久的、稳定的、有规律的心理变化过程。

"发展"一词有时与"发育"交互使用，但其含义并不完全相同。"发育"更多的是指个体各种器官组织、系统等结构和功能的不断分化和成熟，它是个体心理发展的生物前提和基础；而"发展"的含义更为广泛，它主要被用来描述个体心理的成长变化，同时也泛指有机体生理的生长成熟。在许多情况下，通常把个体身体与心理的成长变化，叫做"身心发展"。

二、心理发展的阶段与年龄特征

关于如何正确而科学地划分心理发展的年龄阶段问题，目前学术界还没有达成统一的共识，不同的学者有不同的看法。我国发展心理学家林崇德根据人类各个年龄时期生理、智力、人格发展的特点和主导活动形式以及主导的生活事件将人的心理发展划分为八个年龄阶段，即：胎儿期（受孕至出生）、婴儿期（出生～3 岁）、幼儿期（3～6、7 岁）、童年期（6、7～11、12 岁）、青少年时期（也叫青年期，11、12～17、18 岁）、成年初期（18、19～35 岁）、成年中期（35～50 岁）、成年晚期（50 岁左右至死亡）。

心理发展的年龄特征是指在心理发展的各年龄阶段，个体所表现出来的一般的、典型的、本质的心理特征，它标志着个体心理发展的水平。心理发展的年龄特征是和年龄有联系的，因为年龄是时间的标志，一切发展都是和时间相联系的，但不是由年龄决定的。同时，它是从许多个别的心理特征中概括出来的某一年龄阶段心理发展的一般趋势、典型趋势、本质趋势，而不能代表这一年龄阶段所有个体心理发展的个别特征。但是它却代表这一年龄阶段心理发展的整体特征。另外，在一定条件下，心理发展的年龄特征既是相对稳定的，同时，又是可以随着社会生活和教育条件的改变而有一定程度的可变性。所以，理解和掌握心理发展的年龄特征对于教育工作者合理安排教学内容、选择有效的教学方法、提高课堂教学效果、引导儿童心理健康发展具有十分重要的意义。

三、心理发展的基本特性

人的心理发展过程是曲折复杂的，但这一过程并不是不可捉摸的，常常表现出一些规律性的基本特征，具体主要有以下几个方面。

（一）心理发展的定向性与顺序性

在正常条件下，人的身心发展总是指向一定的方向并遵循一定的先后顺序，而且这种顺序是不可逆的，也不可超越。例如，儿童的身体和动作的发展是按照两条法则进行的：一是自上而下（头尾法则），一是自中心向边缘（近远法则）。自上而下法则是指儿童的身体和动作的发展是先从头部开始依次向身体的下部发展。如婴儿最先能够支配的是头部的动作（抬头和转动头部），其次是躯干动作（翻身和坐），最后是脚的动作（站立、行走）等。自中心向边缘法则是指以人体直立的中轴线为起点，动作的发展是从身体的中部开始，越接近躯干的部位，动作的发展就越早，而远离身体中心的肢端动作发展则较晚。思维的发展遵循直观动作思维→具体形象思维→抽象逻辑思维的路线进行。其他心理机能的发展也有顺序性，心理发展的速度可以有个别差异，可以加速或延缓，但发展的顺序一般不能改变。

（二）心理发展的连续性与阶段性

人的心理发展是一个从低级到高级、从量变到质变的过程，过程的进行是连续的，但由于受各种发展因素的相互作用，心理发展就呈现出阶段性。在一定时期内，心理方面相对平稳的、细微的变化属于量的积累，体现了发展的连续性；当某些代表新质要素的量积累到一定程度时就取代旧质要素而占据优势的主导地位，这时量变的过程就发生了质的"飞跃"，使心理发展由一个阶段上升到另一个新的阶段，表现出发展的阶段性。这种发展是连续不断和相互衔接的，前一个阶段往往孕育着后一个阶段的一些年龄特征，并为后一个阶段的发展做准备；后一个阶段最初还保留着上一个阶段发展的某些特点，它是前一个阶段发展的必然趋势和延伸。我们从儿童思维的发展就可以看到这样一个从连续的量变积累到阶段性质变的过程。例如，婴儿期儿童的思维主要以直观动作思维为主，到了幼儿期初期还保留着婴儿期儿童思维的特点，同时具体形象思维开始占优势，幼儿中后期出现抽象逻辑思维的萌芽；到了童年期儿童的思维处于具体形象思维向抽象逻辑思维过渡之中，少年期抽象逻辑思维开始占主导地位，但是少年在思考和解决复杂问题时，仍然需要借助形象思维的帮助等。

（三）心理发展的稳定性与可变性

心理发展的稳定性是指在一般情况下，人的心理发展的顺序、变化速度和主要年龄特征是大体稳定和一致的。这是因为心理发展是受许多比较稳定的因素支配的。例如，人脑的结构和机能的发展具有相对稳定的程序，知识本身的深浅也是有一定的顺序的，这就决定了个体的心理发展在一定时期或阶段内，有一定的、不能突破的限度，表现出基本相似的心理发展特点和水平。例如，半岁以前的儿童无论如何是学不会"说话"的，其心理发展水平处于感知运动阶段。

心理发展的可变性是指在一定的社会生活条件和教育的影响下，心理发展的某些年龄特征和水平可以在一定范围或程度上发生或多或少的变化。例如，现在的儿童之所以比以前的同龄儿童更聪明，就是由于随着社会的发展、教育和生活水平的提高，加快了儿童心理的发展变化。许多早慧儿童的出现便是最好的说明。但是，如果儿童的家庭生活环境不良，正常的社会生活条件被剥夺，也会造成儿童心理发展的滞后甚至出现异常。如20世纪80年代末90年代初，曾轰动南京的"伊莎贝拉事件"充分地说明了儿童的家庭生活环境尤其是父母的文化水平和精神状态对儿童心理发展的影响。

阅读材料 12-1：轰动南京城的"伊莎贝拉事件"

南京铁路局工人马超由于个人生活受过挫折，精神受过刺激，患有典型的强迫症。他害怕自己的孩子受人欺负，于是将三个孩子一直关在家中。1989年3月，当人们发现这一情况时，大女儿已19岁，二女儿15岁，最小的儿子也已11岁，但他们的智力年龄经测试分别是5岁、3岁和1岁。后来，尽管当地政府有关部门想把他们从"隔离"状态中解放出来，送进特殊教育学校，但他们患有心理障碍的父亲仍然不时地"干扰"。这个事件与美国的"伊莎贝拉事件"非常相似，说明了家庭及其主要成员在很大的程度上影响着儿童的社会化甚至一般的心理发展和精神健康。

资料来源：肖特飞，轰动南京城的"伊莎贝拉事件"，《年轻人》，1989（9）

（四）心理发展的不平衡性和差异性

人类个体从出生到成熟的进程不是千篇一律地按照一个模式进行的，也不总是按相等的速度直线发展的。心理发展的不平衡性主要表现为心理发展的不同阶段、不同方面在发展进行的速度、到达某一水平的时间以及最终达到的水平等方面都表现出多样化的趋势。例如，在身心发展方面，婴儿期是第一个加速发展的时期，也是发展的关键期，然后是幼儿期、童年期的平稳发展，到了少年期又出现第二个发展的加速、高峰期，然后再是平稳地发展，到了老年期则各方面开始呈下降趋势。在能力的发展方面，一般知觉能力发展较早，10～17岁达到高峰，下降也较早；记忆能力发展的高峰是18～29岁；思维能力成熟较晚，大致在18～49岁之间为高峰期，80岁以后才开始逐渐下降。

心理发展的差异性是指不同儿童的心理发展过程尽管有着基本相同的发展顺序和规律，表现出大致类似的年龄特征；但由于遗传素质的差异，社会环境和教育影响的不同以及个体主观努力程度的不同，同一年龄阶段的儿童在心理发展的速度、水平，各种心理机能优势领域的表现，情绪的稳定性、人格特征等方面都具有极大的个别差异性。例如，在人格发展上，不同儿童所具有的能力、气质、性格、兴趣等都是各不相同的。有的想象力丰富，爱好文学，擅长诗词；有的逻辑思维能力发达，偏爱理科，数理化成绩优异。有的聪明好学、活泼爱动，热心助人，有的则迟钝懒惰、内向孤僻，冷漠自私等。这种个别差异是客观存在的。作为教师既要正视这种差异，又要在教学中根据学生的个别差异进行因材施教，使每一个学生都能发挥自己的潜力，在德、智、体、美等各方面得到充分的发展。

四、青少年心理发展的内部动力

世界上任何事物都包含矛盾，矛盾无处不在，无时不有。事物内部矛盾的对立统一，是事物发展的根本动力。同样，青少年心理发展的内部矛盾是其心理发展的内部动力。

关于青少年心理发展的内部矛盾，目前心理学界还有不同的看法。但一般认为，青少年在各种社会实践活动中不断出现的新需要与原有心理发展水平和心理状态之间的矛盾，是青少年心理发展的内部矛盾。正是这个内部矛盾，推动着青少年心理不断向前发展，成为青少年心理发展的内部动力。

青少年心理发展的内部矛盾是青少年儿童在积极参加社会实践活动的过程中产生的，由于社会实践活动不断发展变化，于是就会向青少年不断提出新的要求，这些新的要求必然会在他们的头脑中反映出来，成为个体新的需要。为了满足这些新的需要，就要从事相应的活动，而完成这种活动就要求有新的更高的认识能力、活动能力和个性品质。这样，青少年原有的心理水平就不能满足新的需要，于是产生了新的需要与原有心理水平之间的矛盾。这些矛盾推动着青少年积极从事实践活动，在活动过程中通过个人的努力和学校教育以及成人的帮助，使原有的心理结构不断改组、已有的心理品质不断完善，以解决面临的新课题，从而满足新的需要。例如，小学生升入初中以后，新的学习活动对他们提出了新的要求，要求他们开始学习代数、几何、物理、化学等一些比小学阶段更复杂和深刻得多的课程。这种要求反映在青少年儿童的头脑中，于是就产生了学好这些新课程的新需要。要学好这些课程，必须具备较高的抽象逻辑思维能力。但刚进入初中学习的学生，其思维水平仍然是具体形象思维占优势，这就不能满足学生新需要的要求，于是新的需要与原有思维水平之间产生了矛盾。要解决这一矛盾，必须通过学生的学习实践活动才能得到解决。在学习活动过程中，通过教师的讲解和个体的独立思考、认真作业等，青少年原有的心理结构和思维水平不断得到改组，抽象逻辑思维能力逐渐得到培养和提高，最终使自己的心理发展产生了一次质的飞跃，达到了一个新的水平和阶段——抽象逻辑思维开始占优势。

在青少年心理发展的整个过程中，这种新的需要与原有心理水平之间的矛盾运动是贯穿始终的。原有矛盾解决了，新的矛盾又会产生。这样青少年不断出现的新需要与原有心理发展水平之间的矛盾运动，推动着青少年的心理不断向前发展。

第二节　少年期学生的心理发展

少年期又叫学龄中期，是指11、12～14、15岁这一时期，相当于初中阶段，是从童年期向青年期过渡的时期，也是个体心理发展历程中一个重要的转折期。这一时期，随着个体生理上的发展成熟、社会地位的变化和教育条件的影响，少年期学生的心理表现出"半儿童、半成人"的特点，处于"半幼稚、半成熟"的状态，充满着独立性与依赖性、成熟性与幼稚性等错综复杂的矛盾，这些矛盾的存在和解决，一方面促使其心理不断向前发展；另一方面，又给他们的成长带来许多挑战，使他们面临一系列的心理危机。因而，有人把这一时期又叫做"危险期""困难期"等。这一时期，少年的身心发展处于不平衡状态，也是最易出现心理及行为问题的时期。因而，了解少年期学生身心发展的特点和规律，对于教育工作者因势利导、做好本职工作具有重要的意义。

一、少年期学生生理的发展

少年期学生正处于青春发育期，此阶段少年生理发展的主要特点表现为身体外形的剧变、体内机能的增强及性的成熟三个方面。

（一）身体外形的变化

1. 身高、体重的变化

个体从出生到成熟，有两次生长发育的高峰期。第一次生长发育的高峰期在乳儿期（0～1岁），一年内个体的身高增长50%，体重约增加2倍。第二次生长发育高峰期就是少年期，这一时期是个体身高、体重增长的突变期。如少年期前，个体平均每年增长3～5厘米，体重每年增加2～3公斤。进入少年期，平均每年增长6～8厘米，体重每年增加5～6公斤。其中，女生的生长发育高峰期为9～12岁，男生的生长发育高峰期为12～14岁；女生的发育比男生早1～2年；所以在9～13岁之间，女生的身高比男生平均高出2.35厘米、体重超过男生，男生在13岁以后，身高体重又超过女生。另外，少年身体各个系统和器官的发育很不平衡，其中骨骼增长比肌肉快，四肢的增长又比躯干快。因此，少年在体形上显得瘦高而不丰满，出现腿长、胳膊长、脖子长的"三长"现象，动作显得笨拙而不灵活。

除了上述身高、体重的剧变，少年学生的胸围、肩宽、骨盆宽、坐高等外形特征也都有很大的变化，反映了个体人生第二次"生长高峰期"的特点。

2. 头面部的变化

进入青春期的少年学生的头面部特点也发生了微妙的变化。童年期的面部特征在逐渐消失，以前较低的额部发际逐渐向头顶部及两鬓后移，嘴巴变宽，原来较为单薄的嘴唇开始丰满。而且，随着青春期个体身体其他部分骨骼的迅速增长，头部骨骼的增长速度却在显著减慢，童年期那种头大身小的特征逐渐被头身比例协调的身体形态所取代。

（二）体内机能的增强

1. 内脏机能的增强

少年内脏机能的增强主要表现为心脏机能的增强和肺功能的完善。一方面，进入青春期后，少年学生的心脏重量大大增加。10岁时，心脏的重量增长为新生儿的6倍，而到青春发育期以后，则增长到新生儿的12倍。同时，血压、脉搏的发展也逐渐接近成人的水平。9～10岁时，血压一般为100/65毫米汞柱，脉搏为84次/分；而到14～15岁，血压和脉搏分别为110/70毫米汞柱和78次/分，基本与成人的相同。另一方面，少年学生的肺功能也大大完善，到 12 岁，肺的重量为新生儿的 9 倍。肺的呼吸功能也随之增强，10 岁的肺活量只有 1 800 毫升左右，到 15 岁时则增加到 3 000 毫升以上。

少年内脏机能的发育也有性别差异。一般情况下，女生的发育比男生早 1～2 年，但是男生的内脏机能最终会比女生强。例如，在肺活量上，男生要比女生高出许多（见图 12-1）。

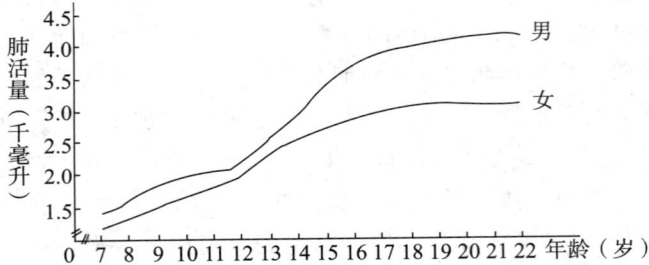

图 12-1　男女学生肺活量的发展

2. 肌肉力量的增强

到青春期以后，不仅少年学生肌肉重量在体重中的比例增加了，而且其肌肉组织也变得更为紧密，肌肉的力量大大增强；与此同时，少年学生的体力也随之增强。少年学生肌肉的生长也有明显的性别差异，具体表现为男生的肌肉细胞增长比女生快，而且力量也比女生大，手的握力的差异就很好地反映了这一点（见图 12-2）。

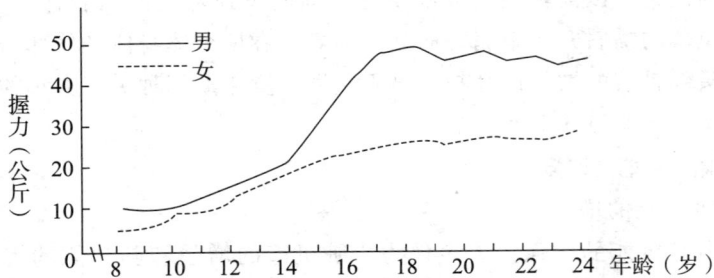

图 12-2　男女学生握力发展对比曲线

在少年肌肉增长的同时，其身体的脂肪也有了很大的变化。值得注意的是，从发育高峰开始，男生的脂肪呈渐进性的减少，他们发育得更好的是肌肉，所以他们看起来显得更强健。而女生的脂肪却没有减少，而是"积存"在骨盆、胸部、背的上方、上臂、臀部和髋部，因而她们看起来显得日益丰满。

3. 脑和神经系统的发育接近成熟

脑和神经系统的发育，是心理发展的直接前提和物质基础。从脑重和脑容量看，新生儿的脑重量为 400 克左右，脑容量占成人的 63%；12 岁的少年脑重达 1 400 克，接近和相当于成人的平均脑重量，脑容量也接近成人水平。以枕叶—颞叶—顶叶—额叶为顺序发育的大脑皮层基本成熟；神经纤维的髓鞘化已经完成，大脑各部分的神经联络纤维数量大大增加，脑的功能日益复杂化和成熟。但是，脑和神经系统的真正成熟要到 20～25 岁以后。少年由于性激素分泌影响了脑垂体功能，使原来较为平衡的神经过程变得不平衡，兴奋过程强于抑制过程。因此，少年一方面表现为精力高涨，另一方面则表现为对致病因子高度敏感。智力活动的高度紧张、身体的过度活动与情绪的过分强烈，都会引起少年的内分泌障碍（月经不正常、甲状腺机能亢进）和神经系统机能紊乱（易兴奋激动、失眠、疲劳等）。

（三）性的发育与成熟

性的发育与成熟是少年期学生生理变化的重要特征。性成熟依赖于脑垂体前叶分泌出来的促性腺激素。少年期以前，无论男女，都仅分泌少量的性激素。进入少年期后，个体下丘脑的促性腺释放因子的分泌量增加，从而使垂体前叶的促性腺激素分泌量增加，进而导致性腺激素水平相应提高，促进性腺发育。少年由于性腺开始发育、性激素分泌活跃、增多，性机能便迅速发展起来，并开始走向成熟。具体主要表现在第一、第二性征的变化方面：第一性征的变化主要指生殖器官（睾丸、阴茎、阴囊、卵巢、子宫）的增大、成熟，第二性征的变化主要指体态上出现的新特征，如男生的喉结增大、突出，声带加宽、声音变粗，出现胡须、粉刺、阴毛和腋毛，同时也开始出现遗精现象。女生声音变尖、乳房隆起、骨盆增宽、臀部变大、皮下脂肪增多，体形曲线显现，阴毛、腋毛出现，开始月经初潮等。

少年学生的性成熟存在性别差异和个别差异。一般来说，女生的性成熟期比男生早 1～2 年，在我国，女生从 11～13 岁开始，男生从 12～14 岁开始相继进入性成熟期；但同性别之间个别差异很明显，有时可能相差 3～4 年。从世界各国的研究结果看，现代社会少年在生理成熟上比 20 世纪 50 年代早 1～2 年，表现出一种提前趋向。究其原因主要是：①营养中的动物蛋白增加，社会生活质量和水平提高；②社会文化刺激最多等。

二、少年期学生心理发展的主要特点

(一) 认识过程发展的特点

1. 感知的发展

随着少年生理的发展、社会地位的变化与教育条件的影响,少年学生的各种感知觉发展日趋完善。研究表明,15 岁左右的少年,视觉和听觉的敏锐度已达到峰值甚至可以超过成人。此外,观察的自觉性、目的性、精确性、稳定性都有了很大提高。少年不仅善于感知事物的外部特征,而且能抓住事物的本质特征,全面深入地去进行概括。同时,他们的空间知觉、时间知觉能力也得到进一步的发展,为他们学习几何、物理、地理、历史等学科奠定了良好的基础。

2. 注意的发展

随着少年学习内容的变化、学习兴趣、爱好的逐渐稳定,他们的注意逐渐向高级形态发展和深化。研究表明:在初二以前,无意注意的发展随年龄的增长而递增,至初二达到峰值,之后出现缓慢下降的趋势(见图 12-3)。[①]

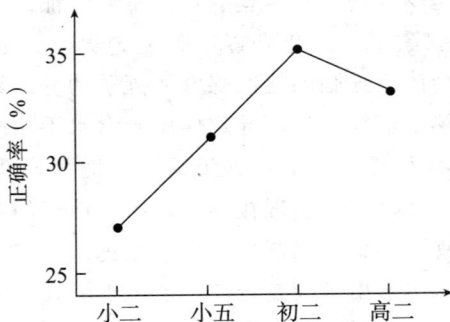

图 12-3 无意注意发展曲线

在无意注意逐渐深化的同时,有意注意进一步发展,并且逐渐取代了无意注意的优势地位,注意的各种品质得以全面发展和提升,在学生学习生活中的作用日益增强,使之能够更好地、自觉地、独立地调节和控制自己的注意,不为外来刺激所干扰。在良好的教学条件下,注意能集中保持在 40 分钟左右,学生在听课的同时记笔记的能力比小学时期有长足的进步。

3. 记忆的发展

在教学条件的影响下,少年学生记忆的整体水平开始走向人生的最佳时

[①] 黄煜峰,雷雳:《初中生心理学》,112 页,杭州,浙江教育出版社,1993

期。其中，有意识记日益占主导地位，意义识记逐渐占优势，成为识记的主要形式，机械识记的成分逐渐减少。从识记的内容看，对词语的抽象材料的识记能力不断增强，但仍需要具体直观材料的支持，教学的直观性在初中阶段仍需加以重视。

4. 思维的发展

小学阶段，儿童的思维处于具体形象思维向抽象逻辑思维过渡之中。进入初中后，由于学科门类的增多、学科内容的加深、学科概念的抽象化与符号化，对其学习活动也提出了更高的要求，从而导致少年学生的思维活动产生了新的变化，出现了质的飞跃，拥有新的特点。

首先，抽象逻辑思维日益占主导地位，但思维中的具体形象成分仍然起重要作用。主要表现为他们已能理解和掌握一些基本的抽象概念和概念系统，能根据自己掌握的科学定理、定义公式进行逻辑推理和演绎，对许多现象进行概括和抽象。从而使思维活动能够摆脱具体事物的束缚，把形式和内容分开，凭借演绎推理、规律的归纳和因素的分解来解决抽象的问题。但是，少年的抽象逻辑思维在很大程度上还属于一种经验型的思维，思维活动在许多情况下仍需要直观、具体的感性经验的支持，理论思维还不成熟。据研究，从初中二年级开始，少年的抽象逻辑思维开始由经验型向理论型转化，这种转化到高中二年级才能初步完成。只有在高中生那里，才开始出现真正的理论型思维和辩证逻辑思维。

其次，思维的独立性和批判性有了显著的发展，但容易产生片面性和表面性。随着少年年龄的增长，生活阅历的丰富，他们已初步掌握了比较系统的科学知识，开始理解事物间的一些复杂的因果关系，同时由于自我意识的进一步发展，少年已不再像小学生那样轻信和满足于教科书或权威的解释，而是力求独立地探讨事物，喜欢追根溯源，用批判的眼光对待周围的事物，进入一个喜欢怀疑、挑剔、争论、辩驳的时期，表现出较强的思维的独立性和批判性。这是一种极其可贵、值得发扬的心理品质，教师和家长应正确对待，绝不能因少年经常提出各种不同的意见就认为他们是"故意捣乱"或"对抗"而斥责和压制他们。但是，少年由于人生阅历、知识经验毕竟有限，考虑问题往往不够全面，容易产生片面性和表面性，有时表现为毫无根据地争论，有时表现为主观地、偏激地看问题。如抓住一点不计其余、武断地肯定一切或否定一切、不能一分为二地辩证分析问题等。因此，教师既要肯定他们思维的独立性和批判性以及质疑精神，又要耐心细致地予以正确指导。

再次，思维的自觉性明显增强。由于自我意识的高涨，主体自我和客体自我发生分化，少年愈来愈意识到自己的思维过程，出现了思维中的元认知现象，能对自己的思维活动进行自我监控和调节，使思维过程本身逐步成为少年学生注意、分析和评价的对象。这是少年思维发展的质的变化，也是其重要特点。

（二）情感、意志发展的特点

1. 情感的发展

进入初中后，少年的情感发展也出现了新的特点，具体表现在以下几个方面。

（1）强烈、狂暴性与温和、细腻性共存

少年由于性腺激素分泌的影响，神经系统表现出兴奋性的亢进，因此，对外界刺激表现出高度的易感性，容易受情境气氛的感染。轻微的刺激会引起他们强烈的情绪反应和体验，不大的情境变化也会引起他们巨大的情绪波动；情绪的发生具有"急风暴雨"式的特点。

所谓情绪的温和性是指个体的某些情绪是在文饰之后，以一种较为缓和的形式表现出来的。与幼年和童年期的儿童相比，少年学生已积累了较多的经验，了解了不同情绪在人际交往中具有不同的作用。因此，他们能够适当地控制某些消极情绪，或者对某种情绪予以文饰，以相对缓和的形式表现出来。如明明对某位同学的行为很反感，但却表现得满不在意等。

所谓情绪的细腻性是指个体情绪体验上的细致性的特点。少年学生随着年龄的增长，已逐步克服了童年时期情绪体验的单一性和粗糙性，情绪表现越发丰富和细腻，而且，有些情绪感受并非直接由外部刺激而引起，而是加入了许多主观因素。如有的少年在阅读了某一部文学作品后会长时间地沉浸于某种情绪之中，这种情绪不单纯来自于书中的内容，还有相当一部分是通过他们的主观思考和遐想派生出来的较为复杂的情绪和情感体验。

（2）情绪的可变性与固执性共存

情绪的可变性是指情绪体验不够深刻和稳定，常从一种情绪转变为另一种情绪。此外，由于少年学生神经过程的兴奋和抑制发展不平衡，导致情绪表现的两极性十分明显，情绪容易从一个极端走向另一个极端。例如，取得成绩时欣喜若狂，手舞足蹈，甚至目空一切；遇到挫折或失败时，则灰心丧气、极端苦恼、悲观和自卑。所以，有些心理学家认为，少年期是情感发展最困难、最令人操心的年龄阶段。

所谓情绪的固执性是指情绪体验上的一种顽固性。由于少年思维的表面性和片面性，加上知识经验的相对缺乏，对客观事物的认识往往不够全面和深刻，还存在偏执性的特点，因而带来了情绪上的固执性。例如，一些少年会因为几次挫折便完全被一种无助和抑郁所淹没，很长时间不能摆脱。

（3）开放性与内隐性共存

所谓情绪的开放性是指情绪的表现比较开放外露，内心体验和外部表情动作较为一致。少年学生由于思想上很少受条条框框的限制和约束，在主观意识中不存在过多的顾虑，加上自控能力相对较弱，因而，大多数情况下，少年学生情绪情感的外部表现比较鲜明生动，具有天真活泼、纯洁率真、热情开朗、喜形于色等开放性的特点。如取得成绩时的眉飞色舞、得意忘形；遇到挫折时的垂头丧气、消极沮丧等。

所谓情绪的内隐性是指情绪表现上的一种隐蔽性。少年学生由于自控能力的逐步提高，情感的外露性逐渐减少，内隐、文饰性增强，内心体验开始深沉，在情绪表现上已逐渐失去了那种毫无掩饰的单纯和率真，在某些场合，可能将喜、怒、哀、乐等各种情绪隐藏心中不予表现；并且开始通过写日记等方式倾吐内心的秘密与苦恼，而不再毫无保留地向外人诉说。

2. 意志的发展

与小学生相比，初中生的意志品质获得了显著发展，意志力有所增强。但正如少年期整个身心处于半成熟、半幼稚的矛盾状态一样，他们的意志发展也明显体现着这种矛盾性的特点。例如，他们的自觉性有了明显提高，但有时又很盲目固执、任性、冲动，容易受暗示，喜欢从众与模仿；他们克服困难的毅力有所增强，但战胜困难，将预定计划付诸实施的能力是很有限的，时常会受到外界事物的影响而动摇原有的行动计划和方案或者见异思迁，出现决心大于行动、计划难于持久等现象；他们的自制力已初步形成，比较注重自我教育，但抗诱惑的能力有限，容易受外界不良风气影响，对不良情绪的控制力较弱，常常会凭"哥们义气"感情用事，有的甚至因此误入歧途等；因而，有人把少年期又叫做"危险期"。

（三）自我意识的发展

自我意识是个体对自己以及自己与他人、与周围事物关系的认识和态度。它是意识的主要内容，是个性发展的调控结构。包括自我概念、自我感觉、自我评价、自我体验、自尊心、自我监督、自我控制等。在个体的成长过程中，自我意识并不是与生俱来的，它是人们在社会交往中，特别是由于言语和思维的发展，逐渐把自己当做主体从客体中分离出来，认识到自己的存在和力量，认识到自己和别人以及客观事物的关系、自己的责任和义务等，从而逐步形成和发展起来的。

　　人在出生后的 8 个月内还没有自我意识，甚至连自己的身体的存在都不知道，常把自己的手、脚放在嘴里咬着玩，像咬着自己以外的别的东西一样。但正是通过这重要的"咬"，使儿童逐步产生了自我意识的萌芽，意识到了手、脚是自己身体的一部分，是动作的主体，从而把自己与客体、自己与自己的动作区分开来。到了 1~3 岁时，儿童开始能把自己和自己的动作对象区分开来，能独立地说出自己的名字，学会用"我、你、他"对自己和他人进行标志，并使用语言进行人际交往，产生了自我意识。随着儿童年龄的增长，知识经验的增多和从事一定范围的社会交往活动，少年期以前（3~10 岁）的儿童的自我意识已得到了一定的发展。但是，他们的自我意识正处于客观化时期，主要在于认识外界事物，接受外界社会现实和文化的影响，为成为某种社会角色积极做准备，很少涉及自我。到了少年期，初中生在生理发育基本成熟的基础上，在新的生活条件和教育影响下，逐步认识到自己和他人、社会的关系，使自我意识发生了分化，把自己分为"主我"和"客我"。开始关心自我、主动地认识自我，把朝外的眼光转向了自我和自我的内心世界，使自我意识有了新的发展，产生了质的飞跃。具体主要有以下几个特点。

　　1. "成人感"出现

　　"成人感"出现是自我意识发展中的一次质变，它破坏了少年和成人原有的关系。随着身体的迅速发育和性意识的觉醒，以及个体在学校、家庭中地位的变化和社会活动参与程度的增加，少年对自己的成熟产生了较为强烈的自我体验，感到自己已经长大成人，应该告别童年，加入到成人世界。同时，少年的这种自我意识要求外化，希望得到社会的承认，渴望加入成人的行列，担当成人的角色，拥有与成人同等的社会地位，享受成人的"特权"，要和包括父母、老师在内的成人建立一种不同于以往的朋友式的、新型的平等关系。在"成人感"的驱使下，他们常常以成人自居，从言谈举止、衣着打扮等外部特征方面模仿成人，表现出成人的风度，力图在各种场合显示自己的成熟和老练，力争参加成人的各种工作和实际活动，希望像成人那样干出一番事业，并极力表现出成人的作风和气魄。在日常生活中，他们也开始一反以往什么都依赖成人、事事都顺从教师和家长的心态，不再事无巨细地请教大人，不再听任别人的摆布。一旦别人用对待小孩子的态度对待他们，就会引起他们强烈的不满，甚至会用各种形式来抵制和反抗。对于婆婆妈妈的说教，"无微不至"的关怀开始厌恶，甚至会形之于色。但是，另一方面，他们还不是成人，少年学生无论生理上、心理上的成熟程度都远未达到成人的水平。因此，他们有时会表现出许多幼稚的甚至是可笑的行为。针对这些特点，教师和家长要充分认识、正确对待，一方面要理解、尊重他们，改变对他们的态度，与其建立起朋友式的平等互助关系，进而以共同合作的形式，让他们在各种活动中显示自己的才能或充当成人的助手，满足他们的成人感。另一方面要在活动中，恰当地指出其不足和缺点，从而引导、帮助他们逐渐走向成熟。

2. 独立性增强

独立性增强是少年自我意识发展的重要标志。小学时期的儿童在各种活动中，对教师的指导帮助和父母的照顾具有较大的依附性。进入少年期，伴随着"成人感"的产生，少年学生的独立性日益增强，他们渴望从成人所规定的"行为规范"中解脱出来，越来越强烈地向成人提出独立自主的要求，开始摆脱成人对他们心理的束缚，产生了"心理断乳"。例如，在家里，他们要求独立生活，喜欢有自己的床、桌子和独立支配的空间；要求个人的隐私能够得到维护，对父母翻看自己的日记极为反感，有些心里话也不再像儿时那样毫无保留地向父母倾诉，在心理上与父母长辈拉开了距离。在活动中，他们要求独立行动，不再对成人"唯命是从"，开始按照自己的意愿行事。对许多问题有了和成人不一致的看法，对周围的一切事物也开始用批判的眼光去对待，甚至敢于直言父母、长辈的不足之处。因而，有的家长反映，过去非常听话的孩子，可是上了初中后，却变得顶嘴、逆反、不听话了。他们这种反抗性，固然和少年学生认识的片面、偏激和社会经验的缺乏有关，但从另一角度看，它是少年个性发展的必经历程，体现了少年人格的独立和主体意识的增强。如果成人看不到少年独立性增强的发展趋势，无视他们自尊和独立的需要，一味用"听话"的道德规范要求他们或者对此严加斥责，极易引起少年强烈的对抗情绪，甚至粗暴的反抗，不利于其身心的健康成长。

3. 评价能力的提高

评价能力特别是自我评价能力是少年自我意识发展的主要标志。少年评价别人和自我评价的能力都发生了质的变化。

小学生对他人的评价和自我评价，大多以父母或教师等权威的评价为标准，主要着重于评价其行为的效果和外部表现。少年学生由于分析批判能力的提高和独立性的增强，开始有了自己独立的评价标准，出现了由"他律"到"自律"、由"效果"到"动机"的转化，不仅注重对人的行为的效果和社会意义的评价，而且对人的行为动机、内心品质发生兴趣，开始从人的内心世界和个性品质等角度开展对他人和自己的认知评价。

在评价别人时，少年已能通过较深刻的分析，注意分清问题的主次，从实际出发，考虑到行为的时间、地点和条件，灵活地运用一定的道德准则进行比较客观的评价。但由于知识经验的局限，在评价别人时，常常受主观因素的影响，出现片面性、偏执性。如对别人的好与坏、是与非的评价往往抓住一点、不计其余。

少年的自我评价能力是在评价别人和集体评价的基础上发展起来的。因此，他们的自我评价能力往往落后于评价别人的能力。尽管他们已开始主动地关心自己、认识自己，对自己提出一定的要求，也能对自己的所作所为进行较客观的评价。但是，在多数情况下，评价自己时，常受个人的意愿、心境以及当时所处环境因素的影响。在顺利的情况下，在集体的赞扬声中，会过分地夸大自己的能力，对自己的优点作出过高的评价，对自己的缺点和不足不能清醒地认知，导致"明于知人、暗于知己""严于责人、宽于律己"现象的发生。在受到挫折和别人指责时，又会产生自卑感，出现过低评价自己的倾向。

少年评价能力的发展，对他们的学习和人际交往具有重要的作用。不仅影响着他们学习和参加集体活动的积极性，而且影响着他们人际交往的性质。因此，教师要教育和引导他们学会正确地评价自己和别人，正确认识自己在集体中的地位，以提高其自我意识的整体水平，促进其人格的健康发展。

三、少年期学生的人际交往

人际交往是指在社会活动中，人们运用语言或非语言符号系统，相互之间传递信息、沟通思想、交流情感的过程。它是密切、维护和发展人与人之间关系的纽带和桥梁，也是保障个体心理正常发展、形成集体舆论和良好风气的基础与前提。随着少年身心的发展，他们的人际交往开始增多，同学之间、师生之间以及与父母之间的交往关系有了新的变化，呈现出与童年完全不同的特点。主要表现为以下几个方面。

（一）与同龄人交往的需要日益占主导地位

小学时期，父母是儿童情感依恋的重心，教师也是影响其成长的重要他人。儿童的交往、特别是对他们各方面产生重要影响的交往，主要是与教师和家长的交往。他们与家长、教师的关系比同学之间的关系密切，同学之间多半是一种"游戏伙伴"关系，比较松散而且不稳定。

初中生则不同，由于课程门类的增加，任课教师的增多，中学教师已不像小学教师那样事无巨细、一切都管。加上个性社会化与自我意识的发展，少年与同龄人交往的需要日益占主导地位，开始逐渐疏远成人，与父母、教师的交往减少，与同龄人主要是同学的交往增多。究其原因：一方面是由于少年成人感的产生引起了少年与成人关系的变化，使其主观上感到在与成人交往的过程中，自己总是处于一种被命令、被保护的地位，这与他们强烈的独立意向产生冲突。加上彼此价值观的不同，自己的所作所为常常难以被成人理解和接纳，于是感到孤独、烦恼，在心理上产生了对成人的疏远。另一方面是由于少年彼此之间都面临着同样的成长问题，都有向成人争取平等权利和独立自主活动的要求，他们是"志同道合"者。再一方面，当他们的要求不为成人理解，未能得到满足时，可以在与同龄人的交往中倾诉衷肠、得到满足。所以，少年特别渴望与同龄人的交往，渴望生活在同龄人的集体之中，领略集体的义务，享受集体的权力，感受集体的温暖。

（二）交往范围扩大，交往群体增多

初中阶段，由于少年社会化水平的提高、社交能力的增强，与小学生相比，他们的交往范围进一步扩大，交往群体增多。他们交往的群体主要有三种：第一类是班集体、校集体、共青团组织等校内正式群体；第二类是校外有组织的社会群体，如业余学校、少年宫、各种社团组织等；第三类是非正式的、自发形成的校内外群体。

少年向往的一般是校内外有组织、有领导的正式群体。这些群体对形成学生的集体主义荣誉感、责任感和义务感、陶冶学生的情操、满足少年的交往需要，都具有十分重要的作用。同时，那些自发形成的非正式群体，情况比较复杂。有的可能与正式群体的目标一致，成为正式群体的补充，对于少年之间的相互理解和交流起积极作用；有的则可能是与正式群体的目标相对立的团伙，常常成为少年品德不良、寻衅闹事、打架斗殴和违法犯罪的土壤，尤其是那些由不法分子所组成的反社会的"街头团伙"，对少年的成长危害更大。据有关部门调查，违法犯罪青少年第一次犯罪的高峰年龄集中在13～15岁，其中大部分都是被反社会团伙利用少年喜欢成群结伙的心理特点，在团伙中对他们进行拉拢腐蚀、威逼利诱造成的。因此，教师除了对少年群体及其活动及时进行了解、分析和指导，使其沿着正确的方向健康发展外，还必须花费一定的精力去解决已经出现的团伙问题，防止学生与社会上道德败坏的青少年或不法分子结成团伙。

（三）朋友关系在少年生活中的重要性日益增强

小学儿童在人际交往中，虽然已经有了自己喜欢的朋友，但在感情上仍然非常依赖父母，朋友则处于相对次要的地位。

随着年龄的增长，进入初中后，少年将感情的重心逐渐移向关系密切的朋友，朋友关系在其生活中的重要性日益增强。究其原因，一方面是因为他们对

朋友关系有了新的认识。认为朋友之间应该能够同甘苦、共患难，能够从对方得到支持和帮助。因此，他们对朋友的质量产生了特殊的要求，认为朋友之间应该绝对忠诚、坦白、保守秘密、遵守无形的"伙伴关系准则"。另一方面是因为重友谊、好交往是少年学生突出的特点。少年的友谊不仅是根据双方的外部特点和情境建立的（如邻居、同班、共同玩耍等），而且依赖于双方的心理品质（志趣相投、相互信任、说话投机、坦诚相见等）来建立和发展。因此，少年对友谊有着强烈的依恋，他们一旦丧失朋友对自己的信任，会感到特别难过和伤心。这种友谊一旦建立，远比小学时期深刻而巩固。不过，少年友谊的稳定性存在一定的性别差异。主要是因为女生一般比较敏感，很重视心理上细微的差异和变化，所以，女生之间友谊的稳定性和持久性低于男生。但是，这种友谊的稳定性对少年的心理和行为将产生重要的影响。不仅能够满足他们人际交往的需求，使之更好地认识自己和他人，提高个体的社会认知能力和社会适应能力，而且也对少年确立自我形象、发展自我意识、保障和维护心理健康具有重要作用。正因为如此，朋友关系在少年生活中的重要性日益增强，有时甚至远远高于父母、老师在其心目中的地位。所以，少年为了友谊和友情而袒护、包庇伙伴的错误的事情时有发生。对此，教育工作者要教育学生正确认识友谊，提高他们的道德、法制观念，帮助他们建立良好的同学和伙伴关系，保持和维护同学间纯洁、高尚的友谊，促进学生良好个性品质的发展。

（四）异性同学关系有了新的变化

在幼儿期和童年期，儿童的交往一般是不分性别的。虽然很早儿童就意识到两性的差异，开始了性别角色的认同过程，但他们彼此毫无戒心，青梅竹马、两小无猜，对两性差异并没有太多的关注。因而，经常是男女儿童在一起游戏，即使有时分出性别，也不是性别意识本身造成的，而是由于在兴趣、爱好方面存在差异。

到了少年期，随着少年性腺机能的成熟、性意识开始觉醒，他们原有的心理结构受到强而有力地冲击，从而引起了他们性的冲动与体验，使之更强烈地产生了性别角色认同，意识到自己的性别角色以及两性之间的本质差异，并且敏锐地感受到异性的身心变化，对异性产生了一定的好奇心与神秘感，有了特殊的心理体验。因而，在人际交往中，他们对待异性的态度和行为发生了变化，有了新的特点。具体表现在三个发展阶段中。

第一阶段是"抵触"阶段——表现出对异性的羞怯和拒绝。进入初中后，男女之间界限分明，不再像小学生那样天真、单纯地相处。对于异性的关注和兴趣以一种相反的方式予以表达。如排队时不愿站在一起，不愿同桌，对个别偶尔交往密切的男女学生讥笑起哄等；似乎男女之间有一种说不出的矛盾存在。与此同时，他们对自己在异性中的形象十分关注。如在体态上，注意自己的外表仪容，喜欢照镜子，进行自我欣赏；有的还担心自己发胖或长不高，对脸上的粉刺或胡须十分不安；在行为举止上，他们常常有意无意地与社会认可的性别角色模式和规范保持一致。如男孩在女性面前喜欢表现出男子气、责任感、勇敢、自尊与潇洒大度，粗鲁行为收敛，忌讳他人在女生面前贬责自己。而女生在男生面前则流露出温柔、腼腆、羞怯、文雅的神情，特别注重男生对自己的评价。这说明此时的少年男女之间已经产生了一种无形的吸引力，从内心愿意与异性接触，但又不愿意表现出来。所以，只好用这种间接的方式表达自己对异性的关注。呈现出一种表面拒绝、抵触而内心憧憬的悖论现象。

第二阶段是积极反应阶段——男女少年对异性显得比较友善，行动上也愿意接近和交往。常见的情形是：到了初中阶段的后期，在集体活动中，男生和女生都特别注意自己的服饰、仪态和谈吐，力图引起异性的注意和好感。如果是众人在谈论某个问题，则有些男生会因有异性在场而高谈阔论，以显示自己的博学多才。在这个阶段他们愿意与异性接触，但多半采取"几对几"的方式，即宁可两三个男生和两三个女生一起玩，而不是一对一地交往。

第三阶段是依恋阶段——少年可能在所认识的异性中，发现一个他（她）觉得特别可爱、特别吸引自己的对象，从而滋生"爱"的萌芽。当事人倘不留意自省与自制，会进一步导向早恋爱行为的发生。一般情况下，少年的这种"爱"只是他们对异性的一种朦胧的好感，大多数男女生都不会将这种情感公开出来。在许多情况下，只是一个永久的秘密。因为，随着时间的流逝和少年身心的发展与成熟以及他们价值观的不断变化和调整，产生于初中阶段的这种情感就会逐渐地淡化和消失。所以，少年男女之间的爱慕之情是非常稚嫩的，缺乏牢固的基础。对此，学生家长和教师要正确认识、谨慎处理。如果处理不当，会严重影响少年的学习与成长。如果处理得当，控制在相当有限的范围内，就会成为少年发展的动力，促使少年自觉地按照自己心目中好少年的标准去尽可能地完善自我，维护自己在异性心目中的形象，从而促进少年学生身心的健康发展。

第三节　青年初期学生的心理发展

青年初期一般是指14、15～17、18岁之间，相当于高中阶段。这一时期个体的身体发育已基本成熟，身体的各项生理指标已接近成人水平，特别是神经系统的发育成熟，为其心理的发展以及从事繁重的脑力劳动奠定了物质基础。青年初期学生的心理发展主要表现在以下几个方面。

一、青年初期学生智力发展的主要特点

随着青年初期学生身心的发展、知识经验的丰富，其智力发展在质和量的方面已接近成人水平。在量的方面主要表现为各种基本智力因素（观察力、注意力、记忆、思维和想象能力）的发展变化和完善，使他们能够更轻松、更快捷、更有效地完成各种认知任务；在质的方面主要表现为认知结构及其思维过程的发展，尤其是抽象逻辑思维的高度发展。思维的发展是青年智力发展的核心。其主要特点如下。

（一）青年初期学生的抽象逻辑思维已具有充分的假设性、预计性及内省性

在整个中学阶段，学生的抽象逻辑思维均得到了迅速的发展，但是，少年（初中生）学生的抽象逻辑思维基本上还属于经验型，理论思维发展尚差。进入高中后，学生理论型的抽象逻辑思维开始发展起来。理论型思维是从一般的理论、原则出发，进行判断、推理，作出论证的思维。高中二年级学生的抽象思维已基本完成由经验型向理论型的转化。这种转化意味他们的抽象逻辑思维趋向成熟，运用概念和假设进行判断、推理的能力进一步增强，思维活动更具有预计性和内省性。具体表现在分析问题和解决问题的过程中，青年初期的学生不仅能在理论的指导下分析综合各种事实材料，提出假设，制订好解决问题的计划、方案以及策略等，也能意识到自己的思维过程，并对自己的思维过程进行有效的监控，使解决问题的思路更加清晰，结论更加明确。

（二）青年初期学生的形式逻辑思维发展日趋成熟，辩证逻辑思维趋于占优势地位

形式逻辑思维和辩证逻辑思维是抽象逻辑思维的两个不同的发展阶段，它们的发展和成熟是青少年思维发展和成熟的重要标志。

形式逻辑思维是个体抽象逻辑思维发展的初级形式。青年初期学生的形式逻辑思维已获得了相当完善的发展，在其思维活动中占据主导地位。主要表现为高中生所掌握的概念已逐步摆脱了以往零碎、片段的现象，日益成为有系统、完整的概念体系，并能有效利用其掌握的科学概念、原理和逻辑法则，进行归纳、演绎推理和判断。尤其是到了高中二年级，学生在掌握和运用逻辑法则方面已趋于成熟。同时，他们在掌握不同逻辑法则的能力上存在着不平衡性。例如，在对三类逻辑法则的掌握上，矛盾律和同一律的成绩明显高于排中律等。①

辩证逻辑思维是个体抽象逻辑思维发展的高级形式。在青年初期学生形式逻辑思维发展日趋成熟的同时，他们的辩证逻辑思维也获得了迅速发展，并趋于占优势地位。主要是因为高中阶段的学习内容较初中时期更加繁多、复杂、深刻，在各种课程中渗透了辩证唯物主义原理，而且开设了哲学基础课，使之逐步形成辩证唯物主义的观点。其次，高中生较初中生更具独立性，并在生活、学习的各方面开始走向独立，未来的理想成为他们新需要的组成因素，整个社会、学校、家庭也要求他们自觉地从事学习和劳动，学会正确地处理好各种人际关系和各种具体的生活、学习问题等。这样，就对他们的思维活动、思维方法以及思维能力提出了更高的要求，使之对事物及世界的认识更趋于深刻、完善，不仅能认识事物的本质属性，而且还能揭示事物运动及其发展变化的原因和它们的对立统一关系，从而促使其辩证逻辑思维加速发展并趋于占优势地位。

青年初期学生的辩证逻辑思维的发展是与其形式逻辑思维的发展相辅相成的。其中，形式逻辑思维的发展水平高于辩证逻辑思维的发展水平，两种思维形式的相互促进，使得青年初期学生的抽象逻辑思维日趋成熟和完善。

（三）青年初期学生思维的创造性有了进一步发展

随着知识的增长与独立思考能力的提高，高中生在解决问题时。常常提出一些不同于一般的解决问题的新方法，在思维中表现出更多的创新成分。从高中学生的作文比赛、数学、物理竞赛以及其他课外活动成果来看，高中学生解决问题的创造性在发展，求异思维、直觉思维的成分在增加。一般来说，少年学生的作文模仿多于创造，而青年初期的学生作文却是创造成分多于模仿。另外他们在思考问题和作品中已表现出灵感的萌芽，如有的高中学生在解决疑难课题时，由于意识的高度清晰敏锐，思维活动的积极活跃，创造想象的鲜明生动，有时灵感会在解题或创作构思的过程中突然出现。不过，高中生的创造性思维水平还不是很高，比其他思维能力的发展要晚，只是处于萌发阶段。

二、青年初期学生情感发展的特点

（一）情绪体验强烈但不太稳定

青年初期学生由于自我意识的发展，他们对各种事物都比较敏感，情绪体验和反应强烈，富有激情，再加上精力旺盛，因此情感一经爆发就难以控制。

---

① 林崇德：《发展心理学》，385 页，北京，人民教育出版社，1995

例如，他们对符合自己的信念、观点和理想的事件与行为会迅速产生肯定的、积极的情绪反应，反之则迅速出现否定的、消极的情绪反应。情绪的发生常常带有急风暴雨的性质。他们有时可能表现出为真理和正义献身的热情，作出惊人的壮举；也可能出现盲目狂热而不计后果的冲动，作出某些蠢事。与少年学生相比，青年初期学生情感的稳定性虽然有所发展，控制自己情感的能力有所增强，但由于认识水平和意志发展水平所限，再加上青年期性激素分泌的旺盛，增强了下丘情绪定位部分的兴奋性，使大脑皮层对于处在兴奋状态的神经过程有效抑制性较弱，因而，青年初期学生的情绪仍带有很大的冲动性、爆发性，两极性明显且不太稳定。

（二）情绪、情感的延续性与心境化

青年初期学生的情绪、情感一旦被激发，即使刺激消失，情感、情绪仍会持续一段时间，甚至转化为心境。主要表现为积极和消极的两种状态。一方面是当他们的需要得到满足、取得良好学业成绩时的快乐情绪会持续、延长，形成良好的心境；另一方面，当他们遇到挫折或失败时，引起的不快或苦恼等消极情绪或情感也会延长而形成不良的心境。这种不良心境如果延续时间过长，不仅会影响青年初期学生的生活、学习和人际关系，也会影响到他们的身心健康。高中生的许多不良情绪，如抑郁、焦虑、自卑等都具有心境化的特点，极个别高中生的自杀行为也与这种情绪状态有关。作为教育工作者对此应给予关注和及时疏导。

（三）情感具有文饰性、内隐性和曲折性

青年初期学生由于自我控制、自我调节能力的增强以及思维的独立性和自尊心的发展，有时情感的外部表现与内心的体验并不完全一致，在某些场合和特定问题上，有些学生会文饰、隐藏或抑制自己的真实情感，不像少年时期那么坦率和直露，有时会表现出内隐、含蓄的特点。如有的学生考试成绩不理想，心中非常难受，但却表现出无所谓的样子；对自己羡慕、喜欢并且很想接近的人，在行为上反而表现出冷淡和疏远。高中生情绪、情感上的这种文饰性、闭锁性、曲折性，是他们有意识控制和无意识防御的结果，与表里不一的虚伪是两回事。

（四）情感内容的社会性更加丰富和深刻

随着青年初期学生社会生活范围的扩大，知识经验的丰富，各种新需要的强度不断增强，他们情感内容的社会性更加深刻和丰富，并逐渐形成种种具有明确道德意识的社会性情感，如爱国主义情感、集体荣誉感、社会责任感、义务感、正义感、民族自豪感以及为真理和信仰而献身的热忱和气概等。对于高中生来说，他们能更深刻地体验到取得优异成绩、振兴中华、为国争光的高尚情感。此外，高中生好交往，重友谊，情感真挚而单纯，友谊需要强烈而稳定，因而，高中时期建立的友谊往往终生难忘。

另外，在学习和人际交往过程中，某些高中生萌发出对异性的爱慕之情，出现单相思或相互之间的爱恋现象，这是青年初期学生心理发展过程中出现的正常现象，也是教育实践中很难回避的现实问题。对高中生出现的爱情问题，不能盲目用简单粗暴的压制或用行政命令的手段去处理，要从关心和爱护学生的角度进行正面教育和引导。一方面要利用升华机制，教育他们为实现远大理想而奋发向上，正确处理理想与爱情的关系；另一方面要运用文艺、体育等集体活动在调节性需要方面所起的替代作用，使他们的性意识在一定程度上得到减弱或转化。对于性意识很强、情趣低下的青年，应当加强性道德观念的教育和道德意志力的培养。

三、青年初期学生自我意识发展的主要特点

（一）独立意向进一步发展，更加关注个人的成长

随着青年初期学生辩证逻辑思维能力的发展，社会经验和科学文化知识的相对丰富以及个体在家庭、学校、社会中地位的变化，他们已能完全意识到自己是一个独立的个体，其自我意识中的独立意向进一步增强，更加关注个人的成长。但是，这种独立意向是建立在与成人和睦相处的基础上，与少年时期的反抗性特点有所区别，他们不再盲目地、非理性地排斥成人的影响，大多数高中生基本上能与其父母或其他成人保持一种肯定的尊重关系，反抗性成分逐渐减少。另外，由于高中阶段学生在日常生活、学习中遇到的问题和矛盾日益增多，又面临着升学和就业的人生重大课题，从而促使其反思和探讨人生的价值和意义，进而导致其自我意识成分的分化，使青年初期学生在心理上把自我分成了"理想的自我"和"现实的自我"；开始关注个人的前途和命运，思考自己将要成为一个什么样的人，能够成为一个什么样的人，自己的一生应该怎样度过等。他们对于这些问题的思考常常在日记、作文或对朋友的交谈、信件中流露出来。强烈要求了解自己人格上的优缺点，敏感地关注别人对自己的评价和态度，关心自己的学识才能、性格和品德的成长，并经常从书刊上和名人传记中选择一些警句和格言来剖析和激励自己，认识自我、完善自我的愿望非常强烈。

（二）自我评价日趋成熟

青年初期学生由于所学课程内容的分化和加深，自己拥有的各类知识增

多，生活经验较少年期学生更加丰富，逐渐学会了较为全面、客观、辩证地看待自己、分析自己，自我形象逐渐稳定，自我评价能力日趋成熟。具体表现为大多数学生不仅能意识到自己的过去、现在和将来，把自我发展的现状和将来发展远景相结合，而且能够积极、主动地评定自己的优缺点；不仅能分析自己一时的思想矛盾和心理状态，认识到自己对某一具体行为起支配作用的个别心理特点，而且还能经常对自己的整个心理面貌进行估量，认识到自己较稳定的人格品质特征。

青年初期学生自我评价能力的发展是其个性高度发展的重要标志，也是他们有目的地进行自我教育的前提。因为，青年初期学生的自我评价不完全是由于受到外力的推动，更多的是出自于实现理想自我的愿望，或者是对学习、生活中遇到的失败、挫折的反省。所以，青年初期学生自我评价能力的发展，对他们更好地实现自我监督、自我调控和自我教育以及自我完善具有非常重要的作用。

（三）自尊感水平进一步提高

青年初期学生的自尊感水平较少年期学生有了进一步的提高。具体表现如下。

1. 对平等和尊重有强烈的要求

要求成人平等地对待自己、要求同龄人尊重和肯定自己。绝大多数青年都期望自己在集体中处于应有的地位，获得较高的评价，受到人们的重视。因而争强好胜、不甘落后的心理十分突出，羞耻感也相应发展起来。当青年意识到自己学习成绩良好，为集体和社会赢得荣誉，从而引起人们对自己的肯定评价和重视时，往往激动不已；当自己做了错事，受到别人诚恳的批评或认识到自己的错误后，常会使他们倍感内疚与羞愧。而不负责任的嘲笑、忽视或蔑视，则极易引起他们强烈的愤怒和反抗。

2. 关注自我形象、渴望表现自己

青年初期学生非常重视自己在他人心目中的地位和形象，尤其不愿意在大庭广众面前"丢人现眼"。因而，有的学生在学习中遇到问题则不好意思去问别人，在课堂中被老师提问回答不出时，往往感到非常难过或丢脸。与此同时，他们也非常渴望表现自己。但这种自我表现的形式与途径不同于少年儿童那样直接，多采用含蓄的方式，如积极参加各种学科的比赛或竞赛活动，努力取得好成绩，为集体和个人争光。如果有意或无意被剥夺了自我表现的机会，其自尊心会用激愤或消沉的情绪表现出来；当然，有的学生为了维护自尊，有时也会装作毫不在意，甚至有意识地掩饰或文饰自己的弱点和缺点。

　　自尊心与好胜心如果把握不当，容易转化为自卑感和嫉妒心。自尊心是与活动的成败相适应的，个体经常取得成功，他的自尊心、自信心和成就感就会不断增强。但是如果自尊心过于强烈，以至于出现过分敏感、妄自尊大的不良心态时，在遭受挫折的情况下，很容易转化为自卑和沮丧、甚至嫉妒心。有自卑感的学生内心深处常体验到自尊心未能满足的失望与痛苦，因而，容易过度地否定自我、轻视自我，从而降低个人的社会要求水准，丧失前进的动力。因此，保护青年初期学生的自尊心，教育他们正确看待成功与失败非常重要。

四、青年初期学生理想和价值观的初步形成

（一）理想发展的特点

　　青年初期是理想初步形成的重要时期。对未来充满幻想，敢说、敢干，力争通过努力实现自己的理想，是高中生心理发展的显著特点。青年的理想是随着价值观的确立，在一定认识活动的基础上形成的，是社会与时代需要在头脑中的反映。研究表明，青年初期学生中有远大理想以及受教师、家长或英雄人物的影响，表现出对未来积极向往的，占总人数的67％，这反映出青年初期学生理想的主要趋势是积极的。但也有相当一部分学生的理想水平并不高，认识比较肤浅、模糊甚至错误。高中时期学生理想发展具有如下特点。

　　1. 理想更加概括

　　少年期学生的理想大多比较具体形象。高中生的理想则更加概括，更关注理想人物所代表的一类形象的本质特点和社会意义，注意培养自己具有理想人物的思想品质和个性特征。

　　2. 与现实和个人前途联系密切

　　少年期学生的理想比较朦胧、虚幻，与现实联系不紧密。而高中生的理想则与自己的现实生活尤其是日常学习、升学、就业密切结合，他们不仅幻想未来，而且更重视通过自己的努力和奋斗，把美好的理想变为现实。

　　3. 相对稳定性

　　少年期的学生理想不稳定，容易受外界的影响，如一次谈话、一部小说或电影，就可能引起他们理想的改变。而高中生往往结合社会的需求和个人的能力、爱好确立个人理想，一旦形成则相对稳定。

（二）价值观的初步形成

　　价值观是个体对自然、社会、人生问题的根本性的看法。它的形成既受个体知识水平、生活环境等方面因素的影响，又受个体情感意志、理想动

机、立场态度等个性因素的制约。心理学研究表明，小学阶段的儿童已经开始对人类、自然及社会现象产生兴趣和疑问，但尚没形成价值观；初中阶段，价值观开始萌芽；到了高中阶段，价值观才初步形成。价值观的形成是青年心理成熟的重要标志，是个体心理发展史上的一个重要里程碑。

青年初期学生价值观的形成与他们对社会现实的认识和思考以及自我意识的高度发展密切相关。因为，进入高中阶段以后，随着个体社会接触面的扩大，生活阅历的积累以及科学文化知识的丰富，尤其是认知能力的进一步发展和提高，高中生开始对社会现实进行深入思考和分析，并能够按照各种社会行为规范和标准衡量各种社会现象，能够以一种相对熟练的模式对待许多现实问题。其次，进入高中后，意味着很快就要结束中学时代的生活，同时又面临着升学和择业的问题，这些都需要他们作出抉择。而在对未来职业、生活方式以及个人发展方向等问题进行判断时，需以个人的价值观为前提，这样才能使自己在处理各种问题时既保持内心准则的一致性，又可以较为灵活地应付各种情况的变化，从而使自己以后人生的各个方面处于比较协调的状态。加上高中生自我意识的高度发展，使之能够更充分地认识自己，正确对待社会生活中所发生的一切，并能按照社会的要求，开始设计自己的人生。所以高中生自我意识的发展是其价值观初步形成的重要条件之一。青年初期学生的价值观具有以下几个特点：①

1. 对理论问题产生了越来越浓厚的兴趣，喜欢把各种具体事实综合成若干系统的总原则，热衷于哲学探讨。

2. 价值观的核心问题是人生的意义。他们逐渐学会将个人的生活目标与社会发展的总体方向相联系，即不仅要说明自己对于社会的意义，而且还要找到社会对于自身的意义。

3. 价值观中体现着个性色彩。具有不同价值观的高中生对于社会和具体事物的兴趣点、态度以及归因方式各不相同。

4. 价值观缺乏稳定性。高中生很容易受到外界环境变化的影响而改变对社会及人生的看法，从而改变自己的价值取向。因此，高中阶段个体的价值观具有向不同方向发展的可能性。所以，作为教育工作者，引导学生确立正确的价值观，明确人生的意义和个体发展的方向，对青少年的健康成长和成才具有十分重要的意义。

---

① 林崇德：《发展心理学》，391～392页，北京，人民教育出版社，1995

【思考与练习】

一、填空题

1. 心理发展的基本特性主要表现为_____、_____、_____和_____。

2. 少年思维发展的特点是_____、_____和_____。

3. 价值观初步形成的阶段是_____。

二、判断题

1. "成人感"出现是少年自我意识发展中的一次质变，它破坏了少年和成人原有的关系。（　　）

2. 身体发育的第二次高峰期出现在童年期。（　　）

3. 青年初期学生的辩证逻辑思维趋于占优势地位。（　　）

4. 重友谊、好交往是少年学生突出的特点。（　　）

三、问答题

1. 什么是心理发展？青少年心理发展的内部动力是什么？

2. 举例说明少年自我意识发展的主要特点。

3. 简述青年初期学生智力发展的特点。

4. 结合实际谈谈如何正确认识和处理高中生的恋爱问题。

第十三章　品德心理

【内容提要】

　　品德教育是教育工作的重要内容和有机组成部分。长期以来，人们以"德才兼备"作为评价人才的根本标准，说明品德和才能都很重要。然而，良好品德不是与生俱来的，它与个体后天所处环境和受到的教育的影响具有密切的关系。本章将重点诠释品德的概念、品德心理结构的特点以及品德心理形成的规律，详细阐述品德不良形成的原因及矫正的方法。

【学习目标】

　　1. 理解品德的概念及其与道德的关系。

　　2. 理解品德的心理结构。

　　3. 掌握品德的形成过程与培养方法。

　　4. 理解学生品德不良形成的原因、掌握其矫正的方法。

第一节　品德心理概述

一、品德的概念

（一）什么是品德

品德又称道德品质，是个体依据社会道德准则和规范行动时表现出来的相对稳定的心理特征，是社会道德在个体身上的具体表现，也是个性中具有道德价值的核心组成部分。如热爱祖国、热爱集体、遵守纪律、乐于助人、尊老爱幼等。

品德不是生而具有的，是个体在一定社会生活条件的影响下，在人际交往过程中，通过观察学习与模仿以及社会刺激的强化作用（奖励或惩罚），将社会道德准则、道德规范逐步内化为个体的道德信念，并通过行动表现出来的稳定的心理特征或倾向，那些偶发的、暂时的道德行为不是品德的具体体现。例如，具有助人为乐品质的学生，在遇到好朋友、一般同学甚至不相识的人有困难或处于困境时，都能真诚相助；而且在学校里、在回家的路上，老师在场或不在场的场合下，都以做好事为乐。如果帮助别人只是偶尔的、一时的或只限于特定的对象和特定的场合，说明此人尚未具备助人为乐的品质，只能说是有助人的行为。

（二）品德与道德

品德和道德是两个既有区别又有密切联系的概念。

1. 品德与道德的区别

（1）道德即社会道德，是一定社会调整人们相互关系的行为规范和准则的总和。它是一种社会现象，是人们辨别是非善恶，指导或调节行为的尺度，是社会意识形态的反映。它的产生、发展和变化服从于整个社会发展的客观规律，不受主观意念和个体存亡的影响。而品德则是一种个体心理现象，是个体人格的重要组成部分，是社会道德在个体头脑中的主观反映，其形成、发展和变化不仅受社会生活条件的影响，还受个体生理和心理发展规律的制约。

（2）道德所反映的内容比品德广阔得多、概括得多。道德包含社会生活的总体要求，是调节社会关系的行为规范的完整体系。而品德包含的只是社会道德规范的局部。

（3）从科学研究对象来看，道德属于伦理学或社会学的研究范畴，而品德则属于教育心理学的研究范畴。

2. 道德与品德的联系

品德是道德在个体身上的具体体现，其形成、发展是以一定社会道德为前提的，离开了社会道德，就谈不上个人的品德。同样，离开社会中个人品德的表现，社会道德就只能成为无实际意义的行为规范，就不能真正发挥作用。个体品德的集中表现反映着时代的特征，并影响社会道德的内容和社会风尚。

二、品德的心理结构

品德的心理结构是指品德心理构成的要素及其相互关系。由于品德的心理结构非常复杂，加之研究者研究的兴趣和角度不同就形成了种种不同的观点和看法。一般认为，品德主要包括道德认知、道德情感、道德意志、道德行为等四种心理成分，简称知、情、意、行。

（一）道德认识

道德认知是对社会道德现象、道德规范及其执行意义的认识。它包括道德概念的掌握、道德观念的形成、道德信念的确立和道德评价能力的发展等。

道德认识是品德形成的基础，只有当一个人能够运用道德知识对道德现象或道德行为的是非、善恶及其意义进行正确评判，并能运用此对自己的行为进行调节和控制时，他的行为才可能称得上道德行为。

（二）道德情感

道德情感是人们对于别人和自己的行动举止是否符合社会道德要求所产生的内心体验。比如，我们对班集体中那些具有毫不利己、专门利人的高贵品质的学生会产生爱慕和敬佩之情；而对那些贪生怕死、损人利己的个人主义者，则会产生厌恶和憎恨的情感。同样，也会对自己舍己为人的行动感到欣慰；对自己不符合共产主义道德要求的言行感到羞愧。爱国主义情感、国际主义情感、义务感、责任感、集体荣誉感、自尊感等，都是道德情感的表现。

道德情感是品德结构中的重要组成部分，它是道德认识和道德行为的中介变量。道德认识只有与道德情感相结合，才会产生道德动机，从而推动道德行为。缺乏道德情感常常是造成知行脱节、言行不一的主要原因。因此，苏联教育家苏霍姆林斯基说："没有情感的道德就变成了干枯的、苍白的语句，这语句只能培养伪君子。"

（三）道德意志

道德意志是个人自觉地确定道德目的，克服各种困难，支配自己的道德行为，以实现预定道德目的的心理过程。它是调节道德行为的内部力量，是人的意志过程在品德上的表现。它体现在通过理智的权衡作用去解决道德生活中的内心矛盾与实现道德目标过程中的支配行为的力量。例如，有的学生长年坚持护送残疾的同学上学就是道德意志支持的结果。道德意志还能使人抵抗现实中的各种诱惑，不受外界环境的不良影响，始终坚持道德行为。

（四）道德行为

道德行为是人的道德认知、道德情感、道德意志的具体表现和外部标志，是人在一定的道德意志的支配下所进行的各种具体行动，是满足道德需要、完成道德任务、达到道德目的的手段。

品德的各心理成分之间是彼此联系、互相影响的。在个体品德发展中，每一个基本成分都是不可忽视的。一般来说，道德认识是品德心理形成的基础和前提，是道德情感产生的依据。道德情感是道德认识向道德行为转化的桥梁。道德认识和道德情感深化、交融的结果就产生了道德动机，它驱动人以道德意志来实现道德行为。道德意志是实现道德行为的保证。道德行为是道德认识、道德情感和道德意志的具体表现和外部标志。道德行为是品德循环中的终结环节，也是更高循环中的依据和基础。如果缺乏正确的道德认识，道德行为则容易产生盲目性；没有良好的道德情感体验，就不能产生积极的道德态度，就会缺少推动道德行为的力量；失去坚定的道德意志，道德信念就会动摇，就无法调节道德情感和行为，知与行也难以一致；若无恰当的道德行为，道德认识、情感、意志就无法表现。因此，品德的形成是这些心理成分共同发生作用的综合过程。

关于品德心理结构的观点很多，其中有些不仅在理论上是错误的，而且在实践上也是有害的。唯智论认为人的品德取决于道德知识的掌握和信念、智慧以及动机等因素的形成，认为"大部分的罪行和不道德的举动，都是由于愚昧无知，由于缺乏对各种事物的健全概念造成的"。持这种观点的人，主张在道德教育中，必须高度重视伦理谈话和系统的道德知识的讲解。习惯论者认为，知识多的人不见得品德就好，人的品德是一定行为习惯的总和，是"我们所有的各种习惯系统的最终产物"。一个人只有养成良好的行为习惯，才会拥有高尚的品德。持这种观点的人，主张在道德教育中，必须将行为练习与习惯的培养放在首位。唯智论与习惯论的观点都是片面的。马克思主义历来认为人的知和行是辩证统一的，就品德来说同样也不例外。

三、品德心理结构的特点

（一）统一性

一个人的思想品德是知、情、意、行各种基本心理成分的有机统一。四种成分既各有其重要地位和作用，又相互联系、相互影响，构成品德的完整面貌。品德的形成有赖于四种心理成分的协调发展。如果四种成分的发展严重失调，造成知、情分离或知、行脱节，就会出现品德结构上的缺陷，阻碍品德结构的和谐发展。这是我们德育工作应该"晓之以理、动之以情、导之以行"的心理依据。

（二）复杂性

品德结构的复杂性不仅表现在其心理成分的复杂，而且表现在各种成分之间的关系也十分复杂而多样上。品德结构除上述四种基本心理成分外，还包含其他心理成分，如态度、理想、世界观等。在四种基本心理成分中，又各自包括若干成分，如道德认识可分为道德概念、道德信念、道德评价等几种成分；而且几种成分的结合又会产生新的成分，当道德认识与相应的道德情感相结合时就会产生道德动机。品德结构各种心理成分之间的关系非常复杂。就道德动机与道德行为之间的关系而言，它们之间不是简单的一对一的关系。一种动机可以表现为多种行为，一种行为也可由多种动机引起。动机和行为都是多层次的，不同的动机之间、动机与行为之间既有统一性又有矛盾性。因此，品德结构的说法不一，这与它的复杂性有很大关系。

（三）差异性

品德结构的四种心理成分具有统一性，但其发展过程中也存在着差异。不同的人认识、情感、意志、行为的发展水平各有其特点；知、情之间，知、行之间可能脱节；由于受个体心理发展水平和主观选择等因素的影响，不同年龄阶段的个体和同一年龄阶段的不同个体的品德发展存在着明显的差异，即品德结构的发展存在着年龄差异和个性差异。教育者应该依据品德结构的这一特点，针对个体的具体情况，确定教育重点，促使个体品德结构诸成分全面和谐发展。

（四）多端性

品德的形成和培养具有多端性。一般情况下从提高道德认识入手；而道德认识是在道德实践中产生和不断深化的，对于年龄较小，或者知、行脱节的个体，往往需要从道德行为的训练入手；而当个体产生情感障碍时，就需要从道德情感的激发入手；有的个体缺乏意志力，对其品德的形成和培养就可以从锻炼道德意志开始。

总之，品德结构的形成是既统一而又具有多端性的。进行品德培养时要因人、因时而异，既可先晓之以理，又可先动之以情；既可先导之以行，也可先炼之以意。只要最后达到知、情、意、行的和谐、统一发展，就可以形成良好的道德品质。教育者应灵活运用多种开端，增强教育的针对性和实效性。

第二节　品德心理的形成与发展

一、道德认识的形成与发展

道德认识是对社会道德现象，道德规范及其执行意义的认识。道德认识的形成是一个复杂的过程，在学生品德形成中起前提和基础的作用。古语说"知之深，爱之切，行之坚"就是这个道理。它主要包括道德概念的掌握、道德信念的确立、道德评价能力和道德推理能力的发展四个主要环节。

（一）道德概念的掌握

道德概念是指社会道德本质特征的概括。道德概念是在丰富的道德表象的基础上，通过分析、综合、抽象、概括的思维活动而形成的。道德概念的掌握对道德认识的形成有着十分重要的作用。

学生掌握了道德概念，就能够根据道德概念去认识人的行动，揭示行动的本质特点，并以一定的道德准则去评价人的行动的是非、善恶。因此，学校应当重视对学生进行道德知识的教育。学生道德概念的掌握是随着个体年龄的增长而逐步完成的，低年级小学生的道德概念是具体的，对行为的意义的认识与成人的禁止与赞许有关，中学生已经能对概念内涵的各方面因素加以概括，在认识概念的本质方面，能从内部动机、内心品质方面去理解道德概念。

道德概念的形成是一个复杂的过程，是从具体到抽象，从个别到一般的过程。道德概念的形成依赖一系列条件。

首先，形象的、感性的道德经验是形成道德概念的基础。当学生拥有感性经验时，就会对道德概念的形成起促进作用。

其次，了解道德行为的动机和结果有利于形成道德概念。在不同的情况下，通过对道德行为的动机、效果进行比较和概括，有利于学生形成道德概念。

再次，明确道德行为的社会意义和个人意义有利于形成道德概念。如果道德行为不具有个人意义，就不容易为学生所接受。但只具有个人意义，学生就不能正确理解道德行为。当学生了解社会意义时，才能对道德行为的原则性有所理解。

学生在形成道德概念的过程中，也会出现一些特殊的认识问题。在一些情况下，学生虽然领会了某些道德要求，但却不能立即接受和执行，有时表现为

"不理睬"，有时表现为"对立情绪"，严重时甚至拒绝来自教育者的一切要求。这就是心理学上所说的"意义障碍"。所谓意义障碍，是指学生头脑中所存在的某些思想或心理因素，阻碍他们对道德要求、道德意义的真正理解，不能把道德要求转化为自己的需要。"意义障碍"产生的原因主要是：道德要求不符合学生原有的需要；教育者提出的要求过多过高或过于频繁；由于学生生活经验的局限，对道德要求不理解或产生误解；教育者不适当地采取了强制的方式，触犯了学生的自尊心；学生感到教育者处理问题不公正或没有起到表率、示范的作用等。因此，为了更好地使学生接受教育者提出的道德要求，应当针对具体情况，采取恰当方式，设法消除学生的对立情绪，避免"意义障碍"的出现。

（二）道德信念的确立

道德信念是坚信道德准则的正确性，并伴有情绪色彩，成为个人行为指南的道德观念，它是高级的道德动机，是产生道德行为的强大动力。它是在已有的道德概念的基础上产生的、同道德情感和道德行为联系密切的一种道德认知，是个体意识中根深蒂固的、认定必须遵循的道德观念、道德理想，是品德形成中的关键因素。因此，帮助学生确立道德信念，是进行道德教育的中心环节。

确立正确的道德信念，有利于形成正确的人生观、价值观、世界观。步入青年期的人们通常要考虑自己的信念问题，要考虑选择人生的目标以及实现人生目标的方式。如何追求有意义的人生，如何看待幸福、荣辱、苦乐、生死、事业、友谊和爱情等信念和人生的问题。因此，研究中学生道德信念的形成既有理论意义又有现实意义。

心理学研究表明，在个体发展的不同年龄阶段，学生道德信念具有不同的质的特点。

小学一年级、二年级的学生还没有形成道德信念，只有道德信念的某些因素，只是建立了形成道德信念的前提；三年级、四年级开始有了道德信念萌芽，表现出道德方面的愿望；五年级、六年级开始表现出某种自觉的道德信念。从少年期开始，真正概括、深刻而坚定的道德信念才逐步形成。

因此，在教育教学过程中，教师可以利用集体舆论，强化教师的言语，正确引导学生通过实践活动提高道德认识，获得道德行为经验，增强道德情感体验，促使道德知识和概念转化为道德信念。

（三）道德评价能力的发展

培养学生的道德评价能力，对于学生道德信念的确立非常重要。道德评价是智力活动的过程，是一个人运用道德概念进行道德推理，确定合理的行动，作出道德判断的思维过程。经常进行道德评价，可以帮助学生巩固和扩大道德经验，加深对道德意义的理解，提高辨别和评价是非的能力。

学生的道德评价能力是逐步发展起来的，具有一定的发展趋势和规律，具体表现为如下。

1. 从"他律"到"自律"

即从仿效别人的评价发展到独立地进行评价（"他律"是指以别人的要求为评价标准。"自律"是指自己有了独立的评价标准）。瑞士著名儿童心理学家皮亚杰认为，年幼儿童的道德评价是受自身以外的价值标准所支配，他们盲目服从权威，将规则绝对化，将惩罚看做是天意，是一种报应。皮亚杰将此道德评价称作他律道德（heteronomous morality）。随着儿童年龄的增长，儿童的道德评价逐步由自己的道德价值标准所支配，他们不再盲目服从权威，而强调公平和公道，考虑惩罚应以让犯错者认识过错为目的，皮亚杰将年长儿童的这种道德评价称为自律道德（autonomous morility）。从"他律"到"自律"是儿童道德评价能力发展的普遍规律。

2. 从"效果"到"动机"

即从注重行为效果的评价转向重视行为动机的评价。皮亚杰曾使用对偶故事对儿童的道德评价能力的发展进行研究，结果发现，儿童的道德评价是从注重行为效果的评价逐步转向重视行为动机的评价。一般来说，7岁左右的儿童，大多是从行为的客观效果上看问题，即以行为的直接后果来衡量一个人的道德行为。9岁左右的儿童，开始从主观的动机上评价一个人的道德行为，而且随着年龄的增长而递增。到了中学阶段，一般学生都能注意考察人的行为动机，分析行为的外部原因，并逐步作出比较适当的评价。

3. 从"对人"到"对己"

即从先学会评价别人的道德行为，逐步发展到学会对自己的道德行为进行评价。少年对自己的评价往往落后于对别人的评价。低年级小学生，已能运用自己掌握的一些道德知识初步地评价别人的道德行为，但他们还不会评价自己。高年级小学生能够进行些简单地自我评价。初中生的自我评价能力已逐步发展起来，能够对自己的内心活动进行评价。

4. 从"片面"到"全面"

即从带有较大片面性的评价发展到比较全面地进行评价。儿童和少年的道德评价还带有较大的片面性，他们往往抓住一点，不计其余，就对人的道德品质作出全面肯定或全面否定的结论。随着年龄的增长，进入青年初期以后，学生评价自己或别人的行为，才开始带有全面、客观、深刻的性质，能够逐步掌握正确而全面地评价别人的原则和方法。

学生道德评价能力的发展同个体的道德知识水平密切相关，也和他们的心理发展与生理成熟有着密切的联系。为了培养学生的道德评价能力，教师要注意为人师表，充分利用教材内容或学生日常生活中的典型事例，引导学生对此作出简明而正确的评价，从而有意识、有步骤地提高学生的道德评价能力，使他们的道德评价能力逐渐由现象到实质、由别人到自己、由片面向全面发展。

阅读材料 13-1：皮亚杰的对偶故事

皮亚杰依据精神分析学派的投射原理，采用对偶故事研究儿童的道德认知发展。他设计了一些包含道德价值内容的对偶故事，要求儿童判断是非对错，从儿童对行为责任的道德判断中来探明他们所依据的道德规则，以及由此产生的公平观念发展的水平。

下面就是皮亚杰在研究中所用的一个对偶故事。

A. 一个叫约翰的小男孩在他的房间里，家里人叫他去吃饭，他走进餐厅，但在门背后有一把椅子，椅子上有一个放着 15 只杯子的托盘。约翰并不知道门背后有这些东西，他推门进去，门撞到了托盘，结果 15 只杯子都撞碎了。

B. 一天，一个叫亨利的小孩，他母亲外出了，他想从碗橱里拿出一些果酱，但是放果酱的地方太高，他的手臂够不着，他试图取果酱时，碰倒了一只杯子，结果杯子掉下来打碎了。

皮亚杰对每一个对偶故事都提出了两个问题：

（1）这两个孩子的过失是否相同？（2）这两个孩子中，哪一个问题更严重一些？为什么？

资料来源：皮亚杰著，傅统先，陆有铨译，《儿童的道德判断》，济南，山东教育出版社，1984

（四）道德推理能力的发展

美国教育心理学家柯尔伯格（L. Kohlberg，1927—1987）运用道德两难故事对儿童和青少年道德推理能力进行深入研究，概括出儿童和青少年道德推理能力发展中存在 3 个水平和 6 个阶段。

阅读材料 13-2：柯尔伯格的两难故事

有一位妇女患了癌症，生命垂危。医生认为只有一种药可以救他，即该镇一位药剂师最近发明的一种制剂。但药剂师以 10 倍于成本的价格出售，一剂药索款 2 000 元。病人的丈夫海因茨向所有的熟人借钱，凑起来还不到药款的一半。他请求药剂师便宜些卖给他，或先把药给他，过些日子再付款，但遭到药剂师的拒绝。海因茨走投无路，潜入该药店为妻子偷了药。问题：海因茨该不该偷药？为什么？

资料来源：陈琦，刘儒德：《当代教育心理学》，第 2 版，北京：北京师范大学出版社，2007

水平一：前习俗水平

大约出现在幼儿园及小学低中年级阶段，该时期的特征是，儿童们遵守规范，但尚未形成自己的主见，着眼于人物行为的具体结果与自身的利害关系。这时期又可分为两个阶段。

阶段 1：避罚和服从的定向阶段。还缺乏是非善恶观念，只是因为恐惧惩罚而要避免犯错，因而要服从规范。认为免受处罚的行为都是好的，遭到批评指责的事都是坏的。对于海因茨偷药的行为，该阶段的儿童只从偷药行为的后果来考虑问题。因此他们认为海因茨是不能去偷药的，因为如果被人抓住的话是会坐牢的。

阶段 2：相对功利定向阶段。行为的好坏按行为的后果带来的赏罚来定，得赏者为是，受罚者为非，没有主观的是非标准。或是对自己有利就好，对自己不利就是不好。该阶段的个体认为海因茨应该去偷药。他们的理由是："谁让那个药剂师那么坏，便宜一点就不行吗！"

水平二：习俗水平

这是在小学中年级以上出现的，一直到青年、成年，这时期的特征是个人逐渐认识到团体的行为规范，进而接受并付诸实施，这时期又可分为两个阶段。

阶段 3：人际协调的定向阶段。个体按照人们所称的"好孩子"的要求去做，以得到别人的赞许。如"偷"是不对的；"互助"是对的。因此处于该阶段的个体认为海因茨应该去偷药，因为做一个丈夫就应该照顾好自己的妻子。如果他不这样做，最后妻子死了，别人会骂他见死不救，没有良心。

阶段 4：维护权威或秩序的定向阶段。服从团体权威，"尽本分"，要尊重法律权威，这时判断是非已有了法制观念。一个维护权威或秩序的个体会从法制出发，认为海因茨不应该去偷药，因为如果人人都违法去偷东西的话，社会就会变得很混乱。

水平三：后习俗水平

这个阶段已经发展到超越现实道德规范的约束，达到完全自律的境界。年龄上至少是青年人格成熟之后才能达到的境界。这个水平是理想的境界，成人也只有少数人达到。这一时期可分为两个阶段。

阶段 5：社会契约的定向阶段。有强烈的责任心与义务感，尊重法制，但相信它是人定的，不适合于社会时理应修正。该阶段获得社会契约意识的个体会认为海因茨应该去偷药，因为一个人生命的价值远远大于药剂师个人对财产的所有权。

阶段 6：普遍道德原则的定向阶段。有个人的人生哲学，对是非善恶有其独立的价值标准。对事有所为有所不为，不受现实规范的限制。当个体达到这个阶段，他能超越某些规章制度，更多考虑道德的本质，而非具体的原则。因此他们会认为海因茨应该去偷药，因为和种种可考虑的事情相比，没有什么比人类的生命更有价值。

二、道德情感的激发

品德的形成就其最基本的心理过程来说，是一个从知到行的过程（即从道德认识到道德行为的过程）。从知到行并不是一种直线运动，而是要经过复杂的中间环节，必须有道德情感和道德意志的参与。在学校教育工作中，不是任何一种道德认识都能转化为道德行为的，只有情感化了的认识，才能促进学生品德的形成。

(一) 道德情感的表现形式

道德情感是伴随着道德认识产生的一种内心体验，也是对事物的爱憎的态度。通常我们看待现实生活中的事情或言行时，凡是符合自己的道德认知或能满足自己的道德需要的，都会产生积极的、肯定的情感体验，反之，则会产生消极的、否定的情感体验。就其内容而言，它包括对自己祖国的自豪感和尊严感、对朋友的友谊感、对待工作的责任感和义务感。就其形式而言，道德情感可以分为三类。

1. 直觉的道德情感

直觉的道德情感是由于对某种道德情境的感知而产生的情感体验。例如，人们进入会场或教室后，就会不知不觉地对自己的言行加以约束，并很快制止一些与此场合或氛围不相协调的动作和欲望。它的产生非常迅速，是对周围道德情境的直接反映，但它的产生，也同个体已有的道德实践经验与体验有密切的联系，是有其一定的道德认识作基础的。直觉的道德情感，能对某种道德行为起到迅速定向的作用。因而组织健康的舆论以及使人们形成对待舆论的正确态度是十分重要的。

2. 想象性的道德情感

想象的道德情感是通过对某种道德形象的想象而产生的情感体验。例如，当人们想起屈原、岳飞、杨靖宇等人物的形象与事迹时，会油然而生敬意，萌发爱国主义情感；想起白求恩、邱少云的英雄事迹时则会激起国际主义、革命人道主义的情感。道德形象之所以能引起人们的道德体验，首先是由于这些形象本身是作为社会道德经验的化身而存在的，这些形象使人能认识到道德要求及其社会意义。其次，由于形象的生动与感染性，可以引起人们情绪上的共鸣，从而成为人们有关的情绪体验的信号。具体的道德形象常常使人印象深刻。因此在教育教学环境中，教师要充分利用各种媒体等手段促使学生形成良好的品德。

3. 伦理性的道德情感

伦理性的道德情感是人在进行道德理论思维时产生的高级的情感体验。它具有较大的自觉性、概括性和伦理性。例如，爱国主义情感，只有当人们清晰地意识到个人与祖国的关系、个人对祖国应尽的义务与忠诚时才会真正地发展起来，而且它是在许多情绪体验的基础上形成的。爱国主义情感是在爱父母、爱故乡、爱母校、爱人民、爱党、爱领袖、爱祖国悠久的文化历史和美丽富饶的山山水水，以及对敌人的仇恨，对工作的高度责任感的基础上形成的。这种情感体验比较深挚、持久，而且有强大的动力作用。

在个体品德发展中，伦理性道德情感在个体身上出现最晚，直到青年期这种情感才开始占重要地位。在小学阶段，学生道德情感的发展以直觉情绪体验和形象性情感体验为主要形式，高中阶段学生与道德原理相联系的道德情感已开始发展，但尚未完全发展到与抽象的道德原理相联系的水平。

（二）道德情感的激发

从教育的根本意义上讲，品德教育自始至终都离不开道德情感教育。品德教育的成功与否，在一定意义上也要看能在多大程度上从情感方面打动学生的心。因而，学生道德情感的培养与激发对学生良好品德的形成具有重要的意义。

培养学生的道德情感可以通过多种途径与方法来进行。在一般情况下，要注意下面几点。

1. 以理育情

道德情感是在道德认识的基础上产生的。因此，培养学生道德情感的前提就是让他们懂得有关的道德知识，理解相关的道理。教师可以通过生动说理，使学生理解道德准则及其意义，帮助他们形成道德观念，产生按照道德规范行动的强烈愿望。同时，教师要适时地在学生中进行道德评价，以鲜明的态度肯定道德行为，否定不良的行为，引导学生从中接受熏陶，产生深刻的、积极的情感体验。还可以利用集体舆论及时地表扬与批评，使学生对道德行为感到愉悦、满足、自豪与向往，对不良行为感到不满、羞愧、自责与愤怒。这些都有利于学生道德情感的定向培养和顺利形成。

2. 以情激情

苏联教育家加里宁说："要学生感动，首先要教师感动。"情感具有感染性，教师高尚的道德情感可以激发学生相应的道德情感。教师真挚的爱是对学生进行品德教育的基础。教师对学生应具有亲近感、信任感、期望感，才能使学生对教师怀有依恋仰慕的心理，才能感染、感动、感化学生，促进学生良好品德的形成。所以，热爱学生的教师拥有行之有效的教育方法。而对学生缺乏爱、漠不关心，便会导致教师采用错误的教育方法，冰冷地对学生宣讲道德准则，像道德法官式地指责学生，不能与学生进行正常的心灵沟通，就会导致学生产生道德意义障碍。这是教育不成功的根本原因。如果教师能够爱护学生、关心学生，做学生的知心人，以满腔的热忱和诚挚的情感来感染学生，便会打动学生的心，取得他们的信任和爱戴，激起他们强烈而深刻的道德情感。

3. 以境育情

情感具有情境性。道德情感总是在一定的道德情境中产生的。具体的道德情境可以唤起人们相应的道德情感。因此，教师应当有意识地创造适当的道德情境，培养和诱发学生积极的道德情感。例如，组织学生举行列队升旗仪式，游览名胜古迹、革命圣地，有助于培养学生的爱国主义情感；组织班级和团队活动，有助于培养学生的集体主义情感；组织学生访问科学家，参观工厂、实验室，有助于培养学生热爱科学、献身科学的情感。

4. 以美育情

"美和道德是亲姊妹"。美感是人的审美需要是否得到满足而产生的一种情感。美感与道德情感是紧密联系的，美育是德育的深化。美育的特点就是情感教育。美和美育可以陶冶人的个性，净化人的心灵，深化道德认识，调剂精神生活，促进心理健康。所以，苏霍姆林斯基认为，"美是一种心灵的体操，它使我们精神正直，良心纯洁，情感和信念端正。""经过长期美的陶冶，会在不知不觉中，突然使人感到不良的、丑恶的东西是不能容忍的。让美把恶与丑排挤出去，这是教育的规律性之一。"

5. 以行育情

道德行为及行为效果对道德情感具有检验与调节作用。因此，培养学生的道德情感，应引导学生积极参加道德实践活动，以其良好的道德行为来培养巩固道德情感。

三、道德意志的培养

道德意志是人们自觉地确定道德行为目的、积极调节自己的活动，排除各种障碍，实现既定目的的心理过程。它主要表现在两个方面：一是以道德的动机战胜非道德的动机；二是排除障碍，坚决执行已有的道德行动计划和决定，体现出个体坚韧的自制力和抗诱惑能力。所以培养学生良好的道德意志，对学生良好品德的形成具有非常重要的作用。

学生道德意志培养的方法和途径主要有以下几方面。

（一）提高认识，丰富道德情感

道德意志是人们在道德行为过程中表现出的意志力，它是道德认识能动作用的具体体现，是在道德认识和道德情感的支配与激励下产生的。因此，提高学生道德认识，丰富道德情感是培养学生道德意志的前提。

（二）创设困难情境，提供道德实践机会

道德意志总是与克服困难的道德行为密切联系的。因此，教师在日常的教育教学活动过程中，要有意识为学生创设一些困难情境，引起他们内心的矛盾与意志上的紧张，并适当地给予某些帮助与支持，如激励、期望、信任、方法指导等，使他们经过自身的努力取得成功，有助于坚强道德意志的形成。

（三）引导学生形成自我约束机制

在学生道德意志的培养中，形成自我约束机制是非常重要的环节，它可以使学生有效地进行自我监督、自我管理，抵御外界不良因素或诱惑的影响，坚持执行已有的道德目标和计划，实现道德意志行为的目的。因此，教师要引导学生善于对自己的道德行为进行自我认知、自我评价，主动克服缺点，发扬优点，形成良好的自我约束机制，拥有较强的自我约束能力。

（四）针对学生不同特点，进行因材施教

学生的意志品质存在不同特点，因此，教师需要针对学生特点的不同，采取相应的教育措施，进行因材施教，才能收到预期的教育效果。如对于因为行为目的不明确而表现出无动于衷、委靡不振或没有主见、易受暗示的学生，要

着重培养他们道德意志的目的性、自觉性；对于畏缩、优柔寡断的学生，要着重培养其意志的果断性；对于行为冒失、轻率地学生，要着重培养其耐心、沉着、稳重的品质等。

四、道德行为习惯的养成

道德行为习惯是指稳定的、经常性的、在一定条件下形成的自动化了的道德行为方式。它是某种道德行为转化为某种道德品质的关键因素。因此，对学生进行品德教育时，除了要"晓之以理、动之以情"外，还要"持之以恒、导之以行"，加强学生良好道德行为习惯的训练，才能有助于学生形成良好的道德品质。

道德行为习惯的训练，主要包括以下两个方面。

(一) 掌握道德行为方式

掌握道德行为方式就是让学生在不同的道德情境中学会怎样去行动。训练道德行为，仅靠善良的愿望和热情是不够的，如果缺乏行动的决心和毅力，不善于采取合理的行为方式组织自己的行动，是不能取得预期的行为目的的，甚至会适得其反。许多学生常常好心办坏事的原因就在于此。心理学研究表明，在要求学生完成具有道德意义的活动任务时，仅靠动机教育是不够的，还必须进行行为方式的指导。学生年龄越小，这种行为方式的指导就越必要。

指导学生掌握正确的道德行为方式的方法和途径很多，学校工作的许多方面都可以发挥这种作用。例如，通过对学生守则、校规校纪的讲解，使学生熟知学校生活中最基本的行动要求；通过思想品德课的教学，使学生了解加强道德品质修养的重要性和基本要求，让学生懂得在不同的道德情境中采取不同的道德行为方式的一般依据；通过阅读课外读物或对课文的讲述，使学生了解在某种道德情境中典范人物行为方式的合理性，能够分析和总结其道德行为的成功经验和失败教训；通过组织学生讨论完成某种道德行为所应采取的方法和步骤，使学生能够更好地进行道德实践活动。

在道德行为方式的指导中，不只是要求学生掌握一些行为的具体规则，更为重要的是培养学生主动自觉地选择正确行为方式的能力。因此，在指导训练中，必须注意以下几点。

第一，引导学生明确训练的意义，激发学生掌握道德行为方式的动机。

第二，教授学生道德行为方式时，应由近及远、由简及繁，从分解到综合，循序渐进地进行。并要求学生从身边的事做起、从小事做起，日积月累，习以为常。如果教师的要求过高、过多、过急，学生将无所适从。

第三，在讲解的基础上，向学生提供榜样示范，展示有关的道德行为方式，让学生观察学习，掌握正确的行为方式。

第四，在指导训练学生的行为方式时，必须重视学生道德行为方式的练习，组织学生进行模仿性、情境性的道德实践活动，并及时提供反馈信息，纠正不适当的行为方式，强化正确的行为方式。

(二) 通过训练形成道德行为习惯

训练道德行为，单靠道德行为方式的指导是不够的。教师应让学生通过道德实践活动，进行行为方式的不断练习，养成道德行为习惯，才能使道德行为经常化、巩固化和自动化，进而达到道德教育的预期目的，这是道德品质形成的标志和关键。

据调查资料表明，60％的学生的道德行为习惯是在初中三年级以前形成的，20％的学生在高中阶段形成道德行为习惯，只有20％的学生在高中毕业时还未形成道德行为习惯。可见中学阶段是学生道德行为习惯形成的重要时期。因此，教师要抓住中学时期学生道德行为习惯形成的关键阶段，培养学生良好的道德品质。

培养学生良好的道德行为习惯的途径与方法主要有以下几种。

1. 重复道德行为

创设良好的道德情境条件，使学生已有的道德行为得到多次重复的机会。

2. 观察模仿学习

为学生提供良好的榜样，让他们观察、模仿学习榜样的道德行为。

3. 实施有意练习

通过组织各种道德实践活动，有目的地让学生进行道德行为练习，使学生在活动中充分理解练习的意义、目的和各阶段的要求，能够自觉地坚持行为练习，了解自己的点滴进步，以愉快的情绪促进道德行为习惯的养成。

4. 消除不良习惯

要注意及时纠正学生的不良习气，避免使之养成不良的行为习惯。对已经形成的不良行为习惯，要让学生了解其危害，增强他们克服不良行为习惯的勇气和信心，及时矫正自己的行为方式。教师在帮助学生克服不良行为习惯时，要充分信任学生，切不可说"不可救药"之类的泄气话。还可以利用活动替代法、铭记警句法等方法来巩固良好的行为习惯，克服不良行为习惯。

5. 适时进行表扬与批评

正确使用表扬与批评是培养学生良好行为习惯的有效措施。一般来说，表扬的效果优于批评，但过多的表扬，易使学生滋生骄傲自满情绪，听不进别人的忠告和意见，不利于良好行为习惯的巩固；而不断地批评则易起到相反的效果，使学生产生自卑、胆怯、抵触情绪，不利于良好行为习惯的养成；当然，表扬和批评的效果是相对的，其作用程度和有效时间取决于多种因素。实施表扬与批评时应遵循以下基本原则。

①实事求是原则。表扬与批评要符合事实，不可夸大或缩小，不可以凭教师个人的好恶感情用事。

②及时性原则。及时的表扬与批评，能给学生留下鲜明而深刻的印象，激励他们不断进步；反之，拖延时间过长，时过境迁，其教育效果则较差。

③适当性原则。表扬和批评都要适当，不宜过于频繁。

④非成人化原则。不能用成人的标准来对年龄较小的学生实施表扬或批评，更不能把批评、罚款等惩罚方法硬搬到学校里来。表扬、批评的内容与形式应适合学生的年龄特点。

⑤机智性原则。表扬与批评是行为习惯养成的强化方式。因此，何时强化，如何强化，全靠教师的教育艺术与教育机智。千篇一律、简单生硬的表扬与批评是收不到预期教育效果的。

行为习惯在道德表现中有时也有副作用。因为过分地依赖于习惯，往往也会忽略对情境的分析，所产生的刻板行为反应常常不符合道德要求。所以，在行为习惯的训练中，应该加强道德意识的教育，调动学生的主观能动性，只有当行为习惯本身成为学生自己的需要时，才能成为促使他形成新的道德品质的因素。

综上所述，学生品德的形成过程就是对青少年进行知、情、意、行的培养过程，也就是使青少年掌握正确的道德概念，确立道德信念、激发道德情感、培养坚强的道德意志，养成良好的行为习惯，形成良好品德的过程。

第三节　学生品德不良的矫正

学生品德不良主要是指学生经常违反道德准则或犯有较严重的道德过错的现象。这种学生在不同社会制度的国家都有，不同的国家采用不同的办法来解决。非洲有特殊儿童劳动集中营，澳大利亚有特殊儿童中心，美国有不同基金会捐助的儿童之家、女孩之家、特殊儿童中心，我国有工读学校等。

一、过错行为与品德不良行为

学生的不良行为可分为过错行为与品德不良行为两种。这两种问题行为既有区别又有联系。在学校生活中，区分学生的过错行为与品德不良行为是学校教育工作中经常遇到的必须解决的重要问题。如果将学生的过错行为视为品德不良行为，就会把学生的问题行为看得过于严重，反之，如果将学生的品德不良行为混同于过错行为，也会将问题看得过于轻率。以上两种情况都可能导致教育措施不当。只有正确区分，才能正确教育。

（一）学生的过错行为

学生的过错行为是指那些不符合道德要求的问题行为。如学生调皮捣蛋、恶作剧、起哄、无理取闹、欺辱同学、不尊重师长、无故旷课、作业和考试作弊等问题行为都属于过错行为。过错行为的出现给学校、家庭带来麻烦，又容易导致品德不良，成为妨碍学生身心发展的隐患。过错行为具有盲目性、偶然性、情境性、易变性等特点，但它的严重性并未发展到品德不良的程度。学生不良行为的产生常常是由于个体缺乏道德经验和认识水平较低，在不良需要和好奇心的驱使下造成的。如果不及时纠正，任其发展，则容易发展成为品德不良，甚至使少数学生走向违法犯罪的道路。

（二）学生的品德不良行为

学生的品德不良行为则是指那些由错误道德意识支配的，经常违反道德准则，损坏他人或集体利益的问题行为。它是一种较严重的问题行为，具有经常性、有意性等特点，但它尚未达到犯罪的地步。品德不良行为在青少年中发生率较高，根据全国品德协作组调查，这类行为在品德问题行为总数中，童年期占 12.9％，少年期占 38％，青年初期占 48.4％。国内外的大量调查也表明：13～15 岁是初犯品德不良或初犯劣迹行为的高峰年龄，15～18 岁是青少年犯罪的高峰年龄。近年来，在世界范围内，犯罪出现"低龄化"趋势，以初中生为多。因此，必须重视学生的品德不良行为的矫正。

二、学生品德不良形成的原因

学生品德不良的成因极为复杂，既受社会环境和学校教育、家庭教育条件等客观因素的影响，也与学生的主观因素及其身心发展水平有关，是环境和教育等外在因素与生理和心理等内在因素相互作用的结果。

（一）客观因素的消极影响

1. 家庭的不良影响

（1）家庭结构不良因素的消极影响

在我国的社会生活中，家庭结构的不良因素大致包括家庭自然结构的破坏、家庭关系结构的破坏、家庭意识的不良和家长的不良性格等方面。①家庭自然结构的破坏。由于家庭中缺父少母以及父母离异等情况的存在，孩子在家庭生活中得不到应有的教育和关爱而产生不良行为。一项调查表明，54.7％的犯罪少年来自这种家庭。②家庭关系结构的破坏。家庭成员存在着生物、社会、心理三层关系，其中一层关系的损害往往导致其他两层关系的损坏。家庭关系的破裂或冷淡将会对子女产生不良影响。据对 210 名少年犯的调查表明，由于家庭关系破裂的缘故向外找"友谊""温暖"而犯罪的少年占 41％。③家庭意识不良。有的家长思想观点不正确，整天在家中发牢骚、说怪话，散布社会的不满情绪，孩子在家中耳闻目睹家庭成员的错误言论和恶习，因而受其不良影响而产生不良行为。④家长不良性格的影响。如有的家长修养差，行为粗鲁、满口脏话；有的家风不正，酗酒、赌博、吸毒、偷窃、腐化；有的家长思想迷信，搬神弄鬼；有的家长极端自私，损公肥私，孩子受其不良影响而产生不良行为。

（2）家庭教育功能不良的消极影响

家庭教育功能不良主要表现为：①家庭教育条件与水平较差。如有的家长文化教育程度不高，对子女教育不重视，或教育子女的时间不多，有的家长甚至从不过问子女情况等。②错误的家教态度与方式方法。如有的家长过分溺爱孩子、庇护孩子，认为孩子长大了自然就会"懂事"，他们持一种"任其发展"、养而不教或重养轻教的态度。这样的家长只重视满足子女的物质需要而忽视其思想品德的教育，甚至连最基本的生活技能也不教。据一项对 210 名少年犯的调查表明，家长溺爱、家教不严而犯罪的占 47％。③有的家长重智轻德，忽视子女的身心健康。他们整天忙于检查子女的作业，聘请家庭教师帮助子女学习，致使部分孩子视学习为苦差，千方百计地想逃离家门，躲避学习的沉重负担。即使学习成绩良好的学生，在这种家庭气氛中也是无精打采，筋疲力尽。④家教态度不一致，要求不一致，致使孩子无所适从。这种现象往往发生在直系家庭中，祖辈和父辈的意见不一致，有时也表现为核心家庭中的父亲和母亲教育态度不一致。这种家庭教育态度的不一致可能会导致孩子对道德准则的认识感到困惑，或者形成见风使舵的不良行为。⑤有的家长宽严失度，方法不当。时而管教不严，错把庇护当爱护；时而管教过严，错把粗暴当严教。这是一种最值得重视的情况。有的家长溺爱、祖护孩子，等孩子问题成堆后则又采取极端粗暴的压制，轻则咒骂，重则毒打，没完没了。许多青少年失足与此有关。最初经常得到父母的时时夸赞，周围人的称赞，使之产生唯我独尊、唯我第一，目中无人的态度。等到孩子在班上的表现问题成了堆，老师的家访告状使父母感到脸上无光，便对孩子进行无情地打骂和拷打。子女对错误观念的"合理感"未经任何思想上的转化突然变成了"犯罪",成为大众谴责的对象,随即引起了心理上剧烈的矛盾及冲突,产生了对抗心理和逆反心理,从而越陷越深,甚至走上犯罪道路。据 20 世纪 80 年代某工读学校的调查表明,78 名失足学生中有 60 人从小娇生惯养,犯错误后有 54 人被家长打骂,使他们在情绪上极其对立,从而逃离家门导致失足。

2. 学校教育某些缺陷的不良影响

例如,某些教师缺乏正确的教育思想,"自我中心倾向"严重,对学生不能一视同仁。为了片面追求升学率,把一部分中差生推向家庭或社会,集中精力"保"优等生过中考关或高考关,千方百计的帮助他们升入高一级的重点中学或重点大学。而对那些中差生或自己不喜欢的学生往往进行体罚或变相体罚,讽刺挖苦或刁难他们,以致使中差生失足的概率提高。

有少数教师本身缺乏师德,或者品德不良,给学生带来了直接的不良影响。

有些学校破墙开店,教师经商,严重干扰了学校正常的教学秩序,破坏了学校里的学习气氛,对学生的品德教育产生了负面影响。

学校的各种压力,如升学压力、考试压力、名目繁多的竞赛和评比的压力等,常会引起学生过度的焦虑与挫折,从而产生各种不良行为。

有些教师对学生或家长的要求过高、过严、过急,而忽视他们的年龄特征和个性差异,忽视他们的心理需要和人格尊严,无节制地加大他们的精神压力,以致造成他们的对抗心理而产生不良行为。

学校教育与家庭教育脱节,互不沟通,互不配合,各行其是,削弱了教育的力量,甚至相互抵消。

3. 社会环境中的不良因素的消极影响

社会环境中的消极因素的不良影响主要包括:①社会上各种错误的思想、不良风气,社会文化生活(如文学艺术作品、影视等)中不健康因素的影响;②社会上具有各种恶心的人的影响,尤其是坏人的教唆;③学生群体亚文化与小伙伴的不良影响等。

根据刘瑞峰等人的研究,游离于犯罪边缘、行为异常的青少年团伙对一些不良倾向的青少年具有极强的影响,它是犯罪团伙的低级预备阶段。许多青少年的犯罪,往往是先进入这种小群体的。据统计,工读学校中的大部分学生是这种小群体中被腐蚀的。在这种小群体中,他们的处境相似,思想感情相通,一起吃喝玩乐,一起学偷窃、打群架、观看黄色书籍和淫秽录像,以致违法活动越来越升级，思想上的腐蚀和行为上的错误越陷越深，直至犯罪而不能自拔。

（二）主观因素的作用

1. 缺乏正确的道德认识

在个体品德心理的发展过程中，正确的道德观念、道德信念是抑制个人私欲，引导个体积极适应社会、服务社会，形成良好的道德行为的内在因素。行为过错或品德不良的学生由于缺乏正确的道德认识，是非观念模糊，道德评价能力差，不善于区分行为的对与错、是与非，很容易受个人私欲和需要的驱使，有意或无意地作出违反道德规范、侵害他人利益的不良行为。例如，有的把课堂上捣乱当做"英雄行为"；把对老师的尊敬看做是"拍马屁"等。

2. 缺乏道德情感或情感异常

大多数品德不良的学生缺乏道德情感或情感异常，他们性情暴躁、喜怒无常、爱憎不分，好恶颠倒，没有集体主义荣誉感、责任感和义务感，在生活中，对于给他一点便宜的人就认为是"好人"，对于严格要求和管束他的人则认为非常可恶。因而常常同教师、父母和其他一些关心他们的人情感对立、存有戒心，而与他们的"伙伴"却情感相投。在这些品行不良的学生中，大都是在被打骂、批评、斥责、讽刺中长大的。由于经常遭受各方面的冷遇，所以他们对别人的戒备心理很强。常常表现得既自卑，又自尊，并且自己瞧不起自己，又不允许别人蔑视他们，因而，谁管教他们，他们就认为谁歧视他们，很容易和他人产生对立情绪，甚至故意寻衅闹事，向他人和社会发泄自己的烦闷与不满，或者把自己的快乐建立在别人的痛苦上。

3. 道德意志薄弱、自控能力差

品德不良的学生由于道德意志薄弱，在行为抉择时动机斗争的自觉性低，常常屈从于个人的欲望和情绪冲动，进而发生不良行为。例如，有的学生明知打架、偷窃等行为是错误的，但是由于意志薄弱、自控能力差，经受不住不良诱因的影响，从而使正确的认识不能见诸行动，所以常常"明知故犯"、不能克制自己。当他们经过教育，对错误有所认识，刚刚表示"决心改正"，但往往由于缺乏自制力，经不起"伙伴"的挑动和诱惑而重蹈覆辙，甚至走向违法犯罪的道路边缘。

4. 不良的行为习惯

品德不良的学生都有许多坏毛病和不良行为习惯。一般来说，不良行为的产生常常是由于偶然因素造成的，但由于不良行为同个人的某种需要、某种情绪体验建立了某种联系，经过多次重复后，就形成了不良习惯，产生了动力定型，而动力定型的改变并非一朝一夕能够实现。因而不良行为一经形成，矫正起来就比较困难。

三、学生品德不良的矫正

学生品德不良的矫正是一项复杂的、涉及多方面因素的工作，其效果如何，取决于教育时机的选择和对众多教育因素的控制。分析和理解其矫正的心理过程，有利于选择矫正措施，提高矫正的效果。

（一）品德不良矫正经历的阶段

1. 醒悟阶段

这是指当事者开始认识到自己的错误，从而产生改过自新的意向阶段。这种意向一般是在生动的事例触动或教育工作者的引导下，意识到坚持错误的危害性时产生的。比如遇到一位喜爱的老师，加入一个新集体或受到一次震动心灵的教育时，产生了对过错的新认识，激起了新生活的愿望。从态度变化的角度来看，醒悟阶段是旧态度的受挫和新态度的萌生。为了促使品德不良的学生和有过错行为的学生开始醒悟，首先要设法消除他们的疑惧。因为，此时学生往往拥有一种可能受到批评指责的态度定势，一旦教师给予他们理解和适当的鼓励，就可以逐渐消除其不信任感，为进一步进行教育疏导工作奠定良好的基础。

2. 转变阶段

这是指有了改过自新的意向后，在行为上发生转变的阶段。对于教师来说，应紧紧抓住醒悟和转变的良机，因势利导，对品德不良的学生做耐心细致的启发诱导，从认识上帮助他们澄清糊涂观念，从情感上拉近彼此距离，对学生每一点细微的进步和转变都给予肯定和鼓励，促进保持其进步的热情，使其改正后的行为能不断得到强化。同时，教师也要清楚地看到，发生转变是一种可喜的变化，但这仅仅是开始，要想改过自新还需要走一段相当长的路程。有时还可能出现反复，即重犯以前的过错。反复的情况有两种：一种是前进中的暂时后退；另一种是教育失败出现的大倒退。教师应对这种反复有足够的认识和精神准备，从而有针对性、预见性地做好细致的预防工作，例如可以让学生暂时避开原来容易犯错误的情境刺激，在逐渐接近原有刺激时，提供正反两方面的例证支持学生的正确行为。

3. 自新阶段

这是指经过较长的转变时期后，不再出现反复，而进入的一个崭新时期。对以新的面貌出现的学生，教师应倍加关心和爱护，对他们充分地信任和尊重，避免歧视和翻旧账，鼓励他们重新树立新的、积极的自我概念；同时，帮助他们克服和防止很容易出现的满足心理，不断提出新要求，促使他们不断上进。

（二）品德不良行为矫正的措施

对学生品德不良行为的矫正是一项艰苦、细致而复杂的工作，需要学校、家庭和社各界的配合和通力协作才能奏效。由于不良行为的学生具有一些特殊的心理特征，因此，对他们进行教育时要注意以下措施的运用。

1. 了解品德不良行为产生的需要和动机

需要和动机是人的行为的内部动力，品德不良行为同样也受其需要和动机的支配。因此，深入了解他们的需要和动机，是教师有针对性地矫正学生不良品德及其不良行为习惯的首要条件。但由于需要和动机的内隐性、复杂性特点，这就要求教师和学生家长通力协作，从多方面、多渠道深入了解学生的内心世界，以发现其真正的行为原因，然后采取相应的教育措施进行教育。

2. 改善人际关系，消除疑惧心理和对立情绪

有过错行为或不良品德的学生与周围人的关系是不正常的。由于平时他们自己的不道德的行为经常伤害到他人，因而也常受到批评、指责、训斥甚至严厉的惩罚。所以他们对周围人存在疑惧心理和对立情绪，对教师、同学容易产生不信任、猜疑甚至敌意的心理。

要消除有过错行为或品德不良学生的疑惧心理和对立情绪，教师可以采取下列策略：①引导周围同学重新认识和评价有过错行为的学生和品德不良的学生，尽可能地发掘他们身上的优点，积极为其营造和建立良好的人际关系氛围。②抓住时机，巧妙地向学生表达教师的善意，让学生理解到教师是真心爱护他们的；③肯定他们的点滴进步，增强他们战胜困难的信心。只有师生关系、同学关系得到了改善，彼此互相信任，有一个良好的人际环境后，才能有效地矫正学生的过错行为或品德不良行为。

3. 保护自尊心，培养集体荣誉感

自尊心是一种个人需求受到社会、他人和集体尊重的情感。它是促使学生积极向上，努力克服缺点的内部动力之一。有过错行为或品德不良的学生也有自尊心，并且自尊心极强，有的甚至达到过敏的程度。有时人们无意中说的话，也会引起他们强烈的反响。但另一方面他们又非常自卑、常常自暴自弃，这种自卑感恰恰是自尊心受到摧残后的一种心理状态。因此，在教育过程中，教师一定要尊重他们，善于发现学生身上的"闪光点"和细微进步，并及时给

予肯定、认可和赞扬，以培养和维护他们的自尊心，唤起他们克服缺点的信心和勇气。

集体荣誉感是人们意识到作为集体成员的一种尊严的情感，常常对人们的行为具有一定的规范作用，促使人们珍视集体的荣誉，并根据集体的要求和利益支配自己的行动，为集体作出贡献；同时，也是人们克服个人缺点与错误的内在动力。品德不良的学生往往缺乏集体荣誉感，他们对集体的成功与失败，对集体的表扬与批评，常抱着无所谓的态度。因此，教师要引导学生积极参加班集体和学校组织的活动，为学生集体荣誉感的培养创造条件。

4. 提高道德认识，增强辨别是非的能力

有过错行为或品德不良的学生，大多缺乏是非观念，道德认识水平低下。因此，提高道德认识水平、增强辨别是非的能力是矫正学生品德不良的重要环节。要达到这一目的，必须注重说服教育，讲究谈话艺术。要尽力增强学生对教师的信任度和谈话内容的可接受性，密切联系学生的切身利益，讲明如何做人的道理，让其看出品德不良对己、对人、对社会的危害，切忌空洞说教、强制灌输。谈话时要注意：①与人为善，态度真诚；②尊重人格，保护自尊；③讲理透彻，言语生动；④求同存异，循序渐进；⑤创造气氛，抓住教育的有效时机。

5. 锻炼与不良诱因作斗争的意志力，巩固新的行为习惯

学生过错行为和品德不良行为的发生，一方面是由于受到其内部错误观念的支持；另一方面也总是由一定的不良诱因所引起。为了杜绝这种现象的发生，在教育过程中除了进行认知教育，注意改变其内部错误观念外，还应控制不良诱因的影响以及培养学生与不良诱因作斗争的意志力。其中，锻炼学生的意志力，巩固新的习惯尤为重要。

6. 注重个别差异，进行因材施教

学生的过错行为和品德不良行为由于年龄、个性以及事情的性质与严重程度不同，其行动的表现方式也是多种多样的。为了有效地解决不同个体的具体问题，应该采取多样而灵活的教育措施，机智地应对不同个体的具体情况，注意考虑教育的实际效能，力戒千篇一律和形式主义。如批评学生，应该针对学生的性格、情感、意志、思维等特点及个体所处的具体情境，因人而异地分别采用个别批评、公开批评、谅解式批评、严厉式批评、直接批评、启发式批评、对比式批评等措施进行因材施教。同时，还要选择批评时机，注意批评范围和轻重程度以及批评者的态度、语气等对学生产生的影响，方能收到应有的教育效果。

【思考与练习】

一、名词解释

1. 品德　2. 道德　3. 道德认识　4. 道德情感　5. 道德意志　6. 道德行为

二、填空

1. 品德包含 _____、_____、_____、_____ 四种基本心理成分。

2. 道德情感的表现形式 _____、_____、_____ 三种。

3. 学生道德评价能力的发展具有以下四种形式：_____、_____、_____、_____。

三、选择

1. 道德认识和道德情感成为推动一个人产生道德行为的内部动力是 _____。

A. 道德信念　　B. 道德需要　　C. 道德动机　　D. 道德判断

2. 学生理解道德要求，也理解执行道德要求的意义，就是不能付诸行动，甚至对对立情绪拒绝接受，这种现象称之为 _____。

A. 言行不一致　B. 道德意志　　C. 意义障碍　　D. 品德问题行为

四、判断

1. 经常违反道德准则或有较严重的道德过错的学生是品德不良的学生。（　　）

2. 儿童与少年对别人的道德评价往往落后于对自己的道德评价。（　　）

3. 品德的培养只能从提高道德认识开始。（　　）

五、问答

1. 什么是品德？品德与道德的关系如何？

2. 结合品德形成的心理过程谈谈如何促进学生品德的健康发展。

3. 分析学生过错行为与不良品德形成的原因及如何矫正学生的过错行为与不良品德。

第十四章　心理健康

【内容提要】

关注心理健康是社会发展的必然结果。因为社会发展的速度越快，人们的心理压力就越大，由心理压力诱发的心理问题、心理障碍和心理疾病就越多，这不仅威胁个人的幸福，也会影响社会的发展。为提高大学生的心理素质，预防心理问题和心理疾病的发生，本章将介绍心理健康的标准，心理健康教育的内容、原则和方法，心理咨询的基本理论和方法技术以及学生常见的心理障碍及其矫正。

【学习目标】

1. 掌握心理健康的标准和心理健康的自我维护策略。

2. 了解学校心理健康教育的内容、原则和方法。

3. 掌握心理咨询的基本理论和方法技术。

4. 了解青少年常见的心理障碍及其矫正方法。

第一节　心理健康概述

一、心理健康的含义

过去人们认为没病就是健康。现在，人们对健康的认识发生了质的飞跃，健康不但包括身体健康，还包括心理健康。世界卫生组织把健康定义为："不但没有身体的缺陷和疾病，还要有生理、心理和社会适应能力的完满状态。"其中，心理和社会适应能力的完满状态，则是指心理健康。心理健康的含义曾被许多国内外学者探讨和阐述，1946 年第三届国际卫生大会对心理健康是这样定义的："所谓心理健康是指在身体、智能及情感上与他人的心理不相矛盾的范围内，将个人心境发展成最佳状态。"

实际上，我们可以从广义和狭义两种角度来定义心理健康。从广义上讲，心理健康是一种高效而满意的心理状态；从狭义上讲，心理健康是指人的基本心理过程内容完整，协调一致，即认识、情感、意志、行为、人格、完整和协调，能顺应社会，和社会保持同步。

二、心理健康与心理卫生

对心理卫生运动作出突出贡献的是美国的比尔斯。比尔斯出生于 1876 年，就读于美国耶鲁大学商科院，在美国保险公司任职。他亲眼目睹了他的哥哥癫痫病发作时晕倒在地、四肢抽搐、口吐白沫的可怕情景，担心该病会遗传到自己身上，整日忧心忡忡，终于精神失常，从四楼跳下自杀未遂，被送进精神病院。住院期间，他身受种种粗暴残酷的虐待，亲身感受到精神病人所受的极不公正的待遇，亲眼目睹了医生所采取的很不科学的方法。三年后，比尔斯病愈出院，立志为改善精神病患者的待遇而努力。根据亲身体验写出自传体著作《一个发现自身的心灵》。在这本书中，他用生动的文笔和发自内心的感受，历数了当时精神病院的冷酷和落后，详细记录了自己的病情、治疗和康复经过，向社会各方面发出呼吁，要求改善精神病患者的待遇，并从事预防精神病的活动。1908 年 3 月该书出版后，引起社会各界的广泛关注和深刻同情，人们纷纷要求改变对精神病患者这种不合理、不人道的做法。著名精神病学家阿道夫·迈耶读此书后，确认书中所述即心理卫生。许多社会名流均为该书所感动，纷纷表示愿意帮助比尔斯所计划的心理卫生。比尔斯得到各方面的赞助和鼓励后，于 1908 年 5 月成立了"康奈狄克州心理卫生协会"，这便是世界上第一个心理卫生组织。在美国心理卫生运动的推动下，世界许多国家纷纷成立心理卫生组织。经各国组织的反复商榷，1930年5月，第一届国际心理卫生大会在华盛顿召开，53个国家出席了会议，中国也有代表参加，盛极一时。同时产生了一个永久性的组织——"国际心理卫生委员会"。

"中国心理卫生协会"于1936年在南京成立，并在一些大城市设立了精神病院。但因翌年抗日战争爆发，使心理卫生工作被迫停顿，直到1985年9月中国心理卫生协会才恢复建立。从此中国的心理健康运动进入一个崭新的阶段。近年来，随着改革开放和社会主义市场经济的发展，社会竞争日趋激烈，生活节奏明显加快，新旧观念迅速转变，引起人们心理上的许多矛盾，心理障碍和心理疾病增多，心理健康问题成了心理学界、教育界、卫生界专家研究的主要课题之一，全国大中城市相继建立了心理咨询、心理治疗的组织机构，许多大、中、小学都建立了心理健康教育组织，并积极开展心理咨询和辅导工作，所有这些都大大推动了中国心理健康事业的发展。

可见，心理卫生和心理健康是两个不同的概念。心理卫生是维护和增进心理健康的方法和手段，心理健康是开展心理卫生运动的目的和归宿。

三、心理健康的标准

心理健康的标准不像生理健康那样具体、明确、绝对。心理现象是主观现象，它的度量很难有一个固定而清晰的界限。一般认为，心理健康是指一种持续的、积极的心理状态，个体在这种状态下能有良好的适应，能充分发挥自身的潜能，具有生命的活力，而不仅仅是没有心理疾病。所以，心理健康有两层含义：一是没有心理疾病，这是最基本的条件；二是要有一种积极的发展状态，这是本质的含义，它意味着要消除一切不健康的心理倾向，使一个人的心理处于最佳状态。所以，心理健康水平有着不同的等级。

根据中外心理健康专家的研究，可将人的心理健康水平大致分为三个等级。

一般常态心理者：表现为心情经常愉快，适应能力强，善于与别人相处，能较好的完成同龄人发展水平应做的活动，具有调节情绪的能力。

轻度失调者：表现为与他人相处略感困难，生活自理有些吃力，缺乏同龄人应有的愉快，主动调节或通过心理辅导专业人员帮助，可恢复常态。

严重病态者：表现为严重的适应失调，不能维持正常的生活、工作。如不及时治疗就可能恶化，成为精神病患者。

心理健康也没有统一标准，大致有以下几种模式。

（一）世界卫生组织的标准

1. 身体、智能、情绪十分调和。

2. 适应环境，人际关系中彼此能谦让。

3. 有幸福感。

4. 在工作和职业中，能充分发挥自己的能力，过着有效的生活。

（二）马斯洛"自我实现"的标准

美国人本主义心理学家马斯洛从自我实现的角度提出了心理健康的 14 条标准。

1. 现实知觉良好。心理健康者能把握生活的本来面目，而不会被一些无关紧要的事物所迷惑，具有优秀的洞察力和判断力。

2. 接纳自然、他人和自己。心理健康者接受人性的本来面目而不是他们希望中的人性。因此他们悦纳一切。他们没有防御性，没有保护色和伪装，很少抱怨、懊恼，更不会说假话，耍花招。

3. 自发、坦率、真实。所谓自发性是指他们很少抑制自己的感情，自发、自然地表达自己的观点。

4. 以自身热爱的工作为中心。他们关注工作，以工作为中心，而不是以自我为中心，这与不健康的人形成鲜明对照，不健康的人总是过多地关注自己。

5. 有自立和独处的需要。自我实现者有超然的独立性，超然物外，远离尘嚣而能保持平静，离群独处而不感到不适。

6. 在自然与社会文化环境中能保持相对的独立性。

7. 有持久的欣赏力。自我实现者具有奇妙的反复欣赏的能力，他们带着兴奋、好奇，甚至狂喜，精神饱满地、天真无邪地体验人生的天伦之乐。

8. 神秘的"高峰体验"。对自我实现者来说，他们都有一种相当共同的极为神秘的主观体验。这是一种气势磅礴、漫无边际的主观体验。此时，主体体验到巨大的狂喜、惊奇以及失去时空感的感觉，体验到更加有力但同时又更加孤立无助的感觉。

9. 关注社会道德。他们具有非常明确的道德标准，道德力量很强。

10. 人际关系深刻。他们具有更深刻和深厚的人际关系。

11. 民主的性格结构。他们认为只要是一个人就应该受到尊重，只要你有所长就要向你学习。

12. 富有创造性。对社会的适应使很多人失去了创造性，他们屈从于外界的压力和阻力，丧失了内在的自发性和自然性，而自我实现的人会以源于性格本质的创造性态度来做任何事情。

13. 处事幽默。心理健康者的幽默与其他人不同，它更多的与哲理相联系，类似于寓言。

14. 反对盲目遵从。

（三）中学生心理健康的标准

综合国内外专家学者的观点，依据中学生的心理发展特征，刘晓明、张宝来两位心理学工作者把中学生心理健康的标准归纳为以下几个方面。

1. 认知功能正常。智力发展正常是衡量中学生心理健康的主要标准。衡量中学生的智力，关键在于看其能否正常发挥出效能。主要表现为：有强烈的求知欲、乐于学习；对新事物、新问题有浓厚的兴趣和探索精神，表现出能动性；智力各因素在活动中能够有机结合，积极协调，正常地发挥作用。

2. 情绪健康良好。中学生情绪健康的内容主要有：（1）积极情绪多于消极情绪，使自身保持积极乐观向上的心态；（2）情绪反应适度，有适当的引发原因，反应强度与引发情景相符合；（3）能有效地调节和控制情绪的质、量、度，即情商较高。

3. 意志品质健全。意志健全的标志是：行动具有自觉性、果断性、坚持性、自制性。相反的品质是动摇性、优柔寡断或草率，固执或虎头蛇尾，冲动。心理健康的人总是有意识、有目的地进行各项活动，行动具有明确的计划，在遇到困难时不因挫折而灰心，不为困难所吓倒，善于克制自己的感情，从不轻举妄动。

4. 自我意识正确。主要表现为对自己的认识比较接近现实，对自己的优点、缺点都有充分的认识，能愉快地接受自己，既不自卑，也不自负，对自己的生活、学习、现状和未来有一定程度的满足感和发展感。如果一个人盲目自大，只看到自己的优点，或盲目自卑，只盯着自己的缺点和弱点，心理都是不健康的。

5. 人际关系和谐。人际关系是人们在相互交往中所形成的个体间的心理关系。人际关系和谐主要表现为：与人为善，乐于与人交往；能理解和接受别人的思想和感情，也善于表达自己的思想和感情；高兴地接纳他人和自己，既有稳定的、广泛的一般朋友，又有无话不谈的知心朋友；在与人交往中不卑不亢，保持自己的个性；宽以待人，乐于助人，取人之长，补己之短；积极的交往态度，多于消极的交往态度。

6. 社会适应良好。表现为能和社会保持良好的接触，言行符合社会规范，对自己的行为负责，当自己的需要和愿望与社会的要求和集体的利益发生矛盾时，能迅速自我调节，谋求与社会协调一致，对社会现状有清晰的认识，明确自己所处的位置。

7. 人生态度积极。心理健康的人做事积极主动、不退缩，既有长远的奋斗目标又有近期的奋斗目标，且每天都有目标，没有空虚无聊的感觉。

8. 行为与年龄相符。人的心理、行为随年龄而变化，违背了心理发展的规律，心理、行为与年龄不相称就是不健康。从这个角度讲，少年老成和老顽童都是心理不健康的表现。

阅读材料 14-1：情感智商

　　心理学研究表明，一个人的成功 20％取决于智商，80％取决于情商。情商即情感智商，又叫情绪智力，是一个人用理智控制自己情绪的能力。20世纪 60 年代，心理学家沃尔特·米切尔（Walter Mischel）开始进行情商方面的研究，最早做的实验是著名的糖果实验，实验对象是斯坦福大学附属幼儿园 4 岁的孩子。这个实验非常简单，实验员给每个孩子发一颗非常好吃的果汁软糖，告诉孩子现在可以吃，但谁要现在吃就只能得到一颗，谁要等20 分钟再吃，就再发一颗软糖。说完这些话，实验员就出去了，然后透过单向玻璃观察孩子的活动。结果发现，有的孩子马上就把糖吃掉了，有的孩子经不住别人的诱惑也把糖吃了，有的孩子忍耐了这似乎没完没了的 20 分钟，一直坚持到实验员回来，这些孩子得到了两颗糖。实验员把孩子分成两个组，吃一颗糖的一组，吃两颗糖的一组，追踪研究了 14 年。研究发现，当年那些经不住诱惑的孩子，三分之一左右的人心理问题较多。在社交中，他们羞怯、退缩、优柔寡断，遇挫折心烦意乱，把自己想象得很差劲；遇到压力退缩不前或不知所措；他们疑心重、不知足、好忌妒、好猜忌，脾气暴躁，10 多年过去了他们仍像以前那样经不住诱惑，不愿推迟眼前的满足。在那些孩子高中毕业时，心理学家们再一次对他们进行了评估，并发现，在4 岁时能耐心等待、延缓满足的孩子，学业成绩、学业能力远远高于好冲动即刻满足的孩子，即吃两颗糖的孩子在人际关系、学业成绩等各方面都比吃一颗糖的孩子成功。实验证明，人的成功更多地取决于情商。

　　情商的水平不像智力水平那样可用测验分数较准确地表示出来，它只能根据个人的综合表现进行判断。哈佛大学心理学家丹尼尔·戈尔曼的《情感智商》一书，把情绪智力（也称情商，EQ）定义为"能认识自己和他人的感觉，自我激励，以及很好地控制自己在人际交往中的情绪的能力。"这一理念很快跨过大西洋，成为英国工业、教育和公共生活领域的主流思潮。美国心理学家新罕布什尔大学的彼得·沙络维教授认为，情商包括以下几个方面的内容：一是认识自身的情绪。因为只有认识自己，才能成为自己生活的主宰。二是能妥善管理自己的情绪。即能调控自己。三是自我激励，它能够使人走出生命中的低潮，重新出发。四是认知他人的情绪。这是与他人正常交往，实现顺利沟通的基础。五是人际关系的管理。

资料来源：［美］丹尼尔·戈尔曼著，耿文秀，查波译，《情感智商》，上海，上海科学技术出版社，1997

四、对心理健康标准的正确理解

（一）心理健康标准的相对性

心理健康与否，并没有一条明显的分界线，从良好的心理状态到严重的心理疾病之间有一个宽阔的过渡带，为此，张小乔、岳晓东还提出了一个心理灰色区的概念。

心理灰色区：通常人们把心理不正常比作黑色，心理正常比作白色，在黑色与白色之间，存在着一个巨大的缓冲带，即灰色区。所有非器质性的精神问题都在这一领域，比如心理冲突导致的心理不平衡感、情绪障碍、神经症、人格异常等。灰色区有可以进一步划分为浅灰色区和深灰色区。浅灰色区只有心理问题而无心理障碍，是由诸如失恋、丧亲、人际关系紧张、工作生活不顺利、下岗等因素造成的，是心理咨询的工作对象。心理问题如果不加以调整，他们随时可以向深灰色区转化。深灰色区的人则患有各种心理障碍、人格异常和神经症，是心理治疗的对象。

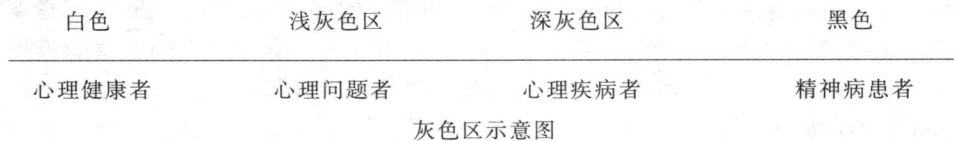

白色	浅灰色区	深灰色区	黑色
心理健康者	心理问题者	心理疾病者	精神病患者

灰色区示意图

浅灰色区的人虽然没有心理疾病，但心理经常处于亚健康状态。亚健康状态又叫"第三状态"，既非健康又非疾病，有人又戏称为"心理感冒"。最早是苏联科学家 H. 布赫曼提出的。从医学上讲，处于"第三状态"的人，虽然没有生理疾病，但食欲不振、睡眠不佳、腰酸腿疼、头痛乏力。从心理健康的角度讲，处于"第三状态"的人，虽然没有明显的精神疾病与心理障碍，但精神不振、情绪低落、反应迟钝、工作和学习效率不高、失眠多梦、注意力不集中，缺乏生活目标与动力，常常感到生活无聊、人际关系紧张等。

亚心理健康状态是一种比较痛苦而且又显得无奈的心理状态，处于一种无望、无助、无力的心理境地。亚健康者的共同体验是：我们没有心理疾病，但是心理又不怎么健康；我们什么心理体验都可能有，但缺少幸福感。

心理学最新科学研究发现，在现代社会中，60%～70%的人都不同程度地处于亚心理健康状态。它对工作、生活、学习、健康和人生危害很大。预防亚心理健康，可以从两方面入手：一是要善待工作，确定恰当的工作目标，不断提高业务水平，学会享受工作中的乐趣；二是要善待自己，保持乐观的心态，不苛求、责怪自己。

如果亚健康心理程度重，持续时间长，自己解决困难，对心身就会有较大的危害，应该及时寻求专业人员的帮助和治疗。

学校心理健康教育的主要目的不是治疗心理疾病，而在于帮助学生克服"第三状态"，促进人的成长与完善。

（二）心理健康的状态不是固定不变的，而是一个动态的过程

随着人的成长，经验的积累，环境的改变，心理健康状况也会有所改变。所以，我们所做的每一次判断只能反映某一阶段内的心理健康水平。

（三）心理健康的标准是一种理想的尺度

它不仅是衡量心理是否健康的标准，也为我们指明了提高心理健康水平的努力方向，是人的心理健康所要达到的目标。只要一个人能在自己原有的心理健康水平上不断发掘自身的潜能，就可以达到心理健康水平的更高层次。

五、心理健康的自我维护策略

在心理健康方面的维护，从总体上说，包括两个方面，即自我维护策略和社会支持策略。在青年学生心理健康的自我维护上，研究者们提出了一些策略。弗洛伊德和他的弟子阿德勒、霍妮、荣格等认为，青年期心理健康的维护可以采用压抑、文饰、投射、转移、补偿、升华、正视等自我防卫策略，又叫自我防御机制。

（一）压抑作用——潜抑作用

所谓压抑作用，是个体在遭受挫折以后，把意识所不能接受的，使人感到困扰或痛苦的思想、欲望或体验不知不觉地压抑到潜意识之中，不再想起，不去回忆，以保持内心的安宁。压抑作用又称动机性遗忘，或主动遗忘。即把不愉快的经历体验压抑到无意识中去。

（二）文饰作用

又称合理化作用，这是一种消极型策略，是指个体在遭受挫折无法达到自己的目标或自己内心的需要、欲望不符合社会规范时，为了减轻焦虑和痛苦，自尊心免遭伤害，寻找种种理由自圆其说。

（三）投射作用

这也是一种较常见的消极型策略，是指个体将自己不喜欢的或不能接受的而自己又具有的观念、态度、情感、欲望以及某些性格特征转移到别人身上，认为别人也是如此，以减少自身的压力。例如，对别人有成见却说别人对自己有成见，自私自利的人认为人都是自私的。这样，他把自己的缺点转移到别人身上，在无意中就减轻了自己的内疚感，并维护了自己的尊严和安全感。这是一种自欺欺人的防卫机制。

（四）移位作用

又称迁移作用，指由于挫折、心理冲突引起不安而向外转移，以此来缓解减轻内心痛苦。或迁怒于人，或迁怒于物。

（五）否认作用

否认作用就是根本否认那些已发生的令人痛苦的事实，认为没有发生过，从而避免心理上的痛苦和不安。这是一种原始、简单的心理防卫机制。

（六）认同作用

又称表同作用或自居作用，指个体在受到挫折而痛苦时，效仿他人获得成功的经验和方法，使自己的思想、信仰、目标和言行更适应环境的要求；或是把别人具有的使自己羡慕的品质加在自己的头上，以提高自己的信心、声望和地位，从而减轻挫折感。例如，学生常常把一些历史名人、学术权威、英雄模范作为自己的认同对象，尤其是在遭遇挫折时，常以此为榜样来鼓励自己奋发进取，这是应该鼓励的。但在现实生活中，还有另一种认同或自居现象，有的人在自己处境难堪时，常常借父母、兄弟、夫妻、子女等之贵，以我是"某某长之子""某某主任之亲属"自居，在别人面前炫耀，以势压人，这是令人鄙视的。

（七）补偿作用

补偿作用是指当某一目标受挫时，通过别的途径满足需要，或改变原有的目标，用别的目标取代，即所谓"东方不亮西方亮""失之东隅，收之桑榆"。

补偿作用对于缓解受挫后的损失感，防止心理压力过大，具有一定的积极意义。但并非所有的补偿作用都具有积极的意义，关键在于新的目标和活动是否符合社会规范，是否利于社会、他人和自身。

（八）升华作用

这是一种积极的保护策略，是指个体遭到挫折以后不是沉浸在受挫的痛苦之中，而是将痛苦化为一种具有建设性的动力，把情感和精力投入到有利于社会和他人的活动之中。"升华"原是弗洛伊德精神分析学说中的一个术语，意指一些本能的冲动或欲望是意识所不能接受或不能容忍的，而且与社会道德规范或法律规范相违背，不能直接发泄出来，必须改头换面，以不同的方式来表现。也就是说，一个人在遭到挫折后，将自己不为社会所认可的动机或欲望，或者受挫后将自己的情感和精力转移到有益的活动中去，从而将不良情绪和不为社会所允许的动机导向比较崇高的方面，以保持情绪的稳定和心理的平衡。弗洛伊德认为，人类很多文艺作品，多是作者把内心的冲动加以升华而以社会所能接受的正当方式加以表现的结果。

（九）幽默作用

个体在遇到挫折、处境困难或尴尬时，用幽默的方式来化解困境，维护自己的心理平衡，称为幽默作用。这既是一种聪明机智的举动，也是修养高的体现。

弗洛伊德认为，每一个人，不论是正常人还是患有精神障碍的人，都在不知不觉中使用这种自我防御机制。若使用得当则可免除内心痛苦。否则，若使用不当或过分，则会导致一定的症状。

（十）正视作用

正视作用是指当一个人面临焦虑情境时，不是一味地采取逃避态度，而是寻找理由说服自己去正视它，并以主动的方式去克服它，以便从根本上解除苦恼和焦虑。

第二节　学校心理健康教育

一、学校心理健康教育的含义

心理健康教育就是根据人们心理活动的规律，采取各种方法和措施，调动一切内外积极因素，维护个体的心理健康，培养良好的心理素质，以促进其整体素质提高的教育。[①]

---

① 林崇德：《发展心理学》，391～392 页，北京，人民教育出版社，1995

从内容来看，心理健康教育包括心理素质培养和心理健康维护两部分。心理健康教育这两方面的内容，反映了个体正常成长和发展的不同层次要求。心理素质培养主要是使学生能够成功、成才，心理健康的维护则主要是使学生能正常地生长发展，能适应社会，能成为健康的人。

从性质来看，心理健康教育包括发展性教育和补救性教育。发展性教育是有目的、有计划地对学生的心理素质进行培养，使学生的心理品质不断优化；补救性教育是对心理健康方面出了问题的学生进行专门的帮助，使之得以克服。

从形式上看，心理健康教育包括团体性教育和个别性教育。

从实施途径来看，心理健康教育既有专门途径，也有非专门途径。专门途径包括心理辅导、心理咨询和心理治疗，非专门途径主要有各科教学、各项活动、第二课堂。

心理健康教育作为一门新学科，教育界对其理论上和实践上的探索还很不够，一些教师把心理健康课上成理论课，不但起不到提高心理素质的作用，还增加了学生的学习负担。还有一些教师凭经验办事，也收不到实效。因此，阐明心理健康教育的内容、原则和方法对有效地开展心理健康教育有着重要意义。

二、心理健康教育课程的内容

心理健康教育课程的内容主要有以下几个方面。

（一）自我意识发展教育

陈家麟认为自我意识发展的内容包括以下几点。[1]

1. 提高自我认识、自我体验和自我调控的水平。

2. 使学生学会恰当地展示自我。

3. 使学生体会并学会自尊和自信。

4. 使学生学会追求自我完善。

5. 使学生学会摆脱自我意识方面的困扰。

（二）情感教育

1. 培养学生积极的情感和高尚的情操。

2. 提高学生调控消极情绪的能力。

3. 提高学生的挫折承受力。

---

[1] 陈家麟：《学校心理健康教育——原理与操作》，北京，教育科学出版社，2002

（三）学习心理辅导

1．学习动机辅导。

2．学习能力辅导。

3．考试心理辅导。

辅导内容包括：考前复习心理辅导、考试焦虑心理辅导、考试方法和策略心理辅导、考试后归因分析辅导、应试期的身心保健等。

（四）人际关系教育

人际关系教育的内容包括：让学生认识人际交往的必要性和重要意义；了解影响人际关系的最重要因素是良好的个性品质；掌握人际交往所必要的礼仪、规范及有关的技能技巧；自觉反省自己在人际交往中的行为表现。

（五）青春期教育

青春期教育内容包括：性生理教育、性心理教育和性道德教育。

三、学校心理健康教育的原则

（一）全面性原则

全面性原则具有两个含义：一是面向全体学生；二是促进学生身心全面和谐发展和素质全面提高。心理健康教育是学校实施素质教育的重要组成部分，它不仅面对那些有心理问题、心理障碍的学生，更应关注广大正常学生，必须以全体学生为教育对象，促进他们素质的全面提高。

（二）主体性原则

不管何种形式的心理健康教育，都必须以学生为出发点，使学生的主体地位得以体现。首先，在教学内容上，心理健康教育要按学生特定年龄阶段的身心特点、发展规律、经常遇到的心理行为问题来组织安排，以学生为主体设计课程。其次，要让学生参与到活动中来，使学生成为心理健康教育的主角，而不是像传统的学科教学那样，对学生进行单纯的知识灌输。再次，要从学生的生活实际出发选择事例、设计活动，这样他们才会真正地宣泄消极情绪，解决实际问题，挖掘心理潜能，使心理健康教育得到实效。

（三）尊重性原则

尊重原则就是在心理健康教育活动中尊重学生的人格和尊严。一是要以民主平等的态度对待学生，教师与学生的交流不是权威的、单向的，而是平等的、双向的，尊重学生的选择，只向学生提供资料和建议，不强迫学生选择什么；二是对学生一视同仁，无论什么样的学生，教师都要坦诚相待，一视同仁地予以尊重。

（四）发展性原则

指在学校心理健康教育工作中，教师要注意以发展变化的观点来看待学生身上出现的问题，不仅要在对问题的分析和本质的把握中善于用发展的眼光做动态的考察，而且在对问题的解决和结果的预测上也要具有发展的观点。

（五）活动性原则

在确定学校心理健康教育的内容时应突出活动的特点，把心理健康教育的内容渗透于灵活多样、富有情趣的活动中，发挥心理教育活动的优势，创造性地设计各种活动，让学生在活动中去体会、去感悟。学生在活动中，不断接受新的信息和他人的反馈，他要考虑如何反应，思维变得积极而活跃、消极情绪得以宣泄，实际问题得以解决。

（六）保密性原则

指教育者有责任对学生的个人情况予以保密，学生的名誉和隐私权应受到道义上的维护和法律上的保证。

（七）预防重于矫治的原则

只治不防，无益于广大学生的心理健康，只能使极少数学生获益。防重于治，不仅可以使有心理障碍的学生得到应有的治疗，而且可以使更多的学生懂得心理卫生的意义，掌握心理保健的方法，这对于提高广大学生的心理健康水平，预防心理障碍和心理疾病的发生，具有不可低估的作用。

四、学校心理健康教育的方法

（一）开设专门的心理健康教育课

心理健康课程有两种形式：一是举办与心理健康有关的知识讲座；二是开设心理健康活动课。这里重点介绍心理健康活动课的教学方法。

1. 认知改变法

认知改变法就是俗话说的说服，它是通过摆事实、讲道理使学生的错误认知发生改变，以解决其心理问题。常用的方法有：

（1）讲授：是通过语言或借助多媒体教学等手段把心理健康知识传授给学生。

（2）阅读和听故事：阅读对认知改变、性格培养的作用很大，阅读心理治疗无论在东方还是在西方都有着悠久的发展历史。它是通过阅读文学作品达到修身养性、建立新的认知、调节情绪、重塑行为模式等目的的一种心理治疗方法。英国作家培根说："读书在于造成完全的人格。"苏霍姆林斯基说："我的教育信念之一，便是无比相信书的力量，学校首先就是书。"

听故事对儿童认知也有着重要影响。如讲述战争的故事，升华儿童的攻击性；讲寓言故事，帮助儿童建立是非善恶观念；讲伟人的故事，使儿童效法伟人，树立崇高的理想、战胜挫折等。

（3）联想活动。通过学生的观念联想活动来训练学生的想象力和创造力，表达自己内心的感受和体验。如通过文字接龙、绘画接龙、故事接力等活动训练学生的想象力、创造力。

（4）参观访问。通过让学生接触实际、让事实说话来提高学生的认识。

2. 操作法

主要是通过学生的言语和操作活动达到心理教育的目的。

（1）游戏：竞赛性游戏可以培养学生的竞争意识和团结协作精神，非竞赛性游戏可以减轻紧张和焦虑，获得轻松愉快的情绪体验。

（2）作业：通过让学生完成不同的作业和任务来培养学生认真负责、热爱劳动、热爱工作、团结协作的良好心理品质。

（3）心理测验：目的是帮助学生学会自我反省和自我分析，增强对自己的全面了解，以促进学生自我的发展。

（4）演讲：这种方法可以训练口才，培养机智，增进同学间的相互了解。演讲题目如"我的理想""20年后的我""假如我是市长"等，让学生准备3分钟，即兴演讲3分钟。

（5）绘画。通过绘画的操作活动，可以培养学生的想象力和创造力。

3. 讨论法

就某一问题交换意见或进行辩论使问题得以解决。

（1）专题讨论：在某一段时间内，针对学生普遍存在的问题进行专门讨论。

（2）辩论：就争论性问题进行分组辩论，提出正反两方面的不同意见、根据和理由。

（3）脑力激荡：这种方法是由美国著名创造学家奥斯本提出来的，它运用集体思考和讨论的方式，使思想观念相互激荡，发生连锁反应，以引起更多的意见和想法。脑力激荡有四个原则：鼓励大家发表意见；允许异想天开，鼓励自由联想；想法越多越好，多多益善；不允许批评别人的意见，但可以将别人的意见加以组合或改进。

（4）配对讨论法：就一个题目，两个人先讨论，得出结果，然后与另两个人讨论的意见协商，形成四个人的共同意见，再与另外四个人一起协调，获得8个人的结论。

（5）六六讨论法：这种方法要求分组讨论，每组为 6 人，在小组讨论中每人发言一分钟。在讨论之前，最好对讨论题目静思几分钟。这是一种人人参与而且省时的好方法。

（6）意见箱：要求学生平时将意见或问题投入意见箱中，在上心理课时，向全班宣读，大家共同讨论。

4. 角色扮演

角色扮演法是一种通过行为模仿和行为替代来影响个体心理的方法。主要有哑剧表演、空椅子表演、角色互换、固定角色、双重扮演等。

（二）将心理健康教育寓于班级、团队活动之中

心理健康教育与学校、班级的活动的教育目的是一致的，都是把学生培养成才。所以，在育人方面两者是相辅相成、相互促进的。从某种意义上说，心理健康教育拓展了学校、班级活动的领域，提高了班级活动的科学性、灵活性、趣味性和实效性。但是，心理健康教育仍有自身的目标和内容，它在提升学生心理素质、开发学生潜能、解决心理问题方面有自己独特的作用，不能被班级其他活动所代替。

（三）在学科教学中渗透心理健康教育

学科教学是学校教育最基本、最主要的形式。学生知识的获得、能力的发展、个性的形成主要是通过学科教学实现的。同样，在学科教学中也可以对学生进行心理健康教育。各学科本身就包含了丰富的心理健康教育资源，无论是工具课、人文课，还是自然课、技能课，都有许多显性的或隐性的心理健康教育内容可资利用。如果让这一资源白白流失，学校的心理健康教育将是不完全的。在学科教学中渗透心理健康教育，还可以使更多的教师参与心理健康教育，营造促进学生心理健康的环境氛围。学校的心理健康教育如果单靠几个心理健康教育教师开展工作，则难免势单力薄。教师的职责是教书育人，每个教师都应该是心理健康教育工作者，都应该自觉地充当学生的心理保健医生。学生在学习过程中产生的心理困扰，理应在教学过程中得到满意的解决。各科教师不仅要引导学生有效地掌握知识，还要帮助学生确立合理的学习目标，制订合理的学习计划，正确地看待考试、积极地应对考试等。

（四）个别咨询

个别咨询是咨询教师与学生通过一对一的沟通实现的专业助人活动，是学校心理咨询人员运用心理学的原理和方法，对在校学生的学习、适应、发展、择业等问题给予直接或间接的指导帮助，并对有关心理障碍或轻微精神疾患进行诊断、矫治的过程。除面对面的咨询外，电话咨询、信函咨询、网上咨询也是个别咨询的重要形式，这为那些不愿露面的学生提供了有效的心理帮助。

五、心理健康教育工作者必须具备的素质

心理健康教育具有全员性，各科教师都应当对学生进行心理健康教育，但作为专职的心理健康教育工作者必须具有不同于一般教师的素质要求，他们必须具备以下的条件。

(一) 高尚的职业道德

张小乔认为，心理咨询员应当热爱咨询事业，有助人为乐的高尚品格，保护来访者的切身利益，尊重他们的人格和意愿，咨询员不在咨询关系中寻求个人需要的满足，以良好的伦理道德观念指导来访者。这是对咨询人员的要求，也是对学校心理健康教育工作者的要求。

(二) 精湛的业务能力

1. 发展多方面的知识结构

做好心理健康教育工作要有必备的理论知识。按国家职业标准规定，心理咨询师必须有普通心理学、发展心理学、社会心理学、心理咨询学、心理健康与心理障碍、心理测量学、职业道德与相关法律等方面的基本理论知识，与此同时，还需要在正规的心理测验、心理诊断和心理咨询培训中掌握相关的操作知识。

另外，在心理咨询过程中会遇到多方面的问题。例如，青年的人生观、世界观、价值观问题，人际关系问题，学习方法问题，青春期生理、心理问题等，这就需要心理健康教育工作者有全面的知识结构。

除此之外，还要有丰富的人生哲学知识。从心理治疗的历史看，一些理想的治疗家往往都经历曲折从而世事洞明，因其对人生的深刻感悟才终成大师。这就要求心理健康教育工作者拥有相对丰富的生活体验。否则，仅以理智性认识，很难达到对理论的深刻领会和实践创新。在来访者看来，丰富的人生体验是人生的资本，年龄是对来访者产生影响的重要因素。

2. 掌握心理咨询的专业理论

心理健康教育工作者要潜心钻研心理咨询的技巧、理论和方法技术。在技巧方面要具有建立咨询关系的技巧、会谈技巧、影响与干预技巧、结束技巧；在咨询理论技术方面掌握心理分析、行为疗法、以人为中心疗法、理性情绪疗法、森田疗法、现实疗法等方法和技术。

3. 积极参加心理咨询的实践活动

心理健康教育工作者要积极从事心理咨询的实践活动，在咨询实践中总结

经验，提高分析问题、解决问题的能力。

（三）健康的心理素质

心理健康教育工作者本身应当是心理健康的人。心理健康水平越好对来访者的帮助也就越大。相反，如果咨询人员本身的心理不健康，他们自己具有扭曲的价值观和刁钻古怪的心态，就会造成咨询中的混乱、冲突，甚至可能诱发出来访者的某些病症。合格的心理健康教育工作者应当具有下列心理品质：人格与心态是积极健康的；情绪稳定没有明显的心理障碍；善解人意，能建立和谐的人际关。此外还要有高度集中的注意力、良好的记忆力、流畅的言语表达能力和处理各种意外事件的应变能力以及足够的耐心、灵活和机敏。

总之，一个合格的心理健康教育工作者必须有高尚的道德品质、丰富的专业知识和健康的心理素质。

第三节　心理咨询的理论和方法技术

一、心理分析疗法

心理分析又称精神分析、心理动力学，其创始人是奥地利精神病学家西格蒙德·弗洛伊德（Sigmund Freud）。

无意识理论是精神分析理论的基础。弗洛伊德认为人的精神生活包括意识、前意识、无意识三种水平。

意识在心理活动中并不具有重要地位，它只是一个人心理活动的有限的外显部分，人的心理活动还有许多内隐的东西；意识也不是行为的原动力。

前意识是指目前不能意识到，但通过努力回忆、提醒召回到意识中去的部分。它是意识和潜意识的中介环节，基本功能是监督和防备那些会引起焦虑的潜意识内容侵入我们的意识当中。

潜意识是指各种为人类社会的宗教、法律、伦理道德所不能容许的原始的、动物性的本能冲动、本能欲望以及童年期的大量经验。它们是被压抑到潜意识之中的，但这些东西并未真正消失，而是一直潜伏着、活动着，在压抑的作用下存在于无意识当中。

由于压抑的作用，潜意识不能升为意识又不真正消失，就通过梦、口误、笔误、记忆错误等形式表现出来，病态的压抑则可能导致神经症。许多神经症的病因都是压抑到潜意识内的某种本能的欲望、动机、情感与精神创伤所致。这些被压抑的东西并不被个体所知觉，但却在潜意识里兴风作浪，从而引起当事人的意识所难以理解的紧张、焦虑、恐惧、抑郁，并表现出各种心理障碍。所以，神经症患者表面上显得荒唐不可理解的行为实际上都有"隐意"，只是自己觉察不到而已。精神分析的实质就在于揭示潜意识，使潜意识意识化，让来访者得到领悟，症状就会消失。

但是，潜意识的真正目的总是相当隐晦的，它通过象征转换等意识作用机制的加工掩饰已经变得面目全非。所以，揭示表面行为背后的真意需要一定的方法和技术。

弗洛伊德发明了一系列的揭示潜意识的方法和技术，主要有自由联想、梦的分析、口误和笔误的分析、催眠后的暗示、投射技术等。

（一）自由联想

这是弗洛伊德1895年创造的，他让病人舒适地躺着或坐着（分析师在其视线之外），把进入头脑中的任何想法都讲出来，无论它多么微不足道、荒诞不经、有伤大雅都要如实报告。治疗者的任务是对患者报告的材料加以分析，解析潜意识中被压抑的事件和患者的内心冲突，揭示症状背后的无意识动机，从而揭示病的起因。

（二）梦的分析

1900年弗洛伊德出版《梦的释义》一书。他认为，梦是欲望的迂回满足。梦分为表面内容和隐含内容，表面内容是梦者能体验到并能回忆起来的梦境，即显梦；隐含内容是隐藏在显梦之下的真实含义（欲望），即隐梦，这是梦者所不知道的。梦的解析就是把显梦的化装层层揭开，解释梦中的各种符号，把经过化装的梦复原，揭示梦的象征意义。

（三）移情的分析

移情是来访者潜意识的将不切实际的角色、身份和情感强加在分析师身上。移情来源于来访者童年与关键人物关系的体验，有正性的、友爱的；也有负性的、敌对的。揭示移情，当来访者逐渐认识到自己对分析师的情感反应反映着早期经验时，他会进一步反省自己在现实生活中的"异常"反应是否也来自早期经验，从而对自身的问题产生顿悟，使他下决心不做潜意识力量的奴隶，逐渐以更成熟的方式对待他人和自己。

（四）阻抗的分析

阻抗是患者有意识或潜意识地回避某些敏感话题，有意无意抵抗治疗。处理阻抗的方法是治疗者指出患者的阻抗心理，帮助患者了解阻抗的原因，让患者正视阻抗的行为，并借此探讨潜意识的原因。阻抗的产生往往昭示着治疗即将触及患者的病因之所在。患者的阻抗，应当成为治疗师关注的焦点。

（五）解释

解释是让病人正视他所回避的东西或尚未意识到的东西，使无意识中的内容变为意识的，对症状的真实含义达到领悟。它包括对自我防御机制的解释；对移情、阻抗、梦、日常生活行为的解释等。解释是心理分析最常用的技术。

二、行为疗法

行为疗法是在 20 世纪五六十年代发展起来的。行为疗法的理论基础是学习论。大多数行为治疗家认为，人的不适应行为是后天习得的，也可以通过学习加以矫正。其基本理论有巴甫洛夫的经典性条件反射、斯金纳（B. F. Skinner）的操作性条件反射和班杜拉（A. Bandura）的模仿学习理论。

行为疗法的方法很多，这里主要介绍系统脱敏疗法、厌恶疗法、满灌疗法、模仿学习法和代币强化法。

（一）系统脱敏法

系统脱敏法有又称交互抑制法，是 20 世纪 50 年代精神病学家沃尔浦（J. Wople，1958）创立。沃尔浦认为，如果一个刺激能自动地引发焦虑反应，那么治疗就是教给个体对这一刺激形成一种抑制焦虑的反应。这样，后来的反应就取代了原来的焦虑反应，因为人类的神经系统不能同时处理相互冲突的两种状态。放松是与焦虑对抗的状态，两者不能相容，一种状态出现，必然会对另一种状态产生抑制作用，即交互抑制。

系统脱敏的三个步骤如下：

第一步，学会放松。

第二步，建立害怕事件的层次。

（1）列出所有使患者感到恐怖的事件。

（2）将恐怖事件按等级程度由小到大顺序排列。

第三步，实际治疗。

在实际治疗中，可用想象系统脱敏，也可以用现实系统脱敏。

（1）想象系统脱敏

①放松。让患者放松 3～5 分钟，当患者非常舒服时用右手食指示意。

②想象。当患者处于完全放松状态时，治疗者描述害怕事件中最轻的事件，让患者把这一景象在头脑中保持 20 秒钟（当患者能清楚地想象此事时伸出右手）。

③停止想象。20 秒后让病人报告在想象情境时体验到的焦虑程度如何。如果仍紧张则重复上述过程，直到放松为止。然后开始第二个事件，直到对所

有事件全部放松。

（2）现实系统脱敏

当建立害怕事件的层次后，治疗者将病人引到害怕事件的现实情境中，让病人体验这种焦虑，反复多次之后，就能使病人逐渐适应这种事件情境，不再感到害怕和恐惧。然后再引导病人进入下一个害怕事件的情境中，以此类推。

（二）满灌疗法

又称暴露疗法、冲击疗法、快速脱敏疗法。它是鼓励患者直接接触引起焦虑、恐怖的情境，坚持到紧张感觉消失的一种快速行为疗法。其基本原理是：患者的恐怖反应是过去习得的，现在将患者置于感到恐怖的事件面前，这时如果没有真正的危害发生，那么最终会使患者的恐怖情绪消退。分为现实满灌疗法和想象满灌疗法。

（三）厌恶疗法

又叫惩罚疗法。当适应不良的行为出现时，给予一个惩罚刺激，采用惩罚性的厌恶刺激来减少或消除一些适应不良的行为。如酒癖、烟癖、药癖、性变态、强迫观念、儿童不良习惯和行为矫治等。方法有电击厌恶疗法、想象厌恶疗法、弹橡皮筋、催吐剂、听噪音、闻难闻的气味等。

（四）模仿学习法

临床上的模仿学习技术，常用来治疗强迫症、恐怖症。如治疗强迫洗涤行为时，治疗者常亲自示范用手接触墙壁、地板、甚至鞋底，再喝水，然后让患者模仿。治疗恐人症，在带领患者自我想象见到陌生人，产生焦虑、恐惧情绪时，治疗者向患者示范自我暗示语："脸红就红了，我又没做亏心事，谁爱看就看吧，谁爱说就说吧，我没什么可怕的……"当时要求患者模仿，并将模仿学习迁移到日常生活中，见到人就用这样的话自我调节。

模仿学习还可以采用听录音、看电影、电视或录像等，如异性交往恐怖症患者通过看录像获得了与异性交往的能力。

（五）代币强化法

又称代币管制法、代币制。能够积累并兑换其他强化物的强化措施称为代币，对当事人实施一套以代币为增强措施，从而使当事人行为向良好方向转化的辅导方案称代币制。当适应行为出现后，立即给予一种有形的、可以得到奖励的代替物，如小红花、小红旗、小票券、积分卡、好孩子卡等，这些代币达到一定数目后给予奖励。代币制既可以用来塑造儿童良好的行为，也可以用来矫正儿童的不良行为。

三、理性情绪疗法

合理情绪疗法（Rational-Emotive Therapy）简称 RET，是美国临床心理学家阿尔伯特·艾利斯在 20 世纪 50 年代首创的一种心理治疗的理论和方法，60 年代得以盛行。艾利斯认为人兼有理性和非理性的思想。当人们按照理性去思维、行动时，他们就是快乐的、有所作为的；当人们用不合理的、不合逻辑的思维去行动时，就会逃避现实、缺乏忍耐；或苛求自己十全十美、自怨自艾。如果个体陷入这种非理性的思想不能自拔，就会产生许多情绪和心理的困扰。这就是他的 ABC 理论。

（一）ABC 理论

ABC 理论是 RET 的核心，是艾利斯关于非理性思维导致情绪障碍和神经症的主要理论。在 ABC 理论中，A 指诱发性事件（Activating events）；B 是指个体遇到诱发性事件之后，对该事件的看法、解释和评价，即信念（Belief）；C 是指事件后个体的情绪及行为结果（Consequences）。通常人们都认为外部事件 A 直接引起了人们的情绪和行为反应 C。但 ABC 理论认为 A 不是引起 C 的直接原因，A 产生之后，个体对此事产生某种看法，作出解释和评价 B，是 B 引起了人们的情绪与行为反应 C，即 B 是引起 C 的直接原因。换句话说，抑郁、焦虑、沮丧等情绪结果并不是由所发生的事件引起的，而是由事件发生后当事人的想法引起的。

对 ABC 的核心，艾利斯常引用哲学家爱比泰德和莎士比亚的话来表达自己的观点。爱比泰德说："人的烦恼，不是起于事，而是起于他对事的看法。"[1] 莎士比亚的《哈姆雷特》中有这样一句话："世事无好坏，思想使之然。"[2] 这同我们说的"世上本无事，庸人自扰之"如出一辙。

（二）不合理信念的特征

不合理信念具有三个特征：绝对化的要求、过分概括化和糟糕至极。

绝对化的要求是指个体从自己的意愿出发，认为某一事物必定会发生或不会发生的信念。这是日常生活中最常见到的不合理信念，通常是"必须"和"应该"这类字眼联系在一起的。怀有绝对化要求的人，极易陷入情绪困扰。因为客观事物的发展有其自身的规律，不以个人的意志为转移，绝对化的要求不可能永远实现。合理情绪治疗就是要帮助他们改变这种极端的思维方式，而

---

[1][2]　江光荣：《心理咨询的理论与实务》，252 页，北京，高等教育出版社，2005

代之以合理的思维方式，以减少他们陷入情绪障碍的可能性。这种治疗要帮助他们认识这些绝对化要求的不合理之处、不现实之处，并帮助他们学会以合理的方式去看待自己周围的人与事物。

过分概括化是一种以偏概全、以一当十的不合理思维方式的表现。艾利斯称之为"理智上的法西斯主义"。它表现为对自己的片面认识和评价。例如，一次失败便认为自己"一无是处""一钱不值"、是"废物"；稍有成就便认为自己"很了不起"；某个人对自己不好就觉得自己"人缘差，缺乏交往能力"；一次失恋，就断定自己"对异性没有吸引力"。过分概括化也表现为对他人的片面评价，如别人稍有差错就认为他很坏、一无是处等，就会一味地责备他人，产生敌意和愤怒情绪。RET认为，没有人能达到十全十美的境地，每个人都应该接受自己和他人是有可能犯错误的人类一员。因此，RET主张"应当评价一个人的行为而不是整个的人"。否则就会"一叶障目，不见泰山"。

糟糕至极是指如果一件不好的事发生，将是非常可怕、非常糟糕、是一场灾难的想法。这种想法会导致个体陷入极端不良的情绪体验难以自拔，如耻辱、自责自罪、焦虑、悲观、抑郁。例如，一次重要的考试失败了就认为"自己的人生失去了意义"、一次失恋就认为"自己再没有幸福可言"、一次求职失败就认为"父母会非常难过，别人会耻笑自己，没脸活在世上了"等。艾利斯指出这是一种不合理的信念，因为对任何一件事情来说，都可能有比之更坏的情形发生，没有任何一件事情可以定义为是百分之百地糟透了。

RET认为非常不好的事情确实有可能发生，尽管有很多原因使我们希望不要发生这种事情，但我们没有任何理由说这些事情绝对不该发生。我们将努力去接受现实，在可能的情况下去改变这种状况，在不可能改变时则学会在这种状况下生活下去。

在人们不合理的信念中，往往都可以找到上述三种特征。每一个人都或多或少地具有不合理的思维与信念，而那些具有严重情绪障碍的人，具有这种不合理思维的倾向更为明显。情绪障碍一旦形成，他们自己是难以自拔的，就需进行治疗了。

（三）RET治疗的基本步骤——ABCDE模型

第一，直接或间接地向来访者介绍ABC理论的基本原理。

第二，帮助来访者找出其自身存在的不合理信念。

第三，通过与不合理信念辩论帮助来访者认清其信念之不合理，进而放弃这些不合理的信念，这是治疗中最重要的一环。

第四，帮助来访者学会以合理的思维方式代替不合理的思维方式，以避免重新产生不合理信念。

在合理情绪治疗的整个治疗过程中，与不合理的信念辩论的方法一直是主要方法，这一方法几乎不变地应用于每一个来访者。辩论方式有质疑式和夸张式。质疑式是治疗者直截了当地向来访者的不合理信念发问；夸张式是针对来访者信念的不合理之处，故意提一些夸张的问题，以夸张的方式放大给他们自己看。因为辩论一词的英文字头是 D（Disputing），治疗效果的效果一词的英文字头是 E（Effects），加入这两个字母，RET 的整体模型就成为 ABCDE 了。

A（Activating events）——诱发性事件；

B（Beliefs）——由 A 引起的信念（对 A 的评价、解释等）；

C（emotional and behavioral Consequences）——情绪的和行为的后果；

D（Disputing irrational beliefs）——与不合理的信念辩论；

E（new emotive and behavioral Effects）——通过治疗达到的新的情绪及行为的治疗效果。

各种心理治疗都有其优势和局限，固守一种方法的治疗者已日渐少见，绝大多数治疗者都会根据来访者的实际情况综合采用几种治疗方法，以取得较好的疗效。

第四节　青少年常见的心理障碍及其矫正

心理障碍一词是对许多不同种类心理、情绪和行为异常的统称。在全国中小学生中，有心理障碍的人占 15％～20％。青少年常见的心理障碍主要有学习障碍、情绪障碍、行为障碍和性格障碍。

一、青少年常见的学习障碍

（一）学习困难

学习困难是全世界中小学教育面临的一个严峻问题，也是目前的一个热点问题。在心理咨询中，因子女学习问题而前来咨询的家长和学生占咨询人数的46.5％。[①] 据统计，在我国中小学生中，具有学习障碍的人大约为 5％～10％，

---

① 郑日昌，陈永胜：《学校心理咨询》，131 页，北京，人民教育出版社，2000

男女比例为 2:1。

学习困难,又叫学习技能发育障碍,简称学习障碍。是指智力正常,但因某种或某些神经系统的功能性失调,使其在某种特殊的学习能力或多种学习能力方面存在缺陷,主要是在听、说、读、写、算及推理方面出现困难。

1. 学习困难的临床表现

(1)阅读障碍:指阅读能力大大低于其年龄和智商水平。阅读障碍是学习障碍中人数最多的,男生多于女生。这类孩子往往记不住字词,听写有困难,阅读速度特别慢,拼音有障碍,同时伴有视觉空间障碍。

(2)计算障碍:指儿童加、减、乘、除的运算能力差。

(3)书写障碍:指儿童难以把看到的事物形象画出来,或难以把看到的词写下来。这种现象叫视觉运动性感知障碍,是视动功能协调不佳的结果。

(4)交往障碍:儿童由于学习技能方面的障碍而经常遭到同学们的嘲笑和捉弄,因此,很难主动与人交往,社交能力很差。

2. 学习困难的形成原因

引起儿童学习困难的原因很多,归纳起来主要有生理因素和环境因素两方面。

(1)生理因素

一是轻度脑损伤或脑功能障碍。儿童在胎儿期、出生时、出生后都有可能造成脑损伤或脑功能障碍。如果中枢神经系统严重受损,大脑全面的功能低下,就表现为智力落后;如果受损的为大脑的某一部分,则有可能表现为某种特殊的学习障碍。

二是遗传因素。有些学习技能障碍具有遗传性,如阅读障碍可以遗传好几代。英国的科学家最近宣称,他们发现了影响阅读能力并会导致阅读障碍的遗传基因。遗传基因的异常可以影响大脑某一区域的结构和功能,如果这一功能与学习有关,就会导致学习障碍。

(2)环境因素

一是不良的家庭环境。儿童从小就未得到成人充分的爱抚,特别是缺乏母爱。

二是在生长发育的关键期,没有为儿童提供丰富的环境刺激和教育,使儿童形成感觉统合不良。

三是家长过度期望以及教育方法不当,使儿童产生厌学情绪。

3. 学习困难的矫正

一般而言,对学习困难的治疗主要是教育训练和心理治疗。其关键是父母、教师对该类儿童要有正确的态度。

（1）成人的正确态度

父母和老师不要歧视学习困难的儿童，要给予他们更多的关心、同情和帮助，为其创造良好的生活、学习环境。不要对学习困难的原因不加分析，一概认为这类儿童是"坏孩子""不想读书"等。

（2）教育训练

美国学者罗伯特、威廉于1967年发表专著《学习障碍的矫正》，对学术界的影响极大。他们从儿童的大肌肉运动、感觉动作统合、知觉——动作技能、社会性技能等方面训练入手，编制了一套学习障碍矫正训练教程。北京师范大学林崇德教授在研究中提出了在课堂教学中实施补救措施的做法，经过一年实验，实验班的成绩大幅度提高。

（3）感觉统合治疗

感觉统合训练主要有触觉刺激的训练、前庭刺激训练和本体感觉训练。

触觉刺激是用软毛刷、干毛巾或丝绸等物品轻擦孩子的背部、腹部、腕部、颜面部、手、脚等部位的皮肤。还可以让孩子进行皮肤刺激的游戏，如水中游戏，黏土游戏，砂、草坪上的裸足游戏等。一般来说，触觉刺激对神经系统产生影响的时间在刺激30分钟以后，时间越长，效果越好，但要根据孩子的耐受程度加以确定。

前庭刺激的训练是通过给予前庭器官各种不同程度的刺激，使调节姿势反应的前庭功能正常化。主要有旋转性运动、摇晃性运动、平衡性运动、姿势反应性运动和速度感、位置感、距离感的体验。

本体感觉是指来自自己身体各个部位的肌肉、肌腱、关节、韧带等的一种感觉。如果本体感觉有障碍，就不能很好地解扣纽扣、取物、抓物，不能根据对象物的性质，掌握用力的轻重，常常将东西弄碎、弄坏。为了使本体感觉正常化，提高统合功能，可以让患儿接受下列的训练：游泳、摔跤、拔河、爬绳、搬运货物、踩童车以及其他使肌肉紧张、收缩的运动。

4．心理治疗

主要采取正强化，在进行教育训练时，对患儿每一个微小进步给予及时表扬和奖励，以强化儿童新技能的获得，提高儿童自信心。对不同的患儿要注意采取个别化的教育方案。

（二）学校恐怖症

学校恐怖症是由于某种内部的或外部的原因而对学校产生恐惧、厌恶心理，对学习产生冷漠、不感兴趣的心理以及相应的逃学行为。

1. 学校恐怖症的临床表现

根据贝格（I. Berg，1969）及其同事的比较研究，患有学校恐怖症的儿童一般有以下四个基本特征：

（1）严重的情绪障碍，对上学过分恐惧，脾气暴躁。

（2）严重的上学困难，表现为长期的经常性旷课。

（3）生理上的异常反应。如头痛、头昏、失眠、多梦；胸痛、心悸、恶心、呕吐；腹痛、腹泻；发颤、肢体不适等躯体上的一系列症状。

（4）智力中等，且无明显的反社会行为。

2. 学校恐怖症的形成原因

产生学校恐怖症的原因较复杂，一般说来有先天因素、家庭因素和学校因素。

（1）先天因素。患此症的孩子大多性格孤僻、懦弱胆小、优柔寡断、被动依赖、敏感多疑、消沉孤独、缺乏坚持性等。

（2）家庭因素。分离焦虑、过度保护、焦虑型母亲的影响和父母的高期望值都会导致孩子学校恐怖。

（3）学校因素。学校中教师对孩子的粗暴态度、成堆的作业、频繁的考试、激烈的竞争、学校里的不良人际关系等都会成为学生恐怖学校的原因。

（4）生活中发生的重大刺激。升留级、换班或转学，新入学或升学，或在学校遭遇受痛苦、失望、挫折和打击，长期离校后重新返校，都有可能引起心理恐慌。

3. 治疗

（1）支持性心理疗法。对患儿加以疏导、鼓励，耐心地询问患儿的担心与焦虑，向他作出解释和指导，设法改善环境条件。

（2）家庭治疗法。改变过于溺爱孩子或过于粗暴的教育方式，与孩子进行更多的感情交流。

（3）系统脱敏疗法。家长和学校积极配合，有计划、有步骤地减轻孩子对学校的恐惧心理。

（4）药物疗法。采用上述方法效果不明显时，可在医生的指导下，在短期内应用抗忧郁剂，如氯丙咪嗪、阿米替林、麦普替林，同时并用抗焦虑剂，如舒乐安定，以消除或减轻患儿的症状。

（三）考试焦虑症

考试焦虑症是一种因考试引起各种精神症状和躯体症状的焦虑症。

1. 临床表现

（1）精神症状：主要表现为情绪紧张、慌乱、烦躁、忧虑、不安、恐惧和神经过敏。这些情绪表现在考试前的复习阶段就已经十分明显，在考试时，由于不能自制的过度紧张，会出现感受性降低、看错试题要求或漏题、注意力难以集中、记忆困难、思维迟钝、混乱等现象，严重时甚至大脑一片空白，看着试卷发呆。

（2）躯体症状：表现为口干、腹胀、胸闷、心悸、头晕、尿频等植物神经功能紊乱。严重时可诱发偏头痛、功能性高血压、消化性溃疡等多种躯体疾病。

2. 考试焦虑症的形成原因

（1）对考试的意义与价值估计过高：一些学生过分夸大考试与个人前途的关系，对考试成绩过分担忧，越担心越紧张，直至演变为考试焦虑。

（2）父母和老师的高期望值：一些家长和老师对学生提出不合理的要求，导致学生心理压力过大。

（3）自我期望值高：一些学生个性强或生来胆小、内向，不断自我加压，自我期望水平超过实际水平，目标定得过高，导致紧张焦虑。

（4）自信心不足：一些学生对自己没有信心，担心自己的能力，担心自己复习不充分，或以往偶尔一次没考好导致现在负性情绪体验，担心再次考试不好，结果越担心越紧张。

3. 考试焦虑的矫治

（1）降低期望值：父母、老师和学生都要降低期望值，制定合理的目标。

（2）鼓励学生增强自信：引导学生正确看待考试，正确看待自己，正确对待以往考试的挫折，对考试失败能正确归因，增强考试信心。

（3）行为疗法：对考试焦虑不严重的学生进行放松训练，对严重考试焦虑的学生进行系统脱敏训练。同时对学生进行认知矫正。

二、青少年常见的情绪障碍

（一）焦虑症

1. 焦虑症的临床表现

焦虑症是以焦虑为其主要临床表现，同时伴有明显的植物神经功能紊乱和运动性不安的一种障碍。

焦虑性神经症有两种临床表现形式：急性焦虑和慢性焦虑。

急性焦虑亦称为惊恐障碍。患者不明原因的突然惊慌恐惧，具有强烈的失去自我控制感、大祸临头感、发疯感、窒息感、濒死感，同时伴有强烈身体不适，胸闷、心悸、出汗、颤抖、手足发麻。每次发作一刻钟左右，发作可无明显原因或无特殊情境。

慢性焦虑又叫广泛性焦虑，表现为广泛而持久的焦虑，程度比急性焦虑轻，持续时间长。患者紧张、焦虑、坐立不安、汗多、心悸、胸闷、口干、头昏等，学习和工作效率明显下降。

2．焦虑症的形成原因

（1）心理因素：患者往往自卑、胆小、夸大困难、遇挫折过于自责、自信心不足、易紧张焦虑等。

（2）外界诱因：个体感到自己的应对能力不能适应客观环境的要求时，焦虑就迅速产生。

3．焦虑症的矫治

（1）加强个性锻炼：努力克服自卑、胆怯、敏感、疑虑的性格缺陷。

（2）放松训练：每日坚持放松训练，积极参加文体活动。

（3）药物治疗：急性焦虑发作时可服用甲基三唑氯安定、丙咪嗪等药物加以控制。

（二）恐怖症

恐怖性神经症是指对某一特定事物、处境或人际交往所发生的强烈恐惧及其主动回避。

1．恐怖症的临床表现

（1）场所恐怖症：患者的恐怖对象为特定的公共环境或场所，如商店、剧院、餐厅及各种公共交通工具。

（2）社交恐怖症：患者恐怖的对象主要为社交场合和人际接触。有赤面恐怖、目光恐怖和异性交往恐怖。

（3）物体恐怖症：又名简单恐怖，是对特殊物体或现象的恐怖。如狗、蛇、鼠、或高空、黑暗、流血等。

2．恐怖症的形成原因

青少年的恐怖症主要是环境教育因素造成的，其中又以父母的教养方式不当影响最大。

（1）父母对孩子过于溺爱、过于保护或要求过高。

（2）家庭成员之间不和睦或对孩子的教育方式不一致。

（3）孩子生来胆小的性格。

3．恐怖症的矫治

（1）分析原因：认真倾听患者对病情的诉说，找出导致疾病的原因并加以安慰。

（2）行为疗法：可使用系统脱敏、满灌疗法、模仿学习法等加以治疗。

（3）药物疗法：如果恐怖症患者伴有抑郁症状，必要时可服用丙咪嗪、氯丙咪嗪等三环抗抑郁剂。如果恐怖症伴有焦虑症状，必要时也可服用氯羟安定等抗焦虑药物。

（三）强迫症

强迫症是一种观念、冲动、或行为反复出现，自知不必要却无法摆脱的症状。即有意识的自我强迫和自我反强迫同时存在，二者的尖锐冲突使病人异常焦虑和痛苦。

1．强迫症的临床表现

（1）强迫观念：强迫观念主要表现为强迫怀疑、强迫性穷思竭虑、强迫联想、强迫性对立观念和强迫回忆。

（2）强迫情绪：出现某些难以控制的不必要的担心，如担心自己丧失自制会作出不道德、违法行为或精神失常等。

（3）强迫意向：感到内心有一种强烈的行为冲动，虽从不表现为行为，却使患者感到紧张、担心和痛苦。

（4）强迫行为：强迫行为主要表现为强迫检查、强迫计数、强迫洗涤和强迫性仪式动作。

2．强迫症的形成原因

（1）家庭教育因素：父母期望值过高是导致孩子强迫症的一个最重要的原因。

（2）人格特点：约2/3的强迫症患者患病前具有强迫性人格。如拘谨、优柔寡断、深思熟虑、十全十美地要求自己，有不安全、不完善感等。

（3）外界刺激：强烈的精神刺激或持久剧烈的情绪体验是症状爆发的直接原因。

3．强迫症的矫治

（1）森田疗法：采用森田疗法"顺其自然、为所当为"的治疗原则，当强迫观念出现时，不予考虑，做到顺其自然，忍受着内心的痛苦为所当为。

（2）行为疗法：行为治疗有多种方法，如模仿法、松弛法、自控法等。自控法包括思维阻断疗法和行为中止法。思维阻断疗法是用震惊术打断强迫观念、强迫情绪和强迫意向的自控方式。行为中止法是用毅力强行中止强迫行为的自控方式。

（3）矛盾意向法：又叫意向逆转法。这是人本主义心理学家弗兰克尔提出来的，即当强迫观念出现时，强行让脑子中出现相反的想法。

（4）药物疗法：必要时服用三环抗抑郁剂，其中氯丙嗪的效果最为理想。

三、青少年常见的行为障碍——多动症

青少年常见的行为障碍很多，如说谎、偷窃、抽烟、酗酒、上网成瘾、多动症等，这里主要介绍多动症。

多动症又叫注意力缺陷多动障碍（Attention Deficit Hyperactivity Disorder，简称 ADHD）。是以注意力缺陷和活动过度为主要特征的行为障碍综合征。多动症的易发年龄是 6～14 岁，高峰发病年龄为 8～10 岁，发病率为 3%～10%，男童多于女童，二者的比例从 3：1 到 9：1。①

1. 临床表现

（1）注意力不集中：表现为听课不专心，作业难以完成，做事有始无终，被动注意亢进，易被周围事物如感兴趣的电视节目或游戏所吸引。

（2）活动过度：学前期则表现为活动过多，上学后表现为上课做小动作。

（3）冲动任性：这类儿童自控能力差，想干啥就干啥，缺乏思考，不计后果。想要什么必须要，不满足就发脾气，性情急躁，易激动，没一点约束能力，从不控制自己。

（4）学习困难：有的多动症患儿有学习障碍。

（5）性格缺陷或行为障碍：患儿有任性、倔强，易冲动的性格缺陷和幼稚、怪僻、贪玩、逃学、打架、甚至说谎、偷窃等行为障碍，虽经教育也无济于事。

（6）神经系统的轻微体征：在指鼻、对指、翻手、两臂伸展等实验上，可以看到患儿平衡共济运动不协调或病理性连带运动。在快速轮替运动和精细动作方面，显得笨拙不自主。

2. 形成原因

（1）遗传因素：多动症儿童受遗传因子的影响，DBH 不足，神经元突触间去甲肾上腺素浓度降低，就出现了多动症症状。

（2）轻微脑组织损害：胎儿期、分娩时、婴幼儿期疾病等原因造成的损伤如果很明显，可能出现智力低下、脑瘫痪、发育不良等后遗症，如果损伤轻微，可出现多动和学习困难。

（3）脑内神经递质代谢异常：多动症是由于前额叶神经纤维髓鞘化过程较迟缓所致，到少年期才能完成，因此发病率随年龄增长而减少。

（4）铅污染：环境污染可能是引发多动症的重要因素。如工业污染、家庭

---

① 郑日昌，陈永胜：《学校心理咨询》，131 页，北京，人民教育出版社，2000

装潢、汽车废气，含铅玩具及食具、含铅食品等。

（5）营养因素：多动症与维生素缺乏、食物过敏、糖代谢障碍等有关。

（6）环境和家庭因素：缺乏关怀和温暖、溺爱、教育不当等，都会使孩子出现行为异常。

3. 治疗

（1）药物疗法：主要是兴奋中枢神经的药物，如右旋苯丙胺、利他林等。

（2）行为疗法：

①阳性强化法：孩子完成某一项要求后，给予物质奖励和精神奖励，最好用代币制进行行为矫正。

②负性强化法：即出现不良行为后，取消阳性强化法中所给的奖励，这是最常用的、有效且无副作用的方法。

（3）饮食疗法：限制西红柿、苹果、橘子等含甲醛水杨酸盐类食物和调味品、甜食、饮料、膨化食品的摄入，选择高维生素、高蛋白和高磷脂的食品，促进脑组织健康发育。

【思考与练习】

一、名词解释

心理健康　心理健康教育　移情　代币强化法　满灌疗法　厌恶疗法

二、填空

1. 心理健康是心理卫生的＿＿＿＿＿＿；心理卫生是心理健康的＿＿＿＿＿＿。

2. 从内容来看，心理健康教育包括＿＿＿＿＿＿和＿＿＿＿＿＿两部分；从性质上看，心理健康教育包括＿＿＿＿＿＿和＿＿＿＿＿＿；从形式上看，心理健康教育包括＿＿＿＿＿、＿＿＿＿＿＿。

3. 系统脱敏的基本步骤是＿＿＿＿＿＿、＿＿＿＿＿＿和＿＿＿＿＿＿三个方面。

三、选择

1. 心理健康运动的倡导者是＿＿＿＿＿＿。

A. 弗洛伊德　　　B. 比尔斯　　　C. 奥尔波特　　　D. 华生

2. 与他人相处略感困难，生活自理有些吃力，缺乏同龄人应有的愉快，主动调节或通过心理辅导专业人员帮助，可恢复常态者属于＿＿＿＿＿＿。

A. 一般常态心理者　　B. 轻度失调者　　C. 严重病态者

3. 从创伤刺激中恢复到往常水平的能力是＿＿＿＿＿＿。

A. 自信心　　　　　　　　　B. 心理自控能力

C. 心理康复能力　　　　　　D. 环境适应能力

四、判断

1. 心理健康的状态是一成不变的。（　　　）

2. 心理健康的标准是统一的。（　　　）

3. 酸葡萄心理是心理防御机制中文饰作用的表现。（　　　）

4. 把自己具有的、不能接受的一些个性特征加在别人身上，认为别人也是如此，以减轻内心的痛苦，是移位作用。（　　　）

五、问答

1. 世界卫生组织的心理健康的标准是什么？

2. 学校心理健康教育课程的主要内容、基本原则、主要方法有哪些？

3. 学校心理健康教育工作者必须具备的素质有哪些？

4. 简述心理咨询的主要理论和方法技术。

5. 小学生、中学生常见的心理障碍有哪些？如何矫正？

第十五章 教师心理

【内容提要】

教师是人类灵魂的工程师，是教育教学工作的组织者和领导者。教师的职业角色、心理素质、人际关系、个人威信及心理健康水平等对学生的健康成长和教育教学质量的提高具有十分重要的意义。加强对教师心理的研究，不仅有利于教育教学目的的实现，而且还有利于提高教师自身的素质，全面推进教育教学的改革。本章将通过对教师心理的全面剖析，以期能对广大教师的教育教学工作及个体心理素质的提高有所帮助。

【学习目标】

1. 理解教师的职业特点和扮演的心理角色，能够建立良好的人际关系。

2. 学会运用教育机智处理课堂突发事件。

3. 理解教师应具备的教育能力和人格特点。

4. 理解教师成长的特点及过程，促进自我成长。

5. 学会建立教师的威信。

第一节 教师的心理角色和人际关系

一、教师职业的特点

任何职业都有自己的职业特点，教师职业也不例外。教师职业的特点，也就是教师职业劳动的特点。教师的职业劳动具有以下特点。

(一) 示范性

教师职业劳动的示范性，主要表现在教师是用自己的思想、学识和言行，通过示范的方式直接影响其劳动对象。正如孔子所说："其身正不令而行，其身不正虽令不从。"

教师职业劳动的示范性，首先是由学生学习的模仿性所决定的。儿童是天生的模仿家。正如捷克著名教育家夸美纽斯所说："孩子们和猿猴一样，爱去模仿他们所见的一切，不管是好是坏，甚至没有吩咐他们去做，也是一样；由于这个缘故，所以他们学会运用他们的心灵以前，先学会了模仿。"① 这表明，青少年学生有很强的模仿性，模仿实际上是他们学习的一个重要方式。其次，学生还表现出很强的向师性。所谓向师性，是指学生具有的尊重、崇敬教师，乐意接受教师教导的自然心理倾向，并希望得到教师的注意、关怀、鼓励和引导。因此，他们对教师有一种特殊的信任和依赖的情感，他们的学习也往往是通过对教师的模仿来进行的。在学生的心目中，教师一般都具有某种权威性，甚至以为"老师说的都是对的"，相信教师远在父母以及挚友之上。在许多场合，教师本身或教师所要求的思想、行为、品质，常常都是学生最可信赖的模仿对象。

教师职业劳动的示范性，要求教师在职业活动的过程中，要特别注意自己的言谈举止和品德修养，给学生以正面的、积极的榜样。尤其是在塑造学生良好品德和个性品质上，教师的行为与品质对学生影响很大。所以洛克指出："导师的行为千万不可违反自己的教训，除非是存心使儿童变坏。导师自己如果任情任性，那么，教训儿童克制感情便是白费力气的；自己如果邪恶，举止无礼，则儿童的行为邪恶，举止无礼，也就无法改正。"他强调："坏榜样比良好的规则更容易被采纳，所以他应该时时留心，不可使儿童受到不良的榜样的

---

① ［捷］夸美纽斯，傅任敢译：《大教学论》，168 页，北京，教育科学出版社，1999

影响。"①

（二）复杂性

教师职业劳动的复杂性，首先是由教育对象的复杂性决定的。教师劳动的对象是正在发展变化中的、未成熟的"人"，他们既有共同的生理、心理特点，遵循一定的发展规律，又有各自不同的经历、兴趣爱好、个性特征等。尤其要看到，学生是具有一定主观能动性的主体，学生的发展又具有多向性和殊异性，因此需要教师真正把学生视为学习主体和发展主体，全面把握他们身心发展的不同水平，因材施教。

教师职业劳动的复杂性也是由教育任务的多方面性决定的。教师在工作中，既要面向全体学生，又要照顾个别学生；既要培养优秀生，又要帮助后进生；既要与家庭、社会协调一致，又要对学生的校内生活全面负责。教师任务的多样性，导致工作千头万绪，纷繁复杂。

教师职业劳动的复杂性也是由教育过程、教育方法和教育手段的复杂性决定的。教师的劳动过程是一个复杂的脑力劳动与体力劳动相结合的过程，需要教师付出艰巨的努力；同时，教师的劳动虽然以个体劳动为主，但要在学生身上形成最佳的教育效果，教师还必须善于协调好家庭、社会和学校教师之间的各种关系。

（三）创造性

教师日复一日，年复一年的劳动，不是简单机械地重复，而是在进行着创造性劳动。教师的职业劳动之所以具有创造性，主要是由教育对象的特殊性和教育情景的复杂性所决定的。正如前面所说，教育对象是人，是一个个有思想、有个性、有情感的人，同时还是一个个不断发展变化的人。岁岁年年花相似，年年岁岁人不同。教育对象的多样性、发展性和变化性，使得教师的劳动不可能有固定不变的方法和模式可以直接去套用，只能从教育目的和学生的实际出发，精心设计学生的未来，塑造学生美好的心灵。

教师劳动的创造性，首先表现在因材施教上。教师不仅要针对学生集体的特点，而且还要针对学生个体的特点进行教育。教育学生，没有可以打开所有学生心灵的"万能钥匙"，只能"一把钥匙开一把锁"。如果凡事都"一刀切""一锅煮"，肯定收不到好的教育效果。

其次，教师劳动的创造性还表现在对教材内容的处理和加工上。教师备课，就是在深入钻研教材和了解学生的基础上对教材进行创造性的加工，然后

---

① ［英］约翰·洛克，傅任敢译：《教育漫话》，64 页，北京，教育科学出版社，1999

以学生易于接受的方式，通俗易懂地、深入浅出地传授给学生。

最后，教师劳动的创造性还表现在教师的教育机智上。教师要善于捕捉教育情景的细微变化，迅速机智地采取恰当的措施。教育情景往往难以控制，事先预料不到的情况随时可能发生。富有创造性的教师，常常能够巧妙地利用突然发生的情况，创设新的情景把教育活动引向深入，化消极因素为积极因素，使教育活动更加活泼。

阅读材料 15-1：

在冬天的一节语文课上，我要求学生写一些有趣的事。在讨论选材时，教室里静得出奇——没有一人举手。正在我无计可施之时，外面飘起了鹅毛大雪，教室内有了一点骚动。于是，我放弃了这次的作文训练，让学生走出教室，置身于雪中，观察雪花，触摸雪花，感受雪花。让学生堆雪人，打雪仗。学生全身心地感受，尽情地欢笑。后来，他们竟奇迹般地写出一篇篇优秀习作！

资料来源：但武刚，《教育学案例教程》，武汉，华中师范大学出版社，2007，51 页

（四）持久性

俗话说：十年树木，百年树人。教师劳动的成果不像其他劳动，可以立竿见影，而需要一个漫长的过程，具有一定的持久性。

教师劳动之所以具有持久性，首先是因为人才成长的周期长。仅从时间来说，一个人从入小学到大学毕业，一般需要十六七年的时间，如果再读研究生成为高级专门人才也需要 3～6 年。同时，知识的掌握是长期积累的结果，技能技巧的形成也需要反复练习，行为习惯和思想品德的养成更非一日之功。其次，教师劳动的效果需要很长时间才能得到检验。一个人在每个成长阶段也能使教育效果得到某种检验，但人才成长和教育效果最终要在参加独立的社会实践后才能得到检验。这种劳动效果的长期性，既表现为后效性，又表现为长效性，即人才成长和教育效果在人的一生中都将发挥作用。

教师劳动成果的持久性，要求教师在教育教学过程中既要有耐心，也要有恒心，急功近利不行。同时，也说明教师的劳动是一种具有超前性的社会劳动。教师不仅要关心学生的现在，更要关心他们的未来，要有战略家的眼光和胆识，使培养出来的学生能够适应未来社会发展的需要。

二、教师的心理角色

(一) 角色与教师心理角色

角色，可以理解为一个人在社会群体中的身份，以及与他的身份相适应的行为规范和行为模式。在社会生活中，每个社会成员都有某种身份，处于某一位置，遵守某种规范，承担某种责任。同时，在复杂的社会关系中，每个社会成员都"扮演"着多重社会角色，教师也是如此。

所谓教师的心理角色，是指教师在复杂的社会关系和社会结构中所处的特定地位、所拥有的特定身份。教师的心理角色客观地规定了教师的活动范围、应承担的义务、能享受的权利和行为方式等。

教师是接受一定的社会委托以教书育人为己任的专职专业人员，每个教师都在不同层次、不同侧面的学校生活中，同时扮演着多重心理角色。

(二) 教师的多重心理角色

社会对教师期望的多样性、学校教育活动的多样性，尤其是教育对象需求的多样性，决定了教师心理角色的多样性。

1. 知识的传授者

在学生、家长及各种社会成员的心目中，一般认为，教师的首要角色是知识技能的传授者和学生解决问题能力的培养者，这是传统角色的认定。从这点出发，必然要求我们的教师不但要有渊博的知识，至少是某一学科领域的专家或学者，而且要有比较广博的知识水平及其运用能力，既能以丰富的知识开导学生，又能以规律性的知识引导学生，同时还能以新科学、新知识帮助学生跟上时代发展步伐。否则，是很难成功地扮演知识传授者的角色的。同样，满足现有知识，不思进取，也很难满足学生对这一角色的要求。而要能真正扮好这一角色，我们的教师就必须善于运用心理学和教育学的有关知识，正确运用各种教学方法，对所教学科充满信心和热情。

2. 学生集体的领导者

很多教师对"学生集体的领导者"这一角色认识不到或者认识不够或者含混不清，导致他们管理的班级难以形成良好的班集体，从而大大影响教育教学质量，进而影响学生智力开发和学习积极性的发挥。事实上，良好的学生集体本身就是一股重要的教育力量和教育手段，而在学生集体中，教师尤其是班主任教师应该成为班集体的优秀的领导者和组织者，通过精良周到的诸如选拔学生干部，培养班级积极分子，组织学生开展一系列的有益活动等，营造良好的集体气氛和舆论，让学生在较好的集体氛围中健康成长。如果我们的教师认识不到这一角色的作用、地位，就不能成为一个好的教师。当然，这一角色要求教师具备良好的领导作风和心理素质，即明确教师的领导行为旨在控制、指导学生成长，影响班集体活动向既定目标迈进；而不是意味着教师有特殊的权力，可以实行专制统治，即不尊重学生，甚至压抑学生自由和谐地发展。

3. 模范公民

教师是人类灵魂的工程师，这一神圣使命既体现教师的职业光荣，也体现对教师的压力，更体现社会对教师的期望。说明在人们的心目中，教师作为育人的人，他的道德和学识不应等同于一般人，这是由教师这一特定角色所决定的。对于学生而言，教师的一言一行都应该是表率，因为认同乃至模仿教师的言行是一种接受教育的过程，也是一种成长的过程；对于学生家长来说，他们将自己的子女送进学校，交给老师，不仅仅是期望他们学得知识，更重要的是希望他们在教师的教育下，成为有用的人；对于社会来说，教师是社会的代言人，是未成年人的引路者、指导者、专职教育者，因此，作为人民教师不仅应成为学生的表率，而且要成为公民的模范。否则，不仅在学生心目中的地位下降，影响教育效果，而且学生家长乃至社会就会指责他们"不像个老师"，只能"误人子弟"。这是因为人们对教师这一特定角色寄予了太高的期望，期望教师是模范公民。

4. 学生父母的代理人

对于这一角色，绝大多数中小学教师都乐意认同并接受。这主要是在教育过程中，师生之间有彼此情感的较多投入。对于学生来说，他们常常把教师看成是父母的化身，希望从教师那里得到如同父母般的慈爱和关怀，并希望教师能像父母那样对待自己，以寻求一种安全感。对于教师来说，一般热爱教育工作的教师是愿意充当学生的保护人的，教师对学生充满热情、爱心、乃至对学生的呵护，这种良性的情感交流、情绪体验能使彼此都感到愉悦，这是有利于教育的催化剂。教师作为学生父母的代理人，既要扮演父母温暖与关怀的角色，同时也要扮演一般父母所不具备的严格要求的角色，即要掌握好扮演这一角色的度。

5. 学生的心理保健医生

随着社会发展速度的加快，社会竞争的日益加剧，学生面临着前所未有的心理压力、心理冲突和心理困惑，这就要求教师从过去作为"道德说教者""道德偶像"的传统角色中解放出来，成为学生健康心理、健康品德的促进者，承担起学生心理保健医生的角色。当代教师要积极适应时代、社会的要求，提高自身的心理健康水平，掌握基本的心理卫生知识，在日常的教育教学活动中渗透心理健康教育，帮助学生排除心理上的苦恼，解决心理"病状"；在日常教学和班级管理工作中，根据学生的身心特点和心理发展规律，自觉维护学生的自尊心，培养学生的自信心，消除学生的紧张、焦虑情绪，满足学生的各种心理需要，促进学生优良个性的形成。

三、教师心理角色的作用

教师心理角色的作用主要表现在以下两个方面。

（一）唤起教师的角色意识

教师的心理角色，客观地规定了教师的活动范围、应承担的义务、能享受的权利和行为方式等。这有助于唤起教师的角色意识，使教师明确自己应该干什么、不应该干什么，从而全面履行自己的职责和义务。如果一个教师不明白自己的心理角色，或心理角色意识淡薄，只履行部分职责和义务，就会有碍教育目的的全面实现，有碍学生的全面发展。

（二）激发教师的角色行为

心理是行动的指挥官，有什么样的心理，就会付诸什么样的行为。比如教师把自己视同于普通公民，在社会公共活动中就很难模仿履行社会规范；反之，教师就会严格要求自己，时时处处以身作则。教师的多重心理角色决定了教师的多重职业行为，教师一定要全面履行自己的职业行为，这样才能把学生培养成为全面发展的社会主义事业的建设者和接班人。

四、教师的人际关系

（一）什么是人际关系

人际关系是指人与人之间通过交往建立起来的某种比较稳定的心理联系，它反映着人与人之间的心理距离，也标志着人与人之间亲近性、融洽性、协调性的发展水平和现实状况。人际关系对每个人来讲都至关重要，因为它不但影响着人们的生活质量以及工作和学习的绩效，还是衡量个体心理健康水平的主要标准之一。

（二）人际关系的结构

人际关系的结构是指构成人际关系的心理成分及其相互关系。人际关系是多种心理因素的复合体，组成人际关系的心理成分主要有以下三项：①认知——人际关系建立的前提和基础。人际关系从人与人的相互认识和了解开始，认知是其形成、发展和改变的前提与基础。②情感——人际关系的核心因素。人际关系状况以各种情绪情感体验为特征，如喜爱与厌恶、尊重和鄙视等。情感体验的性质是直接导致人际关系状况的决定性因素，因此情感是人际关系的核心要素。③行为——人际关系的表现方式。人际关系的建立要以各种交际行为为基础，人们在交往中必须借助各种沟通方式来传递信息，这就少不了各种沟通手段的应用，如语言、表情、手势、身体姿态等行为。这些行为既是建立人际关系的条件，也是反映人际关系状况的重要依据。

（三）教师的人际关系

1. 良好的师生关系

在教师的人际关系中，师生关系居于核心地位，其他各种人际关系都是围绕师生关系建立起来的。学校中的师生关系解决好了，也就为解决其他各种人际关系奠定了基础，反过来，学校中其他各种人际关系的正确处理，又为顺利解决师生关系创造了条件。社会主义的新型师生关系具有以下特点。

第一，民主平等。在学校中，教师是指导者，学生是被指导者；学生是学习的主人，教师是为学生服务的。他们都是为了一个共同的目标而完成各自的任务，不存在身价高低贵贱之分。在真理面前师生是完全平等的。在此基础上，师生之间形成了同志式的民主平等关系。社会主义学校师生的民主平等关系特别强调教学民主。教师对学生负有教育管理的职责，学生要听从教师的教诲，虚心接受教育，但教师也要向学生学习，征求学生意见，认真接受学生提出的合理意见和要求。

第二，爱生尊师。教师对学生的爱是学生尊敬教师的前提。学生是正在成长中的新一代，他们代表了祖国的未来。教师出自对祖国的热爱和对教育事业的忠诚与责任感，应把全部的爱倾注于学生身上，关心他们的健康成长。教师对学生深沉的爱是学生尊敬教师的源泉，同样也是激发学生对教师的爱的源泉。在爱生尊师中，爱学生第一，敬教师第二。教师应该首先热爱学生，然后才可以要求学生尊敬自己。如果教师真心实意地爱护学生，学生自然而然地会发自内心地尊敬教师。

第三，心理相容。从师生关系的角度看，师生心理相容是指师生之间在心理上彼此协调一致，并相互接纳。师生心理相容是他们彼此相互了解，观点、信念、价值观一致的结果，它意味着教师的行动能引起学生相应的反响，得到学生的肯定。心理相容造成师生之间的融洽气氛，它对维系正常的师生关系起着重大的情感作用。反之，就会发生各种冲突，导致师生正常关系的破坏和瓦解。

第四，教学相长。教和学是相互促进的，在教的过程中才能发现自己的不足，通过学习才能解决问题，促进教学。在知识爆炸的今天，教师只有树立终身学习的观念，不断地更新充实自己的知识，才能跟得上时代的步伐，才能胜任自己的工作。弟子不必不如师，师不必贤于弟子。尤其是当今信息化时代，学生获取信息的渠道越来越多，所以教师不仅要向书本学习，向实践学习，而且还要向学生学习，取长补短，相互促进。

2. 团结协作的同事关系

学生的成长，有赖于教师集体的共同努力。一个好教师固然会对学生产生深刻的影响，但却不是说学生的成长单凭某个教师的工作就能实现，它需要依靠各科教师、各年级教师共同努力。在教师之间，由于年龄、经历、性格、思想观点、兴趣爱好乃至生活习惯上的差异，必然会发生这样或那样的矛盾，每个教师都要善于处理好这些矛盾，求大同，存小异，注意互相尊重，虚心学习对方的长处。在工作中，要互相支持，互相配合，做到在学生面前保持教育要求的一致。工作中，难免发生意见分歧，应当通过同志式的交换意见，通过批评与自我批评求得解决，从搞好教育事业的大局出发，紧密团结起来。

3. 协调融洽的上下级关系

在学校，领导处在主导地位，领导要尊重、信任和关心每一个教师；要深入教学第一线，钻研业务，对教师做具体指导；要虚心听取教师的批评和建议，要公正地评价教师的劳动，调动教师的积极性。作为被领导者的教师，要服从领导的统一部署，发扬集体主义精神，和领导同心协力，勇挑重担，出色完成领导交给自己的任务。在协调相互关系中，要特别关注"学校"这一特殊教育环境。任何教师，无论是对领导还是对同仁有什么不满的意见，绝不能不顾场合随便议论。尤其严格禁止在教学过程中，在学生面前不负责任的议论、指责别的教师，或者轻率地顶撞领导，这样做将给学生带来严重不良影响。

4. 相互尊重的教师与家长关系

学生家长作为最重要的育人因素，与教师的关系如何直接影响到教育质量，影响到学生的健康成长。因此，尊重学生家长，不仅是教育事业对教师的职业要求，而且具有重要的道德意义。在这里，教师处于主导地位，首先要尊重学生家长，主动去争取家长的密切配合。为了和家长建立积极的合作关系，教师应注意两点：一是要细心体谅家长的心情，做到同家长站在同一立场上，真诚爱护、关怀学生的成长。二是主动帮助家长确立正确的教育观点，学习教育知识，并向家长们提出各种切实可行的教育建议。

第二节　教师的心理素养

一、教师的教育机智

教师的教育机智，是指一种面对新的突发事件，能够迅速而正确地作出判断，随机应变地采取恰当而有效的教育措施，以解决问题的能力。教师的教育机智是教师综合运用各种教育能力达到稔熟地步的表现，是教师掌握了高度教学艺术的表现。

（一）教育机智是教师平时深思熟虑和积累丰富教育经验带来的结果

教育机智反映了教师的机敏性的心理品质，但是，机智并不是出于一种简单的"灵感"，所谓"灵机一动"。如果没有教师对学生年龄特征和个性特征的深刻了解，如果教师没有把握所教学生心理的脉搏，他就不可能在临场当机立断，采取有效的教育措施。

（二）教育机智建立在周密地观察、了解学生的心理活动的基础之上

没有教师敏锐的观察力，也就谈不上教师巧妙的教育机智。

阅读材料 15-2："俏皮话"的效应

夏季的下午，学生上课昏昏欲睡。老师一个个点名，一次次提醒固然能解决一些问题，但这时不如逗一两句"俏皮话"（当然最好与教学有关），效果更好些。

一次，五年级一位老师讲阅读课《昙花姑娘》，当这位老师提出昙花为什么会开得那么美，请一位同学回答时，这位同学吞吞吐吐地，害怕回答错了。这时老师没急也没火，只是风趣地向大家说了一句："他知道答案是什么，却不想说出来，是不是怕告诉大家，会失去专利权呢？哦，他正在作斗争。"这句话把同学们逗乐了，课堂上的沉闷气氛一扫而空。老师告诉这位学生："请大胆说吧，说错了还有老师呢。"后来这位学生说了，虽然答案不完全正确，但说得很流利。老师那甜蜜的、幽默风趣的言语，缓解了学生的紧张、慌乱的情绪，帮助他摆脱了窘境，达到了心理平衡。

资料来源：郭启明，《教师语言艺术》，北京，语文教育出版社，1992，137 页

（三）教育机智突出地表现出因势利导的教育艺术

掌握这种艺术，首先取决于教师对学生的尊重、热爱和责任感，认识到每

个学生总有自己的优点和长处，蕴藏着等待诱发的积极因素。其次取决于教师在临场时善于发现、及时捕捉学生在现场表露出的积极因素，加以"引导"和"激发"，抓住他心中闪耀的火花，引发为炽烈的热情，化为积极的行动。

阅读材料15-3：宽容是教师应有的素质

俞良栋老师去高一班上课，见黑板上画了一幅人体半身像：小头，疏发，小眼睛，鹰鼻子——活脱脱的匪首座山雕。下面却注着几个小字："这是俞良栋。"

屋里出奇地静，似乎还有几个同学偷偷地看看俞老师，空气好像凝滞了。俞老师神态自若地走近黑板，仿佛用欣赏的目光看着画像，教室里的气氛不那么沉闷了。片刻，俞老师拿着粉笔把"是"改成"似"，转过脸微笑着说："同学们，你们仔细看看这幅画，再仔细看看我，比较一下，我真是如此丑陋吗？非也！（大笑）老实说，这画的头像我的，鼻子有我的一点特征——不过钩的弧度显得大了点儿，其余的一点也不像。因此，我把'是'改成'似'就抬举它了！（笑）同学们说这样对吗？"

"对！"同学们异口同声，气氛很是活跃。

"有的同学喜欢画画，这是一种好的爱好。不过……"

有个同学马上低下头，他想着老师要来个"欲擒故纵"法，接下来该"剋"他了。"不过，画画是一门艺术，要想画好非下苦工夫不可。我有体会，我坚持业余时间画画已有20多个年头了。最近，咱们学校成立了课外活动小组，还聘我为美术组的指导老师呢。谁要想学画的话，可以像《英语讲座》里说的那样——'跟我学'吧！可以'跟我学'。——岂止是可以！简直是'欢迎'啦……"

群情振奋，跃跃欲试。那个怕"剋"的同学也抬起头来，目光灼灼地看着老师。

"不过，现在还不能跟我学画画，你们等到课外活动时间再跃跃欲试也不迟。现在是上课时间，这一节是语文课。现在敬请你们'跟我学'语文！"

资料来源：郭启明，《教师语言艺术》，北京，语文教育出版社，1992，140页

二、教师的教育能力

教育能力是教师成功地进行教育教学工作的重要条件。教师的教育能力是指教师在教育教学活动中形成的顺利完成某项任务的能力和本领。21世纪初，

我国开展的新中国成立以来第八次基础教育课程改革，对教师的能力发展提出了新的要求。主要表现在以下几个方面。

（一）课堂教学引导能力

《学会生存》一书指出："教师的职责现在越来越少地传递知识，而越来越多地激励思考；除他的正式职能外，他将越来越成为一个顾问，一位交换意见的参加者，一位帮助发现矛盾论点，而不是拿出现成真理的人。他必须集中更多的时间和精力去从事那些有效果的和创造性的活动，互相影响、讨论、激励、了解、鼓舞。"《基础教育课程改革纲要（试行）》（以下简称《纲要》）也指出："教师在教学过程中应与学生积极互动、共同发展，要处理好传授知识与培养能力的关系，注重培养学生的独立性和自主性，引导学生质疑、调查、探究，在实践中学习，促进学生在教师的指导下主动地、富有个性地学习。"[1] 可见，教师提高和发展自己对学生成长的指导、引导能力是十分重要的。

课堂教学引导能力是教师充分调动学生的主动性和积极性，遵循教育规律，以高超精湛的技艺适时而巧妙地诱导学生的学习活动，帮助他们学会思考和言语表达，获得发展等。引导方式主要有，情感引导、兴趣引导、提问引导、实物或模型引导。在教学过程中，教师要通过引导把学生的主体作用发挥出来，使他们在获得知识的过程中发展智能，形成良好的心理素质、正确的行为习惯和学习方法。

（二）开发、利用课程资源的能力

《纲要》强调："积极开发并合理利用校内外各种课程资源。学校应充分发挥图书馆、实验室、专用教室及各类教学设施和实践基地的作用；广泛利用校外的图书馆、博物馆、展览馆、科技馆、工厂、农村、部队和科研院所等各种社会资源以及丰富的自然资源；积极利用并开发信息化课程资源。"传统教育是"教教材"，新课程是"用教材"。"教教材"，教好教科书就行了；"用教材"，除了用好教科书之外，还有把能够利用的一切教育资源统统利用起来。教科书不是课程的唯一资源，教师对教科书的依赖程度越来越低，为教师提供了一个创造性发挥教育智慧的空间。课程内容的综合性、弹性加大，教材、教参为教师留有的余地加大，教师可以根据教学需要，采用自己认为最合适的教学形式和教学方法，决定课程资源的开发、利用。教师逐步由国家课程的执行者转化为学校课程的研制者和开发者。这就要求教师要形成正确的课程观，不

---

① 　教育部：《基础教育课程改革纲要（试行）》，中国教育报，2001-07-27

仅要具备使用教材和拓展教育资源的能力，还要具备整合各类教育资源的能力。

开发、利用课程资源的能力，还包括开发、利用校本课程的能力。基础教育新课程实行"三级课程"管理。《纲要》指出："学校在执行国家课程和地方课程的同时，应视当地社会、经济发展的具体情况，结合本校的传统和优势、学生的兴趣和需要，开发或选用适合本校的课程。"校本课程开发具体包括：课程选择、课程改编、课程整合、课程补充、课程拓展和课程新编等多种能力。无论开发何种形式的校本课程，都需要教师具有校本课程的开发能力。教师要补充课程论的基本理论，树立新的课程本质观、课程类型观、课程管理观，懂得课程设计的基本原理和程序，培养开发校本课程的能力。

（三）信息技术与课程整合的能力

信息技术与课程整合是全面提高教育质量的根本保证。基础教育新课程对教师运用信息技术的能力提出了更高的要求。《纲要》强调："大力推进信息技术在教学过程中的普遍使用，促进信息技术与学科课程的整合，逐步实现教学内容的呈现方式、学生的学习方式、教师的教学方式和师生互动方式的变革，充分发挥信息技术的优势，为学生的学习和发展提供丰富多彩的教育环境和有力的学习工具。"[③]信息技术与课程整合是指在课堂教学过程中把信息技术、信息资源、信息方法、人力资源和课程内容有机地结合，以实现课程目标、完成相应的课程教学任务的一种新教学方式。一般来说，信息技术与课程整合有两个方式：一是以信息技术为主整合其他课程；二是以学科课程为主整合信息技术。

教师的信息技术应用能力，决定信息技术与课程整合的效果。具有良好的信息素养，利用信息技术作为支持教育工作和终身学习的手段，是 21 世纪教师应有的工作方式和工作特点。这就要求教师具有获取信息、传输信息、处理信息和应用信息的能力。

（四）指导学生开展研究性学习的能力

新课程从小学三年级至高中设置研究性学习必修课。研究性学习是由学生提出问题，教师与学生个体探索、研究问题，并在教师的指导下进行课题研究、论证，从课题选择到资料收集，从实验数据的分析整理到研究报告的撰写，整个研究过程都需要教师的指导和帮助，不仅要求教师具有教育教学能力、管理能力，而且要求教师要有较高的教育科研能力。第一次进入教学领域的研究性学习，对教师来说，是一次全新的实践，也是一次严峻的挑战。教师应对挑战的重要途径是提高教育科研能力。教师提高教育科研能力的途径主要有：一是坚持学习与积累。学习马克思主义世界观和方法论、教育科学基本理论和教育科研方法，提高教育科研素养。二是不断实践与反思。实践出真知，教育实践是教育科学发展的基础和源泉。知识转化为能力需要扎扎实实的实践活动。正如毛泽东同志所说："读书是学习，使用也是学习，而且是更重要的学习。"教师要学会在研究状态下工作，在工作状态下研究，把教育科学研究引入教学过程，坚持长期努力，促进知识结构的不断完善，提升教育科研能力。

（五）创新能力和实践能力

江泽民同志曾指出："创新是一个民族的灵魂，是一个国家兴旺发达的不竭动力。"中共中央、国务院《关于深化教育改革全面推进素质教育的决定》指出："实施素质教育，就是全面贯彻党的教育方针，以提高国民素质为根本宗旨，以培养学生的创新精神和实践能力为重点，造就'有理想、有道德、有文化、有纪律'的、德智体美等全面发展的社会主义事业建设者和接班人。"①培养学生的创新精神和实践能力也是基础教育新课程改革的重要任务。要培养学生的创新精神和实践能力，要求教师首先就要具有一定的教学创新意识和教学创新能力，具有培养学生创新精神和实践能力的基本素质和技能，能不断激发自己的创新意识去开展教学活动。

三、教师的人格特点

俄国著名教育家乌申斯基在谈及教师的人格力量时指出，在教师工作中，一切都应该建立在教师人格的基础上。因为只有从教师人格的活的源泉中，才能涌现出教育的力量。他并且认为，没有教师对学生的直接的人格方面的影响，就不可能有深入性格的真正教育工作。只有人格能够影响人格的发展和形成。可见，教师的人格是教师职业最重要的本质特征。一个优秀教师的人格特征主要体现在情感特征、意志特征和领导方式等方面。

（一）教师的情感特征

教育工作是一种富有情感色彩的工作。如果一个教师情感贫乏、冷若冰霜，那他就不可能做好教育工作，也不可能成为一名优秀教师。优秀教师的情感特征一般表现为以下三个方面的特点。

1. 爱岗敬业，积极进取

主要表现为教师对教育事业无限地热爱与忠诚，在教育工作中保持积极热

---

① 中共中央、国务院：《关于深化教育改革全面推进素质教育的决定》，中国教育报，1999-06-17

情的态度，高度的责任感、义务感、荣誉感和自豪感，并乐意把自己的一生奉献给为祖国培养下一代的崇高事业。

2. 热爱学生，关注每一个学生的成长

首先，爱是教育的感情基础。我国近代教育家夏丏尊先生曾说过："教育之没有情感，没有爱，就如同池塘没有水一样。没有水，就不成其为池塘。没有爱，就没有教育。"[①] 教师对学生的爱即师爱，表现为对学生的关心、给予、尊重、接受、赏识、责任等，这种爱不仅仅是一种情感，而且是一种能力、一种态度。爱是教育的原动力，是教育的灵魂和本质。

其次，爱的交流是做好教育工作的前提。教育从根本上讲是一种感化身心的工作，具有引人向善的使命，而"感人心者莫先乎情"，教师要实现这一使命，就必须心中有爱。师爱是学生生命成长的阳光雨露，可以在学生心中播撒爱的种子，培养学生的爱心、同情心和慈悲心。相反，如果教师对学生采取歧视、挖苦和冷漠的态度，学生就感受不到温暖、爱护和关心，就容易产生被冷遇、被孤立、被嘲弄的感觉，并通过感情的"负迁移"作用，对同学、对家人、对社会产生冷漠甚至仇视的态度。由此可见，离开了爱的素养，教育中的一些技巧和方法都将变得苍白无力。所以，教师热爱一个学生就等于塑造一个学生，而厌弃一个学生就无异于毁了一个学生。

最后，教师对学生的爱，应是面向全体学生。俄罗斯民族有句谚语：漂亮的孩子人人喜欢，喜欢难看的孩子，才是真正的喜欢。教师爱学生，就要爱每一个学生，无论他的家庭背景好坏，他的长相美丑，甚至他的道德品行优劣，教师都要真诚地关心和爱护他。教师对学生的爱，应是面向全体学生的泛爱，而不是偏爱。

3. 情绪稳定，充满自信

这是在所有优秀教师身上共同表现出来的心理素质和心理特征，也是他们做好工作的基本前提和条件。教师的工作对象是活泼好动、瞬息即变的学生，他们时常会遇到一些自己意想不到的富有情绪色彩的事件，这就需要教师保持一种稳定的情绪，充满自信，才能冷静地处理好学生中出现的问题。有人调查了欧美102名优秀教师对自己的看法后发现，这些教师具有的共同特点是，相信自己的能力，也确信教师工作的价值，具有乐观、积极的自我形象，自尊而不自卑。国内也有大量研究证实，情绪稳定、充满自信是优秀教师必备的素质。

---

① 杨芷英：《教师职业道德》，88页，北京，高等教育出版社，2009

（二）教师的意志特征

教师的工作复杂、琐碎、艰苦，没有充沛的精力和百折不挠的坚强意志是难以胜任的。教师良好的意志品质主要表现在以下几方面。

1. 目的明确，执著追求

教师要搞好教育教学工作，一定要具有明确的目的性和努力达到目的的坚定意向。现实中，大量优秀教师在教育教学乃至科研中都会碰到各种各样的困难和障碍，正是由于他们具有明确的目的性和执著追求，才激发他们披荆斩棘，排除万难，去获得成功。

2. 明辨是非，坚定果断

教师具备了这一品质，才使教师在面对各种复杂的情况和问题时，保持清醒的头脑，对问题有周密的思考和分析，以利于迅速地作出抉择。

3. 处事沉稳，自制力强

“教师的这门职业要求于一个人的东西很多，其中一条就是要求自制。”在教育过程中，教师常会为一些不如意的事情而感到苦恼，甚至产生急躁情绪。在这种情况下，特别需要教师沉着、自制、有耐心。教师沉着从容，处事不惊，学生自然会受到感染和触动，心悦诚服地接受和配合。对于年幼的学生来说，教师的沉稳和自制尤其重要，因为学生往往会因教师的耐心、和蔼感到安全，也会因教师的不耐心、粗暴感到不安和害怕。因此，善于调节和控制自己的心理与行为，对于教师来说极为重要。

4. 充沛的精力和顽强的毅力

教育无小事，事事皆教育。教师在培育学生成才的繁重任务中，要像妈妈一样关注孩子的朝夕和点滴，如果没有充沛的精力和顽强的毅力，是难以胜任其工作的。所以要求教师要不断加强自身素质的锻炼和磨炼，以主动适应教师工作的要求。

（三）教师的领导方式

教师的领导方式对一个班集体的风气有决定性影响，另外对课堂教学气氛、学生的社会学习、态度和价值观、个性发展以及师生关系也有不同程度的影响。李比特（R. Lippit）和怀特（R. K. White）在 1939 年所做的经典性实验，概括了教师的四种领导方式和可以导致的各种结果（如表 15-1 所示）。

在我国，尽管这四种模式中前三种缺乏普遍的代表性，但是也确有部分教师缺乏事业心和责任感，对学生采取不负责任、放任自流的态度。也有部分教师虽有责任感，但由于缺乏教育科学知识和理论，在日常的教育教学过程中，不能较好地尊重学生的独立性、自尊心和人格，对学生采用高压专横的态度，强迫学生服从教师本人的意志等。这显然不利于学生的身心发展和成长。相比较，民主型的领导方式是理想的。

表 15-1　教师领导方式的类型、特征及学生的反应

领导方式类型	领导方式的特征	学生对这类领导方式的典型反应
强硬专断型	1. 对学生时时严加监视 2. 要求即刻接受一切命令——严厉的纪律 3. 他认为表扬会宠坏儿童，所以很少给予表扬 4. 认为没有教师监督，学生就不能自觉学习	1. 屈服，但一开始就厌恶和不喜欢这种领导 2. 推卸责任是常见的事情 3. 学生易激怒，不愿合作，且可能在背后伤人 4. 教师一离开课堂，学生就明显松垮
仁慈专断型	1. 不认为自己是一个专断独行的人 2. 表扬学生，关心学生 3. 他的专断的症结在于他的自信，他的口头禅是"我喜欢这样做"或"你能让我这样做吗" 4. 以我为班级一切工作的标准	1. 大部分学生喜欢他，但看穿他这套办法的学生可能恨他 2. 在各方面都依赖教师——在学生身上没有多大创造性 3. 屈从，并缺乏个人的发展 4. 班级工作量可能很多，且质也不错
放任自流型	1. 在和学生打交道时，几乎没有什么信心，或认为学生爱怎样就怎样 2. 很难作出决定 3. 没有明确的目标 4. 既不鼓励学生，也不反对学生；既不参加学生的活动，也不提供帮助或方法	1. 不仅道德差，学习也差 2. 学生中有许多"推卸责任""寻找替罪羊""容易激怒"的行为 3. 没有合作 4. 谁也不知道应该怎么做
民主型	1. 和集体共同制订计划和作出决定 2. 在不损害集体的情况下，很乐意给个别学生以帮助、指导和援助 3. 尽可能鼓励集体的活动 4. 给予客观的表扬与批评	1. 学生喜欢学习，喜欢同别人，尤其喜欢同教师一道工作 2. 学生工作的质和量都很高 3. 学生互相鼓励，而且独自承担某些责任 4. 不论教师在不在课堂，需要引起动机的问题很多

第三节 教师的成长与威信

一、教师的成长

教师的成长，也称为教师的专业成长、教师的专业发展，是指教师为提升自己的专业水准与专业表现而经自我抉择所进行的各项活动与学习历程，以期促进专业成长，改进教学效果，提高学习效能。教师成长的核心是教师教育教学技能和技巧的发展，其最终目的是为了学生的成功与发展。

（一）教师成长的特点

1. 教师成长的主体性

教师成长是教师作为主体的主动发展过程。教师的成长有赖于教师以自身的经验和智慧为专业资源，在日常的专业实践中不断地进行学习和探究，从而形成自己的实践智慧。教师的成长本质上是自主成长。没有教师的自主成长，就没有教师的专业成长。

2. 教师成长的阶段性和连续性

教师成长是一个持续不断的历程。教师的成长呈现出明显的阶段性，有发展、有停滞、有低潮。教师的成长又具有连续性，教师只有不断地进修和研究，以终身学习为基本理念，才能不断促进自身的发展，以确保教学的知识和能力符合时代的需求。这样的历程永无终结，贯穿教师职业生涯的始终。

3. 教师成长内容的多样性

教师工作的复杂性决定了教师专业结构的复杂性，从而决定了教师专业成长内容的多样性。教师专业成长不仅强调教育与教学知识层面的增长及技能的增进，更加强调情意的改变。认知与技能的发展固然重要，然而过度偏重，则可能导致教师沦为教学技术人员的层次。事实上，教学不仅是知识与技能的传授，更是人际互动的影响，教师专业成长也应同时兼顾情意的改变，方能使教师成为全人的教师。

4. 教师成长的情境性

美国学者 Travers 说："教师角色的最终塑造必须在实践环境中进行。"教师专业成长必然要与情境相结合，方能促进教师成长。面对复杂的教学环境，教师常需要同行或领导的鼓励与支持，方能在安全的环境中成长，并能将其成长应用于学生的学习改进上。因此，教师成长必然发生在学校行政人员、教师与学生的人际关系中。

5. 教师成长的学习性

成为教师是人生的一次旅途，而不是目的地，在这个旅途中，教师需要终身学习。不论时代如何演变，也不论是自发的还是受赞助的，教师始终都是持续的学习者，这种学习就是"专业成长"。

（二）教师成长的结构

教师成长主要包括以下几个方面。

1. 教育信念

教育信念是教师成长的支撑品质。教师的教育信念是教师对教育事业、教育理论及教育基本主张、原则的确认和信奉。从宏观的角度讲，教师的教育信念包括教育观、学生观和教育活动观。面对新世纪的教育改革，当代教师应确立"以人为本"的教育信念。教师的教育信念集中表现为教师对教育工作高度的责任感和强烈的事业心。

2. 合理的知识结构

合理的知识结构是教师成长的核心。教师的身份、知识和能力是起决定作用的教学因素。同样，教师的成长中，知识无疑处于核心地位。教师合理的知识结构包括：广博的科学文化知识、精深的学科专业知识、坚实的教育学和心理学专业知识、丰富的实践知识等。

3. 专业能力

专业能力是教师成功地进行教育教学的重要条件。教师的专业能力是指教师在教育教学活动中形成的顺利完成某项任务的能力和本领。教师的专业能力主要包括：课堂教学引导能力，开发、利用课程资源的能力，信息技术与课程整合的能力，指导学生开展研究性学习的能力，创新能力和实践能力等。

4. 教育专业精神

教育专业精神是教师对教育专业所抱有的理想、信念、态度、价值观和道德操守等倾向性系统，其中包括教育理念、专业态度、师德。教育专业精神是教师从事本专业工作的精神动力，是教师做好教育工作的重要保证，它是教师教育人格和伦理的组成。

（三）教师成长的过程

我国学者对教师成长阶段的研究始于 20 世纪 80 年代，叶澜、白益民等将教师成长分为五个阶段。

1. 非关注阶段

非关注阶段指进入正式教师教育之前。这一阶段的时间，可以从一个人进入正式教师教育开始一直追溯到他的孩提时代。在进入正式的教师教育以前，立志从教者对教师专业发展在"非关注"的状态下，无意识之中以非教师职业定向的形式形成了较为稳固的教育信念，具备了一些"知觉式"的"前科学"知识。这时虽谈不上教师专业能力的发展，但在与教师专业能力密切相关的一般性能力，尤其是言语表达能力、交往能力和组织管理能力方面为正式执教打下了一定基础。

2. 虚拟关注阶段

虚拟关注阶段指接受教师教育阶段。此阶段由于个体处于虚拟的专业学习环境之中，缺乏特殊的专业成长支持条件，往往会造成师范生自我专业成长意识淡薄。如果延长实习期，师范生可能出现自我专业成长意识的萌芽，为正式进入任职阶段打下良好的基础。

3. 生存关注阶段

生存关注阶段指初任教师阶段。这一阶段是教师专业成长的关键期，突出特点是"骤变与适应"。需要实现由师范生到正式教师角色的巨大转换，需要克服对于教育教学实践的不适应。教师关注如何生存下来，急于找到维持最基本教学的求生知识和能力。教师的专业成长意识表现出向消极方向转移的倾向。

4. 任务关注阶段

任务关注阶段是教师专业结构诸方面稳定持续发展时期。由关注自我生存转到追求更好地完成教学任务，以获得职业阶梯的升迁和更高的外在评价，自觉寻求各种教师专业成长活动。同时，在个人感到专业成长前途暗淡，学校支持不够时，也会出现教师专业成长的另一分支发展路线。

5. 自我更新关注阶段

这一阶段教师的特征是自信和从容。教师的专业成长动力转移到专业发展自身，而不再受到外部评价或职业升迁的牵制，直接以专业成长为指向。教师可以自觉地、有意识地自我规划，以谋求最大限度的自我发展。教师知识结构发展的重点转移到学科教学法知识及其在教学实践中的应用上来，不再把专业学科知识作为重点。个人实践知识是教师知识拓展的又一方面。随着专业知识的日渐熟练，教师有了更多的时间和机会对自己的专业成长进行反思，也有了较为明确的自我专业成长意识。①

---

① 邹尚智：《教育科研与教师自主专业发展》，87～88 页，北京，开明出版社，2008

二、教师的威信

教师的威信是教师的品格、能力、学识及教育艺术等各个侧面在学生心理上所引起的信服而又尊敬的反应态度。教师威信是影响学生和教育效果的重要因素，同时也是教师成功地进行教育教学活动的一个重要条件。

(一) 教师威信的形成机理

教师威信的树立不是一个自然生成的过程，即使具有教师的资格和经历，也不一定就有威信。教师威信的形成和发展，要受到一系列主客观因素的制约。诸如社会对教师劳动的重视和关怀，尊师重教风尚的树立，教师政治经济地位和待遇，学生及家长对教师的评价等，都是影响教师威信形成的外部客观因素。外因只有通过内因才能真正起作用，教师的内因及其积极的实践对教师威信的形成和发展起决定性作用。

第一，高尚的师德、高度的责任心和高超的教育艺术是教师威信形成的根本条件。调查发现，教师的体貌特征、家族背景等对其威信的树立无直接重大影响，而知识能力、道德品行、工作技巧等才是教师赢得威信的要害所在。教师的根本任务是教书育人，而这一目的的实现又主要是通过教学来完成的。所以教师只有教好功课，才能在学生中树立威信。正如马卡连柯说过："假如你的工作、学问和成绩都非常出色，那你尽管放心：他们全会站在你这一边，绝不会背弃你。……相反的，不论你是多么亲切，你的话说得多么动听，态度多么和蔼，不论你在日常生活中和休息的时候是多么可爱，但是假如你的工作总是一事无成，总是失败，假如处处都可以看出你不通业务，假如你做出来的成绩都是废品和'一场空'，——那么除了蔑视之外，你永远不配得到什么。"[1]

第二，保持与学生良好的交往和沟通是教师威信形成的有效途径。教师的威信是在师生不断的交往过程中逐步形成的。一个有威信的教师，一定是与学生保持有良好交往的教师。疏远学生，故意"摆架子"，与学生少有往来，很少与学生沟通，学生无法了解和理解老师，老师的威信也就无从谈起。

第三，仪表端庄、作风正派、品行端正是教师威信形成的必然要求。一个人的仪表与他的精神风貌紧密相连。教师朴实无华、衣着整洁、自然大方，表现出内在美与外在美的和谐统一，可以给学生以精神饱满、积极向上的感知，能够增强对学生的吸引力。当然，只注重仪表，而生活懒散、作风漂浮，甚至有不讲卫生的坏习惯，学生会认为老师表里不一，教师也就无威信可存。

---

① 徐磊然译：《马卡连柯全集》，第 1 卷，231 页，北京，人民教育出版社，1958

第四，"先入为主"是教师威信顺利形成的一个关键点。教师能够给学生留下美好的第一印象，威信的打造就有了一个良好的开端。因为教师在第一次与学生接触时，学生往往对新教师抱有一定的期望和新奇感，对老师的修饰、言谈和举止特别敏感，这些都将成为影响教师威信树立的重要心理因素。如果教师从一开始，就能够赢得学生的好感，产生先入为主的理想效果，威信就会初步树立。实际上，若是教师给学生留下了惊慌失措、语无伦次、言不由衷的初步印象，威信将会丧失大半，并且恢复起来也更为困难。

第五，严格要求自己和勇于批评与自我批评是教师威信形成的精神动力。教师严于律己，始终保持教书育人、为人师表的良好形象，时时处处注重以良好的形象影响学生，威信的形成和提高就会日生日成。当然，一个人的过失和错误是在所难免的，教师也不例外。老师有了过失和错误，敢于自我暴露，善于作深刻的批评与自我批评，赢得学生的崇敬，本身就是有威信的外在表现。

（二）教师威信的维护发展

教师威信一旦形成，就具有一定的稳定性。但稳定是相对的，只要教育对象和客观条件发生了变化，教师威信就会受到影响。因此，维护和发展已经形成的教师威信也应该与时俱进。

教师威信的维护和发展主要包括：一是巩固已经获得的威信；二是发展不全面的威信为全面的威信，促进低水平的威信不断上新的台阶；三是防止威信的下降和消退；四是提升威信的教育影响力。金无足赤，人无完人。一个教师要具有全面的威信其实很困难。维护和发展教师威信，应从以下方面努力。

1. 历练胸怀坦荡和求真务实的态度

威信较高的教师并非没有一点错误，也并非不会犯错误。关键是有了错误和过失以后，能够正视，勇于修正。实事求是地认识和评价自己，积极克服自己的缺点和不足，不仅不会降低威信，而且还会使威信不断提高。

2. 能够正确评价和合理运用自己的威信

威信是相对的，它与威严有着本质的区别，教师要对自己的威信有一个正确的认识和评价。否则，威信的维护和发展将会遇到大的阻力。比如，有些教师为了维护自己的威信，运用高压的威逼手段，甚至恐吓、体罚学生，从而损伤了学生的自尊心和对教师的亲近感、信赖感与尊崇心理，其结果也只能使教师的威信大打折扣。

3. 铸造开拓进取和爱岗敬业的精神

培育人是教师的"天职"，要求教师必须根据社会要求和工作对象的变化，更新知识水平，完善素质结构，提高教育能力，才能不断满足学生发展变化的需要，促进学生健康成长。永不满足，勇往直前，不断完善自我，这就是教师的敬业精神。有了这种精神，就会唤起学生对教师的敬佩之情，从而使教师自己在学生中的威信得到巩固和提高。

4、树立表里如一和言行一致的形象

在学生心目中，教师就是自己学会学习、学会生活、学会做人、学会发展的榜样。如果教师的外在表现与学生的内心印象不一致，那么教师在学生中的威信也会随之降低。相反，如果教师表现出来的形象与学生所期望的教师形象具有高度一致性，那么教师的榜样地位就可能会进一步巩固，教师对学生的暗示性和影响力就会不断增强，教师的教育功能也就会发挥得更为充分，从而使教师的威信得到更好的维护和提升。

三、教师的心理健康的维护

教师心理健康与教育工作息息相关，教师的心理健康体现在其教育工作的各个环节，具有主要的道德价值。因为教与学的过程，不仅仅是知识和信息的机械传递过程，而且是教师与学生的情感交流和心理相容的过程。教育在本质上是通过生命与生命、心灵与心灵的相互影响将人的心灵唤醒。教育工作的特殊性决定了教师必须具有健康的身心。

（一）心理健康的含义

第三届国际心理卫生大会把心理健康定义为："所谓心理健康是指在身体、智能以及情感上与他人的心理健康不相矛盾的范围内，将个人心境发展成最佳状态。"世界心理卫生联合会还明确提出了心理健康的标志，表现在以下几个方面：第一，身体、智力、情绪十分协调；第二，适应环境，人际关系中能彼此谦让；第三，有幸福感；第四，在工作和职业中，能充分发挥自己的能力，过高效率的生活。

（二）教师心理健康的标准

1. 准确的教师角色意识

角色意识指个体对自己具有的职业、身份、社会地位以及行为规范的认识和把握。角色意识以自我意识为基础。自我意识指人对自己以及自己与周围世界的相互关系的认识和体验。包括对自己生理状态、心理状态以及自己与周围人的相互关系的认识和体验，由自我认识、自我体验、自我控制三个要素构成。正确的自我意识是教师角色意识形成的前提。具有正确的自我意识，才能正确认识自我、评价自我、接纳自我、把握自我，才能对教师职业产生认同感，悦纳自己的教师身份，才能爱岗敬业，自觉抵制社会上的各种诱惑和消极影响。可见，对教师角色的自我认同，是教师心理健康的基础。

2. 健康的教育心理环境

教师心理环境是指教师从事教育工作的内心活动背景。教师的心理环境是教师进行教育活动的最直接的基础。教师的心理环境是否稳定、乐观和积极，将影响整个心理状态，左右着教师的行为，也直接关系到教育、教学的效果。当一个教师的心理环境不良时，如具有教育偏见，缺乏教育信心，具有教育紧张感，对讲课和管理学生犯怵等，他的情绪、认知、甚至个性都会出现异常表现，严重干扰教育、教学工作。相反，如果一个教师具有健康的教育心理环境，表现为心胸宽广，乐观向上，积极进取，具有崇高的教育理想，那么，其潜在的心理能量将会在整个心理活动和教育活动中迸发出来。

3. 和谐的教育人际关系

人际关系最能体现和反映人的心理健康状态。心理健康的人乐于与人交往，懂得尊重、理解他人，能够替他人着想，善于用友善、宽容的态度与人相处。教师的工作性质和特点决定了教师不仅要有和谐的人际关系，而且还要善于与人沟通，具有较强的亲和力和人际吸引力，能够正确处理与学生、领导、家长以及同其他教师间的教育人际关系。如果教师本身的心理不健康，就不可能创造出良好的教育人际关系。

4. 优良的个性品质

个性是指一个人在生活中经常表现出来的、比较稳定的、带有一定倾向性的个体心理特征的总和。个性代表人的总体精神面貌，是由需要、动机、理想、信念、兴趣等个性倾向性和能力、气质、性格等个性心理特征组成的。优良的个性心理品质是心理健康的重要标志，对教师事业的成功、潜能的发挥具有重要作用。对于教师来说，具有崇高的教育理想、坚定的教育信念、广博的兴趣、完美的气质、较强的教育教学能力，以及具有真诚、正直、平等、公正、宽容、耐心等优良性格，本身就会产生一种人格魅力，形成一股强大的教育力量，令学生去崇拜、效仿，从而形成优良的个性品质。

阅读材料 15-4：信念的力量

鲁西南有一个村子叫姜村，这个小村子因为这些年几乎每一年都要有几个人考上大学、硕士甚至博士而闻名遐迩。方圆几十里没有不知道姜村的，人们会说："就是那个出大学生的村。"久而久之"大学村"成了姜村的新村名。

在惊叹姜村奇迹的同时，人们也都在问，是姜村的水土好吗？是姜村的父母掌握了教孩子的秘诀吗？还是姜村的老师会点金之术？

假如你去问姜村的人，他们不会告诉你什么，因为他们对秘密一无所知。

二十多年前，姜村小学调来了一个五十多岁的教师，听人说这个教师是一位大学教授，不知什么原因被贬到这个偏远的小村子，这个老师教了不长时间后，就有一个传说在村子里流传：这个老师能掐会算，他能预测孩子的前程。原因是，有的孩子回家说，老师说我将来能成数学家；有的孩子说，老师说我将来能成作家；有的孩子说，老师说将来我能成音乐家；有的说，老师说我将来能成钱学森那样的人，等等。

不久，家长们又发现，他们的孩子与以前大不一样了，他们变得懂事而好学，好像他们真的是数学家、作家、音乐家的材料了。老师说会成为数学家的孩子，对数学的学习更加刻苦；老师说会成为作家的孩子，语文成绩更加出类拔萃。孩子们不再贪玩，不用像以前那样需严加管教，孩子变得十分自觉。因为他们都被灌输了这样的信念：他们将来都是杰出的人，而有贪玩、不刻苦等恶习的孩子是成不了杰出人才的。

就这样过去了几年，奇迹发生了。这些孩子到了参加高考的时候，大部分都以优异的成绩考上了大学。他们说，他们从考上大学的那一刻起，对这个秘密就恍然大悟了，但他们这些人又都自觉地保守起了这个秘密。

人世间还有什么力量能超过信念的力量呢？那位老师是通过中国最传统的方式，在这些孩子的心灵里栽种了信念啊！

资料来源：鲁先圣，信念的力量，《生活时报》，2001-03-27

5. 较强的适应和改造教育环境的能力

环境适应能力包括正确认识环境以及处理个人和环境的关系的能力。对于教师来说，对教育环境的适应与改造，是教师正确处理与教育环境关系的两个重要方面，包括对不良环境的改造和对良好教育环境的适应。一个心理健康的教师，在不良教育环境面前，能够充分发挥主观能动作用，凭借自己健康的心理状态，对环境进行积极的改造。

对良好的教育环境，教师必须以其健康的心态积极适应，并通过自己的努力，把良好的教育环境变为现实的教育成果。

6. 较强的自我发展的能力

在知识经济时代，新知识、新技术不断涌现，知识更新的周期越来越短。在这种"文化反哺"的大背景下，教师的知识优势已不明显，绝对权威不复存在。教育发展的趋势要求教师必须与时俱进，既要掌握最新教育技术，还要研究新的教育理论，努力把自己培养成专家型的教师，不断提高自我发展的能力。

（三）教师心理健康维护的途径

教师的心理品质作为一种重要的教育手段，将直接影响学生的身心健康和全面发展。因此，教师要积极进行心理训练，自觉优化心理环境，不断提高心理素质。

1. 提高教师心理健康水平的外在方法

（1）营造良好的社会支持环境

从社会的角度形成尊师重道的良好风尚，塑造良好的教师形象，这是解决教师心理健康问题的根本途径。当然，要做到这一点，需要全社会的努力，这是一种社会支持系统，也是促进教师心理健康的一条根本之路。国家和社会应通过各种政策的制定、法律的颁布来提高教师的社会地位、福利待遇，维护教师的合法权益，形成尊师重教的良好风气，建立教师心理健康的社会支持系统，对教师的角色期待要合理，从而消除教师的心理失衡感，让教师体验到被尊重、被关爱，工作有价值，从而建立起职业自豪感。这可以从根本上有效防止教师心理问题的产生。

（2）学校内部要营造良好的心理环境

学校的物质条件、规章制度、管理措施、工作职责、人际关系等都应多从心理这一层面加以考虑，使教师有获得社会支持的切实的心理感受。学校管理者既应帮助教师解决一些实际问题，如住房、工资、福利待遇等，更应为教师提供一定的教学及管理的自主权，提供更多的晋升机会，建立客观公正、正面激励的教师评价制度以满足成就动机。同时注意教师角色的专业性，严格限制时空上存在分离性的教师兼职，恰当分配角色任务，缓解或消除教师的角色冲突。学校管理者尤其是校长的支持与关心能有效减轻教师的心理压力，防止教师心理问题的产生。

（3）教师应努力营建一个幸福和谐的家庭

美满的家庭、幸福的婚姻，能促进个体健康人格的形成与发展，能在个体遇到困难时给予鼓励和帮助，缓减个体的心理压力。这一点对于中小学教师尤为重要。在工作中遇到困扰、受到压力的教师如果回到家中能感受到家庭的温馨，在工作中本应体验到而没有体验到的满足感就能够在家庭中得到弥补。而没有配偶及家庭的理解和支持的教师则很难在工作之外获得情感上的舒缓和心理上的安慰，由此很容易产生孤独、忧郁等消极情绪，不利于心理健康。

2. 提高教师心理健康水平的内在方法

（1）树立正确的自我概念

自我概念是个人心目中对自己的印象，包括对自己身体、能力、性格、态度、思想等方面的认识，是一系列态度、信念和价值标准所组成的有组织的认知结构，把一个人的各种习惯、能力、观念、思想和情感组织联结在一起，贯穿于经验和行为的一切方面。个体只有树立正确而稳定的自我概念，才能正确认识自己，客观评价自己，合理要求自己，了解并愉悦地接受自己的优点和缺点，不给自己设定高不可攀的目标。同时，个体因为对自己更加了解，由己及人，也就能够客观地评价别人，接纳并理解别人的错误和缺点，对世事中的不平、不满、不尽善尽美之处能处之泰然。这种心态对保持心理健康是非常有利的。正确的自我概念的形成与知识的积累是分不开的，也有研究表明，教师的心理健康水平与受教育的程度呈正相关。所以教师应多学习，多接受新知识，以加强自身修养。教师也可以坚持收集有关自己的教学效果和学生学习情况的资料。这些资料不仅能用来帮助教师提高教学水平，而且能使教师更清楚地知道是否达到了自己预定的目标。教师对自己教学方法的利弊了解越深，越了解学生是否接受这些方法，就对自己了解越深，自我认识就更客观，自我概念就越坚定，评价工作就做得越全面，对自己也就更自信。

（2）强化自我维护意识，掌握自我调节策略

首先教师应当学会调节自己的情绪，保持心理平衡。教师情绪控制的方法可以从两个方面入手：一是从认识上分析造成不良情绪的原因，看自己的反应是否合理、是否适度；二是控制可能发生的冲动行为，采用合理或间接手段适当疏导情绪。例如，自己提醒自己在情绪激动时不要批评学生，等待自己能心平气和地冷静处理问题时再批评学生，防止过激言行。其次，进行合理宣泄。如果不良情绪积蓄过多，得不到适当的宣泄，容易造成身心的紧张状态。这种紧张持续时间过长或强度过高，还可能造成身心疾病。因此，教师也应该选择合适的时候、合理的方式宣泄自己的情绪。情绪的宣泄可以从"身""心"两个方面着手。"心"方面如在适当的环境下放声大哭或大笑，对亲近和信任的朋友或亲人倾诉衷肠，给自己写信等。"身"方面如剧烈的体力劳动、纵情高歌、逛逛街、外出旅游等。再次，教师可从其他地方寻求满足感。如果教师觉得在学校中无法获得心理上的成就感和满足感，可以试着在教室以外寻求成就感。培养一项有创造性的爱好，比如集邮、写作等，个体能够随这些爱好的深入而体验到满足。最后，教师要培养健康乐观的性格。教师的性格特征不仅会影响到自己的职业适应水平，而且还决定自己个人的长远发展和身心健康。由于教师职业的特殊性，教师应具备如下良好的性格特征：善于交际、乐于助人、责任心强、情绪稳定、热情、健谈、诚实可信、敢于创新、善于接受新事物、宽容、自信、勤奋、意志坚强等。在教育工作中，尤其要注意防止形成狭隘、嫉妒、无主见、无责任心、抑郁孤僻等不良性格，注意在生活中有意识地培养自己良好的性格。

（3）加强身体锻炼，促进健康体魄

人的身体健康与人的情绪有着密切的关系。身体健康是情绪愉快和稳定的基础。一个人身体健康，往往表现出精力充沛、心情开朗。若一个人长期身体虚弱、多病，则容易引起抑郁的心情。教师的工作是十分繁忙的，他们的大部分时间是围绕学生度过的。在这种情况下，教师就要妥善安排时间，加强身体锻炼，合理分配精力，科学地安排工作、学习和生活，避免身心经常处于疲惫状态，建立有序的、有张有弛的工作秩序，切实提高工作效率。另外，为了提高自身心理健康的水平，教师应当有自知之明，了解自己的长处和短处，能经常用心理健康的标准来衡量自己的行为并作出调整。

【思考与练习】

一、填空

1. 教师职业的特点包括：_____、_____、_____和_____。

2. 社会主义的新型师生关系具有以下特点：_____、_____、_____和_____。

3. 叶澜、白益民等将教师成长分为五个阶段，即_____、_____、_____、_____和_____。

二、判断

1. 教育信念是教师成长的支撑品质。

2. 教师威信的树立是一个自然生成的过程。

3. 每个教师都在不同层次、不同侧面的学校生活中，同时扮演不同的心理角色。

4. 心理健康就是指没有心理疾病。

三、选择

1. "一把钥匙开一把锁"，说明教师的职业劳动具有_____。

A. 示范性　　　B. 复杂性　　　　C. 创造性　　　D. 长期性

2. 教师成长的核心是_____。

A. 教育信念　　B. 合理的知识结构　C. 专业能力　　D. 教育专业精神

3. 在教师的人际关系中，居于核心地位的是_____。

A. 师生关系　　　　　　　　B. 同事关系

C. 上下级关系　　　　　　　D. 教师与学生家长的关系

四、问答

1. 教师的教育能力包括哪些方面？

2. 教师心理健康维护的途径有哪些？

第十六章
群体心理与社会影响

【内容提要】

人作为一种社会性动物，不可能脱离群体独立存在。群体是沟通个体和社会的桥梁，群体成员之间的相互影响是个体正常社会化的重要途径。教育者不仅要了解学生个体心理发展特征和规律，还要掌握群体心理的特点及规律，通过组织群体活动，促进学生个体心理的发展。本章主要内容是揭示群体、群体凝聚力、集群行为、社会助长、社会惰化等概念及特征，阐释影响群体凝聚力、从众、服从、亲社会行为与侵犯行为的因素，解释集群行为、去个性化、社会助长等现象产生的原因，提出预防和控制侵犯行为的方法和策略。

【学习目标】

1. 掌握群体、群体凝聚力的概念，了解群体的分类和群体心理效应。

2. 理解影响群体凝聚力的因素。

3. 能深入理解集群行为的概念及特征，领会集群行为形成的过程。

4. 了解集群行为的理论，能有效运用这些理论解释日常生活中的集群行为。

5. 掌握去个性化的概念，理解去个性化产生的原因。

6. 掌握社会助长、社会惰化、从众、服从、亲社会行为、侵犯行为的概念。

7. 能根据实际生活中社会助长和社会惰化的例证，解释其发生的心理机制。

8. 知道从众、服从、亲社会行为、侵犯行为的影响因素，理解侵犯行为的预防和控制，并能领会运用。

第一节　群体心理概述

一、群体及群体特征

（一）什么是群体

群体是社会生活中一种普遍存在的现象，是个体社会生活的主要背景。一个人从诞生之日起就处在一定的群体中，成为群体中的一员，一旦离开群体，个体就丧失了其社会性。因此，关于群体的研究引起了心理学、社会学等学科的广泛兴趣。

一般认为，群体是指两个或两个以上相互依赖和相互作用的个体，为了某个共同的目标而结合在一起的彼此之间具有情感联系的人群。群体是个体的集合，但不是一定数量个体简单偶然的集合。那些萍水相逢、偶然聚合的电影观众、街头围观者等，虽然在时间、空间甚至某种目标上有某些共同的特点，但他们之间在心理上没有什么相互影响、相互作用，因此都不能称为群体。

（二）群体的特征

心理学意义上的群体作为一个具有目的导向交流的人员组成的集体，具有以下特征。

1. 共同的目标

这是构成和维持群体存在的基本条件。任何群体都有一定的目标，这个目标是群体所有成员进行活动的方向、目的。没有目标，群体不仅失去动力，还会失去存在和发展的价值。也正是由于成员目标的一致，才使群体成员产生共同兴趣和愿望。群体目标可能是任务目标，也可能是社会情绪需要的目标。这些目标和目的能被群体成员清晰地意识到，并由群体成员合作来实现。

2. 结构和规范

在群体中，每个成员都占有一定的地位，扮演着相应的角色，承担一定的义务并享有一定的权利。其核心成员占据领导地位，掌握支配群体的权力，并指导控制群体的活动。而多数成员则处于从属地位。群体还会形成一定的准则，群体成员之间的互动和展开的活动会受到这些群体规则的约束，如果谁违反了这些规则将会受到孤立与惩罚，甚至被取消成员资格。

3. 归属感和交互作用

通常情况下，群体成员对群体拥有认同感，他们分享共同的信念和价值观，彼此互相认同，对群体有着强烈的依恋和归属感。群体成员之间相互作用、相互影响，在心理上发生共鸣，对成败荣辱产生相应的、共同的情感体验和依赖关系，从而建立起"我们同属一群"的"归属感"。这种相互影响有的是显性的，成员彼此之间能够感受到，但有的是隐性的，人们并没有明显的觉察到。即使是在后一种情况下，成员之间的相互影响不仅存在，而且会深刻地影响人们的态度。

以上是群体存在的因素和特征，缺一不可，只有同时兼备，才能称为群体。

阅读材料 16-1：谢立夫群体形成过程的经典研究

1961 年，社会心理学家谢立夫（M. Sherif）进行了一项经典研究，完整地揭示了人们从个体形成群体的全过程。

这一研究请互不相识的 12 岁男孩参加夏令营，他们来自不同学校和街区。研究的第一阶段，让被试分为独立的两个小组，各自以小组为单位完成一系列的活动，如一起做饭、修游泳池、玩垒球、一起做绳梯。在这一阶段中，每个小组都确定了自己不成文的规则、非正式的领导者以及其他一些组织化群体所具有的特点。甚至两个小组分别自发地为自己的群体起了名字，一个叫"响尾蛇"，一个叫"雄鹰"。

实验第二阶段安排两个群体相遇，彼此之间开展一系列诸如橄榄球、垒球及其他项目的比赛。结果，两个小组出现了明显的"我们情感"（we-feeling），"我们"和"他们"的意识发生了明显分化。第二阶段结束时请被试在两个群体中择友，结果两个群体的成员选择本组成员作为朋友的比例，分别达到 92.5% 和 93.6%。

实验第三阶段是探索如何减轻或消除群间的冲突。实验安排两个小组一起进行一系列共同活动，如玩撒豆游戏，即先把豆子撒下，然后捡起来猜捡到的豆子数目；一起用餐、一起看电影短片。然而，这样的操作并未有效减轻双方的敌意。有一次两群体在吃饭时发生了直接冲突。

研究的进一步安排是提供两个群体必须一起协同活动的机会，如一起修野营基地的储水池，否则大家都会缺水；一起协力将卡车拖出泥潭等一系列共同活动。结果，两个群体的敌对情绪明显减缓。野营生活结束时再次进行择友测验，两个群体的成员选择对方成员作为朋友的比例达到了三分之一左右。与第二阶段的结果形成了鲜明对照。

显然，交往、共同活动和目标一致，是群体形成的基本条件。

资料来源：引自金盛华，《社会心理学》，北京，北京师范大学出版社，2005，380～381 页

二、群体心理效应

群体心理效应是指由若干个人组成的群体，为实现某一规定目标而相互信赖，相互影响，相互作用，并按行为规范一致行动所表现出来的社会心理倾向及由此而产生的效应。群体行为和力量不仅对组织起着重要的作用，而且对个体的心理和行为也有很大的影响力。群体心理效应主要表现为三个方面。

（一）群体归属感

即成员所具有的一种属于自己群体的感觉，如叶落归根。有了这种情感，个体就会自觉地维护群体的利益，与群体内的其他成员在感情上产生共鸣、在行为上保持一致并共同遵循、维护所属群体的行为规范和准则。例如，当个体在社会上表明自己的身份时，总会说我是某某行业的；到了单位后，则会强调自己是具体某个部门的。这种表现行业、工作部门的意识，其实就是归属感在现实生活中一种最普通、最具体的体现。群体归属感和群体凝聚力有关，一个群体的凝聚力越强，取得的成绩越大，归属感就越强烈。所以先进群体成员的归属感比落后群体成员的归属感要强烈。另外，个体会对接触最密切的、影响最大的群体产生最强烈的归属感，如人们对家庭的归属感要比对工作群体的归属感强烈些。

（二）群体认同感

群体认同感是指群体中的成员在认知与评价上保持一致的情感。例如，某个成员与群体外的人发生冲突，多数情况下，群体内的其他成员就会与本群体的这个成员的意见保持一致，并极力维护群体内此成员的利益。这种认同有自觉的认同和从众两种[①]。自觉的认同主要是由于群体对个人的吸引力大，在群体中能实现个体的价值，使各种需要得到满足，于是成员主动地与群体发生认同。从众是一种被动性的认同，主要是由于在群体压力下，为避免被群体抛弃

---

① 沙莲香：《社会心理学》，244 页，北京，中国人民大学出版社，2002

或受到冷遇而产生的，这种认同是模仿他人、受他人暗示的结果，尤其是在外界情况不明、是非标准模混不清，又缺乏必要的信息时，个人与群体的认同会更加容易。

（三）群体的促进和干扰作用

当个人把群体看做强大的后盾时，就会增强个体的信心和勇气；相反，当群体给成员施加很大的压力，而个体凭借自己的能力又做不到时，就会对个体的行为产生干扰作用。在现实生活中我们常常可以看到，个人单独不敢表现的行为，在群体活动中则敢于表现出来；一个人平常很健谈、说话很流利，但当有很多听众的时候就非常紧张，说话磕磕巴巴等。这些都是群体的促进和干扰作用的体现。一般情况下，当个体的思想、行为符合群体的要求时，群体往往会加以赞许和鼓励，从而强化这种思想和行为。比如，我们都熟悉体育场上的主场效应，即运动员在自己所熟悉的地方进行比赛时成绩会提高甚至超水平发挥，法国就是在这种背景下夺得了 1998 年世界足球比赛的胜利。群体的这种鼓励作用，每个群体成员所感受到的程度和性质是不一样的，如果感受到的是强大的压力，则起消极的减力作用。例如，有的运动员由于国人对其期望值过高、心理压力过大，结果造成赛场上发挥失常。因此，群体对成员到底是产生促进还是干扰作用，要受成员个人条件和当时环境因素的影响和制约。

三、群体分类

群体的类型很多，根据不同的标准，可把群体分为若干种类。

（一）正式群体与非正式群体

按照群体内成员相互作用的目的和性质等不同，可以把群体分为正式群体和非正式群体。

正式群体指有着规定的正式结构，定员编制，有特定的组织目标，根据正式文件和章程而建立的群体。在正式群体中，成员的地位、角色有比较明显的规定，人员之间有明确的权利和义务规范，如政府部门、学校、工青妇组织、学生班组等。

非正式群体是指自发形成的，没有明文规定和定员编制，成员间以喜爱、兴趣、需要等相容或一致为基础而形成的群体。非正式群体之间没有明确的角色分化和权利义务规定，一般形成于正式的工作情境之外，非正式群体成员之间往往有比较一致的共同利益和价值观，并且经常以感情为纽带，有较强的凝聚力和较高的行为一致性。如员工一起吃午餐、学生中自发结成的朋友群体、同乡群体、兴趣小组、社会上的各种俱乐部等。

在正式群体中存在着非正式群体，这是一个不争的事实，但这并不一定是坏事。非正式群体对其成员及正式群体有很大的影响力，如一些企业通过引导职工自愿结合组成技术攻关小组、横向科研协作组等提高职工心理上的归属感，加强企业的生产效率。当然，也有少数非正式群体，如流氓团伙、盗窃团伙等有反社会倾向，他们不仅妨碍正式群体目标的实现，而且会对社会产生破坏作用。因此，我们要正确对待非正式群体，引导其发挥积极作用，抑制其消极作用。

（二）假设群体和实际群体

从群体是否真实存在，可把群体分为假设群体和实际群体。假设群体是指实际上并不存在，只是为了研究和分析的需要，依据某些特征因素而划分的群体，又叫统计群体。如男性、女性群体，青年、老年群体，工人、学生群体等。实际群体是指在一定时空范围内实际存在的，成员间有直接和间接实际联系的群体，如学生的班、级、组等。

（三）大群体和小群体

根据群体规模的大小及群体成员是否有直接接触可把群体划分为大群体和小群体。所谓大群体，是指人数众多，成员间只有很少或间接的联系，没有直接的交往与互动。大群体一般分为两种：一是在历史过程中形成的，在社会上具有一定地位，并长期存在的群体，如一个国家、民族等；另一种是因为某个临时目的而暂时联合起来的群体，如观众、听众等。而小群体是指人数较少，成员间有直接交往和联系，关系密切，交往频繁的群体。小群体一般是指四十人左右的群体，学校、企业的班组都可看做小群体。

小群体具有如下特征：人数不多；群体成员由共同的活动结合在一起；群体成员交往活动具有直接性并发生情感上的相互关系；群体成员交往活动具有经常性或持续性；群体成员交往遵从特定的行为规范。

（四）松散群体、联合群体和集体

苏联心理学家彼得罗夫斯基根据群体发展水平和群体成员间关系密切程度把群体划分为松散群体、联合群体和集体。所谓松散群体，是指成员间的关系不以共同活动的目的、内容、意义和价值为中介的人群集合体。如同室的病人、同车的乘客、同商店的顾客等。这种群体目标、结构和领导都不十分明确。松散群体进一步发展有可能成为联合群体。如在学校中同学们在最初松散的水平上，逐渐认识到共同的活动任务与目的，开始从情绪、理智和兴趣等方面进行接触和接近，发展成为联合群体。其特点是成员有共同的活动，但这种活动只有个人意义，成员间的关系是以对每个成员具有个别意义的群体活动为中介的，如为了比赛临时组合的球队。群体发展的高级阶段就是集体。其成员间的关系是以有个人意义和社会意义的群体活动内容为中介的，成员之间表现出较强的凝聚力，其存在具有更广泛的社会价值。

（五）成员群体与参照群体

成员群体是指个体为其正式成员的群体，例如对于学生来说，其所在的班级就是成员群体。参照群体是指个体在实际上没有参加，但心目中想要加入或理想中的群体，它的价值和规范体系常常是个人的目标或标准。例如，大学生群体往往是那些想考入大学的中学生的参照群体。

参照群体常被其他群体成员视为榜样，在某些情况下能起到榜样示范作用，例如学校的先进班集体、车间的先进班组等；但有时也会起到带头破坏社会规范的作用。美国社会学家研究犯罪问题时发现，在犯罪率较高的社区内，一些男孩子自幼就模仿犯罪团伙中那些"大男孩"的行为，认为他们勇敢、大胆，是真正的男子汉，视他们为楷模，直至最后堕落成犯罪团伙成员。这类犯罪团伙在该社区内成了许多小男孩子心目中的参照群体。对处于反叛期的青少年来讲，他们的虚荣心和攀比心理较强，接触到一些不良群体后，很容易接受他们负面的亚文化影响，走上偏离的道路。因此，家长和教育工作者要充分认识参照群体对青少年的重要影响。

四、群体凝聚力

在现实生活中，我们常常看到有的群体由于关系紧张，意见分歧，矛盾重重，不能顺利地进行群体活动。而有的群体则团结一致，关系融洽，相互支持，相互配合，吸引力很大，能很好地完成群体的任务。这反映了不同群体的凝聚力是有差别的。

（一）群体凝聚力及其构成要素

1. 群体凝聚力的概念

群体凝聚力又称群体内聚力，是指群体对成员的吸引力和成员对群体的向心力以及成员之间人际关系的紧密程度综合形成的、使群体成员固守在群体内的内聚力量。它可以通过群体成员对群体的向心力、忠诚、责任感、群体荣誉感以及群体成员齐心协力抵御外来攻击或同其他群体的竞争来表示；也可以用群体成员之间的关系融洽、团结合作、友谊和志趣等态度来说明。

这里所说的群体凝聚力并非等同于我们日常所说的群体团结的概念，两者是有区别的。内聚力主要是指群体内部的团结，而且可能出现排斥其他群体的倾向。而我们所提倡的团结既包括群体内部的团结，也包括与其他群体之间的相互支持与协调。

高凝聚力群体有以下特征：

（1）成员之间关系融洽、和谐，彼此容易沟通、互相了解；

（2）有较强的吸引力、向心力；

（3）成员与群体有密切的情感关系，愿意参加群体活动，活动出席率较高；成员有对群体作出贡献和履行义务的要求，他们关心群体，维护群体的利益和荣誉；

（4）每个成员都有较强的自尊感、自豪感。

2. 群体凝聚力的构成要素及条件

（1）从群体方面看：群体能否给成员提供需要的满足和公平的分配制度，营造良好的群体氛围以及较高的群体知名度。如果能够满足成员的多种需要，提供比较充裕的物质、精神生活保障，在满足需要的手段和方式上提供一个平等、公平的环境氛围和构造一整套良好的激励机制，群体的凝聚力就高。

（2）从成员方面看：群体成员的目标与群体的目标是否相一致，在一致的情况下，群体的凝聚力就高。如让反战的人参战，军队的凝聚力就低。

（3）群体活动和领导者。若群体的活动对成员有吸引力，群体的凝聚力就高。另外，民主型的领导能提高群体的凝聚力。

（二）影响群体凝聚力的因素

1. 群体目标

确立合适的群体目标是增强凝聚力的首要条件。如果没有统一的群体目标，群体就失去其存在的意义。只有为了努力实现群体目标，各成员才会团结，才能增强群体凝聚力。

2. 领导方式

群体的领导者有其各自的领导方式。不同的领导方式会对群体凝聚力的大小产生不同的影响。如果在群体活动中，领导者采取专制武断的方式管理群体，往往会导致其他成员的不满以及消极对抗，或者被动地接受管理。从而造成群体凝聚力下降。相反，如果群体领导采取民主、平等的管理方式，注意倾听成员的心声，使各个成员参与到管理和群体的活动中来，这样就会密切群体成员间的关系，调动成员参与群体活动的积极性，增强其活动的效能，相应的也会增强群体的凝聚力。

3. 群体成员的一致性

这里的一致性是指群体成员的共同性或相似性。如果群体成员有共同的目标、共同的需要、共同的兴趣爱好，则成员之间的行为容易达成一致，群体的凝聚力就高。如果群体成员之间存在利益冲突，虽然工作性质相同、工作能力和水平相当，但是彼此不服气，则可能出现互相排斥或嫉妒等现象，这样会破坏群体的凝聚力，造成群体内部的不团结。

4. 外部压力

当群体遭到外部压力或威胁时，群体成员会放弃前嫌，紧密地团结起来一起抵抗外来威胁，从而有利于增强群体成员的团结精神，提高群体的凝聚力。但有时外部压力也可能会导致凝聚力的下降。因为外部压力是通过群体内人的因素起作用的，如果每个成员的认识不一致，无法统一意见，彼此间又拒绝宽容和合作，往往外部的压力越大，越有可能使群体分崩离析，而不是团结一致。

5. 群体规模

群体规模的大小也是影响群体凝聚力的一个重要因素。群体规模过大，成员之间相互接触的机会则会相对减少，彼此之间的关系也会比较淡薄，易造成意见分歧，从而降低群体的凝聚力。若群体规模过小，群体力量不足，又会影响任务的完成。因此，群体的规模，应既能保证群体的工作机能，又能维持群体的凝聚力。一般来说，群体规模以7人左右为宜。

6. 群体的社会地位

社会地位是政治、经济、文化等地位的综合反映。群体的社会地位对群体凝聚力的作用表现在两极上：当群体社会地位较高时，其凝聚力会增强；当群体社会地位较低时，其凝聚力通常会下降。但这不是绝对的。关键因素是群体成员之间的合作关系。有的群体虽然社会地位很低，但成员之间关系融洽、能够相互体贴、风雨同舟、患难与共，低社会地位因素反而促进了凝聚力的增强。

7. 群体内部的奖励方式

群体内部的奖励方式对群体成员会产生不同的心理影响，个人奖励与集体奖励方式有不同的作用。只强调个人成功，对个人进行奖励，势必造成群体成员之间的矛盾。一般认为，个人和群体相结合的奖励方式易增强成员的集体意识和工作责任，有利于增强群体的凝聚力。

群体凝聚力不仅对群体的整合产生作用，而且还会对群体的工作效率发生重大影响。一般来说，群体凝聚力强，就会产生较高的工作效率；反之，就会降低工作效率。一个群体的成员相互吸引，彼此投入的感情越多，大家就会相互团结、协作，并尽量帮助他人，为他人提供有利的条件，共同为实现本群体的目标而努力奋斗。如果群体成员之间有许多内在的冲突，彼此间缺乏合作，不仅不能激发成员的工作热情，甚至还会有意给他人制造障碍，这样自然会降低工作效率。因此，管理者必须在提高群体凝聚力的同时，加强对群体成员的思想教育和指导，克服群体中的消极因素，这样才能使群体的凝聚力真正成为提高生产效率的重要因素。

第二节　集群行为

在有很多人参与的社会互动中，人们的行为由个人行为转变为群体行为。在群体行为中，有些行为是有组织、有纪律的，但也存在少量的非常规的群体行为，即集群行为。

一、集群行为

一般来说，人们的行为大都处在既定的社会规范的制约之下，但在一些特殊的情境中，产生的一些不受通常的行为规范所指导的、自发的、无组织的、无结构的、同时也是难以预测的群体行为方式，就是社会心理学所说的集群行为（Collective Behavior）。许多教材和文献把它称为群体行为或集体行为，不过，这种行为与人们通常意义上的群众行为和集体行为是有区别的，因此我们把它称为集群行为。一般来讲集群行为具有以下特征。

（一）自发性

集群行为的产生，一般来说是自发的，尽管某些集群行为或源于某些人的调唆，或源于某个社会团体（如企业）的策动，但绝大多数的参与者并不是受什么明确的指令，而是受到他人的影响自愿加入集群行为的行列之中的。

（二）短暂性

集群行为也是短暂的、不稳定的，它几乎总是一种一哄而起、转瞬即逝的现象，不可能持续稳定地存在一个相当长的历史时期。当集群人们聚集在一起时，特别是集群人群受到刺激而情绪激动时，任何一个人的提议和暗示均容易被别人信以为真，从而降低自己对事物的判断能力，导致集群行为的快速发展，并且不断升级和扩大。它往往在大家发泄了内心的积怨，减轻了心理紧张后即宣告结束。如果继续持续下去被人利用，就会成为有组织有目的的群体性活动或群众运动。因此，集群行为的应急反应难度较大，对集群行为必须处置果断，反应迅速。

（三）无组织性

指参与集群行为的人们当中只存在某种松散的联系，缺乏明确的计划、目标和领导。集群行为往往不受正常社会规范的制约，任意践踏社会准则，扰乱社会秩序。如暴乱、骚动、谣言等，都是无结构、无组织的集群行为。如果把各种社会行为排列成为一个最有组织性到最无组织性这样一个登记序列的话，集群行为则处于最无组织性这一端。

（四）匿名性

指集群行为的自发性、偶然性与无组织性导致了卷入集群行为的人群互不相识，群体成员间具有各自独立性，互不清楚彼此身份、姓名，有人甚至故意掩饰或遮掩自己。

（五）情绪化

指集群行为中的人们还存在强烈的情绪性、冲动性、易受暗示等特征，尤其是对于志向、信念与价值取向基本一致、而且关注的热点与面临的情况也大致相同的人，在狂热状态下，往往不计后果，行动极容易被激情所支配，从而产生冲动行为，造成破坏性的后果。

二、集群行为形成的过程

斯迈尔塞（N. J. Smelser）认为，集群行为的展开，犹如一条生产线，有一个展开的程序和规则，这个程序有六个环节：一是要有一定的社会条件；二是形成结构性的紧张气氛；三是某种信念的传播；四是突发偶然事件；五是有人鼓动；六是社会控制[①]。一般来讲，人们认为集群行为的形成可分为以下四个阶段。

（一）诱发阶段

在集群行为的发生中，首先是高度的刺激和暗示导致人们产生了一个情感上共同的兴奋点，成为集群行为产生的诱因。暗示就是以含蓄的方式向他人传递思想、观念、意见、情感等信息，使他人在理解和无对抗条件下自然受其影响的一种方式。易受暗示影响则是集群行为中人群的主要特征。当一群人聚集在一起，相关事件的刺激是情绪兴奋的主要来源，这种刺激导致集群成员间产生共同的"兴奋点"或情绪冲动。在这种情况下，人们的理智被冲淡，他们会积极地寻求暗示，搜集各种信息以验证自己的想法。同时情绪的激动和狂热也容易限制人们的眼界，置其他刺激于不顾，使个人丧失批判能力，使集群成员在相互影响中更容易产生一种共同心理倾向。

---

① 周晓虹：《现代社会心理学》，433 页，南京，江苏人民出版社，1991

（二）情绪凝聚阶段

这一阶段成员间的相互交往和沟通，不但强化了相互的认知，同时也使成员的情绪得以积聚。在人群密集的情况下，情绪感染的传递速度非常快，这种感染主要是以循环和连锁式的形式进行。循环反应指的是一个人的行为激发了他人的情绪，使他人激动起来，他人的活动反过来又感染自己并加剧原来的行为，甚至会激起更强烈的情绪爆发。如快乐引起非常快乐，非常快乐引起狂欢狂乐；愤怒引起非常愤怒，非常愤怒引起情绪偏离。连锁式反应，指的是一个人的情绪感染了另一个人，另一个人又感染了他人，接二连三，使整个在场的人都受到感染而激动起来，甚至处于狂热的状态。

（三）情绪宣泄阶段

在突发事件的刺激下，前阶段形成的热烈情绪达到一定状态便会迅速地宣泄、爆发出来，从而导致集群行为的暂时性失控。如人们集聚上街游行示威，学生在宿舍里群起敲脸盆、摔热水瓶、手舞足蹈、狂呼乱喊等行为。在这种狂热情绪支配下，人们会冲破现行社会规范约束，做出一些违反常规的事情来。如果每个成员的感情都充分地发泄出来，就会形成一个狂热激动的人群。大学生的发泄方式在集群行为中表现得最为强烈。因为大学生的发泄不仅具有上述特点，同时也是一种体力的发泄，是"消耗青春期过于旺盛的精力"的一种方式。

（四）心理沉淀阶段

人们在情绪发泄完以后，就会平息下来，恢复常态。一方面，会进行客观的理性思考，修正已有的错误认知，使自己的情感得到升华；另一方面，也会进入消极的情绪状态，由于一些不正确的社会认知没有得到全部矫正，情绪发泄也没能使其获得心理上的满足和愉悦，甚至有的会使集群成员产生挫折感，滋生恐慌、悲观、迷惘、懊丧等消极情绪。进而出现由积极参与到麻木、冷漠旁观的心态置换和角色转化。这种心态变化会导致原有心理结构改组，并融合于人的认识结构及其个性之中，继而影响个体以后的行为。

三、集群行为的理论

集群行为历来是社会学家和社会心理学家非常感兴趣的问题，他们提出了很多理论观点来解释集群行为，其中有代表性的理论主要有以下几种。

（一）模仿理论

这一理论认为人们在突发事件面前，大多数人会丧失理智，表现为一种"行为还原"和"心理还原"，从而盲目地模仿某一"核心人物"的行为或彼此相互模仿，以期获得心理的慰藉感，最终导致人们的行为趋于一致。所谓"行为还原"就是人类理性的自我控制行为还原到非理性的初级本能行为，如哭泣、尖叫、怒吼等，其中模仿是行为还原的重要表现。"心理还原"，即心理也还原到初级心理，如渴求保护的依赖心理和盲目崇拜、随从心理等。人们之所以彼此模仿或对某一核心人物的行为进行模仿，从深层次的角度分析，其目的是想得到保护和安慰。

（二）感染理论

这一理论认为集群行为的产生是情绪感染的结果。比如，在饭厅中，如果某个学生首先敲响自己的饭盆，那么，在他附近的某些同学也会受到"感染"敲起来，接着，饭厅内越来越多的学生也会敲饭盆。最早系统地阐述这一理论的是法国的格式塔·勒朋，他在 1986 年出版的《人群》一书中，认为集群行为能使人"着迷"的因素有三个：一是不可征服感，即感到在集群行为中个人的力量是相当渺小的；二是传染，即情绪、观念和行为会以暗示、模仿等形式迅速蔓延；三是易受感染性，即人的无意识、非理性的本能代替了有意识、理性的思维，使人对情绪的传染丧失抵抗力[①]。感染论认为，情绪感染在两种情况下容易发生：一是参加者的同质性强。如果集群行为的参加者在年龄、性别、价值观上都很接近，又有相同的个人经历，这样便容易产生心灵共鸣，从而使情绪迅速蔓延。二是参加者的注意力集中于某一共同目标，情绪传染的速度会加快。在感染的作用下，个体会被一时冲动所主宰，卷入非理性的狂乱之中。

（三）反常行为理论[②]

这是由克特·兰和格莱迪斯·兰所创立的一种理论。他们认为集群行为是这样产生的：首先要有一群人聚集在一起，当然既不能太多，也不能太少，以达到无法辨认其地位和角色，又能直接互动为佳。而且这些人必须要受到心理刺激，并产生感染，使感情达到所有参与者共有的顶点，参与者个人感到自己成了身份不明的人，从而产生消除社会约束力的冲动；接着高涨的情绪表现出来，并转变为行动。两位学者认为，集群行为的发生是因为由于参加者感到打破社会规范，作出反常行为，会获得在场人的赞许，同时个人作为群体的一部分作出的反常行为，可避免责罚。也就是说，个人感到和在场的人群精神一致，不会承担责任，这样就免除了自我罪恶感，于是放纵自己，抛弃通常的自

---

① 李宁：《社会学概论》，114 页，合肥，安徽人民出版社，2007
② 沙莲香：《社会心理学》，257 页，北京，中国人民大学出版社，2006

我控制。这样的社会情境为破坏性的行为提供环境，最后必然导致集合在一起的许多人以同样的方式作出反应、爆发集群行为。

（四）紧急规范理论[①]

这是由特纳和基利安提出来的一种理论。他们认为，集群行为的发生，是在场的人群发现了指导他们的行为规范，这样才使整个人群的行为统一起来。这种规范并不是平常的社会规范，而是在人群情绪激动的紧急场合下，不知所措而临时出现的，它指导人们应付当时意外情境的行为。例如电影院里突然着火，观众一时不知怎么办，看到有人往门口跑，也往门口跑。这种理论认为集群行为的出现不仅仅是在于情绪感染和模仿，还有认知，人们认知到了紧急情况下的行为规范，并用共同知觉来代替感情的扩散。但这种理论没有解释清楚为什么在紧急情况下会出现的总是破坏性规范而不出现其他规范。

四、去个性化

俗话说："人多胆子壮，恃众好逞强。"你本来是一个性格内向的人，但是中国申奥成功后，在学校庆祝游行的人群中，你会和同学们一起大喊大叫，互相拥抱；一位平素老实文静的朋友，被公安机关拘留了，原因是参与打群架，失手将人致伤。诸如此类现象，在心理学上被叫做"去个性化"。

所谓去个性化，是指个人在群体压力和群体意识影响下，人们似乎感到自己被淹没在群体之中，并丧失了他们的个人身份和责任感，产生一些个人单独活动时不会出现的行为，如聚众斗殴、起哄、球迷闹事等。一旦人们处于去个性化状态，就表现出无自知性、行为与内在标准不一致、自制力降低，结果便导致人们可能加入到重复的、冲动的、情绪化的，有时甚至是破坏性的行动中去。

去个性化的程度，在各种群体中是不同的。一般来说，群体成员越多，去个性化的程度就越高，群体成员的去个性化程度越大，其成员的行为就越自由，越不受行为规范和自我约束机制的影响，造成的破坏性就越强。导致在群体中产生去个性化现象的原因主要有三个。

第一是匿名性，这是产生去个性化现象的诱因。由于匿名，使外界和他人难以辨认他的真实身份和姓名，因此他就可能任意行动、为所欲为。例如一些暴徒在黑夜中或带着头套作案，其手段极其残忍，就是因为他人难以辨认，他自认为不会被发现和追查，故行为恶劣卑鄙。在学校，为防止去个性化的不良

① 沙莲香：《社会心理学》，257页，北京，中国人民大学出版社，2006

影响，强调学生穿校服、带校徽，也是提高可辨性，减少匿名性的教育措施。

第二是责任分散。一个人单独行事时，往往能从伦理、道德、法律的多种角度去考虑其后果和意义。但是，在群体中，其成员就会感到一些不良行为是以整体出现的，责任只能落实到群体身上，责任人人有份，后果个个承担，甚至可以推给别人。并错误地认为，法不责众，因此自己可以和别人一样不负责任，以致胆大妄为，无法无天。

第三是自觉性减少。个体自觉性水平的高低，是影响去个性化发生的另一个关键因素，当一个人能清楚自觉地意识到自己的角色、责任时，即使外界去个性化诱因非常强烈，他也不会赞赏别人或加入到带有破坏性的去个性化行为的行列中。有过一则报道，说高楼顶上有个小伙子要跳楼自杀，救护车、消防车呼啸而至，警察在为挽救生命苦苦努力。而高楼下看热闹的人越聚越多，突然人群中有人大叫"快跳呀"，其他人也跟着附和起哄，最后在众人的"怂恿"和"鼓励"声中，年轻人对人间不再留恋，从楼顶飘然而下。在这种情境中，"看客"们是去个性化的，每个人都不再是自己，而是一个"匿名"的、和他人无差别的人。在去个性化的情境中，人们往往表现得精力充沛，不断重复一些不可思议的行为而不能停止。人们会表现出平常受抑制的行为，而且对那些在正常情况下会引发自我控制机制的线索也不加反应。

有关去个体化的研究表明，适度的自我评价和自我控制，是个人维持正常的社会角色和社会责任意识所必需的。如果一个人极度丧失自我意识，则其正常的行为调节力量就会失去作用，使人倾向于成为一个缺乏应有自我调节能力的有机体，从而使人的行为具有不可预言的破坏性。实际上，精神分裂症患者的行为之所以有难以预计的破坏性，原因正在于他们丧失了自我调节和自我控制的能力。

阅读材料16-2：校园中的去个性化现象分析

在正常情况下，学生对违反校纪和违反社会公德的行为，具有耻辱感、负罪感和自责感，因而能够遵守社会道德规范和学校纪律。但有一部分学生却往往将自己融于某群学生整体之中，他们喜欢集体起哄、相互打闹追逐、甚至成群结伙地故意破坏公物、打架斗殴等，或者学生犯了错误后在老师面前说的第一句话是"某某也做的"。这种现象就是"去个性化"行为。

"去个性化"的学生往往觉得自己处于某群学生整体之中，自己仅仅是以整体中的一员身份参与到某行为之中，人们的注意都指向在整体身上，教师不易觉察出自己的言行，即使造成了不良后果自己也不会被教师觉察，自己不会承担由不良行为所招致的谴责，而责任将由所有参与的同学分担，即"责任扩散"，这样，每个人的责任观念就淡漠了。这部分学生往往失去原有的个性和自我控制能力，削弱了对自我行为的约束，沉溺于冲动、无理性和不负责任的行为之中，完全依从于该群体所处的情绪状态，能做出平时自己独自一个人时所不敢、不愿做的事情。

资料来源：http：//www. douban. com/group/topic/3238222

第三节　社会影响

社会影响是指在他人的作用下，个体的思想、情感和行为发生变化的现象。社会影响是一种普遍的社会心理现象。本节将介绍几种典型的社会影响现象：社会助长与社会惰化、从众、服从等。

一、社会助长与社会惰化

（一）社会助长

1. 社会助长的概念

社会助长也称社会促进，是指个人对别人的意识，包括别人在场、与别人一起活动或是在电子监控存在的情况下所带来的行为效率的提高。

早在 1897 年，社会心理学家特瑞普里特（N. Triplett）就通过实验证实了社会助长现象的存在[1]。特瑞普里特发现，自行车选手在独自骑单车的情况下，时速是每小时 24 英里（1 英里＝1.61 千米）；在旁边有人跑步伴随的情况下，时速是每小时 31 英里；而在与他人骑单车竞赛的情况下，时速是每小时 32.5 英里。因此，特瑞普里特认为，别人在场或群体性的活动，会明显促进人们的行为效率，他把这个现象叫做社会助长。特瑞普里特在实验条件下，让被试完成计数和跳跃等工作，也发现了同样的社会助长现象。

在特瑞普里特实验的基础上，心理学家们又发现了许多有趣的类似现象，如观众效应、同作效应、性别助长等。观众效应是指有人在场的时候会因为他人的在场而使个人绩效水平有所变化的现象。同作效应指多个人共同完成一项

---

[1]　Triplett，N. The Dyanamogenic Factors in Peacemaking and Competition. American Journao of Psychology，1987（9）：507～533

任务时会和一个人完成该项任务相比绩效产生一些微妙变化的现象。性别助长指性别影响行为效率的现象，即我们平常所说的"男女搭配，干活不累"。

虽然许多研究证实了社会助长现象的存在，但也有一些研究得出了相反的结果。事实上，我们有时在从事一项行为操作时，他人在场的确可以使我们的行为效率提高。但有时，他人在场不但不能促进我们行为效率的提高，反而会影响我们的正常工作，使我们的工作效率下降。比如，在考试的时候，考生就特别害怕监考老师走到他们眼前，当老师站在旁边时，有的人甚至一个字都写不出来了。这种当他人在场或与他人一起从事某项工作时而使个体行为效率下降的现象被称作社会干扰。

2. 社会助长的心理机制

为什么在他人在场的情况下会出现社会助长、社会干扰这两种截然相反的现象呢？

心理学家扎琼克（R. B. Zajonc）指出，他人在场，增加了个体的活动驱力或动机，这种驱力或动机的增加对作业成绩的影响依作业的性质而定，当作业所需要的反应是已经长久练习了的或天生即会时，动机的增强将对个体起促进作用。就简单工作而言，他人的存在有助于个体效率的提高，对高水平的人来说，他人的存在就可能起助长作用。但是，当作业所需要的反应是尚未完全学会的行为时，动机的增强反而会破坏个体的表现，例如，在解较难的数学题或记忆新的语文材料时，若有他人在场，个体的工作效率往往会下降①。

弗里德曼（J. F. Freedman）解释说，群体背景之所以能够引起行为内驱力的增加，是因为它唤起了人们的竞争和被评价意识。因为人在社会化的过程中，已经学会了将社会情境作为竞争情境来看待。在有他人出现的社会情境中，人们会有意无意地感到由社会比较引发的竞争压力，从而使人们行为的内在动力增加②。

另外，生理心理学家也从生理心理学的角度提出了他们的看法（J. Blascovich et al）③。这种理论认为，他人在场，可能存在两种冲突的生理物理反应模式：激励或威胁。当个体具有足够的资源来应对任务时就会激发激励模式，在生理上，这种模式类似于做有氧运动时机体产生的反应；相反，当

---

① Zajonic R B. Social Facilitation. Science，1965（149）：269～274

② Freedman J E. Long-term Behavioral Effects of Cognitive Dissonance. Journal of Experimental and Social Psychology，1965（1）：145～155

③ 金盛华：《社会心理学》，384 页，北京，高等教育出版社，2005

个体没有足够的资源来应对任务时就会激发威胁模式，机体上会发生类似于应对危险时的反应。不同的生理物理反应模式最终会影响个体的成绩。

在实际生活中，这些理论解释之间并不是相互对立的，竞争、被评价的焦虑、分心和注意超载以及生理物理反应模式等在不同的人身上出现的强度或原因不尽相同，可能同时存在于社会助长或社会干扰的过程中。

阅读材料 16-3：社会助长作用的应用——脑力激励法

奥斯本提出，群体一起解决问题，具有个人所没有的特殊的"脑力激励"（brainstorming）作用，可以使人们找到更多、更有新颖性和独创性的问题解决方法，因此提出了脑力激励法，利用社会助长作用提高群体的工作绩效。

"脑力激励"法是一种群体决策技术，指的是以群体讨论的方式，利用产生观念的过程提出创造性的问题解决方法。其程序一般是这样的：群体成员围坐在一起，群体领导向大家说明任务和要求，在确定每个成员都了解后，让大家在给定的时间内自由发言，尽可能地想出各种解决问题的方案并报告给大家。无论成员的方法有多古怪，只要想到尽管说出来。在这段时间内，任何人都不得对发言者的意见加以评价。所有方案记录在案，直到不再有新的观点和想法被提出，脑力激励过程就结束。然后群体成员共同来分析这些建议和方案，最终商讨确定一个最佳的方案。

资料来源：金盛华，《社会心理学》，北京，北京师范大学出版社，2005，385 页

（二）社会惰化

这是他人对个体行为所造成的另一种影响。社会惰化主要指当群体一起完成一件工作时，群体中的成员每人所付出的努力会比个体在单独情况下完成任务时偏少的现象。我们耳熟能详的"一个和尚挑水吃，两个和尚抬水吃，三个和尚没水吃"便是典型的社会惰化现象。它一般发生在多个个体为了一个共同的目标而合作，自己的工作成绩又不能单独计算的情况下。例如，社会心理学家拉塔奈（B. Latané，1979）曾在个体独自的情况下和在不同群体规模的情况下测查个体鼓掌和欢呼的声音强度。他发现，与个体独自情况相比，个体的声音强度（鼓掌声和欢呼声）是随着群体规模的增大而减弱的，如图 16-1 所示[①]。

---

① B Latané，K Williams & S Harkins. Many hands make light the work：The causes and consequences of social loafing. Journal of Personality and Social Psychology，1979，37（6）：825

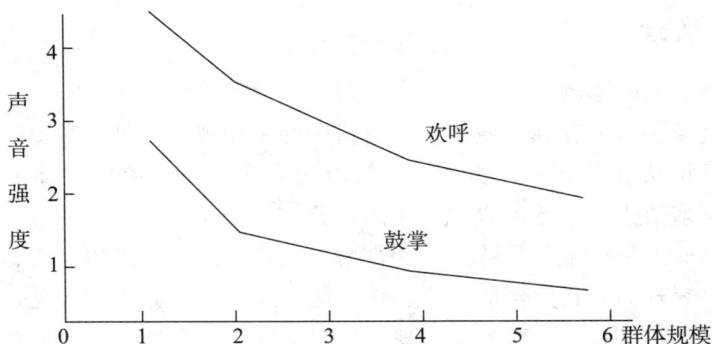

图 16-1 群体规模与个体努力程度的关系

　　研究者们认为，出现社会惰化的原因可能有三个。第一，社会评价的减弱。在群体情况下，个体的工作是不记名的，他们所做的努力是不被测量的，因为这时测量的结果是整个群体的工作成绩，所以，个体在这种情况下就成了可以不对自己行为负责任的人，因而他的被评价意识就必然减弱，行为动力相应降低，从而导致努力程度下降。第二，社会认知的偏差。在群体中的个体，也许会认为其他成员不会太努力，可能会偷懒，所以自己也就开始偷懒了，从而使自己的努力下降。第三，社会作用力的分散。在一个群体作业的情况下，每一个成员都是整个群体的一员，与其他成员一起接受外来的影响。那么，当群体成员增多时，每一个成员所接受的外来影响就必然会被分散，被减弱，感受到的压力就越低，因此，个体所付出的努力也随之降低。

　　社会惰化作用明显减弱了群体的工作效率，但是进一步的社会研究表明，群体共同完成一项工作并不一定导致"浑水摸鱼"。为了尽量减少社会惰化出现的概率，我们可以采取以下做法：①单独评价，即不仅公布整个群体的工作成绩，而且还公布每个成员的工作成绩，使大家都感到自己的工作是被监控的，其努力和成绩是可评价的。②提高认识。帮助群体成员互相认识，加强成员之间交往的密切度，从而增强成员之间的相互认同，使他们了解不仅自己是努力工作的，他人也和自己一样努力。③控制群体的规模。群体的规模越大，社会作用力越分散，社会惰化就越严重。因此，在群体共同完成一项任务时，注意控制群体规模不要太大。如果是一个大群体，可以将它分为几个小规模的群体，使得更多的成员能够接受到外在影响力的影响。④增强工作本身的挑战性，能够激发人们的工作动机，使得群体成员有着较高的自我卷入水平。

二、从众

(一) 从众的概念

从众现象是普遍存在于我们日常生活中的一种现象，是社会影响的一种主要形式。所谓从众指个人的观念或行为由于真实的或想象的群体的影响或压力，而向与多数人相一致的方向变化的现象。从众在日常生活中可以表现为对特定的或临时的情境中的优势观念和行为方式的采纳，如跟随潮流、人云亦云等；也可以表现为对长期性的占优势地位的观念和行为方式的接受，如顺应风俗、习惯、传统等；还可以表现为现场的对多数人意见的赞同，如开会时进行举手表决，少数派会由于多数人举手的压力转而也举手赞成多数人的意见。

从众具有积极和消极两方面的意义。从积极方面讲，从众行为作为个体处理与群体关系或与情境关系的一种方式，是个体在日常生活中调节自我的反应、适应社会环境的一种重要心理机制，对于个体的社会化过程具有积极的意义。但是，如果人们是受社会不正之风的影响产生从众，甚至改变正确的观念和态度，与某些错误的行为和思想保持一致。这种从众就是消极的，会助长不良传统的巩固和歪风邪气的蔓延。

阅读材料 16-4：阿希的从众经典研究

1956 年，阿希报告了一个有关群体压力下从众现象的经典实验，真实地反映了从众行为的产生过程。他原先假设，如果事实的真相非常明显，那么聪明的人就不会产生从众行为。但是实验的结果却与他的假设大相径庭，聪明的人也会说"白谎"，为和群体或他人的一致而产生从众行为。

他的实验过程是这样的：将参加实验的被试分为 7 人一小组，告知他们参加一个知觉判断实验，实验的真正目的并没有告知被试，这 7 个人当中，只有编号为 6 的被试是真被试，其他 6 人都是研究者请来的助手。

小组成员坐下后，实验正式开始，实验者依次呈现 50 套两张一组的卡片。每一组的两张卡片中，一张上画有一条直线，称为标准直线，另一张上画有三条直线，其中只有一条同标准直线一样长。实验者要求被试按照各自编号依次回答，选择出与标准直线一样长的那条线，并把这条线段的编号告知实验者。

选择开始后，在最先开始的两组卡片的选择中，每个小组成员都按照真实的情况做答，使得第 6 号的真被试开始觉得知觉判断很容易。从第三组卡片以后，实验助手们就开始故意给出错误的判断，6 号真被试在这个过程中

总是先听完大家的判断，才能进行自我的判断，真被试听着这些判断，困惑越来越大。当面临选择的时候，就必须抉择是相信自己的判断，还是跟随大家一起做错误判断的两难问题。实验结果表明，个体单独判断时正确率可以高达 99%，但在跟随小组判断时，由于从众情境的影响，其判断准确性大大降低，跟随大家一起作出错误判断的总比率达到全部反映的 37%。75%的被试至少有过一次从众的行为，和大家一起作出错误的判断。

资料来源：金盛华、张杰，《当代社会心理学导论》，北京，北京师范大学出版社，1995，372 页

（二）从众的原因

一般认为，发生从众行为的原因是，个人在群体中受到来自信息和规范两方面的压力。

1. 信息压力

人们总是通过别人获得各方面信息的，包括关于我们自己的信息。经验使人们相信他人具有的知识和信息对自己有帮助，所以那些可以作为新的信息来源的他人就成了我们相信的人和效仿的人。同时，人们还认为，多数人的正确概率比较高，因此可能从众。如果情况模棱两可，由于缺少参照构架，就越发相信多数人，越容易从众。

2. 规范压力

人生活在群体中，必然希望能与他人关系融洽，个人往往不愿意违背群体规范而被其他成员视为"越轨者"，遭受孤立。另外，群体也会通过各种方式，使个体的行为与群体的要求趋于一致，如社会谴责、人际关系方面冷淡甚至拳头等制止背离角色规范的行为。因此，一般情况下，人们会采取与多数人相一致的做法。"木秀于林，风必摧之""枪打出头鸟"等说法，都或多或少地反映了不从众带来的危险。基于这种寻求安全的心理，人们容易产生从众行为。

（三）从众的影响因素

1. 群体因素

（1）群体自身的一致性

群体中如果只有一个人持不同意见，那么他所感受到的群体压力是非常大的，而如果另外有人提出不一致观点，无论持不一致意见者们在情感和态度上是否相同，无论他们有没有权威，都会明显降低从众的程度。

群体意见不一致导致从众率下降的原因有三个方面：首先，群体出现不一致时，人们对多数人的信任程度就会降低。不一致的事实说明了群体意见尚存

在一定的商榷性或可疑性，并不是一定准确和不可改变的，并且提供了可以怀疑的空间，削弱了个体参照群体意见的依赖性，导致从众率下降。其次，来自他人的支持能提高个体对自我判断的信心，个体信心越强，遵从性就越小。最后，群体意见的不一致会降低个体偏离群体的焦虑，同时增强个体独立判断的倾向，使从众行为减少。

（2）群体的凝聚力

群体凝聚力越高，群体成员越认同于群体的规范、标准和期望，与群体的情感联系越密切，对群体有强烈的归属感，成员对群体的依附性和依赖心理越强烈，从众倾向越强烈。如果一个群体内部意见不一，群体对个体的压力就很难形成，个体的从众行为就会减少。因此，在群体中可以利用这一点，通过群体凝聚力造成的压力，对个体行为产生影响，使其维持从众倾向，促进其向群体期望的方向发展。

（3）群体的规模

群体的规模即群体人数的多少对个体是否从众有重要的影响。一般来说，人数较多时，群体压力也越大，越可能导致从众。

阿希（1951）[1] 和另外一些早期的研究者（如 Gerard，Wilhelmy & Conolley，1968[2]）认为当群体人数大约为 3 个的时候，从众倾向会随着群体规模的增大而增强，如果超过了 3 个，影响力会趋于稳定，甚至有可能下降。然而，最近的研究发现群体成员达到 8 人或超过 8 人时，从众倾向会随着人数的增加而增加。这表明，群体规模越大，我们就有越强烈的追随倾向，即使这种行为并不是我们真正想做的。

2. 个体因素

（1）知识经验。个体对刺激对象越了解，掌握的信息越多，就越不容易从众，反之随着问题的模糊性增加，人们会由于自身的判断失去明确的参照而倾向于从众。如果一名医生和一群教师讨论教育问题，他往往不会反对教师们的意见；而如果是讨论营养问题，他往往会反对教师们的一致意见，因为他在这方面有丰富的知识经验。知识经验多的个体拥有更强的自信心，他倾向于把自

---

① Asch S. E, Effects of Group Pressure on the Modification and Distortion of Judgements. In H. Guetzkow（Ed）. Groups，Leadership，and Men. Pittsburgh：Carnrgie Press，1951，177～190

② Gerard H B，Wilhelmy R A & Conolley E S. Conformity and Group Size. Journal of Personality and Social Psychology，1968（8）：7～82

己看成是群体中的专家而不愿从众。

（2）个性特征。个人的智力、自信心、自尊心、社会赞誉需要等个性心理特征，与从众行为密切相关。一般智力较低、情绪不稳定、意志较薄弱、缺乏自信、易受暗示、比较懦弱、患得患失的个体更容易表现出从众。反之，比较自信、有较高自尊要求的个体一般不易产生从众行为。另外，有较高社会赞誉需要的人，特别重视别人的评价，希望得到他人的赞誉，较易从众。

（3）性别和年龄。不同性别的从众性在各个国家略有不同，但基本一致，女性比男性更容易从众。从年龄来说，儿童比成人更容易从众。

3. 情境因素

判断涉及的事物客观标准越明确，人们对自我判断的肯定程度也越高，自信心也越强。与此相应，从众行为率也越低。随着问题的模糊性的增加，判断越困难，被试自信心越低，越倾向于对他人的判断的依赖，从众率提高。在日常生活中，我们都有这样的经验，凡是能增强个人自信心的情况都会降低从众。如果有人问我们中国的首都是哪里，即使所有的人都说另外一个城市，我们也不会怀疑自己。但如果说起一个我们不熟悉的城市，当其他所有的人都不同意我们的说法时，那么，我们可能从众。

4. 文化差异

由于文化背景的不同，不同民族的成员从众的程度存在差异。米尔格莱姆（S. Milgram，1961）对法国和挪威的大学生进行了对比研究，发现挪威人比法国人更趋于从众。他认为部分原因可能是法国文化鼓励独立和个性，而挪威文化则鼓励忠诚于集体，重视社会责任。后来也有一些研究发现，在集体主义社会里比在个人主义社会里，人们更容易从众。

三、服从

（一）服从的概念

服从是指由于外界压力而使个体发生符合外界要求的行为。服从包括两个方面：一是对他人的服从，二是在有一定组织的群体规范影响下的服从。很多时候人们会服从地位高的人或权威的命令，父母、老师、上司都是我们服从的对象。除了对权威人物的服从外，还有对规范的服从。社会是靠规范来维持的，政策法规、组织纪律、约定俗成的惯例，都是我们必须服从的。对权威与规范的服从也是一个人社会适应是否良好的重要标志。

服从与从众有着本质的不同。在从众情况下的个体，虽然没有按照自己的本愿去行动，但却是自愿的；而在服从情况下的个体，则完全是在不自愿的情

411

况下，应别人的要求去行动的。

(二) 服从的原因

社会心理学家认为个体之所以会有服从行为，主要的原因是两个。

1. 合法权利

合法权利是指社会赋予了进入社会角色关系的一方更多的影响力，从而使另一方认为自己有服从的义务。在现实社会生活中，稳定的社会角色关系往往使一部分人处于社会结构中的特定位置，从而获得了指挥、命令、要求另一部分人的合法权利，而另一部分人则必须采取服从的态度与行为，如雇员应该服从老板，下级应该服从上级，学生应该服从教师等。而临时性的社会角色关系，也会使在社会结构上处于有利位置的人获得指挥别人的权利，而被指挥者会认为有义务服从指挥，如病人应该服从医生，在实验室中，被试就应该服从主试，特别是陌生的情境更加强了被试服从主试命令的"准备状态"。但后一种社会角色规范产生的合法权利是受到情境限制的，如医生要求病人脱下衣服检查身体，病人有义务去服从，但医生在大街上试图拦停别人的汽车，则没有人会去理他。离开特定的情境条件，临时性的合法权利就不复存在。

2. 责任转移

一般情况下，我们对于自己的行为都有较明确的责任意识，如我们平时走在大街上，不会听从一个陌生人的指挥去伤害无辜。而米尔格拉姆实验的一个重要发现是人们在明知自己的行为对别人有伤害性后果时，也仍然倾向于服从权威的命令。米尔格拉姆认为，出现这种结果的原因，是被试在行为归因上将行为的责任转移给了实验者，认为自己仅仅是帮助实验者达到研究目的，对所做的一切没有责任，一切后果将由实验者承担。在这种心理状态下，人们关心的是如何更忠实地履行自己的义务，而不关心行为的后果。实际上，这是一种放弃自己的独立判断，降低对自身行为控制的自我意识水平下降的现象。心理学的研究也表明，如果人们意识到对行为不负责任或少负责任，就会增加服从行为；如果人们意识到自己对行为后果承担主要或大部分责任，就会减少服从行为。

(三) 影响服从的因素

影响服从的因素很多，概括起来主要有三个方面。

1. 命令者的权威性

一般情况下，命令者的权威性越大，越容易导致服从现象。一个人的权威是由其权力、地位、专业知识、经验与能力等构成的，如在官场上，地位越高，权力越大越容易导致他人对自己的服从，新手一般会服从专家的意见，初入职场的新人会听从长者的建议等。

2. 服从者的个人特征

一个人的个人特征会直接影响他的服从行为，个体的服从行为与其道德水平、人格特征以及文化背景直接有关。个体的判断能力和道德水平越高，越倾向于按照自己的独立价值观行事，拒绝服从权威去伤害别人。1968 年的美越战争中，美军卡利中尉指挥的上百名官兵一起卷入了一场屠杀无辜平民的血案中，只有一名以大学生出身的上等兵没有服从命令，并且始终保持对事件的一贯见解，抵御社会压力，将事件公之于众，使惨案制造者最终受到制裁。毫无疑问，这名上等兵就有自己独立的价值判断标准和道德立场。

另外，属于不同民族和不同文化背景的人们在服从行为上的表现也有所不同。强调个人主义文化价值的社会中，自我取向占主要地位，因此要求个人对自己负责，忠于自己的价值观和信仰，其服从行为要比强调集体主义取向的亚洲和非洲相比少得多。在非洲南部罗得西亚的一支土著民族，其民族文化竭力要求服从，对抗拒行为会有严厉惩罚，因此这个民族的个体服从行为的比率远高于其他民族。

3. 情境因素

情境因素也会影响到个体的服从行为。社会支持会显著增加人们对权威的反抗和拒绝，和他人一起的时候，别人的拒绝服从行为成为榜样力量，会高度支持人们的反抗意识，因此会大大降低服从的比率。在米尔格莱姆的研究中人们发现，行为后果的反馈越直接、越充分，人们服从权威、作出伤害别人行动的可能性就越小。相反，对自己行为后果了解越小，服从权威而对别人施加伤害性电击的可能性就越大。

四、亲社会行为与侵犯行为

（一）亲社会行为

1. 亲社会行为的概念

亲社会行为泛指一切符合社会期望而对他人、群体或社会有益的行为。如合作行为、助人行为、捐献行为、分享行为等。这个概念我们可以从以下两方面来理解。

首先，亲社会行为必须是符合社会期望的行为，如 2009 年 10 月 27 日，十多名长江大学的大学生手拉手搭成人梯营救 2 名落水小孩的英雄事迹，其中，19 岁的陈及时、何东旭和方招英勇献身。他们的行为充分体现了中华民族见义勇为的传统美德，感动华夏。有些人简单地将亲社会行为理解为对他人有积极后果，而忽略了符合社会期望这一重要特征。事实上，对他人有积极后果未必是亲社会的，如包庇触犯法律的亲人，虽然对被包庇的人起了积极的作用，但这些行为却不是亲社会的而是反社会的。

其次，亲社会行为不一定以特定的人或群体为直接对象，如及时在丢失井盖的地方竖起警告牌，虽然行为对象是物体，但结果却是使个人、群体或社会受益，因而仍然是亲社会行为。

在日常生活中，我们也经常提到一个词，即"助人行为"，实际上，亲社会行为比助人行为概念外延要广泛得多。助人行为特指以特定的个人或群体为对象的亲社会行为。根据助人行为的动机性质，又可以分为两类：第一类是无个人动机，不期待外来酬赏，给他人带来利益，自发自愿进行的行为，通常称为利他行为。如在公共汽车上让座、主动打扫公共卫生等，长江大学的大学生舍身救儿童的壮举更是典型的利他行为。第二类助人行为具有个人意图。如有些人为了提高自己或企业的知名度而进行社会捐助，或者有些同学参加各种类型的志愿者活动，目的是为了给别人留下好印象，或是为了充实自己的简历以便将来可以获得更多的工作机会，这些都是属于第二类有个人目的的助人行为。但是这两种助人行为都属于社会鼓励的亲社会行为范畴，因此一般情况下，人们没有对二者进行严格的区分。

2. 亲社会行为的影响因素

（1）受助者特点

受助者的性别、年龄、仪表以及受助者与潜在帮助者的相似性都可能影响亲社会行为的实施。

一般来讲，女性、老人和孩子受助的可能性较大。这可能是因为女性在传统上是属于弱者范围，老人和孩子自我独立能力较差，我们的社会规范有帮助弱者的要求，这也增加了人们帮助老人和孩子时的责任感和义务感。

另外，受助者的外部形象也会影响人们的助人意愿，一个富有魅力的女性与相貌平常的女性相比，获得帮助的机会更多。这种魅力不仅仅包括人的长相，也包括人的穿着打扮。衣着整齐的人比衣衫破烂、邋遢的人更容易受到大家的帮助。

与潜在帮助者的相似性和关联度也是影响亲社会行为的一个重要因素。比如，当有学生因为没钱看病时，很多学生会献出自己的爱心。

（2）助人者特征

①认知特点。助人者的认知因素主要包括对当前所处情境的认知以及对自我的认知。在助人活动中，面对被助者的困境，通常情况下，人们会对当前事

态的严重性、事态的发展、周围的环境、活动的结果以及被助者进行简单而必要的分析和判断。如果事态较为严重，人们有能力去帮助受困者，而周围又没有其他人可以给予帮助时，助人的可能性就非常大；相反，经过判断后发现自己没有能力进行帮助，同时周围又有其他人存在时，助人的可能性就会减少，即使有助人的动机，也很难产生直接的助人行为。

另外，如果受助者是心地善良、友好的人容易获得别人的帮助。相反，对那些违背道德规范、触犯法律、丧失人心的人，人们会认为他们不值得帮助，是咎由自取。

②心境。心境与人类生活关系非常密切，亦会对助人行为产生影响。一般情况下，当个体处于"人逢喜事精神爽"的愉快心境中时，更容易对需要帮助的人进行帮助，增加助人行为。坏心境对助人行为的影响比较复杂，其对助人行为的影响，不仅取决于个体的注意焦点是自己还是别人，还取决于个体怎样比较自身状态和受助者的条件。如果个体对自己的状态感到悲哀，那么他会认为自己就是需要帮助的人，自然就不太可能去帮助其他人。相反，如果个体的焦点集中在他人的不幸之上时，提供帮助的可能性就比较大。另外，还有学者的研究表明，对于儿童，坏心境会减少他们的助人行为；而对于成年人，坏心境也可以增加助人行为，因为在社会化的过程中，成人已经认识到，助人行为具有自我奖励的意义，可以在一定程度上消除不愉快情绪，而儿童尚未学习到这一点。

③性别与年龄。性别也是影响亲社会行为的一个因素。女性的利他动机比男性更强，但是女性的能力不如男性。因此，在同样的情境中，可能女性觉得更应该帮助别人，但实施利他行为的却是男性多于女性。一般在比较危险、需要特定的技巧的情况中，如在换轮胎、勇斗歹徒的情形下，男性的助人行为较多。女性的助人行为主要表现在照顾、关爱他人，参与慈善事业等，一般危险性较小。

一般来说，年龄越小，亲社会动机越弱，亲社会行为就越少；年龄越大，亲社会动机越多，亲社会行为发生的频率也越高。这是因为随着年龄的增长，儿童的人际交往能力提高，他们开始明白帮助他人是符合社会规范的、是为社会所赞许的行为，而且随着年龄的增长，移情能力增强，儿童开始懂得设身处地为他人着想了，就会表现出更多的亲社会行为。

（3）情境因素

情境因素主要包括自然情境和社会情境。一般来讲，舒适的气候和环境使人心情愉快，间接导致亲社会行为的增加。社会情境的影响主要表现在旁观者人数、他人示范等因素上。心理学家发现，随着旁观者人数的增加，亲社会行为有减少的趋势。此外，社会和城市的大小也会影响亲社会行为。小城镇的人帮助陌生人的比例显著高于大城市的人，但在帮助亲朋好友方面，大城市居民的亲社会行为并不比小城镇的人少。

另外，社会文化传统和大众传媒也会对亲社会行为产生影响。如集体主义文化比个体主义文化更有助于亲社会行为的发展。电影、电视、报刊、杂志等对儿童的亲社会性行为的性质和具体形式都具有重要的影响，那些反映人与人之间互相关心、帮助和关怀的故事及动画片，能为儿童学习和巩固亲社会行为提供直观、生动的示范，有助于儿童通过观察、模仿，习得亲社会行为。

（二）侵犯行为

1. 侵犯行为的概念

侵犯行为是一种有意违背社会规范的伤害行为。这种伤害行为可以是实际造成伤害的行动或语言，也可以是旨在伤害而未能实现的行为。

社会评价和伤害意图是判断一种行为是否属于侵犯的两个关键特征[①]。首先，侵犯行为必定是违反社会规范的，如街头的暴力抢劫、家庭中的暴力虐待、校园内的欺辱事件、职场上的性骚扰等都超越了社会许可范围。当然，非侵犯性的攻击行为也可能转化成超越社会许可范围的侵犯行为，如防卫过当造成不应有的人身伤害，警察制伏歹徒后又继续施以虐待等，这类行为就从社会许可的攻击行为转化成了侵犯行为。

其次，伤害意图是侵犯行为的另一个关键特征。如果伤害不是有意造成的，那么即使是超越社会规范的也不能视为侵犯行为。如一名足球运动员在比赛过程中，不小心把足球踢到队友的脸上，给队友造成了较大的伤害，但此时人们并不会因此责备这名"侵犯者"；相反，一个蓄意杀害他人的人，在惊慌中未能将凶器刺中伤害对象的身体，尽管他没有伤害到别人，人们却有可能把他的行为看成是严重的侵犯行为。不具备刑事责任能力的精神病人在精神状态失常时对他人造成伤害，因为其意识不清，不能被认为是侵犯。相反，如果一个人有目的地伤害他人，那么这个人的行为就是侵犯。劫匪持枪抢劫，即使没有使用真枪进行，也因为其行为意向指向抢劫他人财产，并且违背社会规范，因而是严重的侵犯行为。

最后，侵犯所造成的伤害并非仅限于其身体上的伤害，心理和情感的伤害也是侵犯。所以，言语性伤害、剥夺某人所需要的东西、故意的傲慢等都是一种侵犯。

---

① 金盛华：《社会心理学》，301 页，北京，高等教育出版社，2005

2. 侵犯行为的影响因素

(1) 个人因素

归因偏差对侵犯产生的过程有重要影响。当人们有归因偏差的时候，往往不会将他人行为的动机归结为善意的，相反会认为他是故意的，从而可能会作出报复性的侵犯行为。当男孩子的敌意归因误差倾向越高时，越有可能作出侵犯行为。

侵犯行为也存在性别上的差异。一般来说，男性参与侵犯行为的频率高于女性。比如，在校园中，男同学出现身体攻击行为的概率要高于女同学。男女在侵犯的方式上也不相同，男性的侵犯多为身体侵犯，如打架、斗殴等，而女性的侵犯多为言语侵犯和其他间接的侵犯行为。

(2) 情境因素

一些研究显示，温度与侵犯行为也存在一定的关系。居住在地球上最寒冷地带的爱斯基摩人，自制力惊人，被人们称为"永不发怒的人"。相反，在高温环境中，人们常常会感到容易发怒和脾气暴躁。例如，在一年四季中，夏天的犯罪率要相对较高些。这是因为夏初气温逐渐升高，人们外出活动增多，女性衣着较为暴露单薄，容易诱导性侵害的发生。而且在这个季节，男性在外饮酒的次数和数量都会有所增多，更易产生性冲动，导致性侵害的发生。

另外，酒精和药物会对个体的侵犯行为产生影响。一般情况下，喝醉的个体比没喝醉的个体更容易表现出侵犯行为，尤其是在个体处于被激怒或被威胁的状态下。这可能是因为大剂量的酒精会使人们对周围环境以及侵犯后果的意识程度降低，以至于喝醉的人表现出更多的侵犯行为。

(3) 社会因素

在去个性化状态中，个体最大限度地降低了自我观察和评价的意识，降低了对于社会评价的关注，个体的行为较少地受自己的个性支配，责任意识明显丧失，通常的内疚、恐惧、羞愧等行为控制力量都被削弱，容易导致侵犯行为增加。

媒体暴力是引发侵犯行为的重要社会因素。媒体暴力指大众媒体（包括电影、电视、报刊、网络等）传达的暴力内容对人们的正常生活造成负性影响的现象。媒体暴力会影响孩子对暴力的认知，认为"在某些情况下使用暴力解决问题未尝不可"，甚至还有可能得到同伴的赞扬和欣赏，因此他们很可能模仿这些行为而在学校、家庭实施侵犯，如摔打玩具、推倒同伴等。

3. 侵犯行为的预防和控制

(1) 宣泄

在现代生活中，人们的工作、生存压力越来越大，由此导致的压抑、挫折等负面情绪越来越多。人们一旦被挫折的情境惹怒，愤怒的情绪状态就会成为一种有侵犯危险的心理准备而存在。如果这些不良情绪得到合理宣泄，就可以减轻侵犯行为的强度。

宣泄的方式有多种，如体育锻炼、找人倾诉、在无人的地方大喊大叫、写日记、吃东西等。甚至有些国家会专门设计和提供一些让人宣泄的情境和机会，如日本松下电器公司的"出气室"，我国南京市的一家"发泄酒吧"等，都是专供人们来此发泄消极情绪的。这样可以使侵犯性的精神能量得到释放，从而减少侵犯性冲动，达到减少侵犯行为的目的。

（2）社会制约

按照自我价值定向理论，在人们自我意识正常的情况下，侵犯行为是在行为本身对个人有价值的情况下作出的。如果行为的预期代价超过行为能够带来的满足，行为就会被抑制。因此，社会增加对侵犯行为的惩罚强度，可以实现对侵犯行为的外部控制。实际上，许多国家都利用惩罚作为制止暴力行为的手段。在使用惩罚的时候，为了达到良好的制约效果，需要注意：惩罚必须在侵犯行为发生之后尽快地执行；惩罚必须有足够的强度，能起到杀一儆百的作用；惩罚应该是连续性的。

（3）去个性化的避免

大量研究表明，侵犯行为与去个性化有密切的联系。在去个性化状态下，人群不分青红皂白地攻击目标，并且攻击的强度远超寻常而不能停止。球迷闹事、一些"暴民"的打、砸、抢行为等，都是非常典型的由于去个性化而引起侵犯的例子。个人只有在保持一定自我意识的情况下，才能觉察和评价自己行为的后果，有意识地去避免伤害别人。在日常生活中，个体需要认识去个性化状态的危险，并有意识地避免这种状态，保持行为的自我控制。特别是在被大规模群体的激愤所包围时，保持对自己行为的理性判断和控制就更为重要。

（4）移情能力的培养

移情是指当一个人感知到对方的某种情绪时，他自己也能体验到相应的情绪，即能够体察到他人的情绪状态，并产生共鸣。移情包括两个方面：一是识别和感受他人的情绪、情感状态；二是能在更高级的意义上接受他人的情绪情感。有研究证明，让暴力犯罪者观看他所侵犯的受害者痛苦反应的录像，可以有效地降低其重新犯罪的可能性。

在日常生活中可以运用角色扮演的方法来培养移情能力，使人身临别人所处的情境，暂时充当别人的角色，真实体验别人在一定情境下的内心状态，进而提高其角色采择能力，使其在真实行为中也能考虑别人的利益和对别人心理上的影响。这是从根本上消除侵犯行为的一种好方法。

【思考与练习】

一、填空

1. 群体心理效应主要表现在_____、_____、_____这三个方面。

2. 集群行为形成的过程主要包括下列四个阶段：_____、_____、_____、_____。

3. 去个性化产生的原因有_____、_____、_____。

4. 一般认为，发生从众行为的原因是，个人在群体中受到来自_____和_____两方面的压力。

5. 影响服从的因素概括起来主要有三个方面：_____、_____、_____。

6. _____和_____是判断一种行为是否属于侵犯的两个关键特征。

二、判断

1. 在电影院看电影的观众由于有共同的目标，因此可以称为一个群体。

2. 由于流氓团伙、盗窃团伙等非正式群体有反社会倾向，因此我们要取消非正式群体。

3. 外部压力有利于增强群体凝聚力。

4. 集群行为是短暂的、转瞬即逝的现象，不可能持续稳定地存在于一个相当长的历史时期。

5. 一般来说，群体成员越多，去个性化的程度就越高，群体成员的去个性化程度越大。

6. 从众行为是消极的，因此我们要尽量避免从众行为的出现。

7. 一般说来，年龄越小，亲社会行为就越少；年龄越大，亲社会行为发生的频率也越高。

三、问答

1. 什么是群体？群体的特征有哪些？

2. 如何理解群体心理效应？

3. 什么是集群行为？人们为什么会产生集群行为？

4. 如何理解去个性化与集群行为的关系？

5. 根据实际生活中社会助长和社会惰化例证，解释其发生的心理机制。

6. 如何理解从众和服从？

7. 影响侵犯行为的因素都有哪些？如何预防和控制侵犯行为？

主要参考文献

1. 叶奕乾，何存道，梁宁建．普通心理学．上海：华东师范大学出版社，1997
2. 车文博主编．心理学原理．哈尔滨：黑龙江人民出版社，1997
3. 黄希庭．心理学导论．第二版．北京：人民教育出版社，2007
4. 张春兴．现代心理学——现代人研究自身问题的科学．上海：上海人民出版社，2005
5. 彭聃龄．普通心理学．第 3 版．北京：北京师范大学出版社，2004
6. 郭亨杰，宋月丽．心理学教程．南京：南京师范大学出版社，1995
7. 黄希庭，郑涌．心理学十五讲．北京：北京大学出版社，2005
8. 黄希庭．心理学．上海：上海教育出版社，1997
9. 蔡笑岳．心理学．北京：高等教育出版社，2000
10. 梁宁建．心理学导论．上海：上海教育出版社，2006
11. 阴国恩，梁福成，白学军．普通心理学．天津：南开大学出版社，1998
12. 董文军，李尚明．心理学教程．西安：西北大学出版社，2006
13. 许燕．实用心理学．北京：中国广播电视出版社，2000
14. ［美］理查德·格里格，菲利普·津巴多著．心理学与生活．第 16 版．王垒，王甦译．北京：人民邮电出版社，2003
15. 秦启文、黄希庭．应用心理学导引：个体与团体的效能．北京：高等教育出版社，2006

16. 李越，霍涌泉．心理学教程．第二版．北京：高等教育出版社，2006

17. 姚本先．心理学．北京：高等教育出版社，2005

18. 张履祥，葛明贵．基础心理学．合肥：安徽大学出版社，2001

19. 张厚璨．大学心理学．北京：北京师范大学出版社，2001

20. ［苏］柯·柯·普拉图诺夫著．趣味心理学．张德等译．长春：吉林人民出版社，1984

21. ［美］赫根汉．人格心理学导论．何谨，冯增俊译．海口：海南人民出版社，1986

22. Buss A H Plomin R. A temperament theory of personality developent-ment. New York：Wiley，1975

23. James W. The principle of psychology，Vol. 1. New York：Henry. 1890

24. Rokeach M. The nature of human values. New York：Free Press，1973

25. Roffwarg H D，et al. Ontogenetic development of the human sleep-dream cycle. Science，1966，152：604～619

26. 陈录生，马剑侠．新编心理学．北京：北京师范大学出版社，2002

27. 刘爱伦．思维心理学．上海：上海教育出版社，2002

28. 邵志芳．思维心理学．上海：华东师范大学出版社，2007

29. ［英］罗伯逊．问题解决心理学．张奇等译．北京：中国轻工业出版社，2004

30. ［美］斯滕伯格．创造力手册．施建农等译．北京：北京理工大学出版社，2006

31. 梁宁建．当代认知心理学．上海：上海教育出版社，2003

32. ［美］斯滕伯格．认知心理学．第 3 版．杨炳钧等译．北京：中国轻工业出版社，2006

33. 王甦，汪安圣．认知心理学．北京：北京大学出版社，1992

34. 余嘉元．当代认知心理学．南京：江苏教育出版社，2001

35. ［美］贝斯特．认知心理学．黄希庭主译．北京：中国轻工业出版社，2000

36. 郭秀艳．实验心理学．北京：人民教育出版社，2004

37. ［美］艾森克，基恩．认知心理学．高定国，肖晓云译．上海：华东师范大学出版社，2004

38. 李新旺，刘金平．决策心理学．开封：河南大学出版社，2003

39. 陈琦，刘儒德．当代教育心理学．北京：北京师范大学出版社，2007

40. 艾森克．心理学：一条整合的途径．阎巩固译．上海：华东师范大学出版社，2000

41. ［美］库恩．心理学导论——思想与行为的认识之路．郑刚等译．北京：中国轻工业出版社，2004

42. 程昭寰．脑健康．北京：中医古籍出版社，2005

43. 李敏．爱因斯坦的大脑——普通心理学的故事．上海：上海科学技术出版社，2005

44. 窦胜功．智商与情商．沈阳：辽宁人民出版社，2001

45. 陈少华．情绪心理学．广州：暨南大学出版社，2008

46. 张双会，刘春魁，柳国强．大学生心理健康教育．北京：中国经济出版社，2005

47. 张厚粲．心理学．天津：南开大学出版社，2002

48. 郭德俊主审，田宝等主编．心理学新编．北京：中国人民公安大学出版社，1999

49. 叶奕乾．心理学．北京：中央广播电视大学出版社，1989

50. 董文军，李尚明．心理学教程．西安：西北大学出版社，2006

51. 张履祥，葛明贵．基础心理学．合肥：安徽大学出版社，2001

52. ［美］赫根汉．人格心理学导论．何谨，冯增俊译．海口：海南人民出版社，1986.364

53. 郭黎岩．心理学．南京：南京大学出版，2002

54. 陈录生．心理学教程．开封：河南大学出版社，2005

55. 杨玲．心理学理论与实践．兰州：兰州大学出版社，2006

56. 柳友荣主编．新编心理学．合肥：安徽大学出版社，2000

57. 卢家楣，魏庆安，李其维．心理学．上海：上海人民出版社，1998

58. 朱智贤主编．心理学大词典．北京：北京师范大学出版社，1989

59. 叶奕乾．现代人格心理学．上海：上海教育出版社，2005

60. 林崇德主编．发展心理学．北京：人民教育出版社，1995

61. 许政援，沈家鲜等．儿童发展心理学．沈阳：吉林教育出版社，1986

62. 黄煜峰，雷雳．初中生心理学．杭州：浙江教育出版社，1993

63. 陈家麟．学校心理健康教育——原理与操作．北京：教育科学出版社，2002

64. 郑日昌，陈永胜．学校心理咨询．北京：人民教育出版社，1991

65. 杨震，王守良，段姗姗．中小学心理健康教育的理论与实践．合肥：合肥

工业大学出版社，2004

66. 徐光兴．学校心理学．上海：华东师范大学出版社，2000

67. 杨芷英．教师职业道德．北京：高等教育出版社，2007

68. 邹尚智．教育科研与教师自主专业发展．北京：开明出版社，2008

69. 邹尚智．有效教学经典案例评析．北京：开明出版社，2009

70. 金盛华．社会心理学．北京：高等教育出版社，2005

71. 沙莲香．社会心理学．北京：中国人民大学出版社，2006

72. 吴建平．社会心理学．北京：中国农业大学出版社，2005

73. 郑雪．社会心理学．广州：暨南大学出版社，2004

74. 全国 13 所高等院校《社会心理学》编写组．社会心理学．天津：南开大学出版社，2008

75. 金盛华，张杰．当代社会心理学导论．北京：北京师范大学出版社，1995

76. 程正方．现代管理心理学．北京：北京师范大学出版社，2004

77. 陈国海等．管理心理学．北京：清华大学出版社，2008

78. 李宁．社会学概论．合肥：安徽人民出版社，2007

79. 李斌．社会学．武昌：武汉大学出版社，2009

80. 郑欣．集群行为：要素分析及其形成机制．青年研究，2000（12）：33～37

81. 张春兴．教育心理学．杭州：浙江教育出版社，1998

82. 朱智贤主编．中国儿童青少年心理发展与教育．北京：中国卓越出版公司，1990